"十二五"国家重点图书出版规划项目·新世纪法学教育丛书

民法总论

（第四版）

李永军 著

中国政法大学出版社

2018·北京

图书在版编目（ＣＩＰ）数据

民法总论/李永军著. —4版. —北京：中国政法大学出版社, 2018.10
ISBN 978-7-5620-8617-8

Ⅰ.①民… Ⅱ.①李… Ⅲ.①民法-研究-中国 Ⅳ.①D923.04

中国版本图书馆CIP数据核字(2018)第234592号

出　版　者	中国政法大学出版社
地　　　址	北京市海淀区西土城路 25 号
邮　　　箱	fadapress@163.com
网　　　址	http://www.cuplpress.com（网络实名：中国政法大学出版社）
电　　　话	010-58908435(第一编辑部) 58908334(邮购部)
承　　　印	北京中科印刷有限公司
开　　　本	720mm × 960mm 1/16
印　　　张	22.5
字　　　数	416 千字
版　　　次	2018 年 10 月第 4 版
印　　　次	2018 年 10 月第 1 次印刷
印　　　数	1～4000 册
定　　　价	59.00 元

作者简介

　　李永军　男，1964 年 10 月生，山东人，中国政法大学教授、博士生导师。曾为全国人大常委会破产法起草小组成员。1995 年获国家博士后优秀研究奖；1998 年获霍英东科研基金资助；1997～1998 年被评为中国政法大学优秀教师；2000 年被评为曾宪梓教学奖一等奖；2001 年被列入北京市"百人工程"培养人选；2002 年被评为"最受学生欢迎的教师""杰出青年教师"，并获得"杰出青年教师基金"奖励。代表性作品有：《合同法》《合同法原理》《破产法律制度》《破产重整制度研究》《票据法原理与实务》等。发表学术论文数十篇，主要有："我国民法上真的不存在物权行为吗?""契约效力的根源及其正当化说明理论""我国合同法是否需要独立的预期违约制度——对我国正在起草的合同法草案增加英美法预期违约制度的质疑""论破产法上的免责制度""中国新破产法起草中的主要问题""重申破产法的私法精神""私法中的人文主义及其衰落""论商法的传统与理性基础""论商事合伙的特质与法律地位""论合同解释对当事人自治否定的正当性与矫正性制度安排""论权利能力的本质""论债法中的本土化概念对统一的债法救济体系之影响""论优先购买权的性质与效力——对我国《合同法》第230条及最高法院关于租赁的司法解释的评述""论监护人对被监护人侵权行为的'替代责任'""被监护人受到侵害时法律救济的理论与实证考察""论债的科学性与统一性""自然之债源流考评"等。

出版说明

　　"十二五"国家重点图书出版规划项目是由国家新闻出版总署组织出版的国家级重点图书。列入该规划项目的各类选题，是经严格审查选定的，代表了当今中国图书出版的最高水平。

　　中国政法大学出版社作为国家一级出版社，有幸承担规划项目中系列法学教材的出版，这是一项光荣而艰巨的时代任务。

　　本系列教材的出版，凝结了众多知名法学家多年来的理论研究成果，全面而系统地反映了现今法学教学研究的最高水准。它以法学"基本概念、基本原理、基本知识"为主要内容，既注重本学科领域的基础理论和发展动态，又注重理论联系实际以满足读者对象的多层次需要；既追求教材的理论深度与学术价值，又追求教材在体系、风格、逻辑上的一致性。它以灵活多样的体例形式阐释教材内容，既推动了法学教材的多样化发展，又加强了教材对读者学习方法与兴趣的正确引导。它的出版也是中国政法大学出版社多年来对法学教材深入研究与探索的职业体现。

　　中国政法大学出版社长期以来始终以法学教材的品质建设为首任，我们坚信"十二五"国家重点图书出版规划项目的出版，定能以其独具特色的高文化含量与创新性意识成为集权威性与品牌价值于一身的优秀法学教材。

中国政法大学出版社

第四版说明

　　我国正在编纂民法典，而作为民法典的首编——《民法总则》已经于2017年颁行，本书第四版的修改正是依据《民法总则》而进行的。

　　应该说，《民法总则》比较《民法通则》有很多变化，尽管没有反映出自《民法通则》（1986年通过）以来全部的学术研究成果和司法经验，但也反映了很多方面的变化。例如，成年监护的增加、法人分类的变化、非法人组织的变化、明确规定意思表示、增加"虚假法律行为"的规定、诉讼时效的适应对象进一步扩大等。这些变化当然有很多是进步的，但也有一些饱受学者诟病，例如，"法人的分类"，综观世界各国民法典，我国《民法总则》上的法人分类是最复杂的，不仅把"营利法人与非营利法人"作为基本的法人分类，还规定了"特别法人"，而特别法人中不仅有公法人，还有私法人。传统民法上的"财团法人"，可以说就是我国《民法总则》上的"捐助法人"，这类法人没有营利法人意义上的"投资人"和"出资人"，没有社员，但我国《民法总则》却搞出了"决策机关"（《民法总则》第93条），基本上可以说违背了这一类法人设立的最基本的宗旨。另外，《民法总则》在处理民法与商法的关系上，也值得考虑：这是在编纂民法典，在我国的立法体例中，商法是民法的特别法（也许将来会有变化，商法可能会有法典），但《民法总则》基本上是按照"商民"的基本思路来展开，例如，在法人的排列中，把"营利法人"放在"非营利法人"的前面；"法人组织"也基本上是按照商法的理念设立，而非民法典的思路，例如，《民法总则》第104条规定："非法人组织的财产不足以清偿债务的，其出资人或者设立人承担无限责任。法律另有规定的，依照其规定。"显然，这些"非法人组织"不是民法中非营利性的非法人组织，而是按照营利性的非法人组织设计的。这些问题实际上是民法典编纂中需要考虑的重大问题。这些变化其实并没有反映出自1986年《民法通则》颁布以来的学理的研究成果。尽管我不是"纯粹法学派"的拥趸者，但我却认为实证法和"法教义学"应当是我们法学研究的基础和基本方法，否则，每个人都可以随便创造概念，学界和司法将难有共识，法学院也就没有存在的必要了。正因为如此，本次修改还是以《民法总则》为基础，尽管《民法总则》的许多规定违反了"法教义学"，把学界多年达成的共识击得粉碎，例如，捐助法人的"决策机关"，估计各大学的法学院没有教师这样去教学生：财团法人有决策机关。

我觉得，在民法典的编纂过程中，将来的民法典一定会对现行的《民法总则》作出修正，这也是我们所希望的。但在编纂修正之前，我们还是要按照《民法总则》的规定来学习，但要按照民法的原理来理解，而不是不作出批评和解释。

本书在之前得到了广大读者的支持和厚爱，在此表示感谢。也希望各位读者能够提出宝贵的意见和建议，这将对本书的修改提供极大的帮助。最后想真诚地说一句套话：本书错误在所难免，望广大读者不吝赐教。

作　者
2018 年 9 月 16 日

第三版说明

《民法总论》一书自 2008 年出版以来，承蒙各位读者的厚爱，已形成了比较稳定的读者群体。在我国《民法典》的起草工作正式展开之际，应中国政法大学出版社及阚明旗编辑的要求，对《民法总论》进行修订。

我国《民法典》的起草工作正式展开并且决定先制定《民法总则》，因此，学界已经开始热烈讨论"总论"的体例和内容。本书的修改正值这一时期，具有特别之意义。我还是坚持认为，"民法总则"是作为"公因式"从民法的各个部分中提取出来的，因而，反映这种"公因式"的民法总则就是整个民法典的灵魂与主线。必须坚持民法总则的两个基本特征：一是"公因式"，二是"规范性"。这一次修改就是围绕着这一中心思想展开的。修改的主要内容如下：

1. 如何使民法的基本原则具有规范的特征，以达到法官可以适用并填补法律漏洞的目的。

2. 监护制度中应增加"成年的非精神病人"的监护制度，特别是老年人监护制度。

3. 既然是"总则"，就应考虑民商合一的中国传统，如何协调民法中的法人与商法中的法人。

4. 对于代理制度作了标题方面的修改，突出了一些重点问题。

5. 对于"诉讼时效"制度作了重大修改，以反映"公因式"之要求，即诉讼时效的适用对象与民法总则的关系。

我国民法学界对于诉讼时效究竟应该适用于什么范围有争议，有的认为适用于债权请求权，有的认为也适用于物权请求权，有的认为在有些情况下适用于物权请求权等。但是,《德国民法典》之所以将诉讼时效规定于"总则"部分,却是因为它的确不仅仅是债权请求权,还是在物权、债权之上的一个概念,即"请求权"。《德国民法典》是以"潘德克顿"法学体系为其理论基础的,而温德沙伊德的整个权利体系是以"请求权"为中心建立起来的[1]。但温德沙伊德的"请求权"却与我们今天理解的一般意义上的请求权不同。他认为,主观权利[2]往往具有双重含义:第一种意义上的权利是一种针对他人的意思力,即"要求与权利人相对的世人或者特定的人行为(作为或者不作为)的权利"。在这种情况下,法律秩序基于具体的事实要件,业已宣布了一条命令,要求做出一项特定种类的行为,并将该命令授予其为之宣布命令的人。属于这一类的权利,就是请求权,或者是针对特定人的请求权,或者是针对不特定世人的请求权。第二种意义上的权利,是一种无涉于他人的意思支配,例如,所有权人有出让其所有物的权利,债权人有转让其债权的权利,某缔约人有合同解除权或者终止权。这时,"权利"一词所指的就不再是第一种含义了,而是指权利的行使,是为了形成、变更或者消灭第一种意义上的权利。属于这一意义上的权利,主要有支配权、形成权。这样,温德沙伊德事实上将权利分为两个类型:第一种意义上的权利是请求他人行为的权利,而另一种意义上的权利是自己行为的权利。由于温德沙伊德虽然提出了请求权的概念,但却从来未使用支配权这一术语。所以,他的权利体系是以请求权为中心的[3]。按照这一观念,我们今天把请求权作为与支

---

[1] 金可可:"温德沙伊德论债权与物权的区分",载王洪亮、张双根、田士永主编:《中德私法研究》(2006 年第 1 卷),北京大学出版社 2006 年版,第 162 页。

[2] 与主观权利相对的概念是客观权利,关于权利的主观性及客观性的争议之问题在于:权利是相对于法律独立存在的,抑或权利仅仅是法律规范的客观效果?根据对此问题的不同回答,区分为主观权利说与客观权利说两个不同的思想流派。主观权利说主张:权利(主观权利)是指民事主体的个体权利,权利源于人性本身,法律仅仅是为保护个体权利的目的而存在的。因此,必须承认权利相对于法律的独立存在性及优势地位。而客观权利论者认为:权利仅仅是社会规则的个体结果,权利是法律规则的副产品,个人的所谓权利、自由等仅仅是法律规则作用于个人的客观效果,仅存在规则而不存在权利。由于大陆法系的民法典都是以"权利为本位"原则构建的,因此,一般认为,是主观权利观的体现。

[3] 金可可:"温德沙伊德论债权与物权的区分",载王洪亮、张双根、田士永主编:《中德私法研究》(2006 年第 1 卷),北京大学出版社 2006 年版,第 162~164 页。

配权相对的概念而适用是否正确不无疑问，因为，请求权与支配权实际上是债权或者物权都具有的两种属性，例如，物权可以是请求权——请求世人不作为的权利（请求他人不作为），也可以是支配权（自己行为）；债权可以是支配权——债权转让，也可以是请求权——请求他人作为。

温德沙伊德的"请求权"具有如下特征：①请求权是一切权利都具有的某种强制性因素，通过请求权，权利人可以要求他人服从自己的意志；②请求权作为一种强制因素，却并不等于诉权。相反，请求权是一种纯粹的实体权利。虽然诉权往往是请求权的当然结果，但请求权本身并不包括诉权的因素，从而与诉权相分离[1]。

正是因为"潘德克顿"法学体系中的请求权的上述概念，决定了它是一个"公因式"而规定于总则中。因此，《德国民法典》第194条规定："向他人请求作为或者不作为的权利（请求权），受消灭时效的制约。"陈卫佐教授在解释这一条时指出：请求权可以分为债法上的请求权、物权法上的请求权、亲属法上的请求权和继承法上的请求权。请求权是一个将《德国民法典》所有五编贯穿起来的法律概念，典型地体现了《德国民法典》的体系性和逻辑性[2]。

正因为如此，如果我们在民法总则部分讲授"诉讼时效"，但对其适用范围却限于"债权请求权"的话，的确是一个问题。因此，我建议，鉴于目前我国没有像德国法及学理上的"请求权"的概念，就应将诉讼时效规定在"债编"，而将取得时效规定在"物编"。这样，也许更符合这一概念的逻辑。

另外，需要特别说明的是，本书的修改并没有改变其基本的风格和框架，其仍然本着"体系统一、结构清晰、便于教学、利于接受"的宗旨，力图一直保持其"最受读者喜欢的教科书"的地位。

作　者
2015 年 6 月

---

〔1〕 金可可："温德沙伊德论债权与物权的区分"，载《中德私法研究》（2006 年第 1 卷），北京大学出版社 2006 年版，第 168 页。

〔2〕 陈卫佐译注：《德国民法典》，法律出版社 2004 年版，第 55 页。

第二版说明

　　《民法总论》一书自 2008 年出版以来，承蒙各位读者的厚爱，已形成了比较稳定的读者群体。虽然说自本书出版以来，在民法总论的理论方面变化不大，但有两点也促使作者来修改本书：一是民法典离我们越来越近，对于民法典总则部分的内容也就越来越引起人们的关注，而这一点恰恰与民法总论有很大的关系；二是 2008 年 8 月 11 日我国最高人民法院审判委员会第 1450 次会议通过《最高人民法院关于审理民事案件适用诉讼时效制度若干问题的规定》（法释〔2008〕11 号，自 2008 年 9 月 1 日起施行），这一个司法解释中有许多新的规定，也是对多年来理论研究和司法审判成果的总结，该司法解释界定了诉讼时效经过后债权的性质，不仅为司法实践提供了可靠的依据，同时也为自然之债这一概念的重新界定奠定了基础。而本书第一版交付出版时该司法解释尚未颁布，因而，有特别修订的必要。

　　另外，需要特别说明的是，本书的修改并没有改变其基本的风格和框架，其仍然本着"体系统一、结构清晰、便于教学、利于接受"的宗旨，力图一直保持其"最受读者喜欢的教科书"的地位。

作　者

2012 年 4 月 6 日

序　言

　　在民法学中，民法总论是最重要的，也是最不容易理解和掌握的。带有"民法总则"的民法典编排体例是德国人的创造，而"民法总则"是作为"公因式"从民法的各个部分中提取出来的，因而，反映这种"公因式"的民法总则就是整个民法典的灵魂与主线。民法总论是对民法典总则部分的研究，因此，也是民法学的灵魂所在。如果对民法总论没有很好地领会与掌握，对于民法而言，就好像一本书没有被正式地打开一样，对于整个民法体系就有杂乱无章、头绪纷繁的感觉。而德国人在设立"总则编"时的目的，就是为了避免法国民法典式的将各种民法制度"胡乱堆积"的情形。在德国人看来，民法典只有具有了"总则编"，才使得整个民法典具有了"精神与纲领"。而没有总则，在法律天地中的法学家就像"没有罗盘的舵手一样"。[1]可以说，无法律行为，民法中的意思自治原则就无法集中体现，各种制度就像散沙一般。因此，"总则编"的作用就在于提纲挈领地统领整个民法制度。另外，"总则编"模式可以取得唯理化效应。这样立法者就无需为每一项法律行为重新规定其生效要件，避免了运用参引技术。从我国民法的发展历史看，我国一直沿用德国的立法模式，无论是学理还是立法，都将总论或者总则作为"开头编"。但是，这种模式，却对初学民法的人产生了不可避免的障碍。由于总则编是从民法的各个制度中提取出来的，因此，在学习中就出现了一个很大的矛盾：是应该先学习民法的各个部分，然后再学习民法总论呢，还是相反？例如，"法律行为"是从合同、遗嘱和婚姻中提取出来的"公因

[1]　［德］K. 茨威格特、H. 克茨：《比较法总论》，潘汉典等译，贵州人民出版社1992年版，第271页。

式”，如果先学习民法总论中的“法律行为”，就不得不以合同或者遗嘱为例说明之，但这时合同或者遗嘱是什么还没有学到，对“法律行为”就有摸不着底的感觉；若先学习各个部分，再学习总则，就会有前后倒置的感觉。这种矛盾始终伴随着民法的教学与适用，但又是一种难以克服的矛盾。我们在学习的过程中，要有充分的思想准备。

写一本好的教科书，始终是每一个教师的梦想。但要做到这一点，实在是不容易。因为教材并不反映最高的研究成果，却要反映最高的教学成果，以什么样的方式将体系化的内容表达出来并能够让学生易于接受，是一门很高的艺术。在本书的写作过程中，笔者始终都以上述标准和目标要求自己。另外，本书许多观点并不一定就是我个人的观点，而是通说，这也是我对教材与专著之区别的理解。所以，我在写作的过程中，始终都保持着十分“克制”的态度，尽量“克己复礼”。也许，有许多细心的读者会发现，在这本教材中的许多观点与我以前的专著是不同的，恳请勿怪。

在本书的写作过程中，得到了中国政法大学出版社及社长李传敢先生的大力支持。十分感谢其给予我的信任，在目前中国的教材多实行“主编制”之时，尝试由一人来写教材，以使体系与风格容易统一，避免矛盾和重复。另外，刘心稳教授对于本书的写作也给予了极大的关注，并提出了许多宝贵的意见和建议，我在此特表谢忱。帮助我的人还有许多许多，在此难以一一列举，在本书即将出版之际，本人向一贯支持与关心我的人衷心致谢。对于本书存在的错误与不足，希望读者与同仁批评指正，这同样是对我的支持和帮助。

李永军

2008 年 5 月

目　　录

第一编　绪　　论

第二编 民事主体及其法律属性

第三编　法律行为与代理

第四编 民法上的时间及确定规则

第一编　绪　论

第一章

民法概述

第一节　民法的概念与特征

一、民法的概念

对于我国来说，民法属于移植之物，[1] 其产生有其历史、社会与政治背景，包含自己特殊的信息。因此，对于民法不能望文生义。简单地说，民法是调整以平等为本质特征的市民社会的法律。正因为如此，欧陆国家一般将之称为"市民法"。当然，关于市民社会是什么，西方学者也有不同的看法，通说认为，"市民社会"这一概念的使用经历了三个阶段，其含义在这三个阶段中也不相同。第一阶段，"市民社会"这一术语在中世纪的政治哲学里间或出现，用以与教会机构相区别。[2] 第二阶段，即在 17 世纪，"市民社会"是与"自然状态"相对立而使用的概念，是指业已发达到出现城市的文明政治共同体的生活状况。这些共同体有自己的法典（民法），有一定程度的礼仪和都市特性，市民合作及依据民法生活并受其调整，以及城市生活与商业艺术的优雅情致。[3] 第三阶段，即在 18

---

〔1〕　中国历史上是否存在民法，学者之间存在争议。但是，我认为，我们现在讨论的民法至少在我国历史上是不存在的。因为民法是以平等为基础的，而我国历史上民刑不分，而且身份占有重要的意义。

〔2〕　[美] 爱德华·希尔斯："市民社会的美德"，李强译，载邓正来、[英] J. C. 亚历山大主编：《国家与市民社会——一种社会理论的研究路径》，中央编译出版社 2002 年版，第 34 页。

〔3〕　邓正来："市民社会与国家：学理上的分野与两种架构"，载邓正来：《国家与社会：中国市民社会研究》，四川人民出版社 1997 年版，第 23～47 页。

世纪，"市民社会"才因保护个人自由、个人财产及批判专制制度的自由主义政治思潮的影响，成为与政治国家相对而使用的概念，这时的"市民社会"才成为"由一套经济的、宗教的、知识的、政治的自主性机构组成的，有别于家庭、家族、地域或者国家的一部分社会"〔1〕 具体来说，市民社会是指与国家相对，并部分独立于国家，包括了那些不能与国家相混淆或者不能为国家所淹没的社会生活领域。"市民社会"的概念表达了自下而上地独立的而不是受国家督导的社会生活方式的纲领〔2〕 我们今天所说的"市民社会"，大致就是 18 世纪后与国家相对而使用的语义〔3〕 市民法也是在这一意义上使用的。因此，德国学者梅迪库斯指出："民法"译自拉丁文的"市民法"（jus civile）。在罗马法中，"市民法"这个概念具有多种含义。在中世纪，"市民法"是一个与"教会法"相对的概念。法国大革命后，"市民"被理解为"公民"。所谓民法，是指适用于全体人的法，是一个无等级社会的法。〔4〕

与德国学者关于民法的概念相似，我国《民法总则》第 2 条就规定："民法调整平等主体的自然人、法人和非法人组织之间的人身关系和财产关系。"我国学者一般认为，民法是调整社会平等成员之间的人身关系和财产关系的法律规范的总称。对这一概念作以下说明：

（一）民法调整的对象是人身关系与财产关系

人身关系是自然人基于彼此的人格和身份关系而形成的相互关系，是人格关系与身份关系的合称。财产关系是人与人之间基于财产而形成的相互关系。〔5〕

民法调整人身关系与财产关系的结果，就是民法上的人身权与财产权。

（二）这种财产关系与人身关系仅仅限于平等主体之间

人身关系与财产关系既可能发生在平等主体之间，也可能发生在非平等主体之间，例如，财政关系、金融管理关系等。只有平等主体之间的财产关系或者人身关系才可能被民法所调整，这也正好反映了市民社会以平等为本质的特征。

---

〔1〕 ［美］爱德华·希尔斯："市民社会的美德"，李强译，载邓正来、［英］J. C. 亚历山大主编：《国家与市民社会——一种社会理论的研究路径》，中央编译出版社 2002 年版，第 33 页。

〔2〕 ［英］查尔斯·泰勒："市民社会的模式"，冯青虎译，载邓正来、［英］J. C. 亚历山大主编：《国家与市民社会——一种社会理论的研究路径》，中央编译出版社 2002 年版，第 3 页。

〔3〕 这里所说的"三个阶段"，是以对概念使用和发展为主线的三个阶段，而不是按照自然发展的顺序来排列的。如果按照自然的发展顺序，第二阶段显然早于第一阶段。

〔4〕 ［德］迪特尔·梅迪库斯：《德国民法总论》，邵建东译，法律出版社 2000 年版，第 15 页。

〔5〕 张俊浩主编：《民法学原理》（上册），中国政法大学出版社 2000 年版，第 10、12 页。

二、民法的特征

（一）民法是身份平等的阶层的法律

德国学者称民法为适用于全体人的法，是一个无等级社会的法。[1] 如果要理解这一特征，我们不得不考察历史。在古代罗马，由于城市及领地的划分，使得每个城市均有自己的法律或者规则，"罗马也是一个城市"。作为城邦国家的公民，其身份就是市民。将对市民的各种关系进行规范的法律称为"市民法"是极其自然的。例如，在罗马，就有万民法与市民法之分。"市民法"是罗马人特有的法律，属于罗马私法，是指调整公民之间个人关系的法律。而"万民法"是罗马人与其他所有民族共同拥有的法律。[2]

但是，随着历史的演进，市民等级作为一个新生的力量，不仅在经济上拥有实力，而且在政治上也逐渐取得地位，成为进步和有生命力量的阶级，而对封建势力构成威胁。这时候由市民阶层组成的市民社会就成为一个专有名词，专门用来指称与政治国家对立的基础社会的存在。在资产阶级革命的过程中，纷纷用市民法作为制度性武器，以平等的市民观来否定教会法和封建法等级制度。这样的称谓非常巧妙地配合了资产阶级的革命主张——"天赋人权及其人人平等的思想"。正是在这一时期，"市民社会"才具有了在与政治国家相对的意义上使用的特殊含义。在许多国家，资产阶级以暴力或者非暴力取得政权后，他们便以"市民法"来命名其新的法典，如德意志帝国市民法典、法兰西市民法典。

现在通说认为，"民法"这一术语，是日本学者在翻译欧洲市民法时首先使用的。梅仲协先生指出："民法一语，典籍无所本，清季变法，抄自东瀛。东瀛则复从拿翁法典（《拿破仑法典》）之 droit civil 译为今称。"[3] 也有学者认为，是日本学者在翻译欧洲市民法时错误地将市民法翻译为"民法"，因为其不了解其制度背景，以致"市民法"的制度信息在"民法"的术语中被丢掉了。[4] 因此，我们在理解民法时，必须将被"丢掉了"的信息找回来。

（二）民法为属地法

从上面的历史考察可以看出，既然将民法称为"市民法"，其当然就具有属地法的特征。也有的学者将这一特征称为"国内法"，即民法系在一国主权之下

〔1〕 ［德］迪特尔·梅迪库斯：《德国民法总论》，邵建东译，法律出版社2000年版，第15页。
〔2〕 ［意］彼德罗·彭梵得：《罗马法教科书》，黄风译，中国政法大学出版社1992年版，第13页。
〔3〕 梅仲协：《民法要义》，中国政法大学出版社1998年版，第14页。
〔4〕 张俊浩主编：《民法学原理（上册）》，中国政法大学出版社2000年版，第5页。

规范一国民族私生活关系的法律。[1] 我们在今天制定民法典的时候，必须强调民法的本土化，编纂出一部适应中国需要的民法典。

（三）民法是实证法法律部门

一个国家的法律制度是由许多不同的法律部门所组成的，例如，民法、刑法、宪法等。而这些法律部门由于形成的过程和目的不同，故在结构和风格上具有较大的差异。在历史上，曾经有过一次，人们试图将一个国家的全部法律包含在一部单行的法典之中——《普鲁士普通邦法》。这一尝试是启蒙运动的产物，并未取得成功，更没有被后人继受。所以，法律部门的划分无论是在法学研究还是在立法和司法中都有重要的意义。

法学家在罗马法将法律分为公法与私法的基础上，根据调整的社会关系及调整方法划分法律部门。这种划分毫无强制性，更不是一种制度。但就目前来看，尽管人们在各种法律部门的安排顺序方面有不同的看法，但它在某种程度上得到了普遍的认同。文献索引、图书分类、图书出版常常以此划分。[2]

民法作为实证意义上的民法而与自然意义上的民法相互区别。实证意义上的民法是指具有普遍的强制力的行为规范，因这种法能够为人们所证实并进行观察和研究，故称为实证意义上的民法。而自然法是上帝统治理性动物的法，它永远是公正和善良的。实证意义上的民法永远都不可能等于自然法，但可以接近自然法。人的理性可以认识和发现自然法，并以自然法评价实证法。

我们在此所讲的民法是实证意义上的民法规范，在形式上包括民法典、特别法律法规，以及具有法律效力性质的其他规范形式。前者通常被称为形式意义上的民法，而后者则被称为实质意义上的民法。在我国历史上，也区分法与律，法为总称，律则单指成文法[3]（因此，清末民法典称为民律），大概也是指实质意义的法与形式意义的法之别。

实质意义上的民法与形式意义上的民法的区分具有重要意义：①实质意义上的民法应当符合形式意义上的民法。②在法律掌握上，不仅要掌握形式意义上的民法，而且要掌握实质意义上的民法，例如，《民法总则》与《合同法》《侵权责任法》上的一般侵权与《民用航空法》上的侵权赔偿问题等。

（四）民法为私法

提到私法，就不得不提到"公法"与"私法"的划分。但关于划分的标准，

〔1〕 胡长清：《中国民法总论》，中国政法大学出版社 1997 年版，第 7 页。

〔2〕 ［德］罗伯特·霍恩等：《德国民商法导论》，楚建译，中国大百科全书出版社 1996 年版，第 54 页。

〔3〕 胡长清：《中国民法总论》，中国政法大学出版社 1997 年版，第 9 页。

学理上有不同的观点，下面简单作一介绍。

1. 划分的标准。主要有以下四种划分标准：

（1）利益说。利益说在罗马法就已经有人提及。乌尔比安说："公法涉及罗马帝国的政体，私法则涉及个人利益。"根据这一学说，判断一法律关系或者一条法律规范是属于公法还是私法，就要看其所涉及的是公共利益还是私人利益。

（2）隶属说。这一学说在很长一段时间内一直处于主导地位。该说认为，公法的根本特征在于调整隶属关系，而私法的根本特征在于调整平等关系。这种区分类似于新中国历史上对经济法与民法的划分。

（3）主体说。该说认为，如果一法律关系有公共权力机关的参与，并且是以行使公权的身份参与，则该法律关系就是公法调整的范围。如果一法律关系的参加者为私人，或者虽有公共权力机关参与，但却不是以公共权力的行使为目的的，则是私法的调整范围。[1]

（4）自由决策说。对于公法与私法划分的标准与学说，许多学者颇有微词。德国学者迪特尔·梅迪库斯评价道：就利益说而言，在福利国家中，公共利益与私人利益往往是不能分离的，例如，被归于私法范畴的婚姻制度和竞争制度，在本质上也是服务于社会公共利益的；与此相反，在属于公法范畴内的社会照顾或者道路建设中，在很大程度上也涉及私人利益。就隶属说而言，隶属关系也出现在私法中，如父母子女关系；而公法也存在平等关系，如政府之间订立的就某一区域管辖的协议等。就主体说而言，有一个关键的问题没有得到回答：什么时候国家行使公权，且行使的方式足以表明国家是在上述意义上参与法律关系的？这一点，在国家从事照顾性行为时，殊成疑问。例如，德国根据《联邦教育促进法》向一个大学生提供贷款的行为，与该大学生的有钱的叔叔向其支付生活费的行为，在性质上是没有区别的。所以，有学者认为，所有这些划分公法与私法界限的公式化的表述均存在缺陷，将各个具体的法律制度或者法律关系归属于这个领域或者那个领域，主要是受到了历史原因的影响。在今天，任何一种旨在用一种空洞的公式来描述公法与私法之间界限的尝试，都是徒劳无益的。对于以前的法律，应当由历史因素来决定，只有对新产生的法律，才能对其进行合理的界分，标准是：公法是指受约束地决策的法，而私法是指自由决策的法。[2]

2. 评价。以上区分标准很难说哪一个正确或者错误，它们都是从不同的角

---

〔1〕［德］迪特尔·梅迪库斯：《德国民法总论》，邵建东译，法律出版社 2000 年版，第 11 页；王泽鉴：《民法总则》，中国政法大学出版社 2001 年版，第 12 页。

〔2〕［德］迪特尔·梅迪库斯：《德国民法总论》，邵建东译，法律出版社 2000 年版，第 10～14 页。

度和侧面对公法与私法进行阐述，仔细品味其本质含义是相同的，并且，无论按照哪一种标准进行划分，划分的结果都会惊人地相似。笔者认为，对于公法与私法的区分不在于标准，而在于其超出实证法的价值与说明意义。

德国学者拉德布鲁赫指出，"公法"与"私法"的概念不是实证法上的概念，它也不能满足任何一个实证的法律规则。但公法与私法的价值关系则服从于历史的发展和价值世界观。[1] 因此，我们必须历史地和发展地对公法与私法划分的作用与伟大意义作出恰当的评价。①公法与私法的划分在今天仍然有重大的作用，国家在公法范围内活动，个人在私法范围内活动。在私法中实行意思自治，而在公法领域中否定意思自治，国家或者政府的作用在于保障个人利益与安全。同时，这种区分在大陆法系的司法救济、法学研究和法律教育中占有重要地位。②公法与私法划分的最初动机更具有说明和启发意义。罗马人将社会分为两层：一为政治国家，二为市民社会。政治国家是国家权力活动领域，命令和服从应该畅通无阻。但市民社会的资源分配不能依靠国家的命令和服从，而是以自治与平等为核心。如果说在政治国家中，市民是国家的"奴隶"，那么在市民社会中，他们却是自己的主人。罗马人将私人平等和自治视为终极，对于国家权力的猖獗给予警惕和限制，试图以公法与私法的划分为工具在他们之间划出"楚河汉界"，这种经典的说明意义在今天也有其耀眼的光辉。

3. 公法与私法的内容。公法和私法的内容各有不同，具体如下：

（1）公法的内容。公法分为宪法、行政法和刑法，刑事诉讼法一般也划在公法之内，理由是它同刑法有紧密的联系。民事诉讼法如何划分才算恰当，在学术上尚有争议，目前占统治地位的看法认为它属于公法的范畴。

（2）私法的内容。私法包括民法和商法，其中民法更为重要。[2] 民法源于罗马私法，罗马法的形式理性和内容对大陆法系的民法具有深刻的影响。

（五）民法救济的同质性

民法救济的同质性也称为民法的同质救济，简单来说就是直接救济，即民事责任以恢复被侵害权利的原状为宗旨，只有在恢复不能时才转化为金钱性赔偿。相比之下，通过刑事责任或者行政责任的方式来实现救济，即使手段严厉，也不是对受害人的救济，而是对社会秩序与公共安全的保护。[3]

---

〔1〕 ［德］拉德布鲁赫：《法哲学》，王朴译，法律出版社 2005 年版，第 127～128 页。

〔2〕 ［美］约翰·亨利·梅利曼：《大陆法系——西欧拉丁美洲法律制度介绍》，顾培东、禄正平译，知识出版社 1984 年版，第 116 页。

〔3〕 张俊浩主编：《民法学原理》（上册），中国政法大学出版社 2000 年版，第 42 页。

强调民法的上述特征，在我国尤其重要。因为，我国历史上没有公法与私法划分的传统，没有民法生存的基本土壤——以身份平等为基础的社会，民法是我国自清末移植的结果，我国历史上存在的处理类似民事纠纷的规则，不能称为近现代意义上的民法。我国民法的引进开始于清代，当时称为"民律"，而国民政府将之称为"民法"，新中国沿用之。从中华人民共和国成立到《民法通则》，再到《民法总则》，我国的民法理论、民事立法和司法有了长足的进步和发展，在编纂民法典的今天，强调民法的上述特征仍然有现实意义。

第二节 民法在私法体系中的地位

一、民法与私法的关系

在民法与私法的关系上，如果从"民商合一"的角度看，私法就是民法；但如果从"民商分立"的角度看，私法则包括民法与商法。从我国目前的立法与主流学说来看，是实行"民商合一"的体例，但在教学与理论研究上，仍然实行"民商分立"的教学与科研制度。[1] 因此，有必要研究民法与商法、民法与私法的关系。只有对这种关系进行研究，才能阐述民法在私法体系中的地位。

在大陆法系国家，将商法看作民法的特别法的"民商合一"的立法体例中，民法当然就等于私法；在"民商分立"的体制下，商法的地位与民法的地位也不可同日而语——民法是商法的基础，甚至有的学者直接就把大陆法系称为"民法法系"[2]，这种称呼也足以表明民法在私法中的地位与作用。

为了说明民法与商法的关系，我们下面将就民法与商法的关系作特别的说明。

二、民法与商法的关系

民法与商法构成了私法的基本架构，那么，民法与商法究竟是什么关系？在民法典之外是否需要制定商法典？对此，有两种截然相反的观点，即肯定说与否

---

〔1〕 从我国的教学上看，民法与商法是两门不同的课程。教育部的主干教材中，商法也是独立的；在科研上，中国目前也是实行民法学会与商法学会并立的研究机制。

〔2〕 〔美〕艾伦·沃森：《民法法系的演变及形成》，李静冰、姚新华译，中国政法大学出版社 1997 年版。在该书中，作者直接把大陆法系称为"民法法系"，是为证。

定说。前者主张民商分立，而后者主张民商合一。对于这一问题，我国学理上争论激烈，并均持之有故。

1. 民商合一的理由。民商合一的主张者反对制定商法典的理由主要有以下四点：

（1）商法在中世纪的出现是因为有商人阶层，而今天商人阶层已经不存在。

（2）民商分立，难以避免民法典与商法典之间的矛盾和冲突，造成法律适用上的困难。

（3）特定交易关系可以采取特别法规的方式，不宜在民法典之外再制定商法典。

（4）在有些民商分立的国家，如法国等，学者也提出建立民商合一的立法模式。由此可见，这是发展的趋势。

2. 民商分立的理由。民商分立者则提出如下理由支持单立商法典：

（1）现代社会虽然不存在商人阶层，但企业已经代替商人成为商事主体，有必要对企业商人的组织及行为作不同于民法的调整。

（2）商法具有民法不能包容的特点，即使采取民商合一，民法典也不能包容全部商事法规，还要在民法典之外制定特别法规，这样倒不如坚持民商分立。

3. 分析与说明。民商分立是一个理性的选择，还是一个自然的历史过程？是科学的分类还是历史的分类？如果真的像许多学者认为的那样——商法是商人的法，那么，为什么即使在18、19世纪理性思潮泛滥的时代，商法失去其产生基础——商人阶层以后，并没有合乎逻辑地消失而自然地民商合一，而是在民法典之外独立为法典呢？即使是在今天西方许多学者呼吁建立民商合一的具有法典化传统的国家，也只是"雷声大而雨点小"。像德国、法国这样的较早拥有民法典的国家，民法与商法的合一也没有完成。为什么每一个民法学者在编写民法教科书时，内容几乎是一致的，而编写商法教科书则有这么大的差异？这种取舍是有根据的，还是任意的？由此可见，理性与单纯的价值判断并不是推动民商合一的全部因素，更不是决定性因素，而历史与传统才是商法产生的基础，也是其存在的基础，是民商分立的真正支持。也许正是历史与传统的因素真正阻碍着民商合一。

德国学者托伦这样分析大陆法系国家的"民商分立"："民法与商法的划分与其说是一种科学的划分，还不如说是一种历史的沿革。传统因素对民商分立的形式具有压倒一切的影响。"[1] 但如何理解"传统因素"？我们认为，"传统因

---

[1] 转引自覃有土主编：《商法学》，中国政法大学出版社1999年版，第57页。

素"主要有两个：一是西方历史上形成的商人规则；二是受罗马法形式理性影响而形成的法典化的传统。

大陆法系各国的商法典，在形式理性上远远不如民法典完美，因此，在大陆法系令人赞叹的是其民法典而非商法典。造成这种结局的原因可以归结为传统与理性的不协调。因为大陆法系传统的形式理性具有巨大魅力，立法者在制定法律时自然受到制约。而作为大陆法系形式理性的发源地——罗马法中又没有现成的经验和具体模式可供遵循。就如艾伦·沃森对《法国民法典》所作的评价一样，《法国民法典》的基本结构是法学理论传统的产物，它经过了几代法学家的巨大努力。而商法典，无论是在措辞还是在规范质量上，都远远不及民法典。[1] 从商法典形成的历史因素来看，商事规则本来就是民法的"弃儿"，商法典是对游离于民法之外的"散兵游勇"的收容，故其内在联系性远远不如民法。虽然商事立法也遵循一定的脉络，有的以商人为主线，有的以商行为为主线，有的兼而有之，也有一些基本的概念，如商人、商行为、商事权利义务等，但是，商行为、商事主体的概念是如此的不确定，以致难以抽象出共同的可称为"原则"的东西来。例如，保险行为、票据行为、破产清算、期货买卖行为、证券买卖行为之间的差异性远远大于共同性，其间的联系性与柔和性令人生疑：这些商行为是否是一个有机的整体？

也许正是这个原因，许多学者主张废除商法典而改为民商合一的立法体例，但是，法国虽然有一定的行动，但迄今为止仍未落实，德国的情况也大体如此。意大利的民法典据说是民商合一的结晶，但其真正的运行结果需要实践的检验。笔者认为，民商分立是传统与历史的产物，而正是传统与历史才是民商合一的真正障碍。在我们国家讨论民商合一或者民商分立，其意义并不是太大。因为：①我们根本不存在像西方的历史传统，商人在任何时候也没有真正成为一个相对独立的阶层，更没有自己不可动摇的商事规则。所以，我国从国民政府时期就开始实行民商合一，是极其自然的。②民商合一或者民商分立仅仅是一个形式问题，即在民法典之外是否需要一个与之并立的商法典。即使是民商合一，也不妨碍商法规范的实际存在，例如，我国现在一般认为是民商合一，但在民法之外仍然实际存在公司法、破产法、票据法、保险法等。因此，无论是民商合一还是民商分立，既不影响理论研究，也不影响司法实践。

---

〔1〕 ［美］艾伦·沃森：《民法法系的演变及形成》，李静冰、姚新华译，中国政法大学出版社1997年版，第165、170页。

第三节　民法的法律渊源

一、民法之法律渊源的概念

学者在关于什么是法律渊源的问题上，存在分歧。[1] 我们认为，民法的法律渊源这一概念的确有许多意义，对这一概念的界定与论者对法律所持有的态度有关，例如，作为分析实证主义法学之纯粹法学的代表人物，凯尔森肯定坚持"纯粹的法律"才是法律，所以，在法律渊源上也就自然坚持"存在形式论"。而作为社会学法学的论者埃利希则认为，除了实定法，社会中的"活法"也是法律的渊源。[2] 另外，我们也应当看到，大陆法系国家与英美法系国家因对法

---

[1] 主要观点有：①存在形式论。例如，日本学者平井一雄认为，所谓民法的法源，是指作为私法的普通法的实质意义民法的存在形式（梁慧星：《民法总论》，法律出版社 1996 年版，第 20 页）；意大利学者彼德罗·彭梵得认为，法的渊源是借以将法律规范确定为实在法的和强制性规范的那些方式（［意］彼德罗·彭梵得：《罗马法教科书》，黄风译，中国政法大学出版社 1992 年版，第 16 页）；英国学者巴里·尼古拉斯认为，法律的渊源可以在多种意义上使用，在这里（罗马私法——笔者注）它是指法的制定方式，罗马法的法律渊源可以划分为三种：制定法、执法官告示和法学家解释（［英］巴里·尼古拉斯：《罗马法概论》，黄风译，法律出版社 2000 年版，第 14 页）；王泽鉴先生认为，民法的法渊源是指法的存在形式，法律、习惯及法理为直接渊源，而判例与学说为间接渊源（王泽鉴：《民法总则》，中国政法大学出版社 2001 年版，第 44 页）；曾世雄先生认为，民法的法律渊源是指挹注成民法的各种源泉，亦即构成民法的各个部分，也就是指实质民法与形式民法（曾世雄：《民法总则之现在与未来》，学林文化事业有限公司 1993 年版，第 24 页）。②法律成立原因论。德国学者萨维尼认为，一般的法的成立原因、法律制度的成立原因以及通过对法律制度进行抽象而形成的一个个法规的成立原因，就被称为法律渊源（龙卫球：《民法总论》，中国法制出版社 2001 年版，第 32 页）；因为萨维尼始终认为，法律是一种历史文化现象，萌生于一个民族的灵魂深处并在那里经过长期的历史进程而孕育成熟，所以，法律是民族精神的产物，法律的渊源就是民族精神（［德］K. 茨威格特、H. 克茨：《比较法总论》，潘汉典等译，贵州人民出版社 1992 年版，第 258 页）。③混合论。这种观点是将上述两种观点混合而成。美国学者 E. 博登海默认为，法律渊源包括正式渊源与非正式渊源，正式渊源是指体现为权威性法律文件的明确文本形式，如宪法、法规等；非正式渊源，是指那些具有法律意义的资料和值得考虑的材料，而这些资料和值得考虑的材料尚未在正式法律文件中得到权威性或者是明文的阐述与体现，如正义原则、道德信念、社会倾向等（［美］E. 博登海默：《法理学：法律哲学与法律方法》，邓正来译，中国政法大学出版社 1999 年版，第 414～415 页）；李开国教授也认为，就广义而言，法的渊源是指法赖以确定的根据及法的表现形式（江平主编：《民法学》，中国政法大学出版社 2000 年版，第 20 页）。

[2] ［美］E. 博登海默：《法理学：法律哲学与法律方法》，邓正来译，中国政法大学出版社 1999 年版，第 142 页。

律的理解不同而对法律渊源有不同认识。大陆法系国家的立法由专门的立法机关完成，法官不能创造法律（至少在纸面上是这样），所以，大陆法系的许多学者将法律渊源理解为法律的实际存在形式就是自然的。而英美法系国家的立法权掌握在法官手中（虽然现在不完全如此），立法与司法的职能在某种意义上是重合的，所以，法官在创设法律规则时所用的资料很容易被当作法律的渊源，因此，美国学者理解法律渊源就是"混合论"也并非偶然。另外，在渊源的具体表现上，大陆法系国家理解的法律渊源的重要形式为制定法，而英美法系国家自然也就是判例法更重要。在下面的论述中，我们使用的"民法的法律渊源"一词是指具有规范效力的民法的实际存在形式。

二、民法之具体法律渊源

（一）法律

法律，也可以称为"制定法"，是指经具有立法权的国家机关制定的法律文件。制定法在大陆法系的法律渊源地位具有相当的理论支持。"只有立法者制定的才是法律，而其他的都不是"这种观点，被认为来自孟德斯鸠的"三权分立"理论。根据该理论，立法、行政与司法应该严格区分开来，以起到相互制约的作用。但这仅仅是原因之一，另一个原因是程式化的规则和概念所具有的优越性。毫无疑问，正是19世纪令人震惊的自然科学和技术进步，以及由此形成的因果论思维模式，为实证主义提供了坚实的基础。美国学者梅利曼指出，由于立法机关是唯一直接选举产生的代议制政府部门，因此也只有它才能反映人民的意志。所以，只有立法机关所颁布的成文法才是法律，这一观点是立法实证主义的精髓所在。[1] 实证主义哲学认为，法官只是单纯地适用事先已经制定好了的规则，从而将法官作为一台自动售货机。人们向法官输送事实和法律规则，就像向自动售货机投放硬币，然后便从机器下面得到相应的结果。[2] 下面我们就制定法中的宪法、民事基本法、民事单行法与有权解释作简要的说明。

1. 宪法。宪法是一个国家的基本法，具有最高的法律效力，是其他法律规范产生的基础，民法典与民法单行法都必须以宪法为依据。在宪法中，规定了公民的基本财产性权利与人身性权利。所以，许多学者认为，宪法是民法的法律渊源。

---

〔1〕［美］约翰·亨利·梅利曼：《大陆法系——西欧拉丁美洲法律制度介绍》，顾培东、禄正平译，知识出版社1984年版，第25页。

〔2〕［德］罗伯特·霍恩等：《德国民商法导论》，楚建译，中国大百科全书出版社1996年版，第62页。

2. 民事基本法。在大陆法系国家，民法规范存在的基本形式是民法典，这是大陆法系国家自优士丁尼的《民法大全》开始的形式理性传统的结果。在19世纪资本主义上升时期，即理性主义至上的时代，许多国家纷纷将自己的民法法典化。各国民法典规定了民事法律关系的基本制度和原则，是市民社会的"大宪章"。所以，它是民法的基本渊源。

应当指出，在今天，由于人们越来越多地认识到了人类理性的有限性，因此对民法的法典化提出了越来越多的批评，有些批评甚至走向极端。但是，法典化的传统与方法以及由此建立起来的司法系统已经渗透到人们的思想中，虽然有许多不足，然而其优点也具有不可抗拒的魅力。也许正是这一原因，大陆法系国家还鲜有放弃法典化的。我国大陆的民法典正在制定中。

3. 民事单行法。民事单行法是针对特定类型的民事关系的法律调整而制定的特别法规。由于民法不能包容所有的民事法律关系，具有特殊性的法律关系往往需要通过单行法解决，例如不动产登记法等。另外，在实行"民商合一"体制的国家，许多商事法规都以民法特别法——单行法规的方式表现，例如《公司法》《票据法》《破产法》等。在我国，由于没有民法典，而我国又主张"民商合一"，因此我国的民事单行法较多。

4. 有权解释。有解释权的机关对民事法律所作的解释也是民法的渊源。在大陆法系国家，一般说来，法律严格禁止法官对法律进行解释，所以，法院的解释一般不是法律的渊源，只有立法机关的解释才是有权解释。就如有的学者所指出的，大陆法系分权理论的极端化，导致了对法院解释法律这一作用的否定，而是要求法院把有关问题都交给立法机关加以解决，然后由立法机关提供权威性解释，用以指导审判实践。通过这种方法纠正法律的缺陷，杜绝法院立法并防止司法专横对国家安全造成的影响。对大陆法系的教条主义者们来说，唯有立法者所作的解释才是可以允许的解释。[1] 但在我国，立法机关恰恰很少作出有权解释，而将这种权力交给了最高人民法院，而最高人民法院利用这种授权作出的司法解释，有的甚至改变了立法机关的立法，这种做法应当引起我们的高度注意。

（二）习惯

习惯是为不同阶级或者各种群体所普遍遵守的行动习惯或者行为模式。而习惯法则是用来指那些已经成为具有法律性质的规则或者安排的习惯，尽管它们尚

---

〔1〕 ［美］约翰·亨利·梅利曼：《大陆法系——西欧拉丁美洲法律制度介绍》，顾培东、禄正平译，知识出版社1984年版，第43页。

未得到立法机关或者司法机关的正式颁布。[1]

尽管习惯与习惯法是有区别的，但是这两种社会控制力量之间的分界线有时是不易确定的，因为一般的观点认为，法律与习惯在早期社会中是毫无分别的，而且社会习惯与习惯法之间所划定的界限本身也只是长期的法律进化的产物。一种在历史某一时期并未被认为具有法律性质的惯例，可能会在以后被提升到法律规则的地位。那么，现实的问题是：一项习惯具备了什么条件或者要素，才能发生从习惯向习惯法的转化？这一问题涉及法律的确定性与每一个潜在当事人的利益，非常有必要搞清楚，这不仅是民法所关注的问题，也是法理学所感兴趣的问题。

意大利学者彼德罗·彭梵得认为，一项习惯只有在具备两个条件时，才能属于不成文法的习惯法：①法律信念，或者认为应当把规范当作法来遵守；②对规范的自觉遵守。[2]

约翰·奥斯丁就习惯法问题采取了一种颇为简单的观点，他认为，在立法机关或者法官赋予某一习惯惯例以法律效力以前，它被认为是一种实在的道德规则。按照这一观点，对于一种习惯的遵守，即使人们在遵守该习惯时坚信它具有法律的约束力，也不足以使该习惯转换为法律。[3] 这是法律实证主义的典型观点。但是，历史法学派就有相反的主张。

历史法学派认为，一旦一个家庭、一个群体、一个部落或者一个民族的成员开始普遍而持续地遵守某些被认为是具有法律强制力的惯例或者习惯时，习惯法便产生了。在习惯法的产生过程中，无需一个更高的权威对上述惯例与安排作出正式的认可或者强制执行。在早期的社会中，法律规则并不是自上而下设定的。历史法学派的代表人物萨维尼认为，习惯法产生于一个民族的社会安排，这些安排是经由传统和习惯而得到巩固的，而且是与该民族的法律意识相符合的，而不是源于政府当局的政令。[4] 由此可见，萨维尼的观点受到了罗马法的极大影响，与专门研究罗马法的意大利学者彼德罗的观点几乎一致。

法律实证主义的观点，在大陆法系国家颇有影响。一些大陆法系国家要求，

〔1〕 [美] E. 博登海默：《法理学：法律哲学与法律方法》，邓正来译，中国政法大学出版社1999年版，第379~380页。

〔2〕 [意] 彼德罗·彭梵得：《罗马法教科书》，黄风译，中国政法大学出版社1992年版，第16页。

〔3〕 [美] E. 博登海默：《法理学：法律哲学与法律方法》，邓正来译，中国政法大学出版社1999年版，第467页。

〔4〕 [美] E. 博登海默：《法理学：法律哲学与法律方法》，邓正来译，中国政法大学出版社1999年版，第381页。

法院将某种习惯当作法律规则加以实施前，这种习惯必须附有法律意见或者必要意见。这种要求意味着：如果社会成员坚信某种习惯不具有法律约束力，而且不是实施权利与义务的渊源，那么，该习惯就不能被承认为法律规则。[1] 虽然大陆法系国家普遍承认习惯是第三法律渊源，但是大陆法系国家关于习惯的法律意义的论著可谓汗牛充栋，远远超过了习惯本身作为法的实际重要性。产生这种现象的主要原因在于：需要证明这些类似于法但又不是立法机关所创制的法的合理性。由于赋予习惯以法律效力违背了国家实证主义以及分权理论，于是，学者创造了许多复杂的理论来解释这种明显的对立。[2] 因为《法国民法典》与《德国民法典》均没有明确规定习惯作为法律的渊源形式。

英美法系国家也有同样的问题。在英美法系国家，一项习惯能否被法院赋予法律强制力的一个重要标准就是该种习惯是否具有合理性。如果一项习惯具有不合理性，法院有权拒绝赋予其法律效力。正如美国纽约州上诉法院的理由：合理性是某一项惯例的有效条件之一。法院不能确认一种不合理的或者荒唐的习惯在影响当事人的法律权利。英美法系国家在选择习惯时，保留了这一方法。[3] 由此可见，美国法官在对待习惯的态度上，与大陆法系国家基本相同，即在被法院确认前，习惯还不是习惯法。在英美法系国家，习惯向习惯法的转化必须具备三个基本条件：①习惯的确认不得用来对抗制定法的实在规则，不能违反普通法的基本原则；②习惯必须已经存在了很长时间，并且得到了公众持续不断的实施，而公众也必须视这种习惯为强制性的；③习惯必须是合理的，也就是说，习惯不能违反有关是非的基本原则，也不能侵害不具有此项习惯的人的利益。[4]

应该说，在今天，制定法越来越普遍和发达，习惯法作为法律渊源的重要性已经减弱。但是，由于习惯被普遍遵守的约束力特征，在法律没有规定时，用习惯调整当事人的权利义务，可能更容易被接受。因为某人长期处于一种习惯的约束环境中，让他接受这种习惯的约束没有任何不合理之处。正因为如此，许多国家的民法典明确规定了习惯的法律渊源性。例如，《瑞士民法典》第 1 条规定：

---

〔1〕 ［美］E. 博登海默：《法理学：法律哲学与法律方法》，邓正来译，中国政法大学出版社 1999 年版，第 470～471 页。

〔2〕 ［美］约翰·亨利·梅利曼：《大陆法系——西欧拉丁美洲法律制度介绍》，顾培东、禄正平译，知识出版社 1984 年版，第 26 页。

〔3〕 ［美］E. 博登海默：《法理学：法律哲学与法律方法》，邓正来译，中国政法大学出版社 1999 年版，第 471 页。

〔4〕 ［美］E. 博登海默：《法理学：法律哲学与法律方法》，邓正来译，中国政法大学出版社 1999 年版，第 472 页。

"如本法无相应规定时，法官应依据惯例。"在我国这样一个拥有悠久历史传统的国家，习惯法作为法律的渊源更具有说服力。我国最高人民法院西南分院于1951年在一个批复中指出："如当地有习惯，而不违反政策精神者，可酌情处理。"[1]这一批复可以作为我国实践中承认习惯法作为法律渊源的例证。但是，应当注意，在我国由于民族众多、习惯众多，把握习惯向习惯法的转换也更加重要。笔者认为，一项习惯被法院作为习惯法而承认，应当具备下列条件：①待决事项确无制定法规定；②要确认的习惯是确实存在的；③该习惯长期以来被当作具有约束力的规则来遵守；④当事人均属于该习惯的约束范围之中，即当事人双方或者多方都知道这一习惯并受该习惯约束。如果只有一方当事人知道该习惯而另一方不知，或者虽然知道却没有被习惯的约束力约束过，都不能确认为习惯法；⑤习惯必须不与法律的基本原则相抵触。

（三）判例

判例在大陆法系与英美法系国家有十分不同的地位。在英美法系，判例作为法律的主要渊源，似乎并没有疑问。而在大陆法系，其即使作为次要渊源，也没有被正式确认。判例作为英美法系国家法律的主要渊源，是由"遵循先例"这一原则所决定的。"遵循先例"这一术语是拉丁语 *Stare decisis et non quieta movere*（即遵守先例，不扰乱确立的要点）的缩略语。如果用一般的方式来表述，遵循先例乃意味着某个法律要点一经司法判决确立，便构成一个日后不应背离的先例，即一个直接相关的先前案例，必须在日后的案件中得到遵循。英美法系国家之所以奉行这一原则，主要有以下几点支持理由：①该原则将一定的确定性和可预见性引入了私人活动及商业活动的计划之中。②遵循先例为律师进行法律推理和法律咨询提供了某种既定根据。③遵循先例原则有助于对法官的专断起到约束作用。通过迫使法官遵守业已确立的判例，减少他作出带有偏袒和偏见色彩的判决的可能性。④遵循先例还可以增进司法效率。它使法院在一个法律问题每次重新提出时就重新考察该问题的做法成为不必要。法官卡多佐指出："如果过去的每个判例在每个新案件中都要被重新讨论，而且一个人无法在其他走在前面的人所砌的可靠的基础上砌他自己的砖，那么法官的劳动就会被增加到几乎使他垮掉的地步。"⑤"在相同的情形中，所有的人都应当得到相同的对待"支持了这一原则。[2]

---

[1]　梁慧星：《民法总论》，法律出版社1996年版，第22页。
[2]　[美] E. 博登海默：《法理学：法律哲学与法律方法》，邓正来译，中国政法大学出版社1999年版，第539~541页。

那么，在英美法系国家中，构成被遵循的先例之判例究竟指的是什么？也就是说，它是指判例本身，还是指判例所反映的内在价值和基本精神？对此，存在两种对立的观点，即宣告说与创立说。

宣告说认为，并不是先例（终审法院的判决），而是隐藏于其后或者超越其上的某种东西赋予了它以权威和效力，也就是说，使司法判决具有法律效力的力量并不是法官的意志或者命令，而是原则的内在价值或者体现于判决的习惯实在性。例如，英国著名法官马修·黑尔（Matthew Hale）指出，法院判决并不能成为确当意义上的法律，但它们在解释、宣布何为该国家的法律时，有着重大影响和权威性。曼斯菲尔德（Mansfield）认为，如果英国法律真的只依先例而决定，那么它就是一种奇怪的科学。英国的法律是建立在原则基础之上的，每个案件的特殊情形都可被归于上述原则中的这一原则或者那一原则之中，因而这些原则贯彻于所有的案件之中。判例的精神和理由可以成为法律，而特定的先例文字却不能。美国学者约瑟夫·斯托雷（Joseph Story）法官也指出，很难说法院的判决构成法律，它们充其量只不过是证明什么是法律或者什么不是法律以及它们自身是不是法律的证据。也就是说，先例并不是一种教条公式，而只是一种对原则的说明。换言之，正是作为判决依据的公共政策的理由或者原则，而不是一般法律的阐释，在运用遵循先例时才具有价值。

创立说认为，法官通常都是以溯及既往的方式造法，而且他们在判决中所规定的规则不仅是法律渊源，甚至就是法律本身[1]。

在宣告说与创立说之间，应该说宣告说占有主导地位，因为无论是英国的法院还是美国的法院，都有一种权力，即在先例不符合公平正义时修改先例，也就是说，判决的内在原则与价值比判决本身更重要。这对我们理解判例具有重要的启示意义。

在大陆法系国家，判例作为正式的法律渊源在理论上存在较大的困难。罗马皇帝优士丁尼就曾命令："一般案件应当根据法律而不是根据先例来审判。"从一般意义上说，这在当今仍然是占统治地位的观点[2]。但是，我们也必须看到，大陆法系国家越来越重视判例的作用。例如，德国最高法院认为，律师如果无视法院在其正式的判例汇编中所发表的判例，那么他本人便应当对此产生的后果对

---

[1] ［美］E. 博登海默：《法理学：法律哲学与法律方法》，邓正来译，中国政法大学出版社1999年版，第430~432、539~543页。

[2] ［美］E. 博登海默：《法理学：法律哲学与法律方法》，邓正来译，中国政法大学出版社1999年版，第434页。

其当事人负责。[1] 德国学者指出，孟德斯鸠的"三权分立"理论使人们难以承认法官所创立的规则是可以适用的法律。大多数著述家将判例归于以共同适用及长期不变的习惯为特征的习惯法。但是，仅仅找出判例法的这些特征，远远不能使人信服。因为事实上，较高审级法院所作的判决，哪怕是孤立的判决，也总是让人感到敬畏的。[2] 事实上，任何下级法院对上级法院的判例都不会置之不理。造成这种状况的另外一个原因是：由于大陆法系的上诉制度，如果下级法院不重视上级法院的判例，很有可能被改判。而下级法院为了使自己的判决不被纠正，最直接的方式就是认真对待上级法院的判例。

（四）法理

关于法理的概念，学者之间多有争论。笔者认为，法理应当是法律的基本精神与原则。

从法律渊源的视角看，法理与学理或者学说有本质的不同。学说是学者关于成文法的解释、习惯法的认知、法理的探求等所表示的见解。[3] 学说千差万别，各有所衷，具有更大的主观性和任意性；而法理应当具有相对确定性和客观性。这也正是法理是法律渊源的表现形式而学说则不然的理由。

正是因为学说或者学理的任意性和主观性，所以，无论是优士丁尼还是拿破仑，虽然在法典的起草中十分重视学者与学说，但却禁止他们对法典进行评注。美国学者曾经发现了这样一个奇怪的现象：为什么大陆法系的立法者对法学家存在着爱恨参半的矛盾心理？例如，优士丁尼一方面要求法学家编纂法典，而另一方面又禁止他们对《民法大全》进行评注？原因大概是：①优士丁尼企图恢复古老纯正的罗马法传统的愿望同时伴随着对法学家的戒心，因为他害怕这种评注会降低《民法大全》的权威；②优士丁尼认为，他的法典已经达到了尽善尽美的程度，对法典的任何评注只会有损法典的光辉。虽然拿破仑不禁止对他的法典进行评注，但却希望评注不要公开发表。据说，当拿破仑得知第一本法典评注出版时，他神态异常地惊呼："我的法典完了！"拿破仑不主张对法典进行评注的理由有三：①他认为这部法典如此清晰、完整、逻辑严密，任何评注都是画蛇添足；②他担心法典一旦落入法学家之手，这本在法国公民中广为流传的法典的威

---

[1] ［美］E.博登海默：《法理学：法律哲学与法律方法》，邓正来译，中国政法大学出版社1999年版，第434页。

[2] ［德］罗伯特·霍恩等：《德国民商法导论》，楚建译，中国大百科全书出版社1996年版，第66~67页。

[3] 王泽鉴：《民法总则》，中国政法大学出版社2001年版，第71~72页。

望就将随之湮没;③他不愿意法学家用保守、陈旧的观点来看待法典并加以评注。[1]

优士丁尼和拿破仑的做法说明了两点:①学说具有主观性与任意性,不宜作为法律渊源;②法学家与学说在立法中具有重大作用。

应当特别指出的是,法理既然是法律基本原则与基本精神的体现,则无论法律是否明确规定其为法律渊源,其都是法律渊源。例如,《瑞士民法典》第 1 条、我国台湾地区"民法"第 1 条均规定法理为法律渊源,当无疑义。

三、我国民法的法律渊源

我国《民法总则》第 10 条对于法院有专门的规定:"处理民事纠纷,应当依照法律;法律没有规定的,可以适用习惯,但是不得违背公序良俗。"从这种表面上看,民法的渊源似乎是法律和习惯。但从我国实际使用的法律渊源看,除了法律和习惯,还有判例、国务院法规,甚至是法理。

（一）法律

在我国,法律应该理解为由全国人大及其常委会制定的法律文件,包括正在制定的民法典及单行民事立法,所谓的商法,实际上在我国属于民事单行法,如《票据法》《公司法》《破产法》等。

宪法能否作为民法的渊源,存在争议。但我国实践中,有的判例已经承认其作为民法的渊源。

（二）全国性行政法规

根据我国《宪法》第 89 条的规定,国务院可以根据宪法和法律,规定行政措施,制定行政法规,发布决定和命令。在所有的政府部门中,根据宪法规定,只有国务院制定或者以国务院的名义发布的行政决定或者命令,才是法规,而其所属的各部委之规章,不是法规而是部门规章,不具有法律渊源的效力。我国最高人民法院于 1999 年 12 月 19 日作出的《关于适用〈中华人民共和国合同法〉若干问题的解释（一）》（以下简称《合同法解释（一）》）第 4 条规定:"合同法实施以后,人民法院确认合同无效,应当以全国人大及其常委会制定的法律和国务院制定的行政法规为依据,不得以地方性法规、行政规章为依据。"这一规定明确排除了部门规章和地方法规作为法院适用的法律渊源。

---

[1] [美] 约翰·亨利·梅利曼:《大陆法系——西欧拉丁美洲法律制度介绍》,顾培东、禄正平译,知识出版社 1984 年版。

（三）有权解释

根据我国《宪法》第 67 条的规定，全国人民代表大会常务委员会有权解释法律，因此，其对法律的解释为有权解释，具有法律渊源的效力。

最高人民法院是否有权解释法律？我国宪法没有授予其解释法律的权利。但是，全国人民代表大会常务委员会《关于加强法律解释工作的决议》第 2 条规定："凡属于法院审判工作中具体应用法律、法令的问题，由最高人民法院进行解释。"据此，许多人认为，最高人民法院具有司法解释权，其解释也属于有权解释，是法律的渊源。但是，全国人民代表大会常务委员会的这一授权性规定，结合最高人民法院实际解释法律的方式，有两点值得思考：

1. 全国人民代表大会常务委员会的这一授权的内涵是什么？是就法律适用中的具体个案解释，还是对法律的总体解释？

2. 最高人民法院在解释法律的过程中，已经远远不是在解释法律，而是在改变全国人民代表大会及其常务委员会的立法，这是否是违宪行为？试举两例：

（1）1995 年 6 月 30 日第八届全国人民代表大会常务委员会第十四次会议通过的《中华人民共和国担保法》第 25 条第 2 款规定："在合同约定的保证期间和前款规定的保证期间，债权人未对债务人提起诉讼或者申请仲裁的，保证人免除保证责任；债权人已提起诉讼或者申请仲裁的，保证期间适用诉讼时效中断的规定。"

最高人民法院于 2000 年 9 月 29 日通过的《关于适用〈中华人民共和国担保法〉若干问题的解释》第 31 条规定："保证期间不因任何事由发生中断、中止、延长的法律效果。"

（2）1995 年 6 月 30 日第八届全国人民代表大会常务委员会第十四次会议通过的《中华人民共和国担保法》第 24 条规定："债权人与债务人协议变更主合同的，应当取得保证人书面同意，未经保证人书面同意的，保证人不再承担保证责任。"

最高人民法院 2000 年 9 月 29 日通过的《关于适用〈中华人民共和国担保法〉若干问题的解释》第 30 条第 1 款规定："保证期间，债权人与债务人对主合同数量、价款、币种、利率等内容作了变动，未经保证人同意的，如果减轻债务人的债务的，保证人仍应当对变更后的合同承担保证责任；如果加重债务人的债务的，保证人对加重的部分不承担保证责任。"

我们不能因为最高人民法院的修改比立法机关的立法合理，就默认这种做法。如果立法确有问题或者存在错误与不合理之处，最高人民法院也无权修改，而应当通过正当程序予以修改。

（四）地方性民事法规

根据我国《宪法》第100条及第116条的规定，各省、直辖市的人民代表大会及其常务委员会，在不同宪法、法律、行政法规相抵触的前提下，可以制定地方性法规，但要报全国人民代表大会常务委员会备案。民族自治地方的人民代表大会有权依照当地民族的政治、经济和文化的特点，制定自治条例和单行条例。自治区的自治条例和单行条例，报全国人民代表大会常务委员会批准后生效。自治州、自治县的自治条例和单行条例，报省或者自治区的人民代表大会常务委员会批准后生效，并报全国人民代表大会常务委员会备案。地方性民法法规是地方性民法的渊源。

（五）法理

我国民法虽然没有规定法理是民法的法律渊源，但其既然是法律原则与精神的体现，应当是我国民法的法律渊源。

第四节　民事法律关系

一、民事法律关系的概念

（一）定义

民事法律关系是人与人之间的被纳入民法调整范围的生活关系，也可以说是人与人之间因民法调整而形成的民事权利义务关系。

德国学者萨维尼认为，各个法律关系，就是由法律规定的人与人之间的关系。在自然界，人是最重要的因素，人为了生活，必然要与他人发生各种各样的关系。在这种关系中，既要让每个人自由地发展，又要防止对他人造成损害，这就需要法律来进行规范。由法律规范的人与人之间的关系，就是法律关系。[1]对于法律关系可以作如下说明：

1. 民事法律关系由两个基本的条件构成。学者对于法律关系可能有不同的界定，但基本上都包含两个最基本的特征：

（1）民事法律关系是法律规范调整的结果，即民事法律关系是民法调整的结果。张俊浩教授认为，民事法律关系是民法规范中法律效果部分实施的结果。民事法律规范由两部分构成：一是"法律要件"，二是"法律效果"。其中，"法

---

〔1〕 龙卫球：《民法总论》，中国法制出版社2001年版，第120页。

律要件"给出了"法律效果"的条件，而"法律效果"则给出了"法律要件"被生活事实所充分时的效果，该效果即为具体的权利义务关系。民事法律规范实施于社会生活，方有民事法律关系的出现。[1] 上述德国学者萨维尼关于民事法律关系的概念也包含了这一条件。

（2）民事法律关系是被民法摄入自己调整范围的现实生活中的一部分。现实生活中的各种关系很多，但并不都由民法来调整，也就不全是民事法律关系。梅仲协先生认为，所谓法律关系，就是法律所规定的人与人之间的生活关系。人与人之间的生活关系至为错综复杂，法律所规定者不过是其中最小的一部分，还有大部分则受道德、宗教等支配。法律的目的，在于追求社会生活的正义之实现，借以维持社会生活的和平，增进人类的幸福。所以，何种生活关系可以认其为法律关系，只有以法律的目的作标准，而予以认定。[2]

2. 民事法律关系的实质是人与人之间的权利与义务。德国学者哈丁认为，如果一项法律关系不与另一个人发生关系，那么此项法律关系就是没有意义的，因而物权也是"一个人相对于其他人的决定权能"，[3] 也就是说，物权法律关系也是人与人之间的关系，只不过是通过对物的支配来体现而已。这种人与人之间的关系在民法上体现为权利义务关系，而这种权利义务关系可能是财产性内容，也可能是非财产性内容（如人身关系）。

3. 民事法律关系与法律制度。法律关系是法律制度对现实生活调整的具体指向，所以，法律制度往往是抽象的，而法律关系则是具体的。例如，买卖法律制度是抽象的法律制度，没有任何具体的买卖指向，而买卖法律关系则必须是具体的交易。就如前面所提到的，抽象的买卖法律制度只有一种，而买卖法律制度实施的具体效果——法律关系则千差万别。例如，A 与 B 买卖汽车、C 与 D 也买卖汽车，他们适用的法律制度是同一种，但 A 与 B、C 与 D 却分属两种不同的具体法律关系。

4. 民事法律关系的要素。由于法律关系是具体的，所以一项法律关系的构成必须有：①具体的权利义务；②权利义务的享有者或者承担者；③权利义务的具体承载——客体。

5. 民事法律关系的单纯性。民事法律关系虽然是对现实生活的摄取，但由于立法技术的限制和需要，使得民事法律关系具有非生活化的单纯性。例如，A

---

〔1〕 张俊浩主编：《民法学原理》（上册），中国政法大学出版社 1997 年版，第 58 页。

〔2〕 梅仲协："法律关系论"，载费安玲、朱庆育编：《民法精要》，中国政法大学出版社 1999 年版。

〔3〕 〔德〕迪特尔·梅迪库斯：《德国民法总论》，邵建东译，法律出版社 2000 年版，第 51 页。

租赁 B 的电脑，在租赁过程中因不正确使用而发生了损害。那么，这一生活事实在民法上产生了两种不同的法律关系：B 可以所有权人的身份向 A 要求赔偿，即在 A 与 B 之间产生了物权法律关系；B 可以出租人的身份要求 A 承担违约责任，则在 A 与 B 之间产生了债权关系。这两种法律关系分属于不同的法律制度，结果可能也有差别。B 在具体诉讼中只能选择其一，不能同时主张。

（二）民事法律关系在民法上的价值

民事法律关系在民法上的意义重大，可以归结如下：

1. 民事法律关系是理解民法体系的切入点。民法体系也可以理解为法律关系的体系。如果解析民法体系，它就是由不同的法律关系所构成，具体来说，有人身法律关系、物权法律关系、债权法律关系（合同法律关系、侵权法律关系、不当得利法律关系、无因管理法律关系等）。而这些法律关系都有自己不同的特征和规则。因此，只有理解这些不同的法律关系，才能正确认识和把握民法体系。

2. 民事法律关系是司法实践的重要手段。在法官的眼中，不同的案件，其实就是不同的法律关系。由法律关系的单纯性所决定，法院在立案时，是按照单纯的法律关系来立案的，法官的审理也是以单纯的法律关系为基础的。只有将具体的案件转化为具体的法律关系时，才能正确地适用法律。

二、民事法律关系的内容

民事法律关系的内容其实就是民事权利义务关系。在民法上，任何一个行为或者事件如果既不产生权利也不产生义务的话，那么这种行为在民法上就是没有意义的行为或者事件。由于民法"权利本位"的理念，民事法律关系的实质有时又被归结为权利。

德国学者萨维尼认为，法律关系的本质就是划定个人的意思所能独立支配的范围，即权利。因此，法律关系的本质就是权利。他将权利分为三类：第一种权利是人从出生起就有的，它在生命存续期间不得被剥夺，称为"原权利"，由此引出来的是意志的自由、人的不可侵犯性等。第二种和第三种是后天取得的权利，称为取得权利，形成人与自然的关系及人与人的关系。所谓人与自然的关系，就是人对物的支配权，也就是民法上的物权法律关系。人与人之间的关系就比较复杂。有的是对特定行为的权利，因这种权利承担者的人格存在，不得被支配，故有请求权之称，也就是我们民法上的债权关系。还有与他人后天结合的关系，例如夫妻关系，并由此产生的父母子女关系。[1] 大陆法系许多国家的民法典基本上是以这种分类来规定权利的，具体体现就是物权、债权与人身权。

必须指出，由于权利的存在，其实现就要有义务对应体的存在，所以，权利义务往往是相伴而生的。所以，法律关系的内容在形式上都表现为权利义务。但是，我们将权利作为法律关系的本质，意在强调民法中权利本位的基本观念。

三、法律关系的享有者（主体）——自然人与自然人组织体

关于自然人及其组织体，我们将在本书第二编主体制度中详细阐述。

四、法律关系的客体

（一）民事法律关系客体的概念

通说认为，民事法律关系的客体是指民事权利或者民事义务的载体。法律关系中的权利义务只是抽象的概念，它们的具体实现都必须借助于一定的载体。例如，买卖关系中的权利义务是通过具体的金钱或者物来体现的，这种金钱或者物就是买卖法律关系的客体。

应当特别指出，人是法律关系的享有者，不能成为法律关系的客体。这是不能动摇的原则。所以，人只能买卖物，而不能被当作物来买卖。正是因为如此，许多国家的民法典和民事理论不愿意承认诸如"生命权"这样类似的权利，其实就是害怕这种权利行使的结果是指向了生命体本身。

（二）法律关系的客体因不同法律关系而有区别

1. 在物权法律关系中，其客体是物或者权利。应该说，传统民法中，物权法律关系的客体只能是物，但由于在现代社会中，财产的权利化已经是一个不可阻挡的趋势，故在担保物权法上，权利作为标的的情形已经普遍化了。

2. 在债权法律关系中，其客体可以是物，也可以是行为，甚至有学者主张只能是行为。

3. 在人身法律关系中，客体究竟是什么，甚有争议。而且，这一问题涉及民法的主体性问题，因此应深入研究。我们将在关于人格权的有关章节中详细讨论。

（三）对同一客体的侵犯的多重救济

对同一客体的侵犯，可能会导致多重法律责任。例如，对人的身体的伤害，可能会导致民事责任，也可能引起刑事责任。

---

[1] 转引自龙卫球：《民法总论》，中国法制出版社 2001 年版，第 123 ~ 124 页。

五、法律关系的产生

1. 根据主体的自由意志而产生，法律仅仅给予消极的评价。主要体现在法律行为上，具体体现在婚姻关系、合同关系和遗嘱关系上。

2. 法律的规定。例如，时效、侵权、不当得利、无因管理等。

产生具体法律关系的两种原因即在民法上统称为"法律事实"。前者通常被称为"法律行为"，而后者被称为"非法律行为"。

第五节　民法的构造与基本内容

一、民法的构造

（一）民法的构造模式

由于受理性主义与经验主义的不同影响，大陆法系的民法的主要形式表现为民法典，而英美法系的民法表现为判例。例如，美国只有《合同法重述》（判例规则汇编）而没有合同法，只有《侵权法重述》而没有侵权法典。

即使是在大陆法系，各国的民法典的构造也不同。例如，法国秉承罗马法传统，实行的是"三编制"，即分为人法、物法与债法。而德国则采取"五编制"，即总则、债法、物权法、亲属法与继承法。大陆法系有的国家承袭法国模式，有的则承袭德国模式。我国将来的民法典基本上是带有"总则编"的德国模式，但具体分为几编，尚未确定。从目前来看，大致分为"总则编""人格权编""物权编""合同编""侵权编""亲属编""继承编"。

（二）德国模式构建的主线

在带有"总则编"的德国模式中，对于构建民法体系具有决定性作用的两条主线是不得不提的：一是人与物——目的与手段的区分；二是物权与债权的区分。

1. 人与物——目的与手段的区分，使得主体得以从财产中分离出来，永远作为民法上的目的而非手段来对待，从而在民法中区分出与主体不可分离的具有属人性的权利，包括人格权与身份权。这些权利专属于个人，不得转让与继承。这些内容体现在亲属法、继承法与人格权方面。

2. 物权与债权的区分，使得不同性质的权利以体系化的方式安排成为可能，使权利的保护方式与责任的归责更符合逻辑。正是物权与债权的区分，使支配权与请求权分离，使契约自由原则与过错责任原则能够在不同领域内得以贯彻，使违约责任与侵权责任的二元划分成为逻辑的必然，从而使财产法体系得以完善。

二、民法的基本内容——以大陆法系国家民法为例

大陆法系国家的民法典的构造形式虽然有所不同，但是，所规定的基本内容大体一致。大致有以下内容：

（一）主体法（人法）

主体法主要是关于民事主体的法律规定，包括对自然人、法人及其他不具有权利能力的自然人的组织体的法律规定。在采取法国民法典模式的国家，直接将这一部分规定于"人法"中，而采取德国民法典模式的国家，则将这一部分规定在"总则编"中。

（二）物权法

物权法主要规定物权法的基本原则、种类（这是物权法定原则要求的）以及每种物权的具体内容。大陆法系国家民法规定的物权的主要种类有：所有权（包括动产所有权、不动产所有权与区分所有权）、用益物权（包括地上权、地役权、永佃权）[1]、担保物权（包括抵押权、质权与留置权）。

（三）债法

债法主要规定债的一般原则以及因各种原因而产生的类型债，如契约之债、不当得利之债、无因管理之债、侵权行为之债等。

（四）继承法

（五）亲属法

（六）法律事实

法律事实主要是指法律权利义务产生的根据，包括与人的意志有关的行为和与人的意志无关的事实。在德国法及我国民法上，前者称为法律行为，后者称为非法律行为。这一部分内容，在采取德国民法典模式的国家，其概括与共同的规则规定在"总则编"中，特殊者规定在其他各编中。而在其他采取法国民法典模式的国家中，则分别规定在"各种财产与权利的取得"编及其他各编中。

---

[1] 我国将来的民法典可能对这些权利的具体名称有不同称谓，分别称为建设用地使用权、宅基地使用权、地役权、土地承包经营权。

第二章

民法的基本原则

第一节　民法基本原则概述

一、民法基本原则的概念

民法的基本原则是表述民法的基本属性和基本价值，为民法所固有并对民事立法与司法活动具有最高指导意义的标准。民法的基本原则是全部民事规范的价值主线和灵魂所在，[1] 即民法的基本原则是民法基本精神与基本价值的体现。

二、民法基本原则的作用

（一）昭示民法的立法宗旨和基本精神

大陆法系许多国家的民法典在法典的开头位置规定了民法的基本原则，我国《民法总则》也概莫能外。其目的，就是要昭示民法的立法宗旨和基本精神，如契约自由、过错责任、所有权绝对、权利本位等原则均昭示了民法对自然人的尊重和关怀。

从民法的构造来看，法律规范由法律规定构成，而法律规定是由按照一定的价值标准针对抽象生活类型而组合在一起的法条组成的。法律规范本身是一个体系，为了使整个法律规范体系能够不矛盾地发挥其规范功能，有时各个法律规定又必须相互协调地组合在一起，才能正常运作。法律规定之间协调运作，是法律规范体系所追求的价值与目的，而这种价值与目的，就是民法的基本原则，即民法的内在精神。

（二）填补法律漏洞

因人的理性的有限性及客观情况的难以预见性，任何法律均存在许多盲区。法律的基本原则可以对这些盲区进行填补。所以，许多国家正是靠发展和解释基本原则来使自己的法律适应不断发展的社会的。例如，《法国民法典》制定于

---

〔1〕　张俊浩主编：《民法学原理》（上册），中国政法大学出版社 2000 年版，第 37 页。

1804 年，而《德国民法典》制定于 1896 年，随着时间的推移，社会发展变化了许多，但法典并没有年年修改，而是由法官通过解释和阐述基本原则的方式来适应不断发展变化了的社会。这对我国尤其具有启发意义。

应该说，强调民法基本原则的这种地位，对法学教育、司法实践具有重要的意义。在我们的教学中，对基本原则应有的具体作用缺乏强调，以至于在我们的司法实践中，当出现法律无具体规范时，法官不能通过解释基本原则的方式填补法律漏洞。当然，造成这一结果的原因也有制度性因素，即我国的法律没有规定"法官不得借口没有法律规定而拒绝审判"，所以，也助长了法官对法律漏洞进行填补的消极态度。《法国民法典》第 4 条明确规定："法官如借口法律无规定、不明确或者不完备而拒绝审判者，以拒绝审判罪追诉之。"这种规定，从制度上激励法官通过解释民法基本原则的方式来填补法律漏洞的积极性。

应当特别指出的是，新中国的民法立法，不知从什么时候形成了一个惯例：第一章一般都是"基本原则"的规定，例如，《民法总则》第一章就是关于基本原则的规定；《民法通则》第一章是"基本原则"的规定；《合同法》第一章是"基本原则"的规定；《物权法》第一章是基本原则的规定；《婚姻法》的第一章也是"基本原则"的规定。这就不得不涉及一个这样的问题：法律为什么要规定"基本原则"呢？对此问题，在我国许多学者的著作或者教科书中都无数次地论证了充分的理由[1]，但我在这里要说的是一个比较法上的奇怪现象：像德国民法典等大陆法系国家的民法典一般都没有专门的"基本原则"的规定，甚至像我们常常挂在嘴边的"诚实信用原则"也不是总则中规定的，而是在"债编"第 242 条作为债务履行的要求规定的，但他们的司法实践中使用诚实信用原则的案例却非常多；而我们几乎每一部法律都规定了基本原则，学者论述也是汗牛充栋，但司法实践中使用的却非常少。这种对比说明了什么？这恐怕与我们的立法技术有关：我们将基本原则规定于"规范之外"，使其失去了规范的作用，而是在规范之上的"神坛"。所以，法官一般不用，也不知道如何用。因此，我们在未来的民法典中的基本原则，不能再像花瓶一样作摆设，而是应当规定在法律无具体规定时，如何从中推演出规范以能够适用于具体案件，即授权法官利用基本原则"造法"，发挥基本原则的功能——填补法律漏洞。

---

[1] 在这里，我不想再重复和啰嗦这些理由，实在是很充分。

三、民法基本原则的性质及界定

（一）民法基本原则的性质

民法基本原则具有强制性特征，是民法的强行性规定。所谓强行性规定，是指不能由当事人自由选择而必须无条件地遵循的规定。强行性规定体现了社会的根本价值，对这些价值的不尊重或者破坏，将危害该社会赖以存在的根基。民法基本原则的强行性特征，来自于其负载价值的根本性。而任意性法律规定的当事人自由选择的特征，来自于其负载价值的非根本性，当事人是否遵守，不影响社会根本价值的维护。[1] 在民法或者民法典中，民法基本原则从表面上看，也是通过条文的方式表现出来，那么，民法基本原则是不是法律规范，即有没有规范的特征？

法律规范是对一个事实状态赋予一种确定的具体法律后果的规定。[2] 法律规范由行为规范与裁判规范组成，如果法律规范要求受约束的人以规范的价值取向作为或者不作为，则为行为规范；反之，如果规范的目的在于要求裁判法律争端的人或者机关以规范为标准进行裁判，则为裁判规范。[3] 民法虽然兼有行为规范与裁判规范的双重特征，但民法主要是由行为规范所构成的。因为，行为规范的目的在于通过权利义务的明确规定，诱导人们实施正常行为，而裁判规范的目的仅仅在于确定风险的归属和分配。民法以意思自治为基本理念，故行为规范必然占有决定性地位。当然，从逻辑上说，行为规范必为裁判规范，因为，如果行为规范不同时为裁判规范，则行为规范所预示的法律效果就不能在裁判中被贯彻，从而也就失去了诱导人们进行正常行为而非反常行为的作用。但裁判规范却不同时为行为规范，因为它的存在仅仅是法律对风险的分配方式，属于衡平性规定，例如，以无过失责任为归责原则建立起来的法律规范，仅仅在于分配责任或者事故的风险，而不在于通过责任的宣示激励人们的作为或者不作为。任何一个法律规范都由两个部分构成：①首先将一个通过抽象的方式加以一般地描写的"法律事实"规定为构成要件；②然后再以同样抽象的方式加以一般地描写法律效果，将该法律效果归属于该抽象的事实。[4] 其意义是：当现实生活中的具体案件事实符合法律规范中所规定的抽象构成要件（即抽象的事实）时，规范中

---

〔1〕 徐国栋：《民法基本原则解释——成文法局限性之克服》，中国政法大学出版社 1992 年版，第 38 页。
〔2〕 徐国栋：《民法基本原则解释——成文法局限性之克服》，中国政法大学出版社 1992 年版，第 41 页。
〔3〕 黄茂荣：《法学方法与现代民法》，中国政法大学出版社 2001 年版，第 110~111 页。
〔4〕 黄茂荣：《法学方法与现代民法》，中国政法大学出版社 2001 年版，第 113 页。

的抽象法律效果就会发生在具体案件中。民法的基本原则显然不具有这样的特征，因而不是一般的民法规范。

民法基本原则既然不是民法规范，那么，其强制性或者说其填补法律漏洞的功能是如何发挥出来的呢？徐国栋教授这样指出，民法基本原则的法律强制性是通过下列途径实现的：民法规范将民法基本原则的一般要求具体化并将之与一定的法律效果相联系，从而间接地实现民法基本原则的法律强制性。在民法基本原则的基本要求无相应的民法规范加以具体规定时，民法基本原则以抽象的强制性补充规定的形式内在地转化为民事法律关系的默示条款，由法官行使自由裁量权，根据立法的一般精神具体化为具体的补充规定，并选择相应的制裁或者奖励措施，以实现民法基本原则的法律强制性。因此，一定情况下民法基本原则保证手段[1]的阙如，恰恰是它具有授予法官自由裁量功能的明证。[2] 我们可以这样来理解民法基本原则的强制性功能：民法基本原则本身不是法律规范，但是，它通过对法官的授权（即法官具有自由裁量权）来行使"立法权"，将民法基本原则的基本精神转化为规范来具体确定权利义务。上面提到的，民法基本原则填补法律漏洞的作用，也是通过这种方式实现的。

（二）民法的基本原则的界定

关于什么是民法的基本原则，学者间多有争议。狄骥在分析了《法国民法典》之后认为，除家族法之外，仅有契约自由、（私人）权利不可侵犯及过失责任这三项为民法的基本原则。[3] 而在我国，学者之间关于民法基本原则和具体原则范围的理解存在较大区别。徐国栋教授对造成这种局面的原因进行分析后认为，我国民法基本原则理论具有方法论上的欠缺，因为：①民法基本原则理论之论者从未从历史的角度建立自己的民法基本原则理论；②我国的民法基本原则理论研究与法哲学研究过于隔绝，未能很好地吸收中外法哲学研究的成果发展自己；③我国民法基本原则研究与域外的相应理论研究缺乏沟通；④没有将民法基本原则放进它与其他民法构成成分（如民法概念、民法规范等）的关系中加以研究，探求民法基本原则对其他民法成分的制约作用，而将民法基本原则作为相对孤立的研究客体加以看待，研究方法缺乏整体性。他认为，民法基本原则应当

---

[1] 徐国栋教授在此处所说的"保证"实际上是我们上面提到的民法规范中的抽象的法律效果，用徐国栋教授自己的话来说，是指"立法者对法律关系主体行为选择的裁决和处理"。

[2] 徐国栋：《民法基本原则解释——成文法局限性之克服》，中国政法大学出版社1992年版，第42～43页。

[3] 徐国栋：《民法基本原则解释——成文法局限性之克服》，中国政法大学出版社1992年版，第45页。

具备两个基本属性：一是其内容的根本性，二是其效力的贯彻始终性。[1]

我们认为，民法的基本原则既然是民法基本精神和内在价值的体现与彰显，就应当从民法的精神来确定何为民法的基本原则。应该说，大陆法系国家自罗马法以来，一代又一代的民法学者潜心研究民法，不仅研究其外部结构，也研究其内在的精神、价值与理性，就如美国学者艾伦所言，在大陆法系，特别是在法典化以前，法条大多出自法学家之手。身居学府的教授们，比那些法官与律师，更可能对法律的体系性的、哲学的、结构的方面发生兴趣。[2] 而在这种研究中，自然法理论对民法产生了深远的影响。自然法是众所周知的人文运动，人们把自然法称为"理性的法律"，理性的思潮对民法的发展起着巨大推动作用，而人文主义则从实质上影响着大陆法系的法律传统与精神。正是这样一种影响，使大陆法系国家对民法的内在精神和价值产生了较为稳定的一致性，他们公认"所有权绝对、契约自由、过错责任"是民法的基本原则。而在我国没有这样的历史和传统，故学者对我国民法基本原则的研究也就只能参照《民法总则》而定。从我国《民法总则》第 3～7 条的规定看，笔者认为，民法的基本原则应当有：意思自治原则、私权神圣原则、身份平等原则、诚实信用原则。除此之外，我认为，权利本位也是民法的基本原则。

第二节　意思自治原则

一、意思自治原则的基本含义

意思自治是指民事主体可以按照自己的判断设定自己的权利义务，法律尊重这种选择。我国《民法总则》第 5 条就规定了这一原则："民事主体从事民事活动，应当遵循自愿原则，按照自己的意思设立、变更、终止民事法律关系。"德国学者海因·科茨等指出："私法最重要的特点莫过于个人自治或其自我发展的权利。契约自由为一般行为自由的组成部分……是一种灵活的工具，它不断进行自我调节，以适应新的目标。它也是自由经济不可或缺的一个特征。它使私人企

---

〔1〕　徐国栋：《民法基本原则解释——成文法局限性之克服》，中国政法大学出版社 1992 年版，第 4～6、9 页。

〔2〕　［美］艾伦·沃森：《民法法系的演变及形成》，李静冰、姚新华译，中国政法大学出版社 1997 年版，第 121 页。

业成为可能，并鼓励人们负责任地建立经济关系。因此，契约自由在整个私法领域具有重要的核心作用。"[1] 按照意思自治的理论，人的意志可以依其自身的法则去创设自己的权利义务，当事人的意志不仅是权利义务的渊源，而且是其发生的根据。[2]

二、意思自治原则的适用领域

意思自治原则在整个以意思为核心的法律行为支配的私法领域内，均普遍适用。在民法上，意思自治原则的作用领域主要是契约、婚姻与遗嘱。相应地，意思自治在这三个领域中分别被称为契约自由、婚姻自由与遗嘱自由。

三、意思自治原则在民法上的作用与意义

意思自治原则在民法上的作用与意义主要体现在：

1. 既然在契约、婚姻与遗嘱中，权利义务的发生根据是当事人的真实意思，那么，如果意思上具有瑕疵，法律就应当给予救济。例如，在合同法上，如果合同的签订是因一方的重大误解、被欺诈或者胁迫而为时，则受害人可以要求撤销。[3] 也就是说，法律要保护当事人的真实意思，从而实现真正的意思自治。如果完全没有意思，如被人强行拉手按手印或者签字，就不能成立合同。

2. 在格式合同中，因相互磋商被否定，我国《合同法》第 41 条规定："……格式条款和非格式条款不一致的，应当采用非格式条款。"因为可以推定，非格式条款是经过双方协商的。

四、意思自治原则的规制

由于许多因素的影响，特别是民法中的主体地位的差异，使得民法上的意思自治在形式上与实质上脱节，民法不得不采取措施予以规制。这些规制的领域主要是劳动法、消费法领域等。如在劳动法上，劳动合同中的保护劳动者的强制性条款就是著例。

---

[1] ［德］罗伯特·霍恩等：《德国民商法导论》，楚建译，中国大百科全书出版社 1996 年版，第 90 页。

[2] 尹田编著：《法国现代合同法》，法律出版社 1995 年版，第 13 页。

[3] 当然，婚姻不得因重大误解而主张撤销，这是各国的通例。

第三节　私有财产权神圣原则

一、私有财产权神圣的含义

私有财产权神圣是指私人财产是当然和自然的权利，权利人对于财产具有排他性和专断性权利，任何人不得侵犯。应该说，我国《民法总则》第 3 条就规定了这一原则："民事主体的人身权利、财产权利以及其他合法权益受法律保护，任何组织或者个人不得侵犯。"

在现代社会中，私人财产之所以受到人们的普遍关注与理论说明，主要是基于两方面的原因：①财产权是个人人格与自由发展的基础与保障，没有财产权，个人的自由与人格完整将无从实现；②私人财产权是对抗国家权力的工具，只有对个人支配的财产赋予排除一切人（包括国家权力）的干预，人的自由意志才有一个安全的空间，就如康德所言，确认财产权是划定一个保护我们免于压迫的私人领域的第一步。[1]

私有财产神圣，最典型地体现在私有权制度中。在迄今为止的民法典中，最完整表述这一思想的，当数《法国民法典》。该法典第 544 条规定："所有权是对物绝对的无限制的使用、收益和处分的权利，但法律所禁止的使用不在此限。"法国学者卡伯涅在注释该条时指出，《法国民法典》与它的自由主义和个人主义意识相适应，致力于树立这样一种原则：所有人对其所有权的行使不受来自任何方面的限制，不受其他人所有权的限制，甚至也不受国家的限制。[2]

二、私人财产权神圣的意义

财产权是人格权发展的基础，是人格的物化。私权神圣不是要降低公权的地位，而是把私权上升到应有的位置。在社会中，恰恰是私人的权利需要特别的保护。因为个人是社会的弱者，往往受到国家权力和他人的侵犯，所以需要特别的保护。特别是在我国注重团体主义的情况下，尤其具有意义。

---

[1] 转引自［美］路易斯·亨金著、阿尔伯特·J. 罗森塔尔编：《宪政与权利：美国宪法的域外影响》，郑戈等译，生活·读书·新知三联书店 1996 年版，第 154 页。

[2] ［美］詹姆斯·高德利："法国民法典的奥秘"，张晓军译，载梁慧星主编：《民商法论丛》（第 5 卷），法律出版社 1996 年版，第 557 页。

第四节 权利本位原则

一、权利本位的含义及质疑理论

民法以权利为核心，民法体系是以权利为基础而构建，其实质上就是权利体系。假如从民法中把权利概念抽掉，整个体系将顷刻坍塌。这一现象，学者称为"权利本位"。[1]

对于权利本位的原则，存在许多质疑甚至是反对的理论。应该说，"权利本位"原则是主观权利的直接体现，即承认权利源于人性本身，承认权利相对于法律的独立性及优势地位。权利不是法律赋予的，而是受法律保护的。洛克与卢梭等人的理论是权利本位的奠基性理论，即人们以契约的形式建立国家并制定法律的目的就是保护自己在自然状态（前国家状态）下所拥有的自然权利。

但客观主义者却不以为然，他们认为权利只是法律规则的个体效果，权利是法律规定的副产品。例如，狄骥就认为在法律领域中唯一能够为人们所观察到的事实是客观规则。这些规则运用于个体时，决定着他们的状态，所以个体仅仅是根据规则而被定了位。因此没有权利，只有状态。凯尔森站在纯粹法学的角度认为权利只是规范的客观效果，并非法律目的本身。[2]

但是，从大陆法系的民法典的构造看，其是采取主观权利的观点，承认权利本位的基本原则。但包括德国民法典在内的许多民法典都承认其法典是实证主义的，[3] 即在实际运行中的民法上的权利却是狄骥与凯尔森式的实证主义的。

二、权利本位的实质

权利本位实质体现了法律对于人的关怀，为了保证人永远是主体而不至于沦为客体，民法规定了一系列具体制度加以保障，其具体体现在以下几个方面：

1. 法律规定了人格权。人被赋予法律人格与事实人格，以区别于客体。人的法律人格是其权利能力，法律通过对人的权利能力（即权利义务的归属资格）

〔1〕 张俊浩主编：《民法学原理》（上册），中国政法大学出版社2000年版，第41页。

〔2〕 〔法〕雅克·盖斯旦、吉勒·古博：《法国民法总论》，陈鹏等译，法律出版社2004年版，第124～125页。

〔3〕 〔德〕霍尔斯特·海因里希·雅科布斯：《十九世纪德国民法科学与立法》，王娜译，法律出版社2003年版，第3～17页。

的赋予，保障人永远具有主体地位，而这种抽象的资格直接与肉身相联系。就如德国学者萨维尼所言："每种由于精神上的自由而存在的权利是每个生物学意义上的人所固有的。因此，原来的 Persona[1]的概念或者权利主体的概念应与生物学意义上的概念一致，而这两个概念原来的同一性可以用如下的套语来表达：每个生物学意义上的人，仅仅是生物学意义上的人，都能取得权利能力。"[2] 萨维尼的这一思想在今天各个文明国家的民法上均已实现，即人的主体资格始于出生、终于死亡，而且在人的自然生命存续期间，权利能力这一主体地位的基础与标志，不得转让或者抛弃。人的事实人格是指人之所以为人，其所需要的主体性要素，[3] 这种主体性要素也只有具有生命存在的人才能享有。法律为了保证人的主体性要素的完全性，将事实人格权视为开放性权利，[4] 以使人能够拥有最大的自我发展的空间。

2. 法律规定了债权。债权是典型的特定人与特定人之间的权利义务关系。因这种关系涉及对人格的尊重，故民法理论与立法将这种关系规定为请求权关系，以体现对人格的尊重。在债权关系中，意思自治与过错责任是基本原则，反映了民法对人的尊重与关怀。同时，民法将债权的类型规定为开放性的权利，就是为人的意志留下自由的空间。例如，在合同法上，合同的类型与内容均是任意与开放性的。合同法上的绝大部分规范并没有体现国家强行推行某种价值的意志，当事人可以适用，也可以用约定的方式排除适用。这些都体现了民法对私人利益自决权的尊重。为保证人的自治的可能性、现实性和安全性，民法特别规定了"行为能力"作为自治的基础性前提，即一个人能够通过独立的行为（意志）来实现其权利义务的创设。

3. 法律规定了物权，即通过人对物的自由意志支配来体现人与人的关系。从外在的形式看，似乎物权仅仅体现了人对物的绝对支配权，似乎在物权法律关系中，人文主义被淹没在"物文主义"中了。但实际上并非如此。德国学者哈

---

[1] Persona 原是唱戏用的面具，人们戴上它就意味着进入了某种需要主体资格的场景，意指法律主体。在罗马法上，表示人的术语有三个：Homo、Caput 和 Persona。Homo 是指生物学意义上的人，不论是主人还是奴隶，均可用 Homo 表示。但并非所有的生物学意义上的人（Homo）都是 Persona（具有法律主体资格）。

[2] 徐国栋："两种民法典起草思路：新人文主义对物文主义"，载梁慧星主编：《民商法论丛》（第21卷），金桥文化出版有限公司2001年版，第35页。

[3] 张俊浩主编：《民法学原理》（上册），中国政法大学出版社2000年版，第10页。

[4] 反观我国《民法通则》中关于人格权的列举性规定，恰恰是忽略了人格权的开放性特征，在实践中已经限制了人格的发展和保护。我国《民法总则》及民法典草案中的"人格权编"中，已经明确规定了人格权的开放性。

丁在其《人与物之间存在法律关系吗?》一文中指出，如果一项法律关系不与另一个人发生关系，那么此种法律关系就没有意义。因此，应将物权理解为"一个人相对于其他人的决定权能"[1] 拉伦茨将所有权与法律关系等同使用，即法律制度赋予特定人的一种可能性，一种自由空间，所有其他人都不得对此加以干涉。[2] 这种观点与康德的理论一脉相承。但是必须看到，在物权法中，强行性规范比债权法要多。在物权法中，实行物权法定主义原则，即物权的种类、内容与变动方式由法律规定而不允许当事人任意创设。如何解释这种现象与人文关怀的关系? 笔者认为，物权与债权不同，物权是通过对物的直接支配来划定人与人之间的自由意志空间，从而建立人与人之间的消极权利义务关系，故为保护消极义务人的安全与利益，必须把权利人所能够支配的物的范围与方式明确规定，并以公示方式（交付或者登记）公之于众，避免他人遭受不测的打击。这恰恰也是对人的关怀。

总之，民法之权利法的性质，体现为它对人的自由发展创造了空间，也为具有超然权力的国家对个人的侵害设定了藩篱。同时，权利本位与市民社会的思想是一致的。市民社会是以个人为基本元点的，这是其区别于公法的特点之一。市民在交易过程中，就要求平等与自愿。也就是说，要让一方当事人尽义务，就必然要让他知道权利是什么，以作出是否交易的判断。

第五节 民事主体地位平等

一、民事主体地位平等的概念

我们在不同的语境下使用"平等"这一概念。在民法上，主体地位平等主要是指法律地位平等，用民法专门的术语表达，就是"权利能力一律平等"。权利能力是指取得权利（或者承担义务，因民法以权利为本位，故称权利能力）的法律资格（抽象资格）。权利能力平等既体现在积极意义上的平等，即取得权利的资格平等，也表现在消极意义上的平等，即当权利被侵害时要受到法律的平等保护。我国《民法总则》第 4 条规定："民事主体在民事活动中的法律地位一律平等。"

---

[1] 转引自 [德] 迪特尔·梅迪库斯:《德国民法总论》，邵建东译，法律出版社 2000 年版，第 51 页。
[2] 转引自 [德] 迪特尔·梅迪库斯:《德国民法总论》，邵建东译，法律出版社 2000 年版，第 51 页。

二、主体地位平等的威胁

民法虽然规定和宣称民事主体地位平等，但是，当法人这种团体主义产物出现后，民事主体地位平等开始面临真正的威胁，这种威胁的根源是法人垄断地位。法人的垄断地位主要表现为法律上的垄断与事实上的垄断。

所谓法律上的垄断，是指当事人根据法律的规定而对某些特殊行业或者领域拥有的独占经营权。例如，铁路、通讯、邮电、电力等的垄断经营权。由于法律的规定，使得其他主体无法介入该领域的经营，从而使法律许可的主体取得了经营的垄断权。所谓事实上的垄断，是指当事人经济上的强大优势，使其在该行业或该领域中形成了事实上的垄断经营权。例如，汽车制造业、航海业等，由于其占有的资金巨大，使得许多人对该领域的经营不敢问津，而使少数经济实力强大的财团控制了该行业，从而形成了事实上的垄断。

在法律上或者事实上具有垄断地位的法人，利用自己的优势地位常常以格式合同的方式将自己的意志强加于消费者。在交易领域，似乎只有法人的自由而没有自然人的自由，这与民法的基本价值相反。从民法的基本精神上看，自然人应当是民法的目的，而现在是法人跃然于自然人之上，是为价值错位。所以，必须纠正这种情况。也正是基于这一原因，包括我国合同法在内的许多国家的民法都对法人与自然人的地位不平等导致的严重不公平规定了纠正措施，最明显的手段是对格式合同的规制和对消费者权利的特别保护。

三、主体地位平等在民法上的意义

主体地位平等是意思自治的前提和基础，如果没有主体的平等，意思自治也就无从谈起，也就会导致以意思自治为核心的所有法律行为制度的消灭。同时，民法以市民社会为基础和生存土壤，而地位平等是市民社会的根本所在。没有了地位平等，也就从根本上消灭了民法。

民法的所有规范都是建立在主体平等基础之上的，而现在民法中出现的问题，大多是因主体之间的实际地位发生了重大不平等而发生的，如格式合同等。因此，如何协调民法的形式平等与实质平等成为民法的重大问题。

第六节　诚实信用原则

一、对诚实信用原则之含义的界定

我国《民法总则》第 7 条规定了诚实信用原则："民事主体从事民事活动，应当遵循诚信原则，秉持诚实，恪守承诺。"但何为诚实信用？学者一致认为，给诚实信用原则下一个确切的定义几乎是不可能的，有的学者甚至直截了当地说，在现代法学家看来，"诚实信用"这个概念是与生俱来地无法被定义。有些德国学者曾经告诫我们，不要指望找到一条清晰的规则。[1] 因此，迄今为止，没有一个被普遍接受或者认同的关于诚实信用的概念。造成这种结果的原因大致是：①诚实信用原则本身是一个含有很强的道德性因素的概念，是一个随着时代变化而变化的概念；②诚实信用原则并非概念法学体系中的抽象性概念，而是来源于社会道德、生活中的一个"活"的变化的概念。更重要的是，诚实信用原则的出现并得到普遍的适用，恰恰是自罗马法开始的严格的法律诉讼及后来概念法学所导致的结果。

我们大致可以归纳出（而不是定义）关于诚实信用的含义：①要求当事人言而有信，遵守已经达成的协议，保护对方的合理期待；②善意并尽合理的告知义务与披露义务；③任何一方不得以不合理的方式致使另一方的不利益；④诚实信用可以以公平合理的方式调整当事人之间的不合理与不公平的权利义务。

但是，应当特别指出的是，诚实信用原则仅仅可以列举其含义，却不能穷尽。这也正是其开放与发展的空间。

二、诚实信用原则在民法上的功能

1. 是当事人行使权利、履行义务及法官裁判的依据。民事主体在行使权利、履行义务时，应当兼顾对方当事人利益和社会一般利益，在不损害他人利益和社会公共利益的前提下，追求自己的利益。民法上的许多附随性义务（默示义务），均来自于诚实信用原则。

---

〔1〕［美］詹姆斯·高德利："中世纪共同法中合同法上的诚信原则"，载［德］莱因哈德·齐默曼、［英］西蒙·惠特克主编：《欧洲合同法中的诚信原则》，丁广宇等译，法律出版社 2005 年版，第 96 页。

2. 是法官解释合同、遗嘱等法律行为，进而调整当事人之间以及当事人与社会之间利益冲突的原则和依据。从这一意义上说，它是法官手中的衡平武器。

3. 是法官解释法律、补充法律漏洞的原则与依据。法律规定为抽象规定，在将法律规定运用到具体案件时，不仅要将客观事实予以解释，也要对法律进行解释。而对法律进行解释的一个重要依据和原则就是诚实信用原则。除此之外，在法律出现漏洞时，应当根据诚实信用原则进行补充。许多国家的民法典虽然历经多年而仍然具有生命力，除了修改外，一个主要的手段就是法官依据诚实信用原则进行补充。

三、对于诚实信用原则的评价

诚实信用原则在民法体系中的巨大作用，使人产生了这样的疑问：它究竟是天使还是魔鬼？

从历史考察可以看出，诚实信用原则是作为对形式主义的纠偏而发展起来的；而在大陆法系，则是作为对以概念法学建立起来的抽象的法律体系的平衡器，是形式正义与实质正义的平衡器。但是，另一方面，诚实信用原则一方面可以避免因形式逻辑而导致民法滑向"恶法"的倾向，使民法之正义与善良之剑永远发光。从这一方面说，它是天使而被称为"帝王规则"。但是，另一方面，诚实信用原则也在无情地动摇着法律的基础，影响法律的稳定性和可预测性，"以最恶毒的方式吞噬着我们的法律文化"，[1] 因而，它是魔鬼。

这种疑问恰恰说明了诚实信用原则的重要性和危险性。它是一把"双刃剑"，如果运用得当，它能够很好地平衡当事人的权利义务，纠正概念法学的偏差，避免恶法的出现；如果诚实信用原则被法官滥用，就会成为破坏法律的利器，真的成为魔鬼。在我国民事立法及司法实践中，这个矛盾一直困扰着我们：一方面确实需要诚实信用原则的调和，另一方面则害怕法官滥用这一原则。

---

[1] ［德］莱因哈德·齐默曼、［英］西蒙·惠特克主编：《欧洲合同法中的诚信原则》，丁广宇等译，法律出版社 2005 年版，第 14 页。

第 三 章

民事权利通论

第一节　民事权利的概述

一、民事权利的概念及意义

关于什么是民事权利，学者之间颇有争议，权利即使在哲学上也是一个争论不休的问题。笔者认为，民事权利是指权利主体以实现其正当利益为目的而自由行使意志的范围。民事权利的说明意义在于：

1. 权利是私法秩序维持的手段。德国学者指出，要使某人负有的义务在私法上得到实现，最有效的手段就是赋予另一个人一项对应的权利。否则，义务就难以实现。澳大利亚法学家斯托尔雅（Stoljiar）就指出："义务的核心意义在于，它是作为权利的相关物发挥作用的，义务的承担者不仅被告知他必须做某事，而且被告知他理应去做某事，他之所以受约束，是因为如果他规避义务，所受到的不是他自己善良动机的挑战，而是另一个人的挑战，因为那个人拥有权利。"[1]例如，许多破坏环境的行为就是因为没有赋予对方私法上的权利而变得猖獗。[2]

2. 权利是个人人格发展的自由空间。权利为人的自由意志划定了范围，也就为个人人格的发展提供了可能的空间。

二、权利的对应物——义务

（一）义务的意义

义务是权利的对应物，一方权利的实现是依靠另一方的义务履行。例如，澳大利亚法学家斯托尔雅就指出："权利关涉利益，而义务则表示为保障这些利益所必需的作为或者不作为。权利暗示一个人的请求或者申诉，义务则规定了义务者必须避免的行为。权利规定了自由的范围，而义务则规定了一个人应当应答或

---

〔1〕　转引自张文显：《法哲学范畴研究》，中国政法大学出版社 2001 年版，第 336 页。

〔2〕　［德］迪特尔·梅迪库斯：《德国民法总论》，邵建东译，法律出版社 2000 年版，第 65 页。

者负责的行为。简言之，权利系于利益，而义务则系于与利益相应的负担。"[1]义务的意义在于保障权利的实现，所以，义务的内容就表现为不利益，不履行就有责任科定。

（二）分类

1. 作为的义务与不作为的义务。有的义务要求义务人以积极的行为来履行才能满足债权人的利益，即作为的义务，例如，买卖合同之债中，债务人交付标的物的义务就是积极行为。有的义务仅仅要求债务人消极的不行为就能够满足权利人的利益，即不作为的义务，例如，对所有权人的权利不侵犯的义务。绝大多数义务都是作为的义务。

2. 真正义务与不真正义务。真正的义务是关涉他人利益的义务，即义务的不履行损害的是他人的利益。不真正的义务是指义务人自己照顾自己的义务，例如，《合同法》第 119 条第 1 款规定："当事人一方违约后，对方应当采取适当措施防止损失的扩大；没有采取适当措施致使损失扩大的，不得就扩大的损失要求赔偿。"这种对损失扩大的防止义务，对于非违约方来说，就是自己照顾自己利益的义务。

第二节　民事权利的分类

一、绝对权与相对权

（一）分类的标准

这是以权利所及的人的范围为标准进行的划分。如果一项权利相对于所有的人产生效力，即可以对抗所有人的权利，则其是绝对权。典型的绝对权是所有权，任何人都不得侵犯这种权利，否则就要负赔偿责任。

如果一项权利仅仅对某个特定的人产生效力，这种权利就是相对权。德国学者施瓦布指出，相对权存在于特定的人与人的关系之中。[2]债权是典型的相对权，如果 A 对 B 享有债权，则这种权利仅仅能够对 B 产生效力，A 不能要求 B 之外的人履行债务。

---

[1] S. J. Stoljiar, *An Analysis of Law*, The Macmillan Press Ltd., 1984, p. 46.

[2] [德] 迪特尔·施瓦布：《民法导论》，郑冲译，法律出版社 2006 年版，第 138 页。

（二）说明

1. 这种区分的意义在于：从学理上掌握权利的性质和适用的规则。绝对权与相对权的划分是民法权利的基本分类，德国学者认为，具有根本意义的划分是把权利分为绝对权与相对权。[1] 这种划分始于罗马法，在今天大陆法系国家的民事立法或者学理上仍然具有说明意义。例如，绝对权与相对权的法律规则不同：

（1）如果第三人对债权的标的物进行侵犯，则原则上不受法律保护。[2] 即只有对绝对权的侵犯在民法体系上才作为侵权处理，而对相对权的侵犯不作为侵权处理。

（2）正是因为对相对权的侵犯不作为侵权行为处理，而对绝对权的侵犯作为侵权行为处理，所以，债权的变动不需要公示，而绝对权的变动需要以交付或者登记来公示。

2. 相对权例外地具有绝对权的特点，主要的例外表现在：

（1）债权的不可侵犯性。债权的不可侵犯性无论是在大陆法系国家，还是英美法系国家，只是作为相对性的例外。在英美法系，对债权的不可侵犯性理论有重大贡献及对合同权利义务相对性原则具有革命性意义的突破是1853年发生在英国的拉姆利诉吉厄（Lumley v. Gye）一案。在该案中，一个戏院的老板拉姆利（Lumley）与歌星维戈纳（Wagner）签订契约，约定由维戈纳在其戏院独台演出3个月。就在合同履行前，另一戏院的老板吉厄以高薪将维戈纳拉走，从而使维戈纳违反其与拉姆利的演出合同。后来，虽然拉姆利获得了法院颁发的禁止令，但维戈纳无意履行原来的契约。于是，拉姆利就向法院提起诉讼，要求吉厄赔偿损失。[3] 拉姆利诉吉厄一案的积极意义在于它突破了合同相对性原则的约束，并将具有身份关系的主仆引诱之诉扩张适用于非主仆关系的待履行合同，从而为将侵害债权的第三人之行为确定为独立的侵权行为类型奠定了基础。

我们认为，应当在一定范围内承认债权不可侵犯性的合理存在。因为，传统民法之所以不承认债权具有不可侵犯性，是因为在严格区分债权与物权的民法体系中，物权有公示方式，第三人能够知道权利的存在，所以，即使承担侵权责任，也不是不测的打击。而债权没有公示方式，第三人难以知道债权的存在，所

〔1〕 ［德］迪特尔·施瓦布：《民法导论》，郑冲译，法律出版社2006年版，第138页。
〔2〕 ［德］迪特尔·梅迪库斯：《德国民法总论》，邵建东译，法律出版社2000年版，第59页。
〔3〕 ［英］丹宁勋爵：《法律的训诫》，杨百揆等译，群众出版社1985年版，第152页。

以，即使其真正侵犯了债权而让其承担侵权责任，也是对他的不测打击。然而，如果一个人明明知道他人的权利存在，仍然去侵犯，则让其承担侵犯债权的责任，也具有合理性。但是，债权的这种不可侵犯性只是作为一种例外而存在，绝不是体系化的法律的逻辑必然。

（2）买卖不破租赁，承租人有权以债权对抗任何人。例如，我国《合同法》第229条规定："租赁物在租赁期间发生所有权变动的，不影响租赁合同的效力。"有人说这是相对权与绝对权的混合形式。

二、支配权、请求权、形成权和抗辩权

这是以权利的作用与功能为标准进行的划分。

1. 支配权是排除他人干涉而权利人仅凭自己的意志对标的物进行处分的权利。这种权利的利益实现不需要他人的积极协助。例如，所有权人对所有物的支配。

2. 请求权是要求他人作为或者不作为的权利。至于要求什么样的作为与不作为，则由法律行为或者法律予以具体规定。[1] 例如，债权人请求债务人履行债务的权利为债权请求权。

3. 形成权是仅仅凭当事人一方的意志就能够使法律关系形成、变更或者消灭的权利。例如，抵销权、追认权等。

4. 抗辩权是阻止请求权的权利，即义务人对权利人提出的权利请求予以有理由的拒绝，以阻止权利人实现权利的权利。例如，诉讼时效超过的抗辩。

三、财产权、人身权[2]、知识产权和社员权

这是以权利的内容为标准所作的分类。

1. 财产权是以财产为客体的权利。其特点是：①权利直接体现经济价值；②权利可以转移。

2. 人身权是以人身利益为标的的权利。[3] 其特点是：①权利不直接体现为经济利益，但受到侵犯时，可以请求经济补偿；②权利不可转移。

3. 知识产权是以智力成果为标的的权利。

---

[1] ［德］迪特尔·施瓦布：《民法导论》，郑冲译，法律出版社2006年版，第146页。

[2] 有的学者不赞成用人身权这一概念，主张使用"人格权"与"亲属权"替代之。参见谢怀栻："论民事权利体系"，载《法学研究》1996年第2期。

[3] 这种定义的方式在学理上颇有争议。但考虑到通说和教材的要求，本书姑且用之。

4. 社员权是指社团中的成员依据其在社团中的地位而对该社团产生的权利。社员权的主体是社员，其相对人是社团。社员权与上面的权利不同，它不是个人法上的权利，而是团体法上的权利。社员权具有以下特点：

（1）社员权以社员资格（地位）为发生基础，与这种资格相终始。近代私法上的团体主要是依社员自己的意思组成的社团，所以，社员权的发生归根到底取决于个人的意思。从这一点上说，社员权仍然属于私权。

（2）社团与社员在一定情形下并不是平等的，社员要受团体意思（决议）的拘束。

（3）社员权是一个复合权利，包括多种权利，其中有经济性质的，也有非经济性质的。

（4）社员权具有专属性，只能随着社员资格的转移而转移，一般不能继承。

在我国目前的社员权中，股东权是典型的代表。在其他社团中，社员权还不为人们所重视。不过随着社团的增多，特别是各种俱乐部的设立，社员权将会日益得到人们的认识，受到人们的尊重。[1]

四、专属权与非专属权

这是以民事权利是否可以与其主体相分离为标准而作的分类。

1. 专属权是指只能由其主体享有或者行使的权利，例如，人身权是典型的专属权。专属权又分为享有上的专属权与行使上的专属权。享有上的专属权是指专属于特定人享有、不可与权利人分离、不得转让于他人的权利。人身权是享有上的专属权，既不能让与，也不能继承。行使上的专属权是指权利是否行使只能由权利人决定，他人不得代理的权利，例如，结婚、离婚等属于此类权利。[2]

2. 非专属权是指非专为特定人设立的、可以与权利主体分离、可以转让、可以继承的权利。民法上的大多数财产权属于非专属权。

专属权与非专属权的区分在民法上具有重大意义：①区分专属权与非专属权可以明确什么权利可以作为交易的标的，专属权因与主体不能分离，所以不能作为交易的标的，权利人也不能任意处分；②在强制执行中，专属权不能作为强制执行的对象。

---

〔1〕 谢怀栻："论民事权利体系"，载《法学研究》1996 年第 2 期。
〔2〕 张俊浩主编：《民法学原理》（上册），中国政法大学出版社 2000 年版，第 77 页。

五、主权利与从权利

这是以在权利的相互关系中是否能够独立存在为标准进行的分类。

1. 主权利是指在几个相互关联的权利中，不依赖于其他权利的存在而独立存在的权利。

2. 从权利是指在几个相互关联的权利中，以他权利的存在为存在基础，或者没有其他权利的存在，其存在就没有意义的权利。例如，在抵押权与债权的关系中，债权为主权利，抵押权为从权利，因为如果没有债权的存在，抵押权的存在就没有任何意义。

从民法的意义上看，一般的原则是"对主权利的处分及于从权利"。例如，随着主债权的转移，抵押权也随之转移。但是，法律有例外规定或者当事人有相反约定的，不在此限。

六、原权利和救济权

这是以权利为原生或者派生为标准对权利所作的分类。有的人将原权利称为第一性权利，而将救济权利称为第二性权利。

1. 原权利即为原生权利，是指主体享有的并受法律保护的本权利。例如，人身权、所有权等。

2. 救济权是指在原权利受到侵害时产生的法律救援性权利。例如，人身权受到侵害时，请求侵害人进行赔偿的权利。

从某种意义上说，原权利与救济权利也是主权利与从权利的关系。如果没有原权利，救济权利也就没有任何意义，救济权利是为了保护原权利而存在的。如果法律在赋予权利主体以原权利的同时，不赋予救济权，那么原权利就没有保障。

从民法意义上看，区分原权利与救济权利具有实际意义，例如，原权利消灭而救济权也消灭；有时原权利不得放弃，但救济权利可以放弃，例如，人身权不能放弃，但人身权受到侵害而发生的救济权利可以放弃。

第三节　请求权体系

一、请求权与债权的关系

债权与请求权究竟是什么关系？德国学者认为，在德国民法典上，请求权规定在总则中，而债权规定在分则中，所以，请求权比债权似乎更具有一般性，例如，因占有产生的返还请求权、扶养请求权、遗产请求权等。但是，《德国民法典》第 194 条规定的请求权是这样的："要求他人作为或者不作为的请求权，因时效而消灭。"而该法第 241 条规定的债权的效力是："债权人基于债的关系，有权向债务人要求给付。给付也可以是不作为。"所以，德国学者普遍认为，在请求权与债权之间不存在实质上的差别，所以，对债权的规定准用于请求权。而旨在恢复受损害的物权的物上请求权，不得以让与的方式与其物上的基本权相分离，故对债权的规定不适用于之。[1] 我们认为，诸如"物上请求权"之类的请求权，属于救济型请求权，其属于债权或者物权与许多因素有关，例如，与法律是否承认物权行为的独立性与无因性有关。

二、请求权体系

1. 债权请求权——基于债权法规范而发生的请求权，主要包括：①因契约关系而发生的请求权；②因不当得利而发生的请求权；③因无因管理而发生的请求权；④因侵权行为而发生的请求权；⑤因缔约过失而发生的损害赔偿请求权。

我国《民法总则》第 118 条对于债权请求权进行了比较准确的表达："债权是因合同、侵权行为、无因管理、不当得利以及法律的其他规定，权利人请求特定义务人为或者不为一定行为的权利。"

2. 物上请求权——基于物权法的规范而发生的请求权，主要包括：①所有物的返还请求权；②排除妨害的请求权；③消除危险的请求权；④停止侵害请求权。

3. 人身权请求权——基于对人身权的侵害而发生的保护请求权，也可以说，是救济型的请求权。包括：①停止侵害请求权；②消除影响请求权；③赔偿损失

---

〔1〕　德国学者拉伦茨、梅迪库斯等著名学者均采此观点。参见〔德〕迪特尔·梅迪库斯：《德国民法总论》，邵建东译，法律出版社 2000 年版，第 69 页。

请求权等。

有的学者将请求权分为支配权上的请求权、债权请求权与救济请求权。实际上，因债权本身非经请求难以实现（包括诉讼上的请求与诉讼外的请求），而人格权与物权则只要非权利人不侵犯即可实现，故其请求权的形态多在被侵害时才能产生。所以，债权请求权从债权产生时就随之产生，而物权与人格权请求权则是因非权利人的侵害而发生，其本身不是请求权。

三、请求权的规范基础

（一）请求权规范基础的概念

请求权的规范基础是指一项请求权在法律上的依据，具体说，就是法律上的具体规定。例如，契约法上的价金支付请求权，其规范基础就是契约法上对当事人权利义务的具体规定。

（二）请求权规范基础的重要性

1. 法律实务上的方法。请求权基础是法律实务的核心，可以说，整个法律实践工作就是对请求权基础的寻找。如果一个人提出一项法律上的请求，但却无法律规定的支持，最终，他的请求权将不能实现。因为，法律实践的基本构造就是："谁可以向谁，依据何种法律规定，提出何种权利请求或者主张。"例如，A在B处购买一辆自行车，约定由B送货。B在送货途中被C抢夺。则A想提出对C的请求，则要看A对C有没有法律上的支持？如果没有，A就不能向C主张任何权利。

2. 法律思维的方法。因为民法归根到底是权利本位法，所以将所有的权利分为不同的性质，再分别规定权利的发生根据来确定当事人之间的具体权利义务，找出救济的方法。这样，不仅在思考中避免权利的遗漏，而且有利于自我判断权利实现的可能。所以，德国学者说，实体法上的请求权对于未经严格训练的学生来说，是分析具体案例的不可缺少的思维方法。[1]

（三）请求权规范基础的寻找

1. 将自己的请求目的与请求权类型相符合。例如，A将自己的自行车借给B使用，B在使用中损坏了自行车，则A将向B提出损害赔偿的主张。这种主张就是请求目的。但是，A可以向B依据租赁关系提出主张，即债权请求权，也可以根据所有权向B提出赔偿主张，即物权请求权。A将作出选择，将目的与具体请求权联系。

---

[1] ［德］迪特尔·梅迪库斯：《德国民法总论》，邵建东译，法律出版社2000年版，第72页。

2. 找出主导性规范基础。在上述例子中，如果 A 选择根据债权请求权提出主张，则进一步找出租赁关系的规范基础。在租赁关系中，A 有权要求 B 正确使用租赁物，B 违反了这种义务，A 有请求权。

3. 找出辅助性规范，即有没有排除请求权的规定。在上述例子中，如果有规范规定，因不可抗力造成租赁物的损害，B 不负责任，则 A 的请求权可被排除。在这里，"不可抗力"即为排除请求权的规定。

4. 用三段论的方式，将案件事实与规范事实构成要件连接，得出结论。

四、法条竞合、请求权聚合、请求权竞合和请求权规范的竞合

（一）法条竞合

法条竞合是指规范某一法律事实的法条之间可以同时适用的情形。例如，因航空发生事故，可以适用民法，也可适用民用航空法。按照特别法优先一般法的原则，可排除民法一般法的适用。

（二）请求权聚合

请求权聚合是指当事人对于数种给付内容不同的请求权，可以同时主张。例如，身体受到伤害的时候，当事人可以同时主张物质赔偿与精神损害赔偿。

（三）请求权竞合

请求权竞合是指因一个法律规范而产生了两个请求权，当事人可以选择其中之一行使。例如，一方当事人违约，他方可以请求继续履行合同，也可以请求解除合同。

（四）请求权规范竞合

请求权规范竞合是指一个事实同时满足了两个请求权的要件，当事人可以选择适用一个法律规范来支持自己的请求权。当行使一个请求权后，不得再行请求。但是，如果一个请求权因目的达到之外的原因归于消灭时（例，因诉讼时效超过），可以再行使另外的请求权。

因各种请求权的构成要件、举证责任、内容与赔偿范围各有不同，在处理具体案件时，所有可能成立的请求权都需要进行考量，并辨清有没有请求权竞合、请求权规范竞合、请求权聚合等问题，以切实维护当事人利益。例如有人在一商场购买了一台洗澡用的热水器，因热水器存在质量问题而在购买者洗澡时将其烫伤。那么，受害者就有以下几项请求权基础可以考虑：①可以根据《民法总则》请求赔偿；②可以根据《合同法》要求其承担违约责任；③可以根据《产品质量法》要求其承担赔偿责任；④也可以按照《消费者权益保护法》要求其承担赔偿责任。但是，如果选择违约责任，那么就不存在精神损害赔偿问题，而选择

其他责任基础就有可能要求精神损害赔偿。这就是请求权规范竞合问题。即使选择《产品质量法》作为请求权基础，则还可能存在请求权聚合问题，即可以同时请求物质损害与精神损害赔偿。

第四节 抗辩权体系

一、抗辩与抗辩权

从诉讼法的角度看，主要有三种抗辩：

（一）权利未发生的抗辩

权利未发生的抗辩，即主张对方的请求根本不存在。民法规定的主要抗辩事由有：①合同不成立；②行为人无行为能力；③行为违法；④无权代理，未经被代理人同意；⑤行为的形式不符合法律规定，例如，所有权的转移没有登记。

（二）权利消灭的抗辩

权利消灭的抗辩，即对方的权利曾经存在，但却因符合法律规定的方式消灭，例如因清偿、免除等原因消灭。主要原因有：

1. 清偿。清偿是指债务人按照债的要求履行义务，从而消灭债权债务关系的法律事实。

2. 提存。提存是指在一定条件下，债务人或其他清偿人将有关货币、物品以及有价证券等提交给一定的机关保存，从而消灭债权债务关系的一种法律制度。

3. 免除。免除是债权人以债的消灭为目的而抛弃债权的意思表示。债务人因债权人抛弃债权而免除清偿义务，所以，免除也是债之消灭的一种原因。

4. 抵销。抵销又称"充抵"，是指二人互负债务且给付种类相同时，各得以其对他方的债权充销自己对他方的债务，从而使各自的债务在对等的数额内消灭的意思表示。

5. 混同。混同是指债权与债务归于同一人的法律事实。我国《合同法》第106条规定："债权和债务同归于一人的，合同的权利义务终止，但涉及第三人利益的除外。"混同可因债的特定承受或概括承受而发生。

（三）排除权利的抗辩

这种抗辩权是指当一方当事人提出请求权时，对方有拒绝履行的权利，也就是民法实体法上的抗辩权。这种抗辩的根据在于民法上规定的抗辩权，主要包括：

1. 永久抗辩，其效力在于永久地排除对方的请求权，包括诉讼时效超过的请求权。

2. 一时抗辩，其效力在于暂时阻止请求权，又称为"延缓抗辩"，包括：

（1）同时履行抗辩权。同时履行抗辩权也称为履行契约的抗辩权，是指双务契约当事人一方于他方当事人未为对待给付前，得拒绝自己给付的权利。[1]

（2）不安抗辩权。所谓不安抗辩权，是指当事人一方依照契约约定应向他方先为给付，但如在订立合同后，他方的财产明显减少或资力明显减弱，有难为给付之虞时，得请求该他方提供担保或为对待给付，在他方未履行对待给付或提供担保前，得拒绝自己的给付的权利。

（3）保证人的先诉抗辩权。先诉抗辩权，又称检索抗辩权，是指保证人在债权人未就主债务人的财产申请强制执行或执行担保物权而未果前，得拒绝债权人之请求的权利。这是由保证的从属性所决定的。但是连带责任保证的保证人无先诉抗辩权。

二、抗辩的适用及立法政策考量

（一）抗辩的适用

根据是否需要当事人提出，可以分为需要主张的抗辩与无需主张的抗辩。上面讲的三类抗辩中，前两种是不需要当事人主张的，后一种当事人必须主动提出。也就是说，前两种即使当事人不提出，法院也会主动依职权审查。而后一种如果当事人不提出，法院就不主动适用。

（二）立法政策

有些抗辩需要由抗辩人自己就风险和良心作出选择，例如，在保证人的抗辩中，他是否抗辩，要对风险作出评估，如果对债务人的执行没有结果，他将对执行费用也承担保证责任。而对于时效抗辩，实际上是在逃避一种实际上存在的义务，有时是损害名誉的。所以，需要当事人自己作出决定。

---

[1]　史尚宽：《债法总论》，荣泰印书馆 1978 年版，第 554 页。

第五节　支配权体系

一、支配权的特征

1. 利益的直接性。权利人直接凭单方意思实现其利益，而不需要义务人的积极行为。

2. 权利的优先性。支配权必然具有排他性特点，所以，在权利之间的关系上必然体现为优先性。支配权的优先性表现在两个方面：①支配权之间的优先性，即成立在前的支配权优先于成立在后的支配权；②支配权相对于请求权的优先性，例如，物权优于债权。

3. 对应义务的消极性。支配权因无需他人的积极行为就可以实现权利人的权利，所以，义务相对人的义务一般表现为消极的容忍或者不干涉。

二、种类

（一）物权

物权是指权利主体直接对物进行支配而享有利益的权利，包括所有权、用益物权及担保物权。

（二）知识产权

知识产权是以对人的智力成果的独占排他地利用从而取得利益为内容的权利。它具有以下几个特点：①知识产权的客体是人的智力成果，既不是人身或者人格，也不是外界的有体物或者无体物，所以，知识产权既不属于财产权也不属于人格权。另一方面，知识产权是一个完整的权利，只是作为权利内容的利益兼有经济性与非经济性，因此，没有必要把知识产权说成两类权利的结合。②知识产权属于绝对权，在某些方面类似于物权中的所有权，可以使用、收益、处分和为他人支配，具有排他性及可转移性。③知识产权在许多方面受到法律的限制。知识产权虽然属于私权，但因人的智力成果具有高度的公共性，与社会文化和产业的发展有密切关系，不宜为任何人长期独占，所以，对知识产权规定了许多限制：其一，对权利的取得规定了许多积极与消极条件；其二，对权利的存续期有特别规定；其三，权利人负有一定的使用或者实施的义务，法律规定有强制许可或者强制实施许可制度。[1]

第六节　形成权体系

一、形成权的特征

(一) 形成权的对方必须接受权利的结果而不参与决策

形成权为单方法律行为，仅仅以形成权人单方的意思就足以使结果发生，而不需要对方的同意或者其他方式的参与。例如，合同解除权，根据我国《合同法》第96条的规定，只要具备了合同法规定的解除原因，有解除权的一方就可以以向对方通知的方式解除合同，合同自通知到达对方时解除。《民法总则》第19条规定的限制行为能力人的法定代理人的追认权、同意权都属于形成权。

对此，德国学者指出，在相对权中，形成权和请求权是主要类型。形成权赋予权利人通过单方意思表示对另一个人的法律状况予以影响的权能。作为单方面的决定权能，形成权借助于民法而在一定程度上具有"支配"的性质。尤其是形成权的效果通常不必事先经过法院诉讼程序即可产生。形成权原则上要么基于当事人的事先同意而产生，要么作为侵犯权利或者其他对法律关系的妨害的反映而产生。例如，合同解除的事由要么由当事人事先约定，要么由法律对妨害合同关系所作的规定确定。[2]

(二) 形成权行使的结果是使法律关系发生、变更或者消灭

1. 使法律关系发生效力的形成权。

(1) 追认权。追认权一般是指权利人对于无权处分其权利的人的行为事后予以承认的权利。例如，《合同法》第51条规定："无处分权的人处分他人财产，经权利人追认或者无处分权的人在订立合同后取得处分权的，该合同有效。"

(2) 同意权。例如，在债务承担中，债权人对于债务人转移债务的同意权以及保证人对于债务转移后继续承担保证责任的同意权等。

(3) 确定权。例如，选择之债的确定权。

2. 使权利义务变更的形成权。使权利义务变更的形成权是指因一方的单方行为就可以使既存的权利义务发生变动的权利。例如，因重大误解而请求变更合

---

〔1〕 谢怀栻："论民事权利体系"，载《法学研究》1996年第2期。

〔2〕 ［德］迪特尔·施瓦布：《民法导论》，郑冲译，法律出版社2006年版，第143页。

同权利义务的权利。

3. 使法律关系消灭的形成权。使法律关系消灭的形成权包括：①抵销权；②撤销权；③解除权；④终止权。

二、形成权产生的根据

形成权的产生根据主要有两种：一是法律的规定，二是当事人的约定。例如，合同法上的合同解除权的产生既可以根据当事人约定的事由发生而发生，也可以根据法律规定的事由发生而发生。

《合同法》第 93 条第 2 款规定："当事人可以约定一方解除合同的条件。解除合同的条件成就时，解除权人可以解除合同。"这便是当事人约定而产生的形成权。

《合同法》第 94 条规定："有下列情形之一的，当事人可以解除合同：①因不可抗力致使不能实现合同目的；②在履行期限届满之前，当事人一方明确表示或者以自己的行为表明不履行主要债务；③当事人一方迟延履行主要债务，经催告后在合理期限内仍未履行；④当事人一方迟延履行债务或者有其他违约行为致使不能实现合同目的；⑤法律规定的其他情形。"这便是根据法律规定而产生的形成权。

三、形成权的行使

（一）行使的方式

1. 诉讼外行使。一般情况下，形成权以权利人向对方为单方意思表示的方式就可以有效行使，不必经过诉讼程序，如抵销权的行使、合同解除权的行使等。因为，对于这些权利的发生基础法律已经作出明确规定或者当事人已经作出明确约定，只要存在这些理由，权利人就可以行使。如果对形成权发生的理由有争议，也可以请求法院裁判。

2. 诉讼行使——为形成之诉。在例外的情况下，有些形成权只能通过司法途径才能行使。形成权人必须提起诉讼，形成权也只有在判决具有了既判力后才能发生效力。与给付判决不同，形成判决不需要执行。

法律之所以对此类形成权作出特别规定，是为了对权利行使情况加以控制，也是为了避免在形成行为是否有效方面出现不确定性。特别是在形成权必须具备特定理由的情况下，就会出现这种不确定性。通过判决之后形成权才发生效力，那么，这种不确定性就可以避免了。这种形成权主要出现在亲属法与公司法上，因为在这些领域，上述不确定性令人难以忍受。例如，亲属法上的离婚、对子女婚生地位的撤销等。[1]

（二）行使的限制

1. 形成权通常不得附期限或者附条件。

2. 不得撤回行使的意思表示。

形成权行使的不可撤回性与不得附期限或者附条件的理由主要是：既然形成权相对人必须接受他人行使形成权的事实，那么不应该再让他面临不确定的状态。[2]

四、形成权规定的合理性

法律赋予一方当事人形成权，主要是给其强有力的保护，即不需要对方同意即可使法律关系发生、变更或者消灭。所以，形成权的产生必须有明确的理由。

第七节　权利主体、权利的取得与丧失

一、权利主体

（一）权利主体的概念

权利主体是权利的享有者，具体有自然人、法人、自然人的其他组织体。

（二）权利主体享有权利的资格——权利能力

权利能力是主体享有民事权利的法律资格。没有这种资格，就不是权利的主体，也就不能取得民法上的权利。例如，罗马的奴隶就没有权利能力，是物而不是人。

二、权利的取得

（一）权利取得的样态

1. 原始取得。

（1）定义：不以他人既存的权利为前提的取得，如先占。但是，有的权利的取得方式从表面上看，也是以他人既存的权利为前提的，但法律却规定其为原始取得，如善意取得在效果上犹如原始取得。

---

〔1〕［德］迪特尔·梅迪库斯：《德国民法总论》，邵建东译，法律出版社2000年版，第77页。

〔2〕［德］迪特尔·梅迪库斯：《德国民法总论》，邵建东译，法律出版社2000年版，第79页。

（2）效力：权利人取得的是没有负担的权利，例如，善意取得的物上的质权消灭。

2. 继受取得。

（1）定义：是指以他人的既存权利为基础的取得。例如，买卖取得物的所有权。这种取得又称为"传来取得"。

（2）效力：他人物上的权利不因取得而消灭。例如，房屋上设有抵押权，房屋买卖后，抵押权不因此而消灭。

（二）权利取得的实质

权利取得的实质是权利与主体的结合。

三、权利的丧失

1. 绝对丧失：权利消灭但他人也没有取得。

2. 相对丧失：权利从一个人处丧失，但为另一个人取得。

第八节　民事权利的限制

一、时效制度

（一）时效的概念

时效是指一定的事实状态持续地达到特定期间就发生一定的法律效果的制度。

（二）时效的种类

1. 诉讼时效。诉讼时效是指权利的不行使状态持续地达到法定期间就使义务人发生抗辩权的制度。例如，诉讼时效期间经过后，债务人就可以行使不履行抗辩权。

2. 取得时效。取得时效是指占有他人的物持续地达到一定期间就取得该物权的制度。

（三）时效制度的实质

时效制度的实质在于对权利不行使的限制，目的在于促使当事人积极行使权利。

二、除斥期间

1. 定义：形成权在该期间内不行使即告消灭的制度。该期间的特征是：它是绝对的，不因任何原因而发生中断、中止和延长。例如，《民法总则》第 152 条第 2 款规定："当事人自民事法律行为发生之日起 5 年内没有行使撤销权的，撤销权消灭。"

2. 除斥期间的具体期间都有法律的专门规定。

三、其他限制

（一）权利范围的限制

必须承认，几乎没有任何权利是没有限制的，例如，债权只能请求特定人为给付，定限物权人只能在一定范围内对物拥有支配权等。因为权利的本质就是自由意志的范围，故权利均有范围。

（二）权利禁止滥用的限制

权利禁止滥用的含义是：行使权利不得背离权利应有的社会目的，也不得超越权利应有的界限。[1] 例如，《德国民法典》第 226 条规定："权利行使不得以损害他人为目的。"在实践中，权利滥用的情形十分复杂，应当根据诚实信用原则并结合具体情况予以认定。在很多情况下，权利的滥用会构成侵权行为，所以，有人主张以是否构成侵权行为来判断之。

（三）社会公共利益的限制

任何人在行使自己权利时，必须服从社会公共利益。但是，社会公共利益是为社会一般成员的共同利益。任何个人如果不顾社会群体利益而无限行使权利，社会将不能存在。我国《民法通则》第 7 条规定："民事活动应当尊重社会公德，不得损害社会公共利益，破坏国家经济计划，扰乱社会经济秩序。"《民法总则》第 132 条规定："民事主体不得滥用民事权利损害国家利益、社会公共利益或者他人合法权益。"

（四）善良风俗的限制

我国《民法总则》第 153 条规定了善良风俗对于民事法律行为的限制。

何为"善良风俗"，学者有不同看法。德国的司法实践有时将其表述为"一切公平与正义思想者的礼仪感"，有时将其表述为"人民的健康感受"。[2] 我认

---

〔1〕 张俊浩主编：《民法学原理》（上册），中国政法大学出版社 2000 年版，第 85 页。

〔2〕 ［德］迪特尔·梅迪库斯：《德国民法总论》，邵建东译，法律出版社 2000 年版，第 512～513 页。

为，善良风俗就是一个国家或者地区普遍认同的道德观念。权利的行使不得以违背善良风俗的方式为之，否则，要承担相应的民事责任。

第九节　权利的实现

一、权利实现的方法与手段

（一）权利实现的概述

人们所追求的并不是纸面上的权利，而是实际得到的权利。但是，我们民法上的权利体系是以抽象权利为基础的。这些抽象的权利如果要具体到个人身上，需要实现的途径。也就是说，法律规定的权利与我们实际享有的权利并不是同一个概念。例如，A 对 B 有金钱支付请求权，但能否实现取决于许多因素：①B 是否愿意支付；②B 是否有能力支付；③A 是否愿意放弃请求权；④请求权是否已经超过诉讼时效等。这些原因都有可能使 A 的权利难以实现。

为了使抽象权利落到实处，就需要在抽象与具体之间找出实现途径。

（二）权利实现的方法与手段

这种途径主要有两种：一是非救济手段，二是救济手段。权利人可以自己要求义务人履行义务，如果义务人履行义务，则权利就可以实现，不需要救济。但是，如果义务人被要求履行后不履行或者拒绝履行，则需要救济。而救济又分为公力救济与自力救济。

二、公力救济

（一）公力救济的概念和必要性

公力救济是权利人请求国家以法定程序帮助其实现权利的手段。公力救济之所以必要，主要有两个原因：①避免强者欺负弱者，使弱者的权利能够实现；②避免暴力冲突。

（二）公力救济的程序

公力救济主要有两个基本阶段：一是审判程序，二是执行程序。具体经过以下阶段：①起诉——不告不理；②判决；③不服判决的处理——上诉；④向债权人与债务人分别送达判决书和执行文书；⑤强制执行。

三、自力救济

（一）自力救济的概念与必要性

自力救济是法律允许权利人依靠自己的力量实现权利的手段，包括暴力在内。

自力救济之所以必要，是因为保护权利人急迫的需要。虽然说，让权利人依靠自己的力量实现自己的权利会导致许多弊端，但有时因情况紧急，如果不及时自救，则会使权利人的权利难以实现。所以，法律容忍私人采用暴力行为。自力救济的特点是：

1. 情况紧急，公力救济不能达到目的。例如，公共汽车上的乘客无票乘车。

2. 要有合理界限。私人的自力救济毕竟有较大的权利滥用危险，如果不对其规定合理的界限，极有可能导致权利滥用。

自力救济的手段主要有：正当防卫、紧急避险和自助行为。

（二）正当防卫

1. 概念。正当防卫是指为了避免自己或者他人受到现实的不法侵害而进行防卫的必要行为。民法上的正当防卫与刑法上的正当防卫是一个概念，只是民法从民事损害赔偿角度看，而刑法则是从刑事处罚方面看。

2. 条件。

（1）必须有侵害。这里的侵害是指对现实权利的侵害，如对身体、财产等进行侵害。如果是对相对权的侵害，则不能防卫。例如，债务人不履行债务，此时债权人不能针对债务人不履行债务的行为进行防卫，但如果债权人要求债务人履行债务，债务人不履行并且要殴打债权人时，则有防卫的必要。

（2）违法性。

（3）侵害行为的现实性。侵害必须是现实发生的，即已经开始并且正在持续。

（4）防卫的必要性。防卫行为必须为避免侵害所必需，但是，判断防卫是否必需，应当以一般人的标准而非防卫人的主观判断为准。

（5）防卫的适度性。①防卫不能超过界限。例如，有人空手打人，你用刀防卫将对方刺死就是不适度的防卫。但情况紧急下不能要求防卫人过严。②禁止权利滥用。一是不能将正当防卫作为报复的工具。例如，A 与 B 本来有仇，A 借助防卫来报复 B。二是不能滥用防卫权。例如，德国民法教科书有一个经典的例子：一个身体瘫痪的老人，坐在院子里，邻居家的小孩进入院子偷樱桃。这位老人当然不能举枪向孩子射击，而必须牺牲他的樱桃。[1]

3. 防卫的后果。按照我国《民法总则》第 181 条的规定，如果防卫超过必要限度，则属于非法侵害。防卫人负担民事赔偿责任。如果防卫适度，则不负担民事责任。

（三）紧急避险

1. 概念。紧急避险是指为了避免自己或者他人的生命、身体、自由或者财产遭受紧迫的危险，不得已实施的侵害他人的引起危险的物或者非为引起危险物的行为。

紧急避险与正当防卫不同，后者针对的是人的行为，而前者针对的是危险。所以，正当防卫伤害的往往是人，而紧急避险往往针对的是物。

2. 紧急避险的类型。按照《德国民法典》的规定，紧急避险分为两类：

（1）对引起危险的物的侵害，称为防御性紧急避险。该类型规定在《德国民法典》第 228 条中："为使自己或者他人避免紧迫危险而损坏或者损毁引起此紧迫危险的他人之物的人，如果损害或者损毁行为是为防止危险所必要，而且造成的损害又未超过危险程度时，其行为不为违法。如果行为人对危险的发生负有过失，则应当负赔偿的义务。"

（2）对非引起危险的他人之物的损害，称为攻击性紧急避险。该类型规定在《德国民法典》第 904 条中："如果他人对所有权的侵害是为了防止当前的危险所必要，而且其面临的紧急损害远较因干涉他人的所有权造成的损害为大时，物的所有权人无权禁止他人对物的干涉。物的所有权人可以要求对其所造成的损害进行赔偿。"

3. 要件。

（1）需要有现实性紧迫的危险。

（2）避险的目的是使自己或者他人的生命、人身、自由或者财产免遭危险。

（3）避险所造成的损害应当小于危险所造成的损失。

4. 责任。

（1）德国民法上的责任。如果紧急避险人损害的物不是引起危险的他人的物，则应当承担赔偿责任。如果紧急避险人损害的是引起损害的物，且未超过必要限度的，不负担民事责任。但是，如果行为人对危险的发生负有过失，则应当赔偿，例如，狗咬人，为避免危险，将狗打死，紧急避险人不负担民事赔偿责任。但是，一个人招惹狗，造成自己被咬伤，在这种情况下将狗打死，则应当负

---

〔1〕 ［德］迪特尔·梅迪库斯：《德国民法总论》，邵建东译，法律出版社 2000 年版，第 127～128 页。

担赔偿责任。

（2）我国《民法总则》第 182 条规定："因紧急避险造成损害的，由引起险情发生的人承担民事责任。危险由自然原因引起的，紧急避险人不承担民事责任，可以给予适当补偿。紧急避险采取措施不当或者超过必要的限度，造成不应有的损害的，紧急避险人应当承担适当的民事责任。"最高人民法院印发《关于贯彻执行〈中华人民共和国民法通则〉若干问题的意见（试行）》（以下简称《民通意见》）第 156 条规定："因紧急避险造成他人损失的，如果险情是由自然原因引起，行为人采取的措施又无不当，则行为人不承担民事责任。受害人要求补偿的，可以责令受益人适当补偿。"

（3）评价。德国法的规定显然较为合理。为什么一个人为了避免自己的财产或者人身遭受损害，就有权侵害那些与此无关的人的财产？如果与此有关，则只要在必要限度内，就可以免除责任。美国法律也是采取与德国相同的原则。例如，A 把钱放在 B 家。有些人为了抢夺钱而要伤害 B 时，B 把钱交出，则不负担责任。如果这些人是要来报复 B，B 把钱交出，则是为了避免自己的生命安全而牺牲与此无关的 A 的钱，则应当负担赔偿责任。

（四）自助行为

1. 概念。自助行为是指为了保护自己的权利，而以自己的力量对加害人的自由、财物进行约束或者扣押的行为。例如，在饭店就餐不付款的人就可被饭店约束其自由。

2. 要件。

（1）权利受到不法侵害。

（2）时间紧迫，来不及请求公力救济。

（3）手段合理。

（4）不超过必要限度。

3. 法律效果。自助行为的目的是保护那些来不及请求国家公力救济的紧急情况，但这种自助行为仅具有保全权利的效力，还要进一步请求法院确认。

第二编 民事主体及其法律属性

第一章

民事主体概述

第一节 民事主体的概念及形式结构

一、民事主体的概念及形式结构

民事主体即我们通常所说的"民法上的人"，然而，何为民法上的人？民法上的人是那些在民法上能够享有民事权利并承担义务的自然人或者组织体，并将权利能力的拥有作为民事主体地位的标志与象征[1]。作为民事主体地位标志的权利能力与民事主体的形式结构具有极大的关联，并因此产生了民事主体结构形式的"二元论"与"三元论"之争。

"二元论"者认为：民法上仅有两类主体，要么是自然人，要么是法人，不存在第三类主体。非法人团体不能成为一类独立的民事主体，仅仅称为"无权利

---

[1] 主体地位与权利能力是否是同一意义，学者之间存在争议。有人认为，此二者不同：权利能力仅仅是能够作为权利义务主体之资格的一种可能性，同权利主体显然有别（[日] 几代通：《民法总论》，青林书院，昭和44年，第22页）；有人认为：权利能力是主体地位在民法上的肯认，即为同义 [星野英一：《私法中的人——以民法财产法为中心》，王闯译，载梁慧星主编：《民商法论丛》（第8卷），法律出版社1997年版，第156页]。我国学者尹田教授认为：德国人为了满足《德国民法典》在形式结构方面的需要，创立了"权利能力"一词，从技术上解决了自然人与法人在同一民事主体制度下共存的问题，从而避开了主体的伦理性。但主体地位（人格）同权利能力是不一样的（摘自尹田教授于2004年5月20日在中国政法大学的学术报告）。我十分同意尹田教授的分析，但我认为权利能力是主体地位在民法上的标志，至少从规范角度上看，大概不会错。

能力的社团"[1]。因为合伙等团体本身不能独立享有权利或承担义务，以合伙的名义取得的财产归属各个合伙人共同共有，而合伙的债务直接归属于合伙人并负担连带责任，并且，在我国及其他国家合伙均不是一类独立的纳税主体。这就与法人这种团体有本质的区别：以法人的名义取得的财产直接归属于法人而不是其成员，法人的债务归属于法人而不直接归属于其成员。因此，合伙这种团体不是一种独立的民事主体。

"三元论"则认为，民法上的形式主体有三类：一为自然人，二为法人，三为合伙等团体组织形式。其理由是：以合伙为代表的第三类主体，虽然不能独立享有权利承担义务，但这与其主体地位无关，法律地位与责任是毫不相关的事情。

德国学者多主张"二元论"[2]，而我国学者多主张"三元论"。从我国《民法总则》（未来民法典的首编）第二章至第四章来看，我国民法采取"三元论"。

二、民事主体的特征

（一）平等性

民法的基础是市民社会，而市民社会的最大特点就是其组成成员的平等性。因此，可以说，民事主体的平等性是民法赖以存在的基础，是民法体系构建的基石。因此，民事主体的平等性是民法最基本的特征。我国《民法总则》第4条也明确规定："民事主体在民事活动中的法律地位一律平等。"

（二）意志的独立性

意志的独立性应当是民事主体的重要特征之一，因为，如果没有意志就不可能实行"意思自治"，也就不可能从事任何法律行为；同时，没有独立意志，也就不可能被过错归责而承担过错责任。所以，法人应当具有独立的意思机关。而合伙恰恰没有意思机关，这也是许多人否认合伙为独立民事主体的重要理由之一。

当然，未成年人与具有精神障碍的人虽然没有独立意志，但却因为伦理的需要而被承认为主体。

（三）以自己的名义从事民事活动

在民法上，只有以自己的名义从事民事活动，才有可能取得活动的结果，从而承担独立责任。如果仅仅以他人的名义从事行为，从而使该他人取得活动结

---

〔1〕《德国民法典》第54条。

〔2〕［德］卡尔·拉伦茨：《德国民法通论》（上），王晓晔等译，法律出版社2003年版，第56～57页。

果，那么，行为人是否为民事主体就难以判断。因此，合伙可以成为代理人，但却有许多人否认其为主体。

（四）权利与义务的独立性

"自己对自己的行为后果负责"，是法律承认民事主体意思自治的前提。如果任何一个组织或者"人"仅仅从事行为而自己不承担后果，则不能认为是独立的主体。奴隶社会的奴隶取得任何财产都归属主人，而发生任何损害也由主人承担责任，就是因为奴隶不是法律主体，不能取得权利义务的归属。这种理由也成为人们否认合伙是民事主体的有利证据之一。

（五）抽象性

无论是民法上的自然人，还是法人，其实都是抽象的而非具体的。在现实生活中，自然人之间是有较大差别的，但民法上的自然人却是千篇一律的，其被权利能力与行为能力统一并抽象，从而被认为是平等的。法人也是如此。

第二节　民事主体的法律标志——权利能力

一、权利能力的概念

一般认为，权利能力是指一个人作为法律关系主体的能力，也即作为权利享有者和义务承担者的能力（或称资格）[1]。用通俗的话来说，权利能力是一种权利义务的归属资格。我认为，用"归属资格"来解释法人的权利能力更符合其创设的本意。权利能力的规范目的在于：一个人是否能够作为民事主体在民法上享有权利承担义务。因此，权利能力是一个人能够取得权利义务的前提与基础，但不是具体的权利或者义务。

二、权利能力的特征

（一）平等性

由于行为能力是理性的体现，而不平等恰恰是人被理性衡量的结果。与行为能力不同，权利能力不分年龄、性别、职业、精神状况等因素而一律平等。这是

---

〔1〕 〔德〕卡尔·拉伦茨：《德国民法通论》（上），王晓晔等译，法律出版社2003年版，第119～120页；〔德〕迪特尔·梅迪库斯：《德国民法总论》，邵建东译，法律出版社2000年版，第781页；王泽鉴：《民法概要》，中国政法大学出版社2003年版，第47～48页。

宪法上的平等原则在私法上的具体化，也是民法赖以生存的市民社会的本质特征。人的权利能力的平等是近代私法的重要进步之一，是资产阶级革命的胜利成果之一。正如学者所言：人的权利能力平等在今日被认为理所当然，然而，在当时应该说是西欧历史中划时代的重要事件[1]。

但是，我国学者从具体权利义务的享有角度来衡量与质疑权利能力的平等性，并指出：自然人的权利能力范围实际上有大有小，如结婚权利能力，并非人皆有之。有学者更将权利能力分为一般权利能力与特别权利能力[2]。有学者对此批评道：对权利能力作"一般"与"特别"之分，表面看来周到精致，然恰巧不能反映权利能力最重要的本质，即权利能力对于人的法律地位之集中表现。质言之，权利能力作为享有权利的资格，其所指仅为享有法律允许享有的一切权利（权利之总和）的资格，正是在此意义上，权利能力与法律人格被视为等同。而享有某种特定的具体权利的资格之有无，则与人格之有无毫无关系。实质上，即便是"享有总和之权利的资格"，与直接表达和体现人之尊严、平等及自由的"人格"，仍有角度和价值理念上的不同。但是，鉴于权利能力之概念使用上的习惯，我们没有必要另设概念来表达主体享有具体权利的资格。因此，如同民法上其他许多概念一样[3]。

而有的学者正确地指出：对于平等原则，应从其法律伦理价值的角度去理解，而不能机械地理解[4]。这种思路对于自然人的权利能力非常适合，但对于法人的权利能力就难能说明，因为法人的权利能力是技术产物而非伦理的产物。

应该说，上述学者对权利能力平等原则之不同视角的阐述颇有道理，但我更愿意从另外一个角度去理解权利能力的平等原则。首先，权利能力平等是一种抽象的平等而非具体平等，是一种资格，或者说是一种取得权利的可能性的平等，而非具体权利的平等。也就是说，是一种起点平等而非结果平等。由于人的能力不同，因此，即使作为平等的起点相同，在具体取得的权利方面肯定也是不平等的，就如赛跑的人虽然起点相同而结果不同一样。这种不平等恰恰才是平等的。上述学者所认为的权利能力有大有小的观点，恰恰就是混淆了作为取得权利资格的平等与具体取得的权利的平等性之间的差异。其次，实践中，许多对人之行为范围的限制，是基于某种价值判断或者国家政策对自然人行为的限制，而非对其

〔1〕 ［日］星野英一：《私法中的人——以民法财产法为中心》，王闯译，载梁慧星主编：《民商法论丛》
　　　（第8卷），法律出版社1997年版，第156页。
〔2〕 罗玉珍主编：《民事主体论》，中国政法大学出版社1992年版，第54页。
〔3〕 尹田："论自然人的法律人格与权利能力"，载《法制与社会发展》2002年第1期。
〔4〕 张俊浩主编：《民法学原理》（上册），中国政法大学出版社2000年版，第96页。

"权利能力"的限制，也即由于考虑到某种行为的特殊性或者资源有限性，往往要附加一些条件，例如，上述学者举出的所谓"结婚能力"就是著例。人人都有结婚的可能性，但必须达到一定的条件才能变为现实性，如没有法律禁止结婚的疾病、年龄达到一定界限等。这是对具体行为设定的条件，而非对其权利能力的限制。否则就难以解释下列矛盾：人的权利能力始于出生而终于死亡，一个人在出生时没有结婚这种权利能力而以后却具有了；在死亡前由于变为无行为能力又失去这种权利能力。这显然是荒谬的。另外，从《法国民法典》第144、148条及第156条的规定看，一个未成年人结婚（法国法规定年满18周岁为成年，但15周岁可以结婚）要征得监护人同意。由此可见，结婚行为的这种具体限制条件是决定于一个国家的基本政策的，但不能据此认为是对权利能力的限制或者是特殊权利能力。因此，将这种具体权利义务取得或者享有中的限制条件作为衡量权利能力这种取得权利义务资格是否平等的做法，是认识上的一个误区[1]。另外，对于自然人来说，权利能力是宪法地位在私法上的体现，而实体法是无法处分这种地位的，故无限制的可能性。

综上所述，权利能力平等作为民法的一项基本的原则是不可动摇的，否则就会借助于所谓的实质正义而消灭作为抽象意义上的平等。

当然，不仅自然人享有权利能力，法人也享有权利能力。

（二）自然人权利能力的自然性

在今天，权利能力因出生的事实而当然取得，无需登记；因死亡的事实而当然消灭；不存在像物权、债权那样的转让与继承问题，其与人的自然生命同步而不得被剥夺，因此具有自然性。

权利能力不得被剥夺是没有争议的，但是，权利能力能否被限制？对此，有不同观点。我国台湾地区学者王泽鉴认为：权利能力为人之尊严的表现，法律虽得加以限制（如矿业权等），但须有正当理由[2]。也有人认为：权利能力不受剥夺与限制[3]。我更同意第二种观点，因为：①如果将权利能力理解为主体地位的标志，那么，权利能力就是不可限制的，主体地位如何限制？实际生活中对某人不能取得某种权利的限制，是对其行为的限制而非权利能力的限制。像王泽鉴教授列举的矿业权问题，我认为不是一个权利能力问题，而是一个国家对稀缺资

---

〔1〕 试想：虽然人人都有受教育的资格，但是，由于教育资源（特别是高等教育）的有限性，进入学校就要达到一定的条件，有人因不符合这些条件而不能接受教育，是否就意味着人与人的资格不平等？
〔2〕 王泽鉴：《民法总则》，中国政法大学出版社2001年版，第105页。
〔3〕 龙卫球：《民法总论》，中国法制出版社2001年版，第229页。

源的分配问题，如果以此为例来说明权利能力的限制，那么将导致不可理解的结果：有些权利只能由法人取得而不能由自然人取得，如电信经营权、建筑资质、银行经营权等，这是否意味着法人的主体地位高于个人？另外，对外国自然人的限制问题，在许多国家的民法上都存在，更不能用来作为说明限制自然人权利能力的证据，这恰恰是民法属地法的特征。②在《德国民法典》《法国民法典》《瑞士民法典》《日本民法典》等这些常常被用来作为许多国家民法立法蓝本的法典中，都没有提到权利能力可以被限制的问题，而德国著名的民法著作中也没有讨论这一问题（如卡尔·拉伦茨的《德国民法通论》、迪特尔·梅迪库斯的《德国民法总论》等），这是否意味着他们认为权利能力不得被限制是一个当然的、不需要讨论的问题呢？虽然这样就作出结论说"是"，显得有些武断，但我还是愿意说这样一个肯定性结论。③如果权利能力被允许按照实体法限制，一方面将动摇权利能力的宪法基础，而实体法也不能处分权利能力的宪法基础；另一方面，民法对权利能力的任意限制会影响权利能力的伦理价值——平等与自由。

法人的权利能力是法律赋予的，而且需要按照法定程序审核方才产生。因此，法人的权利能力虽然在功能上与自然人相同，但性质上是不同的。

（三）自然人权利能力的不可转让性与不可放弃性

权利能力的不可转让性与不可放弃是基于两个方面的原因：①基于法律的伦理性及人文关怀。因为权利能力是一个自然人为主体而非客体的标志，因此，它与人须臾不可分离。基于此种对人的关怀，法律不允许转让与抛弃。德国学者拉伦茨指出，不存在有效地放弃权利能力的法律规定[1]。我国台湾地区"民法典"第16条也明确规定：权利能力不得抛弃。②不存在转让的市场，因为权利能力对一个人来说，一个足矣，多余的没有意义。

但对于法人来说，可以通过法定程序解散，然后注销来消灭权利能力。但直接放弃权利能力也为法律所不允许，因为要保证其原告与被告资格，从而保护债权人利益。

（四）抽象性

权利能力是一个抽象而非具体的东西，只有在这一意义上才有伟大的说明意义。无论是自然人还是法人，其权利能力的抽象性是一样的。但在具体生活中，权利能力的真正意义往往被行为能力的巨大差异所淡化。

---

〔1〕〔德〕卡尔·拉伦茨：《德国民法通论》（上），王晓晔等译，法律出版社2003年版，第121页。

三、自然人及其权利能力的取得与终止

（一）自然人的概念

民法上自然人并非物理意义上的"自然人"。民法上的自然人是指具有民事主体地位的、被法律抽象出来的、能够承担义务并享有权利的非具体个人，仅仅是一种抽象的主体，"它"并不是指现实世界中的你我，而与法人一样，是法律塑造出来的主体。应从以下几个方面来理解民法上的自然人：

1. 民法上的自然人是思维和抽象意义上的人，而非经验和现实意义上的人。有的学者表达了这样的民法上的结构：只有人格人是法律主体，人并非必然是法律主体[1]。黑格尔认为，人格的要义在于：我作为这个人（法律上的人或者人格人——作者注）在一切方面都完全是被规定了的和有限的。当主体用任何一种方法具体被规定了而对自身具有纯粹一般自我意识的时候，人格尚未开始，毋宁说，它只开始于对自身——作为完全抽象的自我——具有自我意识的时候，在这种完全抽象的自我中，一切具体限制性和价值都被否定了而成为无效。所以，在人格人中，认识是以它本身为对象的认识，这种对象通过思维被提升为简单的无限性，因而是与自己纯粹统一的对象。个人和民族如果没有达到这种对自己的纯思维和纯认识，就未具有人格。自在自为的存在的精神与现象中的精神所不同者在于：在同一个规定中，当后者仅仅是自我意识，即对自身的意识，仅按照自然意志及其仍然是外在的各种对立的自我意识，前者则是以自身即抽象的而且自由的自我表现为其对象和目的，从而它是"人"[2]。按照黑格尔的观点，法律上的人即人格人是一种被规定了内在特质的人，即理性意志的抽象的人，现实世界生活中的人，只有认识到并达到这种纯粹抽象的人的标准时，才是法律上的人，并且才具有意志的自由。因此，黑格尔总结说：人实际上不同于主体，因为主体仅仅是人格的可能性，人是意识到这种主体性的主体。因为在人里面，我完全意识到我自己，人就是意识到他的纯自为存在的那种自由的单一性。作为这样一个人，我知道自己在我自身中是自由的，而且能够从一切中抽象出来，因为在我的前面，除了纯人格以外什么都不存在。然而，作为这样一个人，我完全是被规定了的东西[3]。

---

〔1〕 ［德］罗尔夫·克尼佩尔：《法律与历史：论〈德国民法典〉的形成与变迁》，朱岩译，法律出版社2003年版，第59页。

〔2〕 ［德］黑格尔：《法哲学原理》，范扬、张企泰译，商务印书馆1995年版，第45～46页。

〔3〕 ［德］黑格尔：《法哲学原理》，范扬、张企泰译，商务印书馆1995年版，第46页。

凯尔森通过论证认为，所谓"自然人"的概念也不过是法学上的构造，并且其本身完全不同于"man"的概念。所以，所谓"自然人"，其实就是一种"法"人。如果说"自然人"就是"法"人的话，那么在"自然人"和通常被认为的"法人"之间就不可能有什么实质性的差别。传统法学确实倾向于承认所谓的自然人也就是一个法人，但在界说自然人是人（man），而法人则是非人类的人（non-man）时，却又模糊了这两者实质上的相似性，man和自然人之间的关系并不比man和技术意义上的法人之间的关系来得更密切。每个法律上的人归根到底是一个法人。因此，自然人与法人人格化的基础在原则上是相同的，只是在以统一性给予人格化了的规范综合体的因素之间才有差别[1]。

根据康德的观点，道德的人格就是道德律令之下的理性本质的自由。这些必须以完全先验的依据人的本质即独立于具体条件的人格加以想象，并区别于个人[2]。道德的或法律上的人作为唯一的、独立于具体的规定的、纯思想建构的、思辨想象中的人[3]。

那么，接下来的问题自然就有必要探讨自然界中的人与康德及黑格尔学说中的人格人（法律上的人）的差别，并探求人是如何被规定的。

2. 民法上对自然人特质的规定。民法是通过规定主体性特质来"塑造""自然人"的，那么，民法是如何对"自然人"进行"塑造"的呢？

其实，民法是通过先验地规定主体性特征来塑造作为主体的自然人的：一是规定其"权利能力"的所谓主体性地位；二是通过规定其理性能力——行为能力来抽象作为民事主体的自然人的：具有了权利能力，就具有了主体地位，而具有了理性能力（行为能力）就可以实行意思自治、就能够因过错而被归责。

我们清楚地看到，通过这样的塑造以后，法律上的人不等同于现实世界中活生生的人，而是一个被掏空了五脏六腑、无血无肉、没有自己意志而仅有符合"被规定了的共同意志"的意志之人。就如德国学者兹特尔曼（Zitelmann）所指出的："人格是意志的法律能力，人的肉体是其人格的完全不相关的附庸。"[4]因此，法律上的人是思辨中的人，其是民法非感性的法律主体的典型。法律上的

---

〔1〕　［奥］凯尔森：《法与国家的一般理论》，沈宗灵译，中国大百科全书出版社1996年版，第120~121页。

〔2〕　［德］康德语，转引自［德］罗尔夫·克尼佩尔：《法律与历史》，朱岩译，法律出版社2003年版，第84页。

〔3〕　［德］罗尔夫·克尼佩尔：《法律与历史》，朱岩译，法律出版社2003年版，第84页。

〔4〕　转因自［美］John Chipman Gray："法律主体"，载《清华法学》（第1卷第1期），清华大学出版社2003年版，第233页。

人不必通过拟制与人等同，或者根本不必通过人的生活加以填补，也不必被提炼成为一个较多的组织的生命单元，相反，经验中的人必须致力于约束、抑制其感情与情感，以成为道德与法律上的人[1]。所以，民法典是不知晓农民、手工业者、制造业者、企业家、劳动者之间的区别的，私法中的人就是作为被抽象掉了各种能力和财力等的抽象的个人而存在[2]。民法中的人，犹如一幅理性勾画出来的人的画像，挂在民法的圣殿中，尽管其来源于人的形象，但却不是真实的人。诚如学者所言：人格体是一种"当为"（即规范要求下的理性行为）的形式，即一种客观的构造[3]。

3. 自然人是为了区别法人而特别适用的一个概念，是个体相对于团体来适用的（尽管现在各国，包括我国也承认一人公司），但从历史上看，自然人与法人的区别实际上反映了个体与团体的区分。

（二）"自然人"一词的适用在民法上的进步意义

尽管民法中的自然人，犹如一幅理性勾画出来的人的画像，而非具体的现实世界中的自然人，在民法适用"自然人"一词还是具有十分重要的意义：

1. 使自然出生的人与民法上的主体地位的自然人打通了。在罗马法上，自然意义上的自然人与作为法律上的人相差太远。自德国民法典开始，民事主体直接适用"自然人"，是自然意义上的人从一出生就获得作为主体的"自然人"的地位，这是历史的进步，从此，自然人的主体地位始于出生成为一种普遍的现实。我国《民法总则》就适用"自然人"一词，是非常正确的。

同时，"自然人"与"公民"对比，更符合对人的保护。《法国民法典》适用"公民"一词，而未适用"自然人"（见该法典第 8 条规定），更强调对法国人的保护。而适用"自然人"则不同，不仅本土的"自然人"受到本国法律保护，外国"自然人"也受到保护（双边或者多边国际条约有规定的除外），尤其是当今世界，更具有进步意义。

2. 自然人是民事主体制度的原型。尽管现代民法用"权利能力"统一了自然人与法人，但实际上不可否认的是，民法的所有的权利只有自然人才能完整地享有，包括人身权利（人格权与身份权）和财产权利，而法人纯粹是充当交易主体或者其他有目的的主体而仿照自然人塑造的，例如，理性（权利能力）等

---

〔1〕 ［德］罗尔夫·克尼佩尔：《法律与历史》，朱岩译，法律出版社 2003 年版，第 87 页。

〔2〕 ［日］星野英一：《私法中的人——以民法财产法为中心》，王闯译，载梁慧星主编：《民商法论丛》（第 8 卷），法律出版社 1997 年版，第 168 页。

〔3〕 ［德］京特·雅科布斯：《规范·人格体·社会：法哲学前思》，冯军译，法律出版社 2001 年版，第 88 页。

（因此法人"拟制说"是有道理的）。因此，罗马法上仅仅关注自然人是否是民事主体，法国民法典也仅仅规定了自然人主体。故自然人是民事主体原型，法人所享有的民事权利主要是财产权利，法人主要是为了交易或者其他特定目的而存在。

（三）自然人权利能力的取得

1. 一般原则。现代民法典一般都认为：自然人的权利能力因出生而取得，我国《民法总则》第13条也作了相同的规定。前面已经论及，自然人的权利能力（私法上的地位）因出生的事实而自然取得并人人平等，是法律的伟大进步。但由于医学的发展，使得人们对出生有了更加精确的解释，也就有了不同的看法。关于出生的学说大致有：一部露出说、全部露出说、断脐带说、初啼说、独立呼吸说[1]等。我认为，民法之所以对出生的界定发生兴趣，主要是因为出生与以下两方面问题有关：①继承；②主体性问题。法律不能仅仅考虑纯粹医学上的合理性，而应当从保护人的存在为出发点，因此，应选择在以上各种学说中出生最早的时间为法律上的出生。

2. 胎儿的保护问题。对胎儿权利能力的讨论，主要涉及胎儿的继承权与受损害的赔偿请求权问题。如果胎儿无权利能力，何以解释其尚未出生就可以继承其父母的遗产？何以解释其未出生前本人或者其父母遭受第三人侵害时的损害赔偿请求权问题？很自然地，人们就试图给予胎儿以权利能力，以企从逻辑上合理地解释胎儿的继承与损害赔偿请求权。

对于胎儿的继承权，如果法律严格遵循"权利能力始于出生"的原则，那么，父母（或者任何一方）在胎儿出生前死亡，而其出生后就不能继承遗产。为了保护胎儿的利益，自罗马法开始，就确立了一条原则：在保护胎儿利益所需要的限度内，视其已经出生。我国《民法通则》虽然没有就此作出规定，但《继承法》第28条规定："遗产分割时，应当保留胎儿的继承份额。胎儿出生时是死体的，保留的份额按照法定继承办理。"我国《民法总则》第16条专门规定了胎儿利益的保护："涉及遗产继承、接受赠与等胎儿利益保护的，胎儿视为具有民事权利能力。但是胎儿娩出时为死体的，其民事权利能力自始不存在。"

我认为，胎儿的接受赠与的能力与另外一个问题比起来，似乎另一个问题更重要——胎儿的损害赔偿请求权问题，即活着出生的人是否有权对他出生前（即在其胎体的形成过程中）因第三人的不法行为所导致的他的损害请求赔偿？有人认为：孩子可以提出损害赔偿的前提条件是他在受到损害时已具有权利能力。而

---

〔1〕 张俊浩主编：《民法学原理》（上册），中国政法大学出版社2000年版，第98页。

拉伦茨反对这种观点，指出：未出生的人被侵害的问题并不取决于他是否具有权利能力，人们坚信：孩子仅是随着出生才成为法律意义上的人，从而取得了权利能力，但这并不改变他的生命体已存在着一个很长的"前史"。究竟什么时候是"人的生命"的开始？从什么时候起可以受到法律的保护？这是与什么时候人就具有权利能力完全无关的问题。出生前身体器官受到损害，在出生后表现为器官残损而继续存在，人只有出生而取得权利后，才能对其在出生前身体受到的侵犯请求赔偿。一般情况下，损害与损害赔偿请求权是同时产生的，为了使胎儿受到损害时就有请求权而将权利能力的获得提前到出生前，是不必要的[1]。《德国民法典》仅仅规定权利能力因出生而开始，但并不是说其作为自然生命体的存在也是因出生而开始[2]。迪特尔·梅迪库斯也指出：受害人在损害行为发生之时是否已经出生或者孕育，从侵权行为法方面来说是毫无根据意义的。即使胎儿受到损害是立即发生的，而损害的后果则是在出生之后才显示出来，由已经具有权利能力的受害人主张损害赔偿请求权也不存在任何障碍[3]。也就是说，损害事实的发生与对损害主张赔偿请求权可以是不同步的，也就没有必要将胎儿的权利能力说成是开始于出生前。我国《民法总则》第 16 条应该包括之。

（四）自然人权利能力的终止

权利能力因死亡而终止为法律的一般原则。而所谓的死亡，包括自然死亡与拟制死亡。

1. 关于自然死亡。近年来，由于医学的发展，如同人的出生一样，对何为死亡也存在不同的观点，大致有心搏终止说、脑电波消失说、呼吸停止说等。从保护人的价值考虑，法律应选择死亡时间最晚的观点为死亡。

2. 关于拟制死亡。拟制死亡并非真正的死亡，而仅仅是被宣告人在法律上死亡了，因此，与自然死亡的法律结果是一样的。因为，自然死亡只是一个事实，其真正的意义也是在法律意义上来说的。但拟制死亡有一个不可忽视的问题是：被法律宣告死亡的人虽然在法律上死亡了，但他确实可能在自然意义上还活着。这就出现了一个矛盾：被宣告死亡的人在法律上死亡而没有权利能力，但其作为生存着的人还有权利能力，并且在生存期间所为的法律行为仍然有效。如何解释这一问题？

---

〔1〕 ［德］卡尔·拉伦茨：《德国民法通论》（上），王晓晔等译，法律出版社 2003 年版，第 127～128 页。

〔2〕 ［德］卡尔·拉伦茨：《德国民法通论》（上），王晓晔等译，法律出版社 2003 年版，第 127 页。

〔3〕 ［德］迪特尔·梅迪库斯：《德国民法总论》，邵建东译，法律出版社 2000 年版，第 786 页。

其实，我认为，宣告死亡的真正意义与目的根本不是解决权利能力的消灭问题，而是在于解决被宣告人既存的各种法律关系问题，即人身关系与财产关系问题。也就是说，被宣告死亡后，配偶关系、收养关系、父母子女关系等因此消灭；继承发生；代理关系终止；死亡人不得再作为诉讼关系的原告或者被告，而仅仅能够针对其财产诉讼等。至于说，其权利能力是否终止，仅仅是由于拟制死亡也是死亡，因此，自然就推理出权利能力也因这种死亡而消灭。但是，权利能力伴随生命的存在而存在，因此，生存着的被法律宣告死亡的人当然具有权利能力。

四、法人权利能力的取得与终止

因为法人的权利能力为法律所赋予，因此，法人具备什么条件才能被赋予权利能力，取决于一个国家的立法政策。在我国，只有具备一定的条件才能够被赋予权利能力。由于法律对于不同法人的要求不同，因此，在此就不再赘述，而是在本书第二编第三章讲到各类法人时再详细论述。

第三节　民事主体的理性标志——行为能力

一、行为能力的概念

行为能力是权利主体依自己的意志独立实施法律行为而取得权利或者承担义务的资格。德国学者拉伦茨指出：行为能力是指法律所认可的一个人可进行法律行为的能力，即为本人或者被代理人所为的能产生法律后果的行为的能力[1]。迪特尔·梅迪库斯则认为：理智地形成意思的能力，在民法中称为行为能力。自然人具备了行为能力即可通过自己而不是仅仅通过代理人的意思表示构建其法律关系[2]。我国学者对行为能力的概念与德国学者的概念基本相同。

行为能力所要解决的问题是：一个具有权利能力的人能否以独立的意志去创设、变更或者消灭权利义务关系，是理性能力的直接体现。

行为能力对于自然人意义重大，讨论行为能力主要是针对自然人，因为自然人的理性有区别，故区分为完全行为能力人、限制行为能力人和无行为能力人。

---

〔1〕［德］卡尔·拉伦茨：《德国民法通论》（上），王晓晔等译，法律出版社2003年版，第133页。
〔2〕［德］迪特尔·梅迪库斯：《德国民法总论》，邵建东译，法律出版社2000年版，第409页。

而法人的理性是拟制的，因此，不存在分类的意义，也不具有讨论的价值。

二、制度价值

1. 体现了民法对人的关怀和保护。在民法上，权利主体与权利义务的结合有两种途径：一是通过自己的行为去积极地取得；二是通过法律的规定而被动承受。对于后一种情况，则无需行为能力，只要有权利能力就可以了，例如，在幼儿园的小孩可以因继承而取得财产。但对于第一种情况就大不相同了，必须要求其能够认识到自己行为的性质、后果、意义等，以避免对自己造成损害。例如，一个3岁的孩子可能会用妈妈的金戒指与一块糖果进行交换，如果法律保护这种交易，显然会损害未成年人的利益。就像英国学者阿蒂亚所言："如果有人要问，规定关于未成年人订立合同的行为能力规则的目的是什么，那么他可能得到的答复是：要保护未成年人，使他们不至于由于自己缺乏经验而受到损害。……还可能得到的答复是，防止未成年人由于借钱或赊购货物而负担债务。"[1] 所以，法律要求一个行为人对自己所从事的行为有认识能力与判断能力。

2. 维护完整真实意义上的意思自治。既然意思自治的真正含义是"让民事主体以自己的独立自由意志去创设权利义务关系"，那么，法律就必须关注主体是否有这样的能力去独立判断与设计自己的权利义务关系。如果让一个3岁的小孩或者精神病患者去自治，就会破坏意思自治的真正价值。因此，凡是实行意思自治的国家，都有行为能力的要求与制度设计。我国《民法总则》从第18～25条用整整8条来规定行为能力的有关问题，足以看出行为能力在民法中的重要性。

3. 是民法理性主义的实证贯彻。前面已经论及，民法上的人为理性人，只有具备了行为能力，才能达到"被规定了的"理性标准，才能去进行意思自治、去支配物权、被因过错而归责，否则，其虽为主体，却用理性的拟制来说明。因此，行为能力是理性主义的实证贯彻。

三、分类标准

从前面的论述可以看出，如果对于行为能力采取如同权利能力那样人人平等的做法，显然会出现不公平的结果。因此，有必要对人的行为能力进行区别。

从自然属性上说，人与人之间的差别是绝对的、普遍的，没有完全等同的两个人，否则就是机器人。因此，对于每个人的认识与判断能力进行个案审查是最

---

[1] ［英］阿蒂亚：《合同法概论》，程正康等译，法律出版社1982年版，第117页。

精确的。但是，对于每个人进行个案审查的方式几乎是不可操作的，即使从理论上说能够操作，其成本也十分高昂。因此，各国民法典采取的是非个案审查的抽象方式，将人的行为能力类型化，其采取的标准是——判断能力的有无以及大小。《瑞士民法典》第13条规定："成年且有判断能力的人有行为能力。"法典第16条规定："凡非因未成、精神病、精神衰弱、酗酒或者其他类似情况而不能理智地行为的人，均具有本法意义上的判断能力。"但判断能力如何确定？一般来说，对于没有精神障碍的人来说，其年龄的增长判断能力也会同步增长，所以，年龄就成为最稳定的分类标准。另外，也必须考虑到精神障碍方面的因素，对于患有精神障碍的人来说，其判断能力与年龄的增长并不同步。

应当说，年龄标准是一个相对科学的标准，按这一标准可能会出现这样的情况，即一个人从无行为能力人变成限制行为能力人或从限制行为能力人变为完全行为能力人只相隔一天。在此情况下，将之划分为行为能力完全不同的人，的确难以科学，故阿蒂亚称之为"愚蠢的规则"[1]。但是，除这种"一刀切"的方式之外，也没有更合适的方式替代。

四、我国民法上的分类

（一）完全行为能力人

按照我国《民法总则》第17、18条的规定，18周岁以上且无精神障碍的人为完全行为能力人。考虑到我国现实情况，即有的人在16岁就参军或者参加工作，因此，法律规定16周岁以上而不满18周岁的无精神障碍的且以自己的劳动收入作为主要生活来源的，也视为完全行为能力人。

（二）无行为能力人

无行为能力人包括两种：一是不满8周岁的人；二是虽然已经达到8周岁，但患有严重的精神障碍使其判断能力相当于不满8周岁的未成年人或者成年人[2]。

由于我国《民法通则》对无行为能力的规定年龄过高，规定为10周岁，与我国现实生活极不符合。因此，《民法总则》第20条将10周岁改为8周岁。但我认为，由于我国普遍采取7周岁上学的年龄，应该以7周岁作为有无行为能力

---

[1] ［英］阿蒂亚：《合同法概论》，程正康等译，法律出版社1982年版，第116页。

[2] 按照英美普通法的规定，已结婚的妇女没有缔结契约的能力，其法律主体资格被其丈夫的法律主体资格所吸收。英国法的理论是夫和妻为一人，而这个人就是夫。妻不能享受任何财产上的权利，也无缔结契约的能力。但这种情形在19世纪后随着妇女已获得选举权而被废除。这种情形在欧洲大陆也曾一度盛行。

的分界线更加合适。

（三）限制行为能力人

限制行为能力人也包括两种：一种是 8 周岁以上而不满 18 周岁的无精神障碍的未成年人；另一种是具有部分判断能力成年人（其判断能力相当于 8 周岁以上而不满 18 周岁的精神正常的未成年人）。

根据我国《民通意见》第 3、4 条的规定，10 周岁以上的未成年人或者不能完全辨认自己行为的精神病人进行的民事活动是否与其年龄、智力状况相适应，可以从行为与本人生活的关联的程度、本人的智力能否理解其行为，并预见相应的行为后果，以及行为标的数额等方面认定。

五、行为能力对行为之法律后果的影响

民法对行为能力进行分类的目的在于确定各类行为能力人的行为在法律上的后果，因此，行为能力对行为人行为后果的影响才是实质性的。如果行为人的行为超出了法律规定的可能性，将导致其行为后果的瑕疵。

（一）无行为能力人的行为在法律上的后果

德国学者迪特尔·梅迪库斯指出：无行为能力人的意思表示本身就是无效的，第三人向无行为能力人发出的意思表示必须到达至法定代表人。这说明，无行为能力人仍然是权利主体，即也有权利能力，但是他不能自己实施行为来充当法律行为的参与人，亦即他不能自己发出意思表示或者受领意思表示，而必须由他人来代理[1]。

梅迪库斯的上述论断是无行为能力人与限制行为能力人的重大区别之一：在限制行为能力人从事某种其依照法律不能从事的法律行为时，其代理人可以事前同意也可以事后追认，但是，对无行为能力人却不存在事前同意或者事后追认的问题。如果说，在现实生活中，其法定代理人事后追认的话，也仅仅是进行了一项新的法律行为而不是对无行为能力人行为的追认。

《民法总则》第 20 条规定："不满 8 周岁的未成年人为无民事行为能力人，由其法定代理人代理实施民事法律行为。"第 21 条规定："不能辨认自己行为的成年人为无民事行为能力人，由其法定代理人代理实施民事法律行为。8 周岁以上的未成年人不能辨认自己行为的，适用前款规定。"

（二）限制行为能力人及其法律后果

由于限制行为能力人介于无行为能力与完全行为能力之间，因此，对其行为

---

〔1〕 ［德］迪特尔·梅迪库斯：《德国民法总论》，邵建东译，法律出版社 2000 年版，第 416 ~ 417 页。

及其法律后果的判断，在实际上存在较大的困难。具体说，有下列问题需要分析：

问题一：限制行为能力人能够从事哪些法律行为？

我国《民法总则》第 19 条规定："8 周岁以上的未成年人为限制民事行为能力人，实施民事法律行为由其法定代理人代理或者经其法定代理人同意、追认，但是可以独立实施纯获利益的民事法律行为或者与其年龄、智力相适应的民事法律行为。"第 22 条规定："不能完全辨认自己行为的成年人为限制民事行为能力人，实施民事法律行为由其法定代理人代理或者经其法定代理人同意、追认，但是可以独立实施纯获利益的民事法律行为或者与其智力、精神健康状况相适应的民事法律行为。"《合同法》第 47 条规定："限制行为能力人订立的合同，经法定代理人追认后，该合同有效；但纯获利益的合同或者与其年龄、智力、精神健康状况相适应而订立的合同，不必经法定代理人追认。"由此可见，我国法律承认限制行为能力人可以独立从事两种法律行为而不必经其法定代理人同意：一是与其年龄、智力、精神健康状况相适应的法律行为；二是纯获利益的法律行为。

问题二：限制行为能力人不能从事的行为应如何实施？

限制行为能力人依法不能实施的行为，可以通过以下两种方式实施：一是由其法定代理人为其实施；二是事先得到其法定代理人的同意或者事后得到其法定代理人的追认。

（1）关于事先同意。事先同意既可以是对单个事项的同意，也可以是概括性的同意。这种允许既可以向未成年人作出，也可以向与未成年人进行交易的相对人作出。

（2）关于追认。如果未成年人在行为前未得到其法定代理人的同意，也可以在事后取得其法定代理人的追认。这种追认既可以向未成年人作出，也可以向与未成年人进行交易的相对人作出。但在追认前，行为处于效力待定状态。一经追认，被追认的行为从开始生效。特别应当强调的是，如果在追认时，限制行为能力人已经成为完全行为能力人，则由他自己追认。

法律在保护未成年人利益的同时，也保护善意相对人的利益。对此，法律赋予其两种权利：催告权与撤销权。所谓催告权，是指相对人在法定期间内催促与其缔约的限制行为能力人的法定代理人作出是否追认的权利。因为，需要追认的行为在追认前处于效力待定状态，因此，法律给予相对人这样一种权利以便尽快结束这种不确定状态。根据我国《民法总则》第 145 条、《合同法》第 47 条第 2 款的规定，相对人可以催告法定代理人在 1 个月内予以追认。法定代理人未作表示的，视为拒绝追认。

这里所说的撤销权，是指限制行为能力人所从事法律行为的善意相对人在限制行为能力的法定代理人追认前，可以撤销法律行为的权利。我国《民法总则》第 145 条、《合同法》第 47 条第 2 款规定："相对人可以催告法定代理人在 1 个月内予以追认。法定代理人未作表示的，视为拒绝追认。合同被追认之前，善意相对人有撤销的权利。撤销应当以通知的方式作出。"

（3）事前同意或者事后追认的行为的后果归属。限制行为能力人事前经其法定代理人同意或者事后追认的行为有效，但该有效的结果由谁来承担呢？我国《合同法》与《民法总则》对此都未作规定，实为一疑问。德国学者拉伦茨指出：允许的结果是由未成年人本人为自己所为的法律行为享有权利并承担义务。然而这并不意味着其法定代理人本人须对未成年人的交易对方承担责任，即使他的允许是对交易对方作出的，也同样如此。如果对方希望不仅可以向未成年人本人还可以向其法定代理人行使请求权，他就得要求对未成年人的义务设定保证[1]（以法定代理人为保证人）。从理论上说，我十分同意拉伦茨的观点，但在日常生活中，限制行为能力人分两种情况：一是他本身具有财产或者具有履行非金钱债务的能力；二是限制行为能力人无财产也无履行非金钱债务的能力。在第一种情况下，由限制行为能力人承担后果自无问题。但在第二种情况下，即使法定代理人允许，限制行为能力人仍然没有履行能力。因此，实际的情况是，法定代理人追认的情况一般都是愿意替他承担履行义务。如果他不打算替代履行，那么，他一般就不会允许。

问题三：社会典型交易中行为能力是否适用？技术的发展，使传统的交易方式发生了较大的变化，自动售货机、公共电话、公共汽车等类似交易行为中，是否也适用行为能力的规定？德国不来梅地方法院在关于一个 8 岁儿童乘坐电车游玩的案例中认为：儿童不仅应当支付票价，而且应当支付一般运输条件中规定的罚款。这一判决否定了在公共运输行业中适用行为能力的规定。这一判决受到了各界的严厉批评，学者指出：民法典对于未成年人的保护制度，不能因为这些规定而被彻底改变[2]。但是，这一问题在我国并没有得到应有的重视，甚至有许多学者认为在这些典型的社会交易行为中，行为能力的有关规定不适用。如果真的如此，随着格式交易的不断发展，民法关于行为能力规定中对限制行为能力人的保护价值将会失去意义，这是"技术吃人"的表现。我们不能想象原本是一

---

〔1〕 ［德］卡尔·拉伦茨：《德国民法通论》（上），王晓晔等译，法律出版社 2003 年版，第 148～149 页。

〔2〕 ［德］迪特尔·梅迪库斯：《德国民法总论》，邵建东译，法律出版社 2000 年版，第 195 页。

个人与限制行为能力人交易，其效力为待定。而这个人发明了机器而用机器与限制行为能力人交易，他自己站在旁边管理机器，从而使这种交易变为有效，这岂不荒唐？所以，德国学者的意见值得注意。

问题四：是否区分单方法律行为与双方法律行为而确定效力？

《德国民法典》区分单方法律行为与双方法律行为而规定有不同的法律效力。根据《德国民法典》第110条的规定，未成年人未取得法定代理人的必要同意而为的单方法律行为无效；而根据《德国民法典》第108条的规定，合同经其法定代理人的追认后才生效，为效力待定。我国《民法总则》与《合同法》没有明确规定，但我认为，德国民法的这种规定是合理的，而且对保护未成年人来说是有益的。因为，按照民法的一般原理，"任何人的单方行为仅得为他人创设权利而不得设定义务"，故单方行为得是使他人受益而对自己不利的行为。所以，法律否定未成年人从事单方法律行为的效力，恰恰在于保护未成年人。也许有人会认为：让这种单方行为效力待定也未尝不可。但是，我们不能不顾"效力待定"的制度价值：它的目的在于让法定代理人衡量一下未成年人的行为是否对其有利，如果有利，就追认，否则就拒绝追认。既然这种单方行为不能给未成年人带来任何利益，法律直接否定其效力可能更合适。

至于双方法律行为，因双方互负债务与互享权利，故这种权利义务是否对等、是否会损害未成年人的利益，让其法定代理人进行衡量，并作出是否追认的决定。这样也不会损害未成年人的利益。

（三）完全行为能力人之行为的法律后果

从意思自治的完整性意义上说，完全行为能力人所为的法律行为应当有效。当然，影响一个法律行为效力的因素有许多，行为能力仅仅是一个主要的因素。法律行为也可能因诸如违法、违反善良风俗等而无效。

六、需要说明的问题

（一）在行为能力问题上，是否存在善意第三人的保护？

人们在实践中常常提出的一个疑问是：在缔约能力（行为能力）方面，是否有善意第三人的保护问题？即如果一个未成年人外表看上去很像成年人，或者自己也谎称为成年人，善意第三人是否可以因善意信赖而主张合同有效？对此，德国学者指出：无行为能力及其原因无需具有可识别性，因此，他方当事人完全可能在没有任何过失的情况下信赖某行为的有效性，而该项行为实际上因行为人无行为能力而无效。我们的法律制度从来不是因为对交易能力的诚信导致交易有效而保护这种信赖，法律之所以规定无行为能力人从事的行为无效性，恰恰是为了保护无行为能力人，而这种保护应当与对方当事人的善意或者恶意无关，这也就是说，在通常情况下，每一个人都应当自行承担碰见无行为能力人并因此遭受信赖损害的风险[1]。英国判例也坚持这样的原则：如果一个未成年人谎称自己是成年人并劝使另一个人和他订立合同，任凭他进行欺骗，该合同对他仍然是不能执行的。这种观点值得赞同，因此，在行为能力问题上，不存在善意第三人的保护问题。

这里所说的不存在善意第三人的保护问题，是指第三人不得主张自己无过错、信赖对方有行为能力而主张法律行为有效。但是，前面已经提到，在限制行为能力人的法定代理人追认前，善意第三人有撤销其意思表示的权利。在这种意义上，也存在善意第三人的保护问题。

（二）行为能力在侵权行为中是否适用？

前面已经提到，只有涉及法律行为时，才有行为能力的适用问题。而侵权行为虽然有时是人的行为，但却不是法律行为，不需要意思表示。因此，即使无行为能力人也可以作为侵害他人绝对权的侵权人。如果他本人无财产赔偿，可以适用"责任转承"原则，即由他的监护人承担赔偿责任。我国《侵权责任法》第32条规定：无行为能力人、限制行为能力人造成他人损害的，由监护人承担侵权责任。监护人尽了监护责任的，可以适当减轻其侵权责任。

（三）限制行为能力、无行为能力的宣告问题

一个完全行为能力人或者一个限制行为能力人，有可能因为某种原因而变为限制行为能力人或者无行为能力人。而在有些情况下，是否为限制行为能力或者无行为能力很难识别与辨认。例如，对于间歇性精神病患者，其行为后果常常发生疑问。从理论上说，间歇性精神病患者，在不犯病期间为完全行为能力人，在犯病期间按照无行为能力人对待。但在实践中，却难以举证。因此，为了识别的方便，法律创设了限制行为能力、无行为能力的宣告制度。对于具备法定条件的自然人，可以被利害关系人申请法院宣告为限制行为能力人或无行为能力人。

1. 成年人限制行为能力或者无行为能力的宣告问题。《民法总则》总结多年的理论与司法实践经验，于第24条专门规定了对于成年人进行无行为能力或者限制行为能力的宣告："不能辨认或者不能完全辨认自己行为的成年人，其利害关系人或者有关组织，可以向人民法院申请认定该成年人为无民事行为能力人或者限制民事行为能力人。被人民法院认定为无民事行为能力人或者限制民事行为能力人的，经本人、利害关系人或者有关组织申请，人民法院可以根据其智力、

---

[1] ［德］迪特尔·梅迪库斯：《德国民法总论》，邵建东译，法律出版社2000年版，第417页。

精神健康恢复的状况，认定该成年人恢复为限制民事行为能力人或者完全民事行为能力人。本条规定的有关组织包括：居民委员会、村民委员会、学校、医疗机构、妇女联合会、残疾人联合会、依法设立的老年人组织、民政部门等。"

2. 未成年人能否由限制行为能力宣告为无行为能力人？2017 年通过的《民法总则》对此没有规定，而仅仅规定了成年人的宣告。从法律解释学的视角看，可以认为，这是排除对于未成年人的宣告。但从我国《民法通则》第 19 条规定看，似乎可以。该条规定："精神病人的利害关系人，可以向人民法院申请宣告精神病人为无行为能力人或者限制行为能力人。被人民法院宣告为限制行为能力人或无行为能力人的，根据他健康恢复的状况，经本人或者利害关系人的申请，人民法院可以宣告他为限制行为能力人或者完全行为能力人。"

（四）纯获利益的行为之有效规则是否也适用于无行为能力人？

根据德国民法典的规定及学者的论述（上面已经提到），即使是纯获利益的行为，也仅仅对限制行为能力人适用，而对于无行为能力人无效。

从我国《民法总则》第 19 条、《合同法》第 47 条看，仅仅规定了限制民事行为能力人纯获利益的合同不经其法定代理人追认也有效，而没有规定无行为能力人的适用。由此可见，《民法总则》及《合同法》遵循了德国法的模式。

第 二 章

自 然 人

第一节　自然人的主体性基础

一、自然人与公民

自然人与公民的内涵并不相同，外延有重合之处，但显然是不同的。法国民法典使用"公民"一词，显示出其具有强烈的属地性特征，并具有强烈的罗马法的痕迹。及至德国民法典，就使用"自然人"一词，更显示出平等的意义。因此，现代民法多用"自然人"这一概念。

二、自然人的客观性

民法上所谓的自然人，虽然以生物意义上的人为基础构造，但其本身却是客观的。这主要是因为民法上的自然人的所有特征是事先被法律规定好了的，并不因具体个人的不同而不同。民法理论认为，所有的法律上的自然人都是一样的，因此，可以被按照理性归责，其行为具有可预见性。因此，民法上的自然人是客观的。

三、自然人主体性基础

（一）宪法性基础

因近代的宪法都承认自然人为法律的目的而非手段，是法律主体。因此，一个被宪法承认是主体的人，当然就是民法主体。

（二）哲学基础

康德与黑格尔的哲学思想，对整个民法的法典化构造产生了巨大的影响。康德认为，没有理性的东西只具有一种相对的价值，只能作为手段，因此叫做"物"。而有理性的生灵叫做"人"，因为人依其本质即为目的的本身，而不能仅仅作为手段来使用。无论是在你自己，还是任何其他一个人，你都应将人类看作目的，而永远不要看作手段[1]。人依其本质属性，有能力在给定的各种可能性的范围内，自主和负责任地决定他的存在和关系，为自己设定目标并对自己的行为加以限制。这一思想既源于基督教，也源于哲学[2]。主体与客体的区分源于哲学而非源于民法。

第二节　自然人的人格权

一、人格权的概念与特征

由于学者及立法对人格权的本质的认识的差异，更由于人格权客体与范围的争议性与开放性，对人格权的概念就有较大的不同。

德国学者拉伦茨认为：人格权是一种受尊重权，也就是说，承认并且不侵害人所固有的"尊严"，以及人的身体与精神，人的存在与应然的存在。一般来说，通过人格权所保护的东西就是人本身的生存。这包括不能把人只当作工具和手段来对待；还包括对人用以标志其个体的姓名的承认，以及对仅属于他自己的生活范围的承认……每个人都有权使自己的生命、身体、健康和身体的活动自由不受侵犯，都有权要求他人尊重自己的尊严和名誉[3]。

谢怀栻先生认为：人格权是以权利者的人格利益为客体的民事权利[4]。这一概念在我国具有广泛的影响力，许多学者都持有这种观点。也可以说，这种观点是我国民法学界的通说。

我们认为，可以将人格权作为一个框架性的权利进行定义，以保持其开放性：人格权是自然人具有的、对于"人之所以为人"的那些属性所享有的排他性绝对权（而绝非支配权）。此一权利是人之自由与尊严在实证法上的折射。人格权具有以下特征：

1. 人格权是一种原始的权利，是与生俱来的。在这一点上，人格权与权利能力一样，始于出生，终于死亡，既无取得问题，也无转让问题。

2. 人格权属于专属权，不得继承，不得抛弃。

---

〔1〕　［德］康德语，转引自卡尔·拉伦茨：《德国民法通论》（上），王晓晔等译，法律出版社2003年版，第46页。

〔2〕　［德］卡尔·拉伦茨：《德国民法通论》（上），王晓晔等译，法律出版社2003年版，第46页。

〔3〕　［德］卡尔·拉伦茨：《德国民法通论》（上），王晓晔等译，法律出版社2003年版，第282页。

〔4〕　谢怀栻："论民事权利体系"，载《法学研究》1996年第2期。

3. 人格权是绝对权，具有排他性和对世性[1]。

4. 人格权是开放性的权利。人格权既然是被法律"确认"的自然权利，那么，人之为人的所有本质属性，自然应当是人格权的范畴。上面已经提到，虽然《德国民法典》是秉承实证主义精神制定的，但其在人格权方面还是保持开放性的。将人格权作为开放性的权利，是对人格权进行有效保护的明智的选择。

二、我国立法中关于人格权的争议

应该说，在我国民法典的编纂过程中，没有任何一个问题比人格权更富有争议的了，甚至这种争议都已经上升到政治的高度。争议的焦点主要在于：①人格权是否独立成编？②人格权是否只有自然人享有？③究竟应该规定哪些人格权？

对于第一个问题，现在的结论大概清楚了：人格权独立成编；对于第二个问题，《民法总则》给出的答案是自然人与法人都享有人格权。对于第三个问题，采取了"概括＋个别列举"的模式，那就是《民法总则》第109条："自然人的人身自由、人格尊严受法律保护。"第110条："自然人享有生命权、身体权、健康权、姓名权、肖像权、名誉权、荣誉权、隐私权、婚姻自主权等权利。法人、非法人组织享有名称权、名誉权、荣誉权等权利。"

三、一般人格权与具体人格权

（一）一般人格权的概念

一般人格权是德国判例根据其《宪法》第1条与第2条创制的，它是指：受尊重的权利、直接言论不受侵犯的权利以及不容他人干预其私生活和隐私的权利。然而，这里没有一个明确且无争议的界限[2]。

德国判例之所以创制一般人格权，是因为德国民法典因受萨维尼的学说的影响，有意识地未规定一般人格权，就如德国学者梅迪库斯所言：民法典有意识地未将一般人格权，也未将名誉纳入第823条保护的法益范围。帝国法院虽然在某些方面将这种保护以及特别人格权保护作了扩大，但却没有将这种保护予以一般化[3]。但是，在第二次世界大战以后，人们普遍认为，通过上述的特别人格权仍不足以保护所有各方面的人格。凭着对独裁统治的经验，人们对任何不尊重人的尊严和人格的行为都变得敏感起来，这种不尊重的行为不仅有来自国家方面

---

[1] 谢怀栻："论民事权利体系"，载《法学研究》1996年第2期。

[2] ［德］卡尔·拉伦茨：《德国民法通论》（上），王晓晔等译，法律出版社2003年版，第171页。

[3] ［德］迪特尔·梅迪库斯：《德国民法总论》，邵建东译，法律出版社2000年版，第805页。

的，也有来自于团体或者私人方面的。随着现代技术的发展，这种行为也愈加多样化。为了使这些行为的受害人在民法上得到广泛的保护，司法实践不是坐等立法，而是援引《基本法》第 1 条第 2 款，强调人的尊严和人性的发展是法律的最高价值，把所谓"一般人格权"视为被现行法合理承认了的权利，从而填补了重大空白。虽然这种权利因具有一般条款的性质而难以在《德国民法典》体系中予以规定，但通过司法实践，它被认为具有"超民法典"性质的法的发展，成为习惯法[1]。

德国法院创制一般人格权实际上是在法律实证主义影响下，为适应多种不同的并且日益增多的人格保护提供规范层面的支持。虽然德国民法典与许多平行法已经规定了对具体人格权的保护，但远远不可能通过立法的方式将"人之为人"的所有属性囊括其中。一般人格权的创制为弥补立法的缺陷提供了有力的支持。

德国一般人格权的创制，为我国人格权的立法提供了宝贵的经验，使我们认识到保持人格权开放性的重要意义，我国《民法总则》第109条，已经写明了关于人格权的一般条款，即人的自由与尊严受法律保护；第110条实际上就是个别人格权。

（二）一般人格权与具体人格权的关系

所谓的具体人格权，是指人的自由与尊严在法律上的具体表现形式，如通常所谓的"生命权""健康权""隐私权""名誉权"等。

我国著名的法学家谢怀栻先生就非常反对一般人格权与具体人格权的分类方式[2]。我们觉得先生所言很有道理，即使在确定是否侵犯具体人格权时，法益和利益衡量也是不可避免的，例如，个人的隐私权与新闻自由的矛盾与冲突，言论自由与名誉权的矛盾与冲突等。德国学者拉伦茨指出：一般人格权与特别人格权的关系可作如下的概括：一般人格权作为任何人都应当受尊重的权利，是所有特别人格权的基础，特别人格权是一般人格权的一部分。因此，从逻辑上讲，一般人格权优先于特别人格权。但在法律适用中，与一般人格权相比，特别人格权在内容上规定得较为明确，则优先适用特别人格权。但人们终究不可能在范围上通过划界，将所有人性中值得保护的表现和存在的方面无遗漏地包括进来，故在没有特别人格权规定时，适用一般人格权[3]。

---

〔1〕　［德］卡尔·拉伦茨：《德国民法通论》（上），王晓晔等译，法律出版社2003年版，第171页。

〔2〕　谢怀栻："论民事权利体系"，载《法学研究》1996年第2期。

〔3〕　［德］卡尔·拉伦茨：《德国民法通论》（上），王晓晔等译，法律出版社2003年版，第173～174页。

四、各主要的具体人格权

（一）生命权

1. 定义。我国学者通常认为，生命权是自然人以其性命维持和安全利益为内容的人格权[1]。生命权是否为一种人格权，学者之间存在争议。历史法学派的代表人物萨维尼就坚决反对将生命权等在民法中规定，否则，就会得出一项"自杀权"。但是，我国民法学认为，既然生命被侵害能够得到法律的救济，实际上就承认了生命是一项权利。如果不是权利的东西，在法律上如何被救济？因此，生命权这种东西在我国民法上也就毫无障碍地被认为是一种权利了。

2. 问题。如果将生命作为一种权利规定，那么学术上的问题是：生命权对于自然人究竟有什么意义？因为生命权不像物权或者债权等财产权，不存在权利的取得与消灭的问题，不存在权利的转让与公示问题，不存在以生命为客体的任何交易，仅仅是在被侵犯时受到法律救济。那么，被法律救济的一定是权利吗？"占有"是一种状态，在被侵犯时不也受到法律救济吗？如果是这样的话，将其放在侵权行为法中不是很好吗？《德国民法典》就是如此。而且，无论是《德国民法典》还是《瑞士民法典》，都没有将生命作为一种权利客体对待过，在其民法典中，"生命""健康"等后面没有加上一个"权"字。这些问题，是很值得我们研究的。

（二）健康权

我国学者一般认为：健康权是自然人维护其生理机能正常运行和功能正常发挥，从而维持其生命活动的人格权[2]。

在健康权中存在的问题，如生命权中存在的问题一样，在学者之间存在争议。需要作进一步研究。

（三）身体权

1. 定义。身体权是自然人对其肢体、器官及其他组织的完整性所享有的人格权。有许多学者将身体权定义为"支配权"，我们难以苟同。因为，人格权的本质就不属于支配权，而是一种绝对权。

2. 生命权、健康权与身体权的关系。这些权利对于自然人来说，联系密切，都直接关系到自然人的生存与生活。但是，这三者之间在法律上存在显著的区

---

[1] 张俊浩主编：《民法学原理》（上册），中国政法大学出版社 2000 年版，第 143 页；马俊驹、余延满：《民法原论》（上册），法律出版社 2005 年版，第 105 页。

[2] 马俊驹、余延满：《民法原论》，法律出版社 2005 年版，第 106 页。

别：生命权关系人的存活，在现实生活中，侵害人的健康或者身体的，不一定侵害到生命，例如，将人的胳膊打断，则侵害的仅仅是身体权，被侵害人可能还很健康，生命也没有问题；健康权则着眼于人的各种生理机能的协调与发挥，一个人的身体完整性或者生命没有受到侵害，但可能会侵害其健康，例如，精神错乱仅仅是健康存在问题；身体权着眼于人体组织器官的完整性，主要是从人的具体的、外部的物质性器官来判断。

当然，如果因对人的身体或者健康的侵犯，导致人丧失生命的，则是对生命权的侵犯。

（四）姓名权

姓名权是自然人对其姓名设定、变更和专用的人格权[1]。姓名对于自然人来说，是其自我发展的重要工具，是其区别于他人的重要标志之一。

通说认为，姓名权的内容主要包括三项：①姓名设定权，即决定自己姓名的权利。但是，在我们的实际生活中，自然人的姓名往往都是他人设定的。当然，自然人在后天可以变更这种他人给定的姓名。②变更权。任何人都可以按照法律规定的程序，变更自己的姓名，但不可任意变更。任意变更自己的姓名在法律上没有效力，因为，姓名可能涉及债权债务关系、亲属关系，甚至还有公法上的关系。③专用权。专用权即自然人对其姓名依法自由使用的权利，任何人不得冒用。

需要特别指出的是，姓名权对于自然人固然重要，但比起生命权、健康权、身体权等，往往处于次要的地位。因为一个人没有姓名，并不影响其作为人的存在。而且，从本质上说，姓名是人的"身外之物"，因此，《德国民法典》与《瑞士民法典》等虽然没有在"生命""健康"等后面没有加上一个"权"字，但却规定了"姓名权"。

（五）隐私权

1. 定义。隐私权是自然人的自由权在私法上的保护，是指自然人所享有的对其私生活领域及私人信息不受侵扰的人格权。

隐私权是一种很重要的权利，在美国，这种权利被认为是一种宪法性权利。一个人如果没有任何隐私，那么，他与动物就没有区别。

2. 隐私权保护中的问题。在隐私权的法律保护中，涉及许多问题，主要有两个问题是值得注意的：①隐私权与其他权利的冲突问题，例如，新闻自由与人格隐私权的冲突问题。在这一问题上，必须使用"法益衡量"的原则。②一般

---

〔1〕　张俊浩主编：《民法学原理》（上册），中国政法大学出版社 2000 年版，第 147 页。

人的隐私权与名人隐私权的问题。一般来说，许多国家的判例都认为，在对名人的隐私权侵犯的构成要件上，要采取比一般人更加严格的原则。

（六）肖像权

肖像是指个人的真实形象通过照相、绘画、录像等艺术方式表现出来的物质形态[1]。肖像权则是对这种物质形态的制作权与使用权。任何人未经肖像权人同意而擅自制作或者使用肖像的，均构成侵权行为。

应该说，肖像权与艺术形式的不断发展息息相关，而且与商业社会有密切联系。如果没有商业社会的影响，肖像权也仅仅具有消极意义，而不可能直接产生经济效益。另外，肖像权与隐私权存在某种交叉，例如，对他人裸体像的擅自发表，究竟是侵犯了其肖像权还是隐私权？一般认为，是侵犯了隐私权。

（七）名誉权

名誉权是指自然人对自己在社会生活中所获得的社会评价所享有的不可侵犯的权利[2]。而所谓名誉，是指社会一般人对与特定人的德行、能力、素质、才能等所作出的评价。

名誉对于个人的社会生活至关重要。而现实社会中，许多人正是看到名誉的损毁会导致个人生存的危机，才运用非法手段侵犯这一权利，如运用言论或者其他艺术形式直接贬低他人名誉、捏造事实诽谤他人等。

（八）荣誉权

荣誉权是指自然人对于从特定组织获得的专门性和定性化的积极评价所享有的不可侵犯的权利。

荣誉权与名誉权是有区别的，主要表现在：①评价的主体不同：荣誉是特定组织依据特定程序作出的，而名誉是一般社会评价。②内容不同：荣誉是积极评价，而名誉则不一定是积极评价。③是否可撤销不同：荣誉是可以被撤销的，而名誉则不存在撤销的问题[3]。④对自然人的影响不同：单就荣誉与名誉比较，名誉对于自然人来说，要比荣誉重要得多。

荣誉权是否属于人格权值得三思。

（九）其他人格权及其说明

由于人格权是一种框架性权利，其实，是无法穷尽的。本书也仅仅是列举了一些在实际生活中常常遇到的人格权，加以介绍而已。其实，许多国家的民法典

---

〔1〕 马俊驹、余延满：《民法原论》，法律出版社2005年版，第107页。

〔2〕 马俊驹、余延满：《民法原论》，法律出版社2005年版，第108页。

〔3〕 以上参见张俊浩主编：《民法学原理》（上册），中国政法大学出版社2000年版，第154页。

并没有明确规定具体人格权，大多都是通过侵权性判例表现出来，即判例对于什么是对人的尊严与自由、价值的侵犯的总结。因此，有许多学者或者教科书所列举的具体人格权，要远远多于本书，是毫不奇怪的。

同时，对于具体人格权的侵犯样态及构成要件，本书认为，也不是在人格权中需要叙述的，而是应当放在"侵权法"中论述更为合适。

第三节　自然人的其他法律属性

一、自然人的宣告失踪制度

（一）宣告失踪的概念

所谓宣告失踪，是指自然人离开住所或者居所后下落不明达到法定期间，为保护其财产以稳定社会关系，法院经利害关系人的申请，依法定程序宣告其为失踪人，并为之设定财产管理人的制度。

宣告失踪制度为许多国家民法所规定，但立法例有所不同。我国《民法总则》第40~45条规定了宣告失踪制度，《民通意见》对之进行了具体化。此为我国宣告失踪制度的主要法律依据。

（二）宣告失踪制度的价值

宣告失踪制度的主要立法目的在于保护被宣告失踪人的财产及维护社会秩序。因为，对于自然人来说，其财产不仅是生存及发展自我的重要基础，也是其偿还债务的保障。而自然人失踪后，其财产处于无人管理的状态，如果任由这种状态持续存在，不仅会损害失踪人的利益，而且会损害其债权人的利益。同时，如果财产无人管理，就会出现失踪人的债权人为满足债权而纷纷哄抢其财产、甚至无利益关系的第三人也会抢夺其财产的情形，导致社会秩序混乱。因此，法律有必要设立此种制度。

（三）宣告失踪的条件

根据我国《民法总则》第40、41条的规定，宣告失踪的条件如下：

1. 自然人下落不明达到法定期间。根据《民法总则》第40条的规定，自然人下落不明必须满2年。何为"下落不明"？《民通意见》第26条规定：下落不明是指公民离开最后居住地没有音讯的状况。这种2年的期间从何时开始实行计算呢？根据《民法总则》第41条之规定，2年期间从自然人音讯消失的次日起算；战争期间下落不明的，下落不明的时间从战争结束之日或者有关机关确定的下落不明之日起计算。

2. 经利害关系人申请。根据《民通意见》第 24 条之规定，申请宣告失踪的利害关系人包括被申请宣告失踪人的配偶、父母、子女、兄弟姐妹、祖父母、外祖父母、孙子女、外孙子女以及其他与被申请人有民事权利义务关系的人，如债权人。

3. 由有管辖权的法院依法定程序宣告并同时指定财产代管人。根据《民法通则意见》第 28 条之规定，宣告失踪的案件由被宣告失踪人住所地的基层人民法院管辖。住所地与居住地不一致的，由最后居住地的基层人民法院管辖。

根据《民通意见》第 34 条之规定，人民法院审理宣告失踪的案件，比照民事诉讼法规定的特别程序进行（我国《民事诉讼法》第 166~169 条）。另外，人民法院审理宣告失踪的案件，应当查清被申请宣告失踪人的财产，指定临时管理人或者采取诉讼保全措施，发出寻找失踪人的公告，公告期间为半年。公告期间届满，人民法院根据被宣告失踪人失踪的事实是否得到确认，作出宣告失踪的判决或者终结审理的裁定。如果判决宣告为失踪人，应当同时指定失踪人的财产代管人。

《民法总则》第 42 条规定："失踪人的财产由其配偶、成年子女、父母或者其他愿意担任财产代管人的人代管。代管有争议，没有前款规定的人，或者前款规定的人无代管能力的，由人民法院指定的人代管。"

根据《民通意见》第 30 条之规定，人民法院指定失踪人的财产代管人，应当根据有利于保护失踪人财产的原则指定。没有上述代管人，或者他们无能力作代管人，或者不宜作代管人的，人民法院可以指定公民或者有关组织为失踪人的财产代管人。另外，无民事行为能力人、限制民事行为能力人失踪的，其监护人即为财产代管人。

（四）财产代管人的职责（《民法总则》第 43、44 条）

财产代管人的职责主要有以下几项：①以善良管理人的注意妥善管理被宣告失踪人的财产。②接受他人对被宣告失踪人应履行的给付，履行被宣告失踪人应履行的对他人的债务，包括所欠税款及其他费用。其他费用主要是指赡养费、扶养费、抚育费和因代管财产所需的管理费等必要的费用。③在与被宣告失踪人财产有关的限度内作为原告起诉与被告应诉。根据《民通意见》第 32 条之规定，失踪人的财产代管人拒绝支付失踪人所欠的税款、债务和其他费用，债权人提起诉讼的，人民法院应当将代管人列为被告。失踪人的财产代管人向失踪人的债务人要求偿还债务的，可以作为原告提起诉讼。

失踪人的财产代管人不履行代管职责或者侵犯失踪人财产权益的，或者履行职责不尽善良管理人的勤勉义务而给被宣告失踪人造成损害的，失踪人的利害关系人或者宣告失踪被撤销后的失踪人本人可以向人民法院请求财产代管人承担民事责任。

（五）财产代管人的变更

根据《民法总则》第44条的规定：①财产代管人不履行代管职责、侵害失踪人财产权益或者丧失代管能力的，失踪人的利害关系人可以向人民法院申请变更财产代管人。②财产代管人有正当理由的，可以向人民法院申请变更财产代管人。③人民法院变更财产代管人的，变更后的财产代管人有权要求原财产代管人及时移交有关财产并报告财产代管情况。

根据《民通意见》第35条之规定，如果失踪人的财产代管人以无力履行代管职责，财产代管人本人或者失踪人的利害关系人申请变更代管人的，人民法院比照特别程序进行审理。

另外，如果失踪人的财产代管人不履行代管职责或者侵犯失踪人财产权益的，失踪人的利害关系人向人民法院请求财产代管人承担民事责任的同时申请人民法院变更财产代管人的，变更之诉比照特别程序单独审理。

（六）对失踪宣告的撤销

根据《民法总则》第45条的规定，失踪人重新出现，经本人或者利害关系人申请，人民法院应当撤销失踪宣告。失踪人重新出现，有权要求财产代管人及时移交有关财产并报告财产代管情况。

二、自然人的宣告死亡制度

（一）宣告死亡的概念与制度价值

自然人的宣告死亡是指自然人失踪达到法定期间，经利害关系人申请，由法院依法定程序宣告其死亡，从而在法律上结束其生前的人身关系与财产关系的制度。因宣告死亡仅仅是在法律上的死亡，而实际是否死亡并不清楚，所以，又称为拟制死亡或者推定死亡。

关于宣告死亡的制度价值，我国学者张俊浩教授作了这样的论述：失踪期间达到一定长度时，依社会共同生活经验判断，其生还的可能性已经微乎其微。此时，相对人的利益——尤其是配偶的再婚利益、继承人的继承利益，上升到优先于失踪人的利益受保护的程度。保护的方式是：拟制失踪人死亡，以便其配偶取得再婚权，其继承人得以继承遗产，并清偿债权人的债务。此项拟制，须慎之又慎，而关键在于两点：其一，恰当规定利害关系人得申请宣告失踪人死亡的期间；其二，当能够证明受死亡宣告的人并未死亡时，应允许撤销死亡宣告[1]。我赞同这种制度价值的定位。

宣告失踪与宣告死亡是否具有必然的联系？宣告失踪是否是宣告死亡的必经程序？例如，某人下落不明已经达到 5 年，既符合宣告失踪的条件，也符合宣告死亡的条件，申请人是否可以直接申请法院宣告死亡？如果有死亡宣告申请，也同时有失踪宣告申请的，法院应当如何处理？对此，《民通意见》第 29 条明确规定：宣告失踪不是宣告死亡的必经程序。公民下落不明，符合申请宣告死亡的条件，利害关系人可以不经申请宣告失踪而直接申请宣告死亡。但利害关系人只申请宣告失踪的，应当宣告失踪；同一顺序的利害关系，有的申请宣告死亡，有的不同意宣告死亡，则应当宣告死亡。我国《民法总则》第 46 条、第 47 条也表达了相同的含义。

（二）宣告死亡的条件（《民法总则》第 46 条）

1. 下落不明须达到法定期间。由于宣告死亡比宣告失踪的法律后果更加严重，因此，法律规定的期间也更长。根据《民法总则》第 46 条的规定，公民有下列情形之一的，利害关系人可以向人民法院申请宣告他死亡：①下落不明满 4 年的；②因意外事故下落不明，从事故发生之日起满 2 年的。但是，因意外事件下落不明，经有关机关证明该自然人不可能生存的，申请宣告死亡不受 2 年时间的限制。例如，飞机失事一般生存的概率很低，有关机关可以出具证明不可能生还。

2. 须经利害关系人申请。利害关系人的范围大致包括：①配偶；②父母、子女；③兄弟姐妹、祖父母、外祖父母、孙子女、外孙子女；④其他有民事权利义务关系的人。

但这些利害关系人的申请不区分顺序，只要具备上述条件，就可以申请。

3. 法院依法定程序宣告。法院宣告失踪人死亡的，必须依据我国《民事诉讼法》第十五章第三节的特别程序进行。根据《民法总则》第 48 条的规定，被宣告死亡的人，人民法院宣告死亡的判决作出之日视为其死亡的日期；因意外事件下落不明宣告死亡的，意外事件发生之日视为其死亡的日期。《民通意见》第 36 条规定，判决书除发给申请人外，还应当在被宣告死亡人住所地和人民法院所在地公告。如果被宣告死亡和自然死亡的时间不一致的，被宣告死亡所引起的法律后果仍然有效，但自然死亡前实施的民事法律行为与被宣告死亡引起的法律后果相抵触的，则以其实施的民事法律行为为准。因为，宣告死亡毕竟是拟制死

―――――――――――

〔1〕 张俊浩主编：《民法学原理》（上册），中国政法大学出版社 2000 年版，第 101～102 页。

亡，可能被宣告人还真实地生存。例如，被宣告死亡后，应当按照法定继承来继承其遗产，但在被宣告死亡后，在其真实自然死亡前他立有遗嘱的，应当按照其遗嘱来继承。

（三）宣告死亡的法律后果

宣告死亡的法律后果与自然死亡在有些方面相同，会发生身份关系的终结与财产关系的依法处理，如清偿债务并发生继承。但宣告死亡不能确定的是，被宣告人是否已经确定死亡。因此，被宣告人可能还生存。因此，《民法总则》第49条特别规定：有民事行为能力人在被宣告死亡期间实施的民事法律行为有效。

（四）对宣告死亡的撤销

因为宣告死亡的目的在于结束被宣告人的法律关系，而不在于消灭其本人。所以，我国《民法总则》第50条专门规定：被宣告死亡的人重新出现，经本人或者利害关系人申请，人民法院应当撤销对他的死亡宣告。

宣告死亡如果被依法撤销后，原则上，其人身关系与财产关系应当恢复到宣告死亡前的状态。但是，实践中也有许多限制性因素：

1. 婚姻关系。根据《民法总则》第51条的规定，被宣告死亡的人的婚姻关系，自死亡宣告之日起消灭。死亡宣告被撤销的，婚姻关系自撤销死亡宣告之日起自行恢复，但是其配偶再婚或者向婚姻登记机关书面声明不愿意恢复的除外。

2. 收养关系。根据《民法总则》第52条的规定，被宣告死亡的人在被宣告死亡期间，其子女被他人依法收养的，在死亡宣告被撤销后，不得以未经本人同意为由主张收养关系无效。

3. 继承财产的返还。根据《民法总则》第53条的规定，被撤销死亡宣告的人有权请求依照继承法取得其财产的民事主体返还财产。无法返还的，应当给予适当补偿。利害关系人隐瞒真实情况，致使他人被宣告死亡取得其财产的，除应当返还财产外，还应当对由此造成的损失承担赔偿责任。

4. 善意第三人的保护。被撤销死亡宣告的人请求返还财产，其原物已被第三人合法取得的，第三人可不予返还。被撤销死亡宣告的人可以请求转让该财产的人赔偿（《民通意见》第40条）。

5. 恶意申请人的赔偿责任。我国《民法总则》第53条仅仅规定了利害关系人隐瞒真实情况使他人被宣告死亡而取得其财产的赔偿责任，实际上是不够的。这种恶意申请他人死亡，往往造成的不只是财产方面的损失，还有可能是非财产损失。也要对此承担民事责任，例如，侵权责任。

三、自然人的监护制度

（一）监护的概念

由于立法体例的不同，我国的监护制度与许多国家的监护制度之内涵与外延有较大不同：我国目前的监护制度不仅包括对无行为能力人及限制行为能力人的救济，而且包含了大陆法系传统民法中亲权的许多内容；而大陆法系传统民法所谓的监护是指在亲权法之外的对行为能力欠缺的救济制度。这也正是我国学者间对监护制度的概念及立法体例的争议所在。

我国大部分学者写的教科书认为：监护是指对未成年人和精神病人的人身、财产及其他合法权益进行监护和保护的一种民事制度[1]。但也有学者主张，监护应当是对不能得到亲权保护的未成年人与精神病人所设立的保护制度。相应地，在我国民法典的起草过程中，关于监护制度的立法体例，也就存在不同的观点：一是主张保持现有的体例不变；二是主张将监护放在亲属法中，而在自然人编中仅仅规定无行为能力人与限制行为能力人的法定代理人。

（二）监护制度的价值[2]

我国现行法（将来民法典也可能如此）的监护制度之价值主要体现在两个方面：一方面是对行为能力欠缺者的救济，另一方面是对其生活、教育、财产管理等方面的辅助。由于行为能力欠缺者（即无行为能力人与限制行为能力人）不能从事民事活动或者仅仅能够从事范围很小的民事活动，而日常生活中的人是难以离开民事活动而生活的，因此，为了其生活需要，更重要的是为了使他成为一个完整意义上的人，实现法律意义上的人人平等，必须有一个对行为能力欠缺的救济制度。因为，我们的民法一方面宣称"自然人权利能力平等"，而另一方面却在行为能力上分不同种类，使行为能力欠缺者不能从事许多民事行为，因此，权利能力平等就不可能真正实现，行为能力欠缺者也就不能称为完全意义上的人。除此之外，无行为能力人多是成长中的未成年人，其生活需要照顾、财产需要管理，还需要对之进行教育，因此，也有必要设立监护制度（亲权法上的职能）。

（三）监护的种类

从不同的角度或者以不同的标准，可以将监护分为不同的种类：

---

[1] 佟柔主编：《中国民法》，法律出版社1990年版，第75页。
[2] 在此，我不是仅仅在亲权以外的意义上使用"监护"这一概念的，是集亲权与亲权外的监护为一体。

1. 以被监护的对象为标准，可以将监护分为未成年人监护和成年人监护。《民法总则》第 27 条规定了未成年人监护，第 28 条则规定了成年人监护。

2. 以监护权来自于法律的直接规定还是当事人的意思，可以分为法定监护和意定监护。《民法总则》第 27 条、第 28 条规定的都是法定监护，而第 29、33 条则是意定监护。

我们下面就以监护对象为标准对于监护进行说明。

（四）未成年人的监护人

1. 法定监护人。法定监护人是指根据法律规定的身份而产生的监护人。这种监护也称为法定监护。根据我国《民法总则》第 27 条的规定：父母是未成年子女的监护人；未成年人的父母已经死亡或者没有监护能力的，由下列有监护能力的人按顺序担任监护人：①祖父母、外祖父母；②兄、姐；③其他愿意担任监护人的个人或者组织，但是须经未成年人住所地的居民委员会、村民委员会或者民政部门同意。

2. 补充监护人。其实，按照我国《民法总则》第 32 条的规定，补充监护也是由法律直接规定的，故从实质上说，也是法定监护人的一种。按照该条的规定，没有依法具有监护资格的人的，监护人由民政部门担任，也可以由具备履行监护职责条件的被监护人住所地的居民委员会、村民委员会担任。

3. 意定监护人。由于被监护人为无行为能力人或者为限制行为能力人，因此，这里的"意定"当然是指被监护人之外的人的意定。根据《民法总则》第 29 条的规定，被监护人的父母担任监护人的，可以通过遗嘱指定监护人。

4. 临时监护人。临时监护人是指我国《民法总则》第 31 条第 3 款规定的情形，即当事人对于监护人的确定有争议，在有关部门指定监护人之前，为避免被监护人的人身权利、财产权利以及其他合法权益处于无人保护状态，由被监护人住所地的居民委员会、村民委员会、法律规定的有关组织或者民政部门担任临时监护人。

（五）无行为能力或者限制行为能力的成年人的监护人

1. 法定监护人。无行为能力或者限制行为能力的成年人的法定监护人是指《民法总则》第 28 条规定的监护人：无民事行为能力或者限制民事行为能力的成年人，由下列有监护能力的人按顺序担任监护人：①配偶；②父母、子女；③其他近亲属；④其他愿意担任监护人的个人或者组织，但是须经被监护人住所地的居民委员会、村民委员会或者民政部门同意。

2. 补充监护人。即按照我国《民法总则》第 32 条的规定的而产生的监护人：没有依法具有监护资格的人的，监护人由民政部门担任，也可以由具备履行监护职责条件的被监护人住所地的居民委员会、村民委员会担任。

3. 意定监护人。与未成年人不同，成年人的意定监护人有两种：①《民法总则》第33条规定的意定监护人：具有完全民事行为能力的成年人，可以与其近亲属、其他愿意担任监护人的个人或者组织事先协商，以书面形式确定自己的监护人。协商确定的监护人在该成年人丧失或者部分丧失民事行为能力时，履行监护职责。②按照《民法总则》第29条规定的方式产生的监护人，被监护人的父母担任监护人的，可以通过遗嘱指定监护人。

4. 临时监护人。临时监护人是指我国《民法总则》第31条第3款规定的情形，即当事人对于监护人的确定有争议，在有关部门指定监护人之前，为避免被监护人的人身权利、财产权利以及其他合法权益处于无人保护状态，由被监护人住所地的居民委员会、村民委员会、法律规定的有关组织或者民政部门担任临时监护人。

（六）法定监护人之间的协议变更

《民法总则》第30条规定："依法具有监护资格的人之间可以协议确定监护人。协议确定监护人应当尊重被监护人的真实意愿。"对于该条应该做正确解释和理解：

1. 这种变更仅仅限于未成年人或者成年人的法定监护人之间，其他的补充监护人或者意定监护人之间，或者法定监护人与他们之间，都不得协议变更。

2. 协议变更应当本着有利于保护被监护人的利益为原则。在现实生活中，具有法定监护资格的人中，有些更适合作为监护人，行使监护职权。那么，这种变更就更有利于维护被监护人的利益。

3. 这里所谓的"应当尊重被监护人的真实意愿"，并非指法律意义上的"意思表示"。如果被监护人能够在确定监护人方面为意思表示，那么他（她）也就不需要监护了。这里的"真实意愿"，应该是指被监护人之"好恶"，通俗来说，就是被监护人是否喜欢。从一般生活常识看，如果被监护人不喜欢监护人（父母除外），可能监护职责难以落实。

（七）对于监护人确定的争议及解决方式

对此问题，我国《民法总则》第31条规定：

"对监护人的确定有争议的，由被监护人住所地的居民委员会、村民委员会或者民政部门指定监护人，有关当事人对指定不服的，可以向人民法院申请指定监护人；有关当事人也可以直接向人民法院申请指定监护人。

居民委员会、村民委员会、民政部门或者人民法院应当尊重被监护人的真实意愿，按照最有利于被监护人的原则在依法具有监护资格的人中指定监护人。

依照本条第 1 款规定指定监护人前，被监护人的人身权利、财产权利以及其他合法权益处于无人保护状态的，由被监护人住所地的居民委员会、村民委员会、法律规定的有关组织或者民政部门担任临时监护人。

监护人被指定后，不得擅自变更；擅自变更的，不免除被指定的监护人的责任。

对于该条，有以下问题需要注意：

1. 这里所说的"对监护人的确定有争议"，是指对于什么范围内的监护人确定有争议？我认为：①对于未成年人来说，是指对《民法总则》第 28 条规定的除了父母以外的其他人担任监护人有争议，例如，祖父母、外祖父母哪个更合适？兄姐哪个更合适？其他愿意担任监护人的个人或者组织哪个更合适？②对于无行为能力或者限制行为能力的成年人来说，是指对除了配偶之外的其他有监护资格的人担任监护人有争议。

2. 指定的范围是什么？第 2 款已经规定得非常清楚：按照最有利于被监护人的原则在依法具有监护资格的人中指定监护人。

（八）监护人的职责

其实，监护人的职责有两个大的方面——法定代理与保护其权益，即《民法总则》第 34 条规定的两个方面：①监护人的职责是代理被监护人实施民事法律行为；②保护被监护人的人身权利、财产权利以及其他合法权益等，例如，保护被监护人的身体健康；照顾被监护人的生活；管理和保护被监护人的财产；代理被监护人进行民事活动；对被监护人进行管理和教育；在被监护人合法权益受到侵害或者与人发生争议时，代理其进行诉讼；等等。

我国《民法总则》有一个很有特色的地方，即第 26 条规定："父母对未成年子女负有抚养、教育和保护的义务。"这是典型的亲权的内容。那么，我们的疑问是：其他监护人是否有这种保护和管理未成年人成长的义务？从第 34～39 条的规定看，似乎没有。我们认为，对于未成年人来说，监护人应该有此义务。

（九）监护人履行监护职责的原则

根据我国《民法总则》第 35 条的规定，监护人履行监护职责应该坚持以下原则：

1. 监护人应当按照最有利于被监护人的原则履行监护职责。

2. 监护人除为维护被监护人利益外，不得处分被监护人的财产。这里所谓的处分，仅仅指"消极处分"，仅仅是为了被监护人的生活和教育等处分其财产。不能认为，例如，现在股票行情很好，或者房屋可能涨价，替被监护人购买。这种风险行为不能包括在其中。

3. 成年人的监护人履行监护职责，应当最大限度地尊重被监护人的真实意愿，在作出与被监护人利益有关的决定时，应当根据被监护人的年龄和智力状况，尊重被监护人的真实意愿，保障并协助被监护人实施与其智力、精神健康状况相适应的民事法律行为。对被监护人有能力独立处理的事务，监护人不得干涉。

（十）监护人资格的撤销

按照我国《民法总则》第36条的规定，监护人有下列情形之一的，人民法院根据有关个人或者组织的申请，撤销其监护人资格：①实施严重损害被监护人身心健康行为的；②怠于履行监护职责，或者无法履行监护职责并且拒绝将监护职责部分或者全部委托给他人，导致被监护人处于危困状态的；③实施严重侵害被监护人合法权益的其他行为的。

这里所谓的"有关个人或者组织"，是指：其他依法具有监护资格的人，居民委员会、村民委员会、学校、医疗机构、妇女联合会、残疾人联合会、未成年人保护组织、依法设立的老年人组织、民政部门等。

《民法总则》第36条专门规定，如果以上个人和组织未及时向人民法院申请撤销监护人资格的，民政部门应当向人民法院申请。

我国《民法总则》第37条同时规定："依法负担被监护人抚养费、赡养费、扶养费的父母、子女、配偶等，被人民法院撤销监护人资格后，应当继续履行负担的义务。"

（十一）被监护人资格的恢复

被监护人的父母或者子女被人民法院撤销监护人资格后，除对被监护人实施故意犯罪的外，确有悔改表现的，经其申请，人民法院可以在尊重被监护人真实意愿的前提下，视情况恢复其监护人资格，人民法院指定的监护人与被监护人的监护关系同时终止（《民法总则》第38条）。

（十二）监护关系的终止

根据我国《民法总则》第39条的规定，有下列情形之一的，监护关系终止：①被监护人取得或者恢复完全民事行为能力；②监护人丧失监护能力；③被监护人或者监护人死亡；④人民法院认定监护关系终止的其他情形。

监护关系终止后，被监护人仍然需要监护的，应当依法另行确定监护人。

（十三）其他需要说明的问题

1. 夫妻离婚或者子女被收养时的监护问题。对此问题，《民法总则》没有规定，但《民通意见》第21条、第23条规定：夫妻离婚后，与子女共同生活的一方无权取消对方对该子女的监护权，但是，未与该子女共同生活的一方，对该子女有犯罪行为、虐待行为或者对该子女明显不利的，人民法院认为可以取消的除外。夫妻一方死亡后，另一方将子女送给他人收养，如收养对子女的健康成长并无不利，又办了合法收养手续的，认定收养关系成立；其他有监护资格的人不得以收养未经其同意而主张收养关系无效。

2. 违反职责的法律后果。根据《民法总则》第 34 条第 3 款的规定，监护人不履行监护职责或者侵害被监护人的合法权益的，应当承担法律责任。也就是说，监护人不履行监护职责给被监护人造成财产损失或者侵害被监护人利益的，应当赔偿损失。人民法院还可以根据《民法总则》第 36 条的规定，根据有关人员或者有关单位的申请，撤销监护人的资格。

根据《民通意见》第 20 条的规定，监护人不履行监护职责，或者侵害了被监护人的合法权益，其他有监护资格的人或者单位向人民法院起诉，要求监护人承担民事责任的，按照普通程序审理；要求变更监护关系的，按照特别程序审理；既要求承担民事责任，又要求变更监护关系的，分别审理。

3. 监护人的转承责任。前面已经提到，由于行为能力欠缺的人在大多数情况下是没有赔偿能力，故许多国家民法规定了监护人的"转承责任"。我国《侵权责任法》第 32 条也规定了这种责任：无民事行为能力人、限制民事行为能力人造成他人损害的，由监护人承担侵权责任。监护人尽了监护责任的，可以适当减轻他的民事责任。有财产的无民事行为能力人、限制民事行为能力人造成他人损害的，从本人财产中支付赔偿费用。不足部分，由监护人适当赔偿。

4. 监护的变更。广义的监护变更有三种情形：①监护可以因协议而变更。由于我国民法允许有监护资格的人通过协议的方式变更监护人，例如，第一顺序的监护资格人可以与第二顺序的人协议，由第二顺序的人担任监护人。②监护可以因撤销而变更。监护可以因监护人不履行或者不正确履行监护职责而撤销，因而也可因此而变更监护人。③监护可以因监护人死亡或者丧失行为能力而变更。

四、自然人的亲属关系

自然人的亲属关系主要是指父母与成年子女、祖父母与孙子女、外祖父母与外孙子女以及兄弟姐妹之间的关系。这些关系由于在有关"亲属法"部分有详细论述，在此不再赘述。

五、自然人的住所

（一）住所的概念与种类

住所是自然人进行有民事意义的活动的中心场所。住所与居所是不同的，居所是自然人居住的处所。住所与居所的区别不同主要表现在：①大多数国家的法律规定，自然人只能有一个住所，但可以有多个居所；②住所是自然人为一般目的而生活的地方，而居所是为了特定目的而居住的地方；③居所一般具有临时性，一般不具有法律上的意义，而住所必须是稳定的连续的居住，具有法律上的意义[1]。

住所大致可以分为意定住所、法定住所与拟制住所。所谓意定住所，是指基于当事人的意思而设立的住所。意定住所的存在往往与迁徙自由联系在一起，因此，只有在宪法上实行"迁徙自由"的国家才有可能存在这一类型，如法国、日本及英美法系国家。所谓法定住所，是指不依当事人的意思而由法律直接规定的住所，如我国《民法通则》规定的住所制度即为这种住所。所谓拟制住所，是指法律规定在特殊情况下将居所视为住所，如我国《民法总则》第25条规定："自然人以户籍登记或者其他有效身份登记记载的居所为住所；经常居所与住所不一致的，经常居所视为住所。"

以上三种分类在我国民法上是否存在以及在什么程度上存在，学者之间存在争议。从上述《民法总则》第25条的规定看，似乎能够得出我国是实行"法定住所"制度的结论，但仔细分析该条，似乎是该条规定了意定住所与拟制住所制度，即应这样理解：任何人可以通过意愿来选择与户籍不一致的居住地，只有不能确认其经常居住地时，才可以将户籍所在地的居住地视为住所。另外，加上我国现在的许多政策，如户政制度实行户口簿与身份证分离的制度，就使得自然人的意定住所在法律上得到了承认。另外，有学者认为，我国法上存在拟制住所，主要包括以下三种情况：①自然人的经常居住地与住所不一致的，经常居住地视为住所；②自然人由其户籍所在地迁出后至迁入另一地之前，无经常居住地的，仍以其原户籍所在地为住所[2]；③自然人的住所不明或者不能确定的，以其经常居住地为住所。自然人有几个住处的，以与产生纠纷的民事关系有最密切联系的住处为住所[3]。

（二）住所在法律上的意义

住所在法律上具有以下意义：①确定司法管辖。法律一般规定，如我国《民事诉讼法》第22条规定："对公民提起的民事诉讼，由被告住所地人民法院管辖。"②准据法的确定。在实行联邦制的国家中，住所对于确定准据法具有十分

---

[1]　参见马俊驹、余延满：《民法原论》，法律出版社2005年版，第99页。
[2]　最高人民法院《关于贯彻执行〈中华人民共和国民法通则〉若干问题的意见（试行）》第9条。
[3]　马俊驹、余延满：《民法原论》，法律出版社2005年版，第100页。

重要的意义。在我国由于法律是统一的，此一方面的意义并不是很大。但在确定适用某些地方法规方面，仍然具有意义。但是，在涉外法律关系的适用中，仍然具有意义，如我国《民法通则》第 146 条规定："侵权行为的损害赔偿，适用侵权行为地法律。当事人双方国籍相同或者在同一国家有住所的，也可以适用当事人本国法律或者住所地法律。"第 149 条规定："遗产的法定继承，动产适用被继承人死亡时住所地法律，不动产适用不动产所在地法律。"

至于有的学者提出的，住所在确定债务履行地、认定自然人失踪以及结婚登记等方面的意义，我们认为殊有疑问：《民法通则》第 88 条及《合同法》第 62 条规定，履行地点不明确，给付货币的，在接受给付一方的所在地履行，其他标的在履行义务一方的所在地履行。这里的"所在地"是否就是"住所"？《民通意见》第 26 条规定："下落不明是指公民离开最后居住地后没有音讯的状况。对于在台湾或者在国外，无法正常通讯联系的，不得以下落不明宣告死亡。"这里的"最后居住地"是住所吗？恐怕不一定。至于结婚登记就更有疑问：因为《婚姻登记条例》第 4 条第 1 款规定："内地居民结婚，男女双方应当共同到一方当事人常住户口所在地的婚姻登记机关办理结婚登记。"但户口所在地与经常居住地不一致时应如何？显然也不是关于住所的规定。

（三）住所的确定

对住所的确定采取"意定与唯一"的原则。前面已经提到，我国《民法总则》第 25 条、《民法通则》第 15 条的规定，实际上承认了我国在住所制度上采取意定的原则。至于行为能力有欠缺的人，因其户籍往往与监护人一致或者经常居住地与监护人一致，因此，其以其监护人的住所为住所。

唯一原则，是指自然人的住所，依法只能有一个。如以户籍所在地为住所，只能有一个；如果户籍所在地与经常居住地不一致，经常居住地也只能有一个。

（四）住所的变更

住所是可以变更的，如何变更才具有法律效力呢？有的国家实行住所登记制度，只要进行变更登记，就发生有效变更。但我国目前还没有这种制度，因此，我国的住所变更，主要表现在两个方面：①因经常居住地与户籍所在地不一致，而发生事实上的变更；②户籍所在地发生改变，例如，将户籍由山东济南迁到北京。

第四节　个体工商户和农村承包经营户

我国《民法通则》自第二章"自然人"下设立一节（第四节）专门规定了农村承包经营户和个体工商户（以下简称"两户"）。由此从法律上奠定了"两户"的民法地位。在这一次民法典（民法总则）的编纂过程中，有许多学者提出，应该废除这种规定，但颁布后的《民法总则》还是保留"两户"。但"两户"在我国民法上属于特殊主体，并不是自然人主体。因此，《民法总则》将"两户"规定在"自然人"部分并不恰当。

一、土地承包经营户

（一）农村承包经营户的概念及具有主体资格的必要性

农村的土地承包经营户是中国改革开放后的一种特殊主体，是针对中国特殊土地所有权制度所采取的一种主体制度，自从 1986 年《民法通则》颁布以来，我国就承认了农村承包经营户的主体地位。《民法通则》第 27 条规定："农村集体经济组织的成员，在法律允许的范围内，按照承包合同规定从事商品经营的，为农村承包经营户。"《民法总则》延续《民法通则》的规定，继续保留和承认农村承包经营户的主体地位，于第 55 条规定："农村集体经济组织的成员，依法取得农村土地承包经营权，从事家庭承包经营的，为农村承包经营户。"

在民法总则编纂过程中，有学者提出要废除这种主体，指出：农村土地承包经营户赖以存在的社会背景、文化背景都发生了变迁，民法典应当秉承个体主义制度构建的理念，不能再继续规定农村承包承包户的民事主体[1]。还有的学者认为，我国实行社会主义经济体制改革，就是要让"人"成为真正独立的个体，具有独立的人格，而不必通过"家长"或者户主"对外从事民事活动。废弃家庭或者户的概念，直接以集体经济组织的成员作为土承包经营权的承包人并无不妥"[2]。我觉得这种观点从民法的市民社会、甚至可以说个人主义角度看，确实很有道理，但对于中国的本土情况看，未必适合我国实际。理由是：

---

〔1〕　申惠文："论农村承包经营户的现代转型"，载《中国民法学研究会 2015 年年会论文集》（中册）第 160 页。

〔2〕　岳兵、姚狄英："两户民事主体地位的再思考"，载《中国民法学研究会 2015 年年会论文集》（上册）第 539 页。

1. 中国的土地所有权制度是"二元制"，集体作为一个土地的所有权者，它实际上代表国家拥有土地。因为，集体所有不等于集体成员所有，集体并不是由全体集体成员为社员（股东意义上的社员）出资成立的法人，集体成员无权通过决议解散集体，也无权通过决议分配集体的土地。因此，任何一个集体成员迁出集体，无论是进城工作还是出嫁，都不得要求分割集体的土地。从这一意义上看，集体土地的所有，非常类似于德国历史上的"公有"。以"户"为单位而不是以个人为单位的土地承包方式，一方面可以减少土地的纠纷，另一方面可以保持集体土地的稳定。

2. 尽管在诉讼中，有时诉讼主体并不是户而是个人，但不可否认的是，我国之前的《承包法》和《物权法》都规定了"户"是承包合同的主体，当发生土地承包纠纷时，"户"就应该是诉讼主体，承担责任的也是"户"，而不仅仅是个人。特别是在承包权作为物权登记后，户的地位在农村土地承包权这种用益物权中是有地位的。

3. 以"户"为单位的承包，符合我国的传统及生活的实际需要。我国传统的家庭，不仅是一个稳定的生活单元，也是一个稳定的生产单元，以户为单元的承包恰恰适合这种需要。因为农村的生产需要农具、农资等，如果以个人为单位承包，对于未成年人、失去劳动能力的人等就会产生困难。另外，如果家庭中的成员之间经济上相互独立的话，作为生活单元和生产单元必然会受到损害，进而会产生许多问题。因此，尽管民法在尽量使财产个人化、行为个人化，从而增加或者说保障个人的自由，但在土地承包方面，以"户"为单位的承包却是中国本土化的典型。

4. 从我国的诉讼实践来看，在司法实践中，土地承包经营户也可以作为诉讼的原告与被告，而不像有人提出的"在诉讼实践中不存在以承包经营户出现的原告或者被告"。例如，湖北省阳新县人民法院（2015）鄂阳新民二初字第00117号判决书中就写有"原告彭某家庭承包户"，案由是："原告彭某家庭承包户诉被告何垅村某组土地承包经营权纠纷。"内蒙古自治区赤峰市中级人民法院［案号：（2015）赤民一终字第1143号］民事裁判书写道："上诉人姚俊家庭联产承包户因农村土地承包合同纠纷一案，不服赤峰市松山区人民法院（2014）松民再字第11号民事裁定，向本院提起上诉。本院依法组成合议庭审理了本案。本案现已审理终结。"青海省湟中县人民法院民事判决书［（2015）湟民一初字第00431号］判决书写道："原告冶生玉家庭承包户与被告湟中县上新庄镇东沟滩村村民委员会不当得利纠纷一案，本院于2015年3月18日立案受理。依法由审判员李霞适用简易程序公开开庭进行了审理。原告农户代表人冶生玉及其委托代理人钟文庭、被告湟中县上新庄镇东沟滩村村民委员会的委托代理人苏延仓到庭参加诉讼。本案现已审理终结。"湖北省阳新县人民法院［案号：（2015）鄂阳新民太初字第00008号］写道："原告谭某甲家庭承包经营户诉被告谭某乙家庭承包经营户土地承包经营权纠纷一案，本院于2014年12月31日立案受理，依法由审判员余国力适用简易程序公开开庭进行了审理。原告谭某甲家庭承包经营户的代表人谭某甲及其委托代理人费世福，被告谭某乙家庭承包经营户代表人谭某乙均到庭参加诉讼。本案现已审理终结。"重庆市第三中级人民法院民事判决书［（2015）渝三中法民终字第00112号］写道："诉人杨建强因与被上诉人喻府华家庭承包经营户、喻府禄家庭承包经营户、喻府明家庭承包经营户、喻府胜家庭承包经营户、喻明超家庭承包经营户、喻贵渠家庭承包经营户、喻贵江家庭承包经营户、喻贵敬家庭承包经营户、喻明合家庭承包经营户、喻贵泉家庭承包经营户（以下简称喻府华等十经营户）财产损害赔偿纠纷一案，不服重庆市武隆县人民法院（2014）武法民初字第01312号民事判决，向本院提起上诉。本院受理后，依法组成合议庭审理了本案，现已审理终结。"重庆市第四中级人民法院民事判决书［（2015）渝四中法民终字第01242号］写道："上诉人简文兵农村承包经营户（以下简称简文兵农户）与被上诉人简登寿农村承包经营户（以下简称简登寿农户）、原审第三人彭水苗族土家族自治县洋霍村二组（以下简称洋霍村二组）土地承包经营权确认纠纷一案，彭水苗族土家族自治县人民法院于2015年8月12日作出（2015）彭法民初字第01079号民事判决，简文兵农户不服该判决，向本院提出上诉。"

从这些案例中可以看出，农村土地承包经营户在司法实践中的称呼基本上是"×××家庭承包经营户"，或者"×××家庭联产承包户"，或者"×××家庭承包户"，或者"×××农村承包经营户"的形式出现。这些原告或者被告代表的不是个人，而是家庭承包户，因此，与个人是不同的。

所以，基于我国的土地特殊所有体制，以及中国多年的家庭联产承包经验，《民法总则》第55、56条没有否定自《民法通则》以来的农村土地承包经营户的民事主体地位，而是保留了其独立于"自然人"的主体地位。

（二）财产与责任关系

主张废除农村承包经营户的学者的一个很重要的观点，就是个人与户难以分清。实际上，从《民法通则》开始，就对财产和责任由一个基本的区分：农村承包经营户的债务，个人经营的，以个人财产承担；家庭经营的，以家庭财产承担（《民法通则》第29条）。

《民法总则》对此进行了部分修改："农村承包经营户的债务，以从事农村土地承包经营的农户财产承担；事实上由农户部分成员经营的，以该部分成员财产承担。"（第56条第2款）。

二、个体工商户

（一）个体工商户的概念与现实状况

应该说，个体工商户是自我国1986年《民法通则》颁行后的一种不同于自然人的主体，当时具有重大的意义和作用：公民在法律允许的范围内，依法经核准登记，从事工商业经营的，为个体工商户。个体工商户可以起字号（《民法通则》第26条）。但是，经过了这么多年后，特别是在《公司法》《合伙企业法》等法律颁布后，公司法允许一人公司存在，有限责任公司的注册资金减少、手续方便，合伙企业中的合伙类型较多，设立简单的情况下，个体工商户还有存在价值吗？对此，有学者认为，个体工商户的存在已经没有必要了，因为个体工商户与个人独资企业这两种形式并无本质区别，个人独资企业与个体工商户的划分本身没有经济与法律上的科学性与合理性：二者的投资人均为个人（或者以家庭财产投资），二者对于所产生的债务均由投资人个人财产（家庭经营的则以家庭财产）承担，在组织形式上都较为简单。作为历史产物和改革初期成果的"个体工商户"的名称不应继续保留，其大部分功能为个人独资企业所涵盖。规模较大的个体工商户，以商事组织或者企业称之并无不可，可以登记为个人独资企业。对于规模较小的个体工商户，与自然人密切关联，如其不愿意登记为个人独资企业的，应将其作为小商人，允许其不经登记而从事商业活动，并给予税收、商号、商事账簿等方面的灵活对待[1]。

这种观点不能说没有道理，但是，我如果把问题从反面提出来，则这种观点的逻辑出发点及理由就难以成立：当个体工商户与个人独资企业冲突时，为什么不是个人独资企业让位于个体工商户呢？在我看来，个人独资企业才真的不应该存在呢！个人独资企业比较个体工商户，其优势是什么？如果想成为法人，我们有公司法上的一人公司；如果想成为非法人团体，我们有合伙企业法上的各种合伙企业；如果想个人经营或者以家庭财产经营，我们早在个人独资企业法之前就有个体工商户，为什么还要搞个人独资企业？是先有的个体工商户，后又叠床架屋搞了个人独资企业，而不是相反。我们应该通过改善个体工商户的方式来消灭个人独资企业才符合当今社会的发展：西方无论是过去还是现在都有无数个体经

---

[1] 岳兵、姚狄英："两户民事主体地位的再思考"，载《中国民法学研究会2015年年会论文集》（上册）第538～539页。

营者，难道都登记成为个人独资企业了吗？

我们可以通过权威统计数字来考量一下，个体工商户在我国社会实际生活中的分量：1990 年至 2014 年，个体工商户从业人数从 2093 万人增加到 1.06 亿人，增长了 4.06 倍[1]；2013 年底，个体工商户 4436.29 万户、资本总额 2.43 万亿元，同比增速分别为 9.3% 和 23.1%[2]。2014 年底，个体工商户 4984.06 万户，比上年底增长 12.35%，资金数额 2.93 万亿元，增长 20.57%[3]。再来看一个对比数字：截至 2015 年 9 月底，全国实有个体工商户 5285 万户，私营企业 1802 万户，吸纳全国就业人口的三分之一以上，吸纳城镇就业人口四成以上[4]。从这些数字可以看出，个体工商户比个人独资企业数量多得多，我们不禁要问：既然个人独资企业这么好，注册也方便，功能也与个体工商户差不多，为什么人们还是愿意成立注册个体工商户呢？肯定是个体工商户对自然人或者家庭来说更方便、更合适，更适合人们的需要。我们为什么要消灭之而迫使他们成为个人独资企业呢？

由此可见，个体工商户在我国社会生活中占有十分重要的意义，因此，《民法总则》保留这一主体，于第 54、56 条具体规定了其法律地位。

（二）个体工商户的民事主体地位

《民法总则》第 54 条规定："自然人从事工商业经营，经依法登记，为个体工商户。个体工商户可以起字号。"第 56 条第 1 款规定："个体工商户的债务，个人经营的，以个人财产承担；家庭经营的，以家庭财产承担；无法区分的，以家庭财产承担。"2011 年 3 月 30 日国务院第 149 次常务会议通过、自 2011 年 11 月 1 日起施行的《个体工商户条例》第 2 条规定："有经营能力的公民，依照本条例规定经工商行政管理部门登记，从事工商业经营的，为个体工商户。个体工商户可以个人经营，也可以家庭经营。"

《民法总则》及《个体工商户条例》可以看成我国确认个体工商户之民事主体地位的实体法依据，其主要特征是：①自然人可以登记为个体工商户；②必须经登记方可成立；③必须从事工商业经营，如果是从事农业生产经营，则是农村

---

[1] 参见摘自国家工商行政管理总局《中国个体私营经济与就业关系研究报告》，http://www.saic.gov.cn/zwgk/tjzl/zxtjzl/xxzx/201510/t20151030_163438.html.

[2] 摘自《二〇一三年全国市场主体发展分析》，参见 http://www.saic.gov.cn/zwgk/tjzl/zhtj/xxzx/201402/P020140227616783687760.pdf.

[3] 摘自《2014 年度全国市场主体发展、工商行政管理市场监管和消费维权有关情况》，参见 http://www.saic.gov.cn/zwgk/tjzl/zhtj/xxzx/201501/t20150123_151591.html.

[4] 参见 http://www.saic.gov.cn/zwgk/tjzl/zxtjzl/xxzx/201510/t20151030_163438.html.

承包经营户；④个体工商户可以个人经营，也可以家庭经营。个人经营的，以个人财产承担；家庭经营的，以家庭财产承担；无法区分的，以家庭财产承担。⑤个体工商户可以起字号。

从我国个体工商户的制度运行和实践效果看，各级工商行政管理部门已经摸索出一套对个体工商户行之有效的管理模式，成立和申请比较方便，税收政策也比较灵活，因此，我认为，《民法总则》延续《民法通则》的做法，保留个体工商户及其主体地位是正确的，如果我们真的照搬西方的非登记商自然人模式而抛弃我们30年来对个体工商户的管理经验，将会适得其反。对于农村承包户或者自然人，其经营农副产品可以按照商自然人对待。对于不需要登记、无固定场所的"游动性自然人商人"也有相应的管理方式，不能随便抛弃个体工商户。

我们可以再从成立和登记程序上，来观察个体工商户的主体地位及责任承担情况。

（三）个体工商户的登记

1. 登记成立。《个体工商户条例》第8条规定："申请登记为个体工商户，应当向经营场所所在地登记机关申请注册登记。申请人应当提交登记申请书、身份证明和经营场所证明。个体工商户登记事项包括经营者姓名和住所、组成形式、经营范围、经营场所。个体工商户使用名称的，名称作为登记事项。"《个体工商户登记管理办法》（2011年9月30日国家工商行政管理总局令第56号公布）第2条规定："有经营能力的公民经工商行政管理部门登记，领取个体工商户营业执照，依法开展经营活动。"

从这里可以看到，个体工商户必须进行登记方可取得这一民事主体地位。否则，自然人的经营只能看被视为个人的商行为而不是商主体行为。

2. 登记申请人。根据《个体工商户登记管理办法》第12条的规定，个人经营的，以经营者本人为申请人；家庭经营的，以家庭成员中主持经营者为申请人。

3. 申请事项。根据《个体工商户登记管理办法》第6～11条的规定，个体工商户的登记事项包括：经营者姓名和住所；组成形式；经营范围；经营场所。其中，经营者姓名和住所，是指申请登记为个体工商户的公民姓名及其户籍所在地的详细住址。组成形式，包括个人经营和家庭经营。家庭经营的，参加经营的家庭成员姓名应当同时备案。经营范围，是指个体工商户开展经营活动所属的行业类别。经营场所，是指个体工商户营业所在地的详细地址，个体工商户经登记机关登记的经营场所只能为一处；个体工商户可以不使用名称。个体工商户决定使用名称的，应当向登记机关提出申请，经核准登记后方可使用。一户个体工商户只准使用一个名称。个体工商户名称由行政区划、字号、行业、组织形式依次组成。经营者姓名可以作为个体工商户名称中的字号使用[1]。

从申请登记的程序和事项看，个人经营与家庭经营是严格分开的，申请人与申请事项是不同的，当然，承担责任的主体也是不同的。

（四）司法判例对个体工商户的主体性态度

笔者搜集到了关于个体工商户诉讼有关的 300 个案例，在这些案例中，个体工商户的主体性情况大概有这样几种：

1. 绝大多数案例没有将个体工商户列为原告或被告，而是列作为实际经营者的自然人为原告或被告。在这部分以自然人为原告或被告的案例中，一多半是仅列个体工商户中的自然人的个人信息，但案例大多数都在列自然人为原告（被告）的基础上列明了自然人的经济属性（即个体工商户）。

例如，湖南省资兴市人民法院[（2011）资法民二初字第 1047 号] 民事判决书，写明：原告刘××，男，1958 年 10 月 20 日出生，汉族，广东省大埔县人，住资兴市鲤鱼江。被告黄××，女，1978 年 5 月 4 日出生，汉族，资兴市人，个体工商户，住资兴市唐洞新区大全路居委会。广东省广州市南沙区人民法院 [（2013）穗南法万民初字第 91 号] 民事判决书，写明：原告李治国与黄少强、陶瑞连（广州市增城南阳服装工艺厂个体工商户主）机动车交通事故责任纠纷一审民事判决书……

2. 在有些案例中，是以个体工商户作为原告和被告的，但表述方式有很大的差异，这可能与个体工商户是否有名称的登记有关。

（1）一种表述方式："向大川个体工商户""刘红梅（个体工商户）""个体工商户王芳良"。

例如，重庆市铜梁区人民法院[（2014）铜法民初字第 05231 号] 民事裁定书载明："本院于 2014 年 10 月 24 日立案受理了原告黄定勇诉被告个体工商户张婷婷工伤保险待遇纠纷一案。依法由审判员周大力使用简易程序公开进行了审理。原告黄定勇于 2014 年 12 月 8 日向本院提出撤诉申请。"重庆市第二中级人民法院[（2014）渝二中法民终字第 01146 号] 民事判决书载明："上诉人向大川个体工商户与被上诉人吴世桃、冉绪秀、刘辉、刘恬确认劳动关系一案，奉节县人民法院于 2014 年 4 月 29 日作出（2014）奉法民初字第 00585 号民事判决，向大川个体工商户不服，向本院提起上诉。本院依法组成合议庭审理了本案，现已审理终结。"

---

[1]《个体工商户名称登记管理办法》（2009 年 4 月 1 日施行）第 2、6、8 条。

（2）另一种表述方式即直接列明个体工商户的字号，并注明其个体工商户的组织性质，如"宁波市鄞州下应诚达轻钢结构活动房厂（个体工商户，组织机构代码为 L3647716-1，业主：董荣干）"[1]。北京市第一中级人民法院[（2014）一中执字第195-1号]裁定书写明：时俊杰（个体工商户，字号韩城市浩泽电子商务部）与北京宏信博控科技有限公司国内非涉外仲裁裁决执行裁定书。

由此可见，我国的司法实践也已经将个体工商户纳入民事诉讼主体及权利义务主体的范畴中。我国民法典应该保留个体工商户的主体地位。

---

[1]　宁波市鄞州区人民法院民事判决书[（2014）甬鄞商初字第2217号]写明："原告：宁波恒达装饰工程有限公司。被告：宁波市鄞州下应诚达轻钢结构活动房厂[个体工商户，组织机构代码为L3647716-1，业主：董荣干]。"

第 三 章

法 人

第一节　法人的概述

一、法人的概念与特征

（一）法人的概念

法人是指在私法上具有权利能力并且能够依法独立享有权利并承担义务的团体或者财产集合体。而由于大陆法系公法与私法划分的传统，相应的公法上的法人与私法上的法人则是一种合乎逻辑的分类。私法上的法人是通过私法行为设立的长期存在的人的联合体或者组织体，它本身是与其全体组成人员和管理人员相互分开的实体。它本身享有权利并承担义务，通过其机关的行为取得权利并履行债务，由此发挥自己的作用并参与法律交往[1]。也就是说，法人既可以是其成员的变更与其存在没有任何关系的人的联合体，也可以是为一定目的并具有为此目的而筹集的财产而组织起来的组织体[2]。前者如公司、合作社等，后者如基金会等。

公法人则是依据公法设立并以行使国家权力为宗旨的组织[3]，由于国家不得参与一般私法交易为宪政之一般原则，故公法人在私法领域内的作用远不及私法人。但是，公法人作为政治社会中的实然存在，有时非为私的需要而参与到民事活动中来，因此各国民法不得不承认其在私法中的地位。例如，国家或者各级政府作为财产所有人、债务人，为了日常工作需要而购买商品的行为等，均离不开私法的支持。但是，私法中讨论最多、也最具典型意义的当然是私法人而非公法人。

我国《民法总则》第 57 条规定："法人是具有民事权利能力与民事行为能

---

[1]　[德] 卡尔·拉伦茨：《德国民法通论》（上），王晓晔等译，法律出版社 2003 年版，第 183～184 页。

[2]　[德] 卡尔·拉伦茨：《德国民法通论》（上），王晓晔等译，法律出版社 2003 年版，第 178 页。

[3]　关于公法人与私法人的分类标准，学者之间颇有争议，容后详述。

力，依法独立享有民事权利和承担民事义务的组织。"其实就包含了私法人与公法人，也包含了人的联合体与为特殊目的而筹集的财产组织体。

（二）法人的特征

尽管对于法人这种纯粹法律技术之产物的许多问题至今仍然存在许多争议，但法人所具有的下列特征为多数学者所接受：

1. 只有人的结合体与依特殊目的所组织的财产才有可能成为法人。这是大陆法系传统民法所持有的一贯原则，过去和现在没有多少差别。人的结合体可以成为社团法人，而财产组织体可以成为财团法人。

但是，对于"人的结合体"的理解却发生了重大变化。传统民法坚持至少有2人才能组成团体，但随着"一人公司"也可以取得法人资格，对于什么是"结合体"的理解发生了重大的认识上的变化：既然意思独立、财产独立、有独立的组织机构并可以承担独立责任是法人的本质特征，那么，这些条件在一人公司难道不可以达到吗？就如有的学者所指出的：团体是否具有独立的人格，最终取决于团体与其成员的人格是否彻底分离并独立存在。企业与企业成员的法律分离，是企业取得法律人格的充分条件。企业成员的团体性只是使企业的非个人意志便于体现和识别，但它却不是构成企业法人成立的充分条件（我认为此处应为"必要条件"）。基于这一思想，一人公司法人得以设立和存在[1]。

2. 法人资格的取得是法律承认的结果。这一特征显示出法人的主体地位为法律所赋予，而法律是否赋予团体或者组织以法人地位则要取决于一个国家的立法政策。

3. 法人具有权利能力。具有权利能力，即独立享有权利与承担义务的资格，是法人不同于其他团体的标志。

（三）我国法上法人特征的实证考察

目前，从我国《民法总则》及其他民事立法来看，法人应具有以下特征：

1. 我国法上的法人不仅包括社团法人，也包括财团法人。而且主要是规定了私法人，公法人作为特殊法人加以规定。这是我国民事立法的重大进步。

2. 法人资格的取得是法律承认的结果。

3. 法人与其成员的财产分离、意志分离且责任分离。在我国，法人的财产与其成员的财产彼此分离，法人有自己独立的意思机关，法人的责任独立于其成员，而且我国《公司法》和《民法通则》上的法人独立承担责任，且股东都是有限责任。这种做法引起了许多学者的批评，目前尚无改变的迹象。

---

〔1〕 董学立："法人人格与有限责任"，载《现代法学》2001年第5期。

二、法人的本质

（一）关于法人本质的各种学说

德国学者指出：在整个 19 世纪没有一个问题像关于法人的本质问题这样使德国民法界投入那么多的精力，而且到德国民法典颁布时，这个争论还没有必要终结[1]。关于法人本质的争论，大致有以下几种观点：

1. 法人拟制说。法人拟制说来自德国法学家萨维尼，依其主张，在罗马法传统、基督教神学、启蒙学说以及理想主义德国哲学中，仅视自然人为法律秩序的法律主体，因为只有自然人是能够在上帝面前负责且能道德自律的产物[2]。罗马教皇伊诺生徒四世就曾说过：被视为法人的信徒团体，其与个人不同，因其不能接受洗礼，也不能以异端为由受破门制裁，故法人完全是法律上被拟制的一个观念上的存在[3]。因此，若要使超个体的社会团体像自然人一样享有同等的权利能力，则只能借助于客观法所创设的使其与自然人享有同等地位的方法，而这种同等地位并不能取代个人所固有的属性，仅仅是拟制而已。至于这种同等地位是否存在以及在多大范围内存在，这是实证法规范的事情，取决于立法者的决定[4]。

2. 目的财产说。该学说认为：倘若超个体的社会团体自身并不能当然地是法律上的人，而只能通过法律制度视其与自然人享有同等法律地位时，则将具有特殊目的的但没有主体参与的特别财产也视为法人，在理论上不应有任何障碍。同时，该学说还指出了这样一个不容忽视的事实，即机构法人与财团法人历来就是无成员的法人，进而以此作为其学说的主要依据[5]。

以布林兹（Brinz）为代表的人格化的目的财产说，在法人拟制说看来，只是该学说的一个分支，更确切地说是拟制思想的逻辑产物[6]。因此，仅仅是法人拟制说在背面的展开。

3. 法人实在说。法人实在说由德国法学家基尔克（Otto Von Gierk）提出并以其为代表。法人实在说更看重社会团体的社会实在性与精神实在性，他们视团体为超个体的生物，是社会实体。他们通过为其作决定的人来行为，如同自然人

---

〔1〕 ［德］托马斯·莱赛尔：“德国民法中的法人制度”，张双根译，载《中外法学》2001 年第 1 期。
〔2〕 ［德］托马斯·莱赛尔：“德国民法中的法人制度”，张双根译，载《中外法学》2001 年第 1 期。
〔3〕 刘得宽：《民法诸问题与新展望》，三民书局股份有限公司 1991 年版，第 438 页。
〔4〕 ［德］托马斯·莱赛尔：“德国民法中的法人制度”，张双根译，载《中外法学》2001 年第 1 期。
〔5〕 ［德］托马斯·莱赛尔：“德国民法中的法人制度”，张双根译，载《中外法学》2001 年第 1 期。
〔6〕 刘得宽：《民法诸问题与新展望》，三民书局股份有限公司 1991 年版，第 440 页。

通过其器官来行为一样。故在他们看来，只要团体在社会生活中仅以一个行为单位的面目出现，且他人亦认为它们是一个行为单位，则原则上就可以在法律中将它们同自然人一样当作法律上的人来对待。该学说的模型是早期的社会群体，如家庭协同体、氏族与城邦。个人生活于该社会群体，而该社会群体则决定他的生活，在群体内个人很少能够表现其个体的存在。同时，法律不是主动地创造这些社会群体，而只是去发展与限制，并根据其生活条件进行规范。此外，依该学说，新成立的团体也拥有超个体的自有生存，且该自有生存在该学说看来如同自然人的一样。再者，国家法律虽然可以通过承认来对新成立的团体授予法人资格，并按自己的希望对其发展予以引导，但国家对其不能进行创造和遏制[1]。

该学说在说明"何为实在"时，又分为两派：一是有机体说，二是组织体说。

（1）有机体说。该说为基尔克（Otto Von Gierk）所倡导。他认为：存在于社会的人类之结合体，在各个所结合形成的全体中，内存着其统一性。在此所谓统一性者，一方面与其所担当之各个人类多数性相分离，而宛如保有其单一性。然在另一方面还以多数性为其基础而依存且内在于此。这种统一体因实存于人类结合的内部而具有统一体固有的生命，其与自然人的有机体个人一样，以个人为其构成部分形成社会有机体而具有一个团体的存在性，同时还具有类似于个人意思的团体意思。这种实体是法人的本体，法人格者，乃对此社会的实在者在法世界里所予以承认的法律上的主体。因此，法人是依其自己的意思由自己的机关行动。

总之，根据有机体说，个人要结合成一个团体时，便存在一个与其构成成员并存的独立实体。所谓团体者，虽然由个体所构成，但同时还具有与个体分离的独立存在。这里颇类似于个人，即一个人虽然由各个肢体所构成，但人却以一个有机的整体而存在。而对于法人，法律在承认其为主体前已经是一个实际存在者，故法律承认其为主体，犹如自然人出生而取得权利能力一样。个人存在的本质是有其独立的意志，而法人也有其独立于成员的意志。这种原理也适用于财团法人，即财团法人也在为一定目的所捐助的财产上存在着单一的独立意志[2]。基尔克（Otto Von Gierk）的这一思想深受日尔曼团体主义的影响，其法人说明的原型其实也是日尔曼早期的社会群体。

（2）组织体说。该种主张乃由法国的米修德（L. Michoud）与塞雷勒斯

---

〔1〕 ［德］托马斯·莱赛尔："德国民法中的法人制度"，张双根译，载《中外法学》2001年第1期。
〔2〕 刘得宽：《民法诸问题与新展望》，三民书局股份有限公司1991年版，第441～442页。

（R. Saleilles）所倡导。该说在关于法人实在说方面的主张虽与基尔克（Otto Von Gierk）一致，但在说明何为"实在"时，却与基氏不同。他们认为：法人存在的基础，不在于其为社会的有机体，而在于其有适于权利主体的组织。此项组织，就是基于一定目的的社团或者财团[1]。也就是说，组织体说认为，法人并非依赖于拟制的方式而存在，而是实在者。然其实在者，并非如有机体说所言，以意思主体而存在，而是在法人制度下将适于作为权利主体的团体或者目的财产组织化，以之承认组织体的意思形成，而对其实体赋予法人格[2]。

（二）对以上各种学说的评价

大陆法系德国的许多学者及美国许多学者认为：对于法人本质的讨论其实在法律上的意义并不大。例如，德国学者梅迪库斯指出：19世纪人们曾经对法人的理论进行过激烈的争论。但这两种中的任何一种，即使仅仅是作为短语，也都不适合于把握那些已被承认为法人之性质的东西。因此，今天的人们大多认为，这一争论是无益之争[3]。美国学者格雷也指出：团体是否是一个拟制实体，或者是否是一个没有实在意志的实体，或者依据基尔克的理论，是否是一个具有实在意志的实体，看起来是一个不具有实践重要性或者利益的事情。基于任何一种理论，由国家强加的义务都是相同的[4]。日本学者也指出：这样的本质讨论可以追溯至19世纪德国和法国的议论。当时，传统的法律体系是以个人为中心构成的，所以如何评价、定位新兴的拥有力量的法人，就成了一个问题。以上的议论，在以这样的时代背景为前提时才有意义。可是，在今天，法人在社会中的地位已经确立，相应的法律技术也已经完备。在这种情况下，法人拟制说与法人实在说哪一个正确的这种问题的设问方法，只会误导对法人的理解[5]。

我们赞同上述学者关于法人本质讨论在法律实践中并无太大意义的观点，即法人拟制说与法人实在说在关于法人作为权利义务主体方面无任何差别。私法中的人都是法律上的人而非现实中的人，即使是民法上规定的自然人，也是法律世界中的人而不是现实中的人。因此，许多学者认为，这种争议是无实益的观点是正确的。就如德国学者梅迪库斯所言：人们更倾向于采取中性的表述：法人就其宗旨而言被视为归属载体[6]。

〔1〕 胡长清：《中国民法总论》，中国政法大学出版社1997年版，第100页。
〔2〕 刘得宽：《民法诸问题与新展望》，三民书局股份有限公司1991年版，第443页。
〔3〕 ［德］迪特尔.梅迪库斯：《德国民法总论》，邵建东译，法律出版社2000年版，第823页。
〔4〕 ［美］John Chipman Gray："法律主体"，龙卫球译，载《清华法学》2002年第1期。
〔5〕 ［日］山本敬三：《民法讲义Ⅰ总则》，解亘译，北京大学出版社2004年版，第310页。
〔6〕 ［德］迪特尔·梅迪库斯：《德国民法总论》，邵建东译，法律出版社2000年版，第823页。

三、法人的传统分类

在传统民法上，根据不同的标准，可以将法人分为不同的种类。而这些分类有的是根据学理，有的则是根据立法。特别是在学理分类中，对于具体标准及分类意义，学者之间尚有不同的争议，例如，对于公法人与私法人的分类标准就存在很大的争议。虽然说，历史已经演进了许多年，有些分类在今天看来也许已经作为历史的陈迹而存在，但我们今天研究这些分类，对于正确把握法人仍然具有重要的意义。尤其是在我们起草民法典的过程中，研究这些分类标准及意义，根据正确标准进行分类，对于立法具有重大意义。

（一）公法人与私法人

1. 公法人与私法人的概念及分类标准。公法人与私法人的概念的界定实际上取决于人们对于这种分类标准的认识，故在界定这种概念时，必须首先对分类标准进行研究。德国学者梅迪库斯指出：对于公法人与私法人进行分类，可以从不同的角度进行：①可以强调设立行为。设立公法人依据公法行为或者法律；设立私法人依据法律行为（大多是设立合同或者捐助行为）。②另一项标准是任务。公法人旨在执行国家的任务。③最后还可以根据法人以何种身份出现进行区分[1]。德国学者拉伦茨指出，今天占主导地位的观点是：公法人与私法人的区别在于前者是根据私法的设立行为而成立的，后者是基于一种公权力行为，特别是依照法律而成立或者后经法律认可作为公共事业的承担者而成立的。就人的组织来说，私法上的联合体的成员是基于其私法上的意思行为而得到成员资格。相反，公法上团体的成员则是根据法律规定的事由得到成员资格，在大多数情况下，不取决于当事人的意思。只有公法上的法人，才可以行使主权者的强制手段[2]。

各种划分的手段虽有差异，但实质是一样的：其同国家权力与公共利益的关联性。就如江平教授所言：各种划分标准的实质内容是一致的，归根到底还是社会利益和公共利益的问题。依公法设立的法人，由国家或者公共团体设立的法人，与国家有特别关系并受其特别保护、行使或者分担国家权力或者政府职能的法人，其设立或者活动主要是为了社会的利益，国家不过是社会利益的集中代表者。而依私法设立的法人，由私人设立的法人，与国家无特别利害关系以及不行使国家权力的法人，其设立和活动则是为了私人利益。因此，在公法人与私法人

---

〔1〕〔德〕迪特尔·梅迪库斯：《德国民法总论》，邵建东译，法律出版社2000年版，第816~817页。
〔2〕〔德〕卡尔·拉伦茨：《德国民法通论》（上），王晓晔等译，法律出版社2003年版，第179页。

的划分标准上存在的差异是形式上的差异，而不是实质上的差异，在确定某个社会组织是公法人还是私法人时，这些不同标准的结论又大致是相同的[1]。

2. 公法人与私法人的具体区别。

（1）私法人是根据私法规范并基于私人设立行为而成立的，而公法人大多基于一种公权力行为，特别是依据法律而成立。

（2）就人的组织来说，私法上的联合体的成员是基于其私法上的意思行为而得到成员资格。相反，公法上团体的成员则是根据法律规定的事由得到成员资格，在大多数情况下不取决于当事人的意思。

（3）公法上的法人可以行使主权者的强制手段，而私法上的法人因彼此地位平等而无实施强制手段的可能性。

（4）私法人必须有自己的章程，章程是私法人的"宪法"，法人的成员依章程而统一起来，章程使法人"活"起来。而公法人活动的依据则是宪法，不可能有自己的章程，法律也不可能允许其制定自己的章程。

（5）法律要求多数私法人成立须经登记，而公法人成立一般不要求其进行登记。

（6）私法人一般要求一个意思机关（又称为权力机关或者决策机关），而公法人没有这样的机关，公法人活动的范围或者职责直接由法律规定。

（7）公法人存在的目的在于行使国家权力或者社会公共利益。从公法人的一般目的来看，公法人一般不得从事营利性活动，即使其偶尔作为民事主体而涉足民事领域，也多为非营利性活动，如政府机关作为办公用品的采购者的采购行为。而私法人有的为营利，有的则为公益，其行为与其成立宗旨有关。

3. 公法人与私法人划分的意义。公法人与私法人的划分在西方已经有很长的历史，并且在学理上是一种重要的分类。这种分类主要与西方社会中政治国家与市民社会、公法与私法的划分直接相关，并形成了许多规则。从最初的理论意义上说，是为了防止国家权力无限制地干预私人生活从而给私人社会的安全提供理论支持。但是，我个人认为，公法人与私法人的这种划分，在民法实践中的意义要远远小于其在法理学与宪法上的意义。因为公法人的设立与规范均不属于民法，就如学者所言：关于公法的规则，定之于公法，不属于民法[2]。民法上所说的法人，本来仅仅限于私法人，但是，公法上的法人作为私法之外的一种存在，私法无法排除其在民法中的地位而必须承认之，甚至从法人的发展历史看，

---

〔1〕 江平主编：《法人制度论》，中国政法大学出版社 1994 年版，第 42 页。

〔2〕 〔日〕富井政章：《民法原论》，陈海瀛、陈海超译，中国政法大学出版社 2003 年版，第 141 页。

公法人的存在要远远早于私法人。所有权等私法权利本来仅仅是民法上的权利，但没有任何人可以排斥国家作为财产的所有者而存在于民法中。而当其存在于民法中时，它与其他民事主体并无不同。我们前面所说的公法人与私法人的不同，并非民法上的不同。因此，我们十分赞同我国将来的民法典不以这种标准来划分法人的做法。

（二）社团法人与财团法人

1. 分类标准及概念。社团法人与财团法人分类的标准是法人成立的基础：凡是以人的集合为基础成立的法人为社团法人[1]；而以财产为基础而成立法人为财团法人。就如日本学者所言：对于人的团体，承认其具有成为权利主体资格的，叫做社团法人；对于财产的集合，承认其具有成为权利主体资格的，叫做财团法人[2]。

2. 社团法人与财团法人的主要区别。

（1）成立基础不同。如前所述，社团法人是以人的集合为基础成立的法人，而财团法人则是以财产为基础而成立的法人。

（2）设立人的地位不同。一般来说，社团法人的设立人在法人成立后会成为该法人的成员，而财团法人因无社员，因此，设立人设立后不成为法人的成员。

（3）设立行为不同。社团法人的设立一般是双方或者多方的生前契约行为，而财团法人的设立可以是单方行为，也可以以遗嘱的方式设立。

（4）有无意思机关不同。社团法人必须有意思机关（或称决策机关），而财团法人则无该机关。因此，前者称为"自律法人"，后者称为"他律法人"。

（5）目的事业不同。社团法人的目的事业既可以是公益事业，也可以是营利性事业；而财团法人一般为公益事业而非营利性事业[3]。

（6）法律对其设立的要求不同。总的说来，法律对于财团法人的设立要比社团法人的设立要求严格，一般地说，社团法人的设立采取"准则主义"，而对于财团法人的设立则采取"许可主义"。这是因为财团法人涉及许多税收等方面的优惠，因此，为防止有人以设立财团为名而逃避遗产税，特作如此严格的规定。例如，一个人死亡后其财产由其继承人继承的话，一般要求交纳一定的遗产税。

---

〔1〕　在此应当特别强调：社团法人的成立并不是不要求财产，实际上在社团法人成立中，为保证法人活动的相对人的利益，法律往往也要求一定的财产。这里所谓的"以人的集合为基础"，是指以人的集合为主要特征。

〔2〕　〔日〕山本敬三：《民法讲义Ⅰ总则》，解亘译，北京大学出版社 2004 年版，第 296~297 页。

〔3〕　张俊浩主编：《民法学原理》（上册），中国政法大学出版社 2000 年版，第 180~181 页。

为避免纳税，此人就设立一个财团法人，然后指定其继承人为受益人。这实际上是变相继承而逃避遗产税。

（7）解散的原因及解散的后果不同。社团法人可以因许多原因而解散，其中成员的自愿解散是一种重要的方式；而财团法人因其没有社员，故不存在自愿解散的情形。财团法人多是因存在期间届满或者因财产不足以支持目的事业而解散。

另外，社团法人解散后，经清算有剩余财产的，应分配给其社员；但财团法人没有社员，即使解散也不可能归属其成员。按照《德国民法典》（第88条及第46条）的规定，财团法人解散后，财产归章程指定的人。如果章程没有指定，则归属国库。国库应当以最符合该社团目的的方法使用该财产。

（三）营利性法人与非营利性法人

根据法人是否从事经营性活动并且是否将经营所得分配给其成员为标准，将法人分为营利性法人与非营利性法人。

1. 营利性法人。以营利为目的的法人称为营利性法人，其不仅从事收益事业，还向其成员分配利益。

2. 非营利性法人。不从事经营活动或者虽然从事经营活动但其经营所得并非用于分配给成员，而是为扩大目的事业。它又分为两种：

（1）公益法人。按照日本学者的观点，有关祭祠、宗教、慈善、学术、技艺以及其他公益的社团和不以营利为目的的社团法人称为公益法人[1]。

（2）中间法人。虽然不以营利为目的，但也不以公益为目的的法人，称为中间法人[2]。如同乡会等。

四、我国《民法总则》关于法人的分类

我国《民法总则》采取了传统民法的"二级分类标准"作为一级标准使用，然后再辅以"特别法人"的分类方式，使得我国的法人分类成为所有国家民法典中最复杂的分类。因为传统民法上的分类的一级分类标准是"社团法人与财团法人"，社团法人中再分为营利法人与非营利法人。尽管对此种分类，学者之间有很大的争议，但既然已经如此，我们下面的讨论就以我国《民法总则》关于法人的分类展开。

以营利为目的的法人称为营利性法人，其不仅从事收益事业，还向其成员分

---

[1] [日] 山本敬三：《民法讲义 I 总则》，解亘译，北京大学出版社2004年版，第297页。
[2] [日] 山本敬三：《民法讲义 I 总则》，解亘译，北京大学出版社2004年版，第297页。

配利益。按照我国《民法总则》第 76 条的规定，以取得利润并分配给其股东等出资人为目的成立的法人，为营利法人。营利法人包括有限公司、股份有限公司和其他企业法人等。

按照我国《民法总则》第 87 条的规定，为公益目的或者其他非营利目的成立，不向出资人、设立人或者会员分配所取得利润的法人，为非营利法人。非营利法人包括事业单位、社会团体、基金会、社会服务机构等。按照传统民法，它又分为两种——公益法人与中间法人。

但是，按照我国《民法总则》第 87 条的上述规定，公益法人的范围将被大大地缩减。因为，传统民法本身就包括两种：一是根本不从事经营活动的法人，如中间法人、某些宗教团体（有限宗教团体从事经营活动）和有些事业单位等；二是有些虽然从事经营活动，但不将经营活动的所得分配给成员或者设立人，例如，有些基金会、事业单位等是从事经营活动的，但其经营所得是为了扩大或者充实其公益事业。但是，我国《民法总则》第 87 条的规定，似乎难以包括这两种。或者说，立法者是想表达包括这两种类型的意思，但表达不精确。准确的表达应该是：不以从事经营活动或者虽然从事经营活动但其经营所得并非用于分配给成员，而是为扩大目的事业为目的而成立的法人，为非营利法人。

营利法人与非营利法人的分类，是我国《民法总则》最基本的法人分类，但这种分类缺乏体系性，难以抽象出共同的法人规则。因此，我国《民法总则》中的法人之一般规定，似乎难以反映出法人之基本的问题。

对于非营利法人的问题，日本在这一方面的改革应当引起我们的注意。日本已经看到人们对公益法人的滥用，不再刻意区分公益法人与非公益法人，而是采取事后认定的方式来确认一个法人是公益的还是营利的。因此，一个一般性的法人可以通过事后认定其是否一直从事公益事业而成为公益法人。就如日本学者所指出的："在一般法人中，因实施特定的公益为目的事业而获得行政厅授予的公益认定，可以成为公益法人。因此，公益法人再不是与过去的营利法人相对应的概念了。"[1]

---

〔1〕 〔日〕近江幸治：《民法讲义Ⅰ》，渠涛等译，北京大学出版社 2015 年版，第 85 页。

第二节　法人的一般规定

一、法人的设立

"法人非依法律不得设立"已经成为大部分国家认可的原则，但是不同的国家对于不同类型和目的的法人的设立，所采取的控制措施和干预程度是不同的。例如，在我国及大陆法系许多国家，一般来说，设立一个经营性的贸易公司要比设立一个基金会容易得多。因此，在这里有必要对设立法人的原则、条件和程序作简单的阐述。

（一）法人设立的原则

1. 特许主义原则。所谓特许主义原则，是指任何一个法人的设定必须依据法律或者国家元首许可。此种原则盛行于昔日法国[1]。实际上，这一原则不仅在昔日的法国，在英国历史上也曾一度实行。例如，1628 年，英王授予扑克牌制造专营国产扑克的权力，行会同意按固定价格每周向英王出售一定数量的扑克牌，每年交纳 5000 ~ 6000 英镑的赋税，因此，特许状又被认为是国王与行会之间的契约[2]。

特许主义原则在目前私法中已经鲜有使用，有些国家的中央银行、大型国有企业等仍然使用这一原则。但在公法中仍然可以作为重要的原则。

2. 许可主义原则。许可主义原则是指法人须经国家行政主管部门的许可方得成立。这一原则因适应国家对特殊行业法人的控制，故在许多国家仍然使用。例如，德国民法典对于民法上的营利性社团及财团采取许可制[3]。在我国，对

---

〔1〕 ［日］富井政章：《民法原论》，陈海瀛、陈海超译，中国政法大学出版社 2003 年版，第 145 页。

〔2〕 方流芳："中西公司法律地位历史考察"，载《中国社会科学》1992 年第 4 期。

〔3〕 由于德国采取"民商分离"的立法模式，商法上的公司法人采取"准则主义"，但民法上的社团法人则采取"许可主义原则"。原因正如其学者所指出的：如果社团以经营营利性事业为目的（所谓营利性社团），则其权利能力同样只能依特许制取得。实践对营利性社团持非常保守的态度。这样做是正确的，因为如要从事营利性活动，就应当采取商法上的法律形式。而如采取商法上的法律形式，要么由股东承担个人责任，要么公司法对某个特定的最低资本额规定了筹措原则，部分也规定了维持原则。因此，只有在商法道路上的大门无法合理期待的例外情况下，才能根据第 22 条授予营利性社团权利能力，将社团法的大门向经济活动展开。只有对非以营利性事业为宗旨的所谓"非营利性社团"才适用规范制。——［德］迪特尔·梅迪库斯：《德国民法总论》，邵建东译，法律出版社 2000 年版，第 829 页。

于公益法人当然要采取许可主义，而有些行业的公司设立也采取这一原则，例如，根据我国《保险法》第67条的规定，设立保险公司应当经国务院保险监督管理机构批准。实际上，在我国所有金融类企业的设立都必须经过有关主管机关的批准。

大部分国家对于公益法人采取较强的干预政策，原因有二：①对于公益法人之所以采取如此严厉的做法，是因为其背后存在这样一种想法，即有关公益的事项本来是属于国家的任务[1]。②因公益法人一般不纳税，为避免有人通过设立公益法人并指定受益人的方式逃避税收，故采取严厉的措施，采取许可主义原则。

对于有些营利法人之所以采取许可主义原则，主要是国家认为那些行业关涉国计民生，或者对于国家的经济秩序有重大影响，需加以控制和管理。

因此，我国《民法总则》第58条第3款规定："设立法人，法律、行政法规规定须经有关机关批准的，依照其规定。"

3. 准则主义。准则主义是指法律对法人的设立规定了具体要件，只要符合这些条件，发起人就可以向登记机关申请登记。经登记机关审核认为符合法定条件的，就予以登记并成立法人。从目前来看，准则主义是私法人成立的主要原则，为世界许多国家的立法所确认，如德国对于商法上的公司法人以及民法上的非经营性社团法人采取准则主义原则。我国《公司法》对于有限责任公司和股份公司的设立也采取准则主义原则。

准则主义原则之所以成为当今世界许多国家设立营利性社团法人普遍适用的原则，主要是因为：商品经济要求从事经济活动的主体本着平等、自由的原则在统一的市场上展开公平竞争，任何组织、个人不得享有特权，这与特许设立或者许可设立下的营利性社团因承担某些公共职能而享有对市场的行政性垄断权根本不相容。准则主义使营利性社团法人失去行政性垄断权与分担国家职能的地位，使之成为纯粹的民事主体，适应了这一趋势。此外，根据法律规定的要件设立法人，不仅可以使营利性法人的设立规范化、有序化、平等化，而且能减少繁琐的特许设立程序或者行政审批程序，从而极大地减少营利性法人组织的设立费用，提高工作效率，避免社会财富的浪费[2]。

4. 关于强制设立主义原则及疑问。有许多学者认为：在法人设立中，还有一种原则被称为强制设立主义，即依国家法律规定，在某些领域必须设立法人，如

〔1〕　[日] 山本敬三：《民法讲义Ⅰ总则》，解亘译，北京大学出版社2004年版，第300页。
〔2〕　江平主编：《法人制度论》，中国政法大学出版社1994年版，第116页。

我国台湾地区规定，商业同业工会、工业同业工会、建筑师工会、律师工会等必须设立[1]。我认为这一原则能否称为原则殊值探讨，因为：①若有强制设立主义原则，就必有任意设立主义原则。按照这一逻辑，所谓强制设立主义原则的划分标准，显然与上面诸原则有本质差别。②这些法人的设立也多是基于公共政策的考虑，而且这些法人也不以从事私法上的事务为主业。因此，将其作为私法上的法人之设立原则值得商榷。

（二）法人设立的条件

在《民法总则》的编纂过程中，是否需要规定法人设立的条件，存在争议。有人主张不必在《民法总则》中像《民法通则》一样，再规定法人设立的具体条件。《民法通则》之所以规定具体条件，是因为《民法通则》颁布时，没有《公司法》等法律，需要《民法通则》解决法人的成立具体条件问题。而现在，法人依据不同法律成立，该法律中详细规定了成立条件，例如，成立公司的话，《公司法》对于成立不同的公司规定有详细、具体的不同的条件，故没有必要再在《民法总则》中规定之。有人则主张，还是应该在《民法总则》中大致规定法人成立的一般条件，具体法律另有规定的，从其规定。其实，《民法总则》采取了第二种主张，在第 58 条第 1、2 款规定了法人成立的条件。我其实是主张第一种观点的，确实各种法人的成立条件不同，既然是法人必须依法设立，那么，依据什么法设立，就按照什么法规定的条件即可。从比较法上看，也鲜有不直接规定法人成立条件的。

按照《民法总则》第 58 条的规定，法人成立的一般条件是：

1. 法人设立应当有规范基础。德国学者拉伦茨指出：（法人的设立）除组织成员的利益外，还会涉及第三人，特别是债权人的利益，所以，在公司类型上存在着强制归类的状况[2]。任何法人的设立必须符合该类法人的设立规范，进而让任何一个与该法人打交道的人都知道该法人的财产归属、义务承担及其与成员的责任关系。同时，考虑到不同类型的存在对社会的影响，许多国家对不同类型法人制定了不同的规范。例如，在民商分立的国家中，商事公司的成立必须遵循商法规范，而民法上的经营性与非经营性法人，则要遵守民法规范。在我国，公司的成立要遵循公司法的规范，基金会财团法人的设立除了遵照民法总则之外，还要遵循《社会团体登记管理条例》《基金会管理办法》等规范。

---

[1] 见邱聪智：《民法总则》（上），三民书局股份有限公司 2005 年版，第 276～277 页；王泽鉴：《民法概要》，中国政法大学出版社 2003 年版，第 59 页。

[2] ［德］卡尔·拉伦茨：《德国民法通论》（上），王晓晔等译，法律出版社 2003 年版，第 179 页。

2. 法人的设立应当具有自己的章程。无论是社团法人还是财团法人，无论是营利法人还是非营利法人，原则上，设立法人必须要有章程。例如，根据我国《公司法》第 11 条的规定，设立公司必须要制定章程；根据《民法总则》第 79 条的规定，设立营利法人应当依法制定法人章程。按照《民法总则》第 87～93 条的规定，非营利法人成立一般也应当有自己的章程，法律规定不需要章程的除外。

对于社团法人来说，所谓章程，是指以设立社团为目的，就社团的名称、宗旨、组织及社员地位等重要事项加以规定，是社团运作及社员权利义务的确定所依据的法律文件。社团成立后，章程为社团运行及社员权利义务的主要依据与基本规范，故民法的立法者认为：章程乃法人组织及活动的基础[1]。

对于财团法人或者非营利法人来说，所谓章程，是指具有设立财团法人的目的，就财团的名称、宗旨、组织机构、财产来源及使用方式、财团解散后的财产归属等重要事项加以规定，是财团法人运作所依据的法律文件。

从本质意义上讲，章程是法人的宪法，法人之所以成为民法上的一个整体意义上的"人"，很重要的就是因为它有一个章程。对此，德国学者拉伦茨指出：为了使法人能够通过其机关确立统一的意思，并进行活动，就要建立机关，确定活动范围，它就必须在设立过程中制定规定联合活动和机关行为的规范，也就是说，需要制定一个章程。法人之所以成为一个"活动体"，只是因为章程规定了它自己的法律制度，如果没有这个章程，便不能有这个活动体[2]。

3. 法人设立必须有自己的财产或者经费。财产是法人对外活动的基础，也是责任的保障，因此，法人必须有完成其目的事业的财产。因为，法人不同于自然人，自然人生存于社会的根本不在于其财产，而在于其"能力"；而法人存在于社会的基础，便是其财产。关于这一点，在许多国家的破产法中表现得尤为明显。在德国与日本破产法中，宣告法人破产可因两种原因：一是不能清偿到期债务，二是"资不抵债"（即债务超过财产）；但宣告自然人破产的原因仅仅是不能清偿到期债务。由此可见，财产对于法人与自然人有极大的不同。

如果一个法人没有必要的财产，就是通常戏称的"皮包公司"，这种法人的存在对于交易安全有极大的潜在的威胁，因此，许多国家的法律对法人成立都有财产方面的要求。以我国公司法为例，以前的公司法对于不同类型的公司要求的最低注册资本有具体要求，现在已经取消，但根据《公司法》第 23、76 条的规

---

〔1〕　邱聪智：《民法总则》（上），三民书局股份有限公司 2005 年版，第 333 页。

〔2〕　〔德〕卡尔·拉伦茨：《德国民法通论》（上），王晓晔等译，法律出版社 2003 年版，第 183 页。

定，必须有财产。但是，对于特殊行业和特殊类型的公司，仍然要求有最低出资额。例如，经营证券经纪、证券投资咨询和与证券交易、证券投资活动有关的财务顾问等证券公司的注册资本最低限额为 5000 万元，且为实收资本（《证券法》第 127 条）；证券登记结算机构的注册资本的最低限额为 1 亿元（《证券交易所管理办法》第 65 条）；经营证券承销与保荐、证券自营、证券资产管理等业务的证券公司的注册资本最低限额为 1 亿元，且为实收资本；经营 2 项以上的证券公司的注册资本最低限额为 5 亿元，且为实收资本；信托投资公司的最低注册资本为3 亿元人民币或等值的可自由兑换货币，注册资本为实收货币资本（《信托公司管理办法》第 10 条）；期货经纪公司注册资本的最低限额为人民币 3000 万元（《期货交易管理条例》第 16 条第 1 项）；基金管理公司的最低注册限额为 1 亿元，且为实收资本（《证券投资基金管理公司管理办法》第 7 条第 1 项）；商业银行的注册资本最低限额为 10 亿元，且为实缴资本（《商业银行法》第 13条）等。

当然，近年来，学理与立法对于法人之财产的意义进行了反思与讨论，许多学者对于传统民法对法人财产的强行性要求提出了质疑，认为：法人之财产的有无对于交易安全的影响是否真的存在？如果有人愿意与一个没有财产的法人进行交易，这是一个自我选择的结果。而任何一个自愿选择其行为的人，应对选择后果承担风险，法律不应替代当事人的选择与控制。这种观点有一定的合理性，但法律不仅关涉个人利益，更重要的是关系社会的经济秩序。如果一个社会的交易秩序完全交给个人控制，将会产生灾难性后果。因此，法律必须进行最低限度的控制，将个人选择的风险降低。因此，我认为，法律对法人财产的强行性要求有其充分的理由。

当然，基于特定的目的，也可以对某些种类的法人作出特别规定。例如，在日本，对特定的非营利性法人就没有规定最小限度的财产，目的在于使小规模的团体也有可能取得法人资格[1]。

4. 法人应当有自己的名称。名称的意义对于法人与自然人有十分不同的意义：一个自然人一生没有名字可以生存，而法人没有名称一天也不能生存。因为，自然人是一种自然存在，而法人是一种法律存在。

关于名称问题，我国《民法通则》（第 37 条）及《公司法》（第 23 条）都规定为法人成立的必要条件。除此之外，有关法规及部门规章对法人的名称也有许多限制性规定，例如，1991 年 5 月 6 日国务院批准的《企业名称登记管理规

---

〔1〕 〔日〕山本敬三：《民法讲义Ⅰ总则》，解亘译，北京大学出版社 2004 年版，第 303 页。

定》第 6 条与第 7 条分别规定了对于法人名称的两个主要规则：①企业只能有一个名称，而且在登记机关管辖区域内不得与已经登记注册的同行业企业名称相同或者近似；②企业名称应当含有下列部分：企业所在地省或者市或者县行政区划的名称；字号；行业或者经营特点；企业的组织形式。如山东易成粮油有限责任公司，即为包含上述四个部分的名称[1]。

5. 应有自己的组织机构。与自然人不同，法人不是"人"，因此，其活动是由不同建构的组织依章程被统一起来的，因此，一个法人如果想正常运转，必须有自己的健全的必要的组织。德国学者拉伦茨指出：社团需要必要的机关，因为只有通过机关，社团才能作为法律上联合起来的整体，形成同意的总意思，并且进行活动，特别是参与法律交往[2]。具体来说，社团法人应有自己的决策机关、代表机关、执行机关，有时还要求有监督机关。而财团法人应当有自己的执行机构、监督机构。

二、设立中的社团之法律地位

（一）研究设立中的社团的意义

任何社团的设立都需要一个过程，而在这个过程中，作为一个团体可能要进行某些民事法律行为，那么，这些法律行为的后果应属于该团体还是全体设立人？该团体登记并取得权利能力后，是否当然转移给法人？如果该团体不能被登记为法人，设立过程中的这些权利义务将如何处理？这便是研究这一问题的意义所在。

（二）设立中的社团的法律地位

设立中的社团因已经有协议与章程，故已经是一个类似于合伙的团体，因此，传统民法及学理认为对之应准用有关合伙的规定，确有理由。但该团体在未经登记之前，没有权利能力，也不得以法人的名义从事民事法律行为，为当今通说。我国的学理也基本上主张这种观点。但这种主张已经受到挑战。

（三）设立中的社团与设立后的法人于权利义务关系上的承继

一个法人在设立过程中（设立中的社团）所承担的义务或者获得的权利，在法人有效设立后是否当然自动地转移？

早期的德国学理对于设立中的法人与成立后的法人之间的关系上，严格坚持

---

[1] 由于我国有的企业好大的特性，关于名称的问题，国务院及国家工商行政管理总局有许多文件规范这一行为。这些文件实在太多，因此，在此不便一一列举。

[2] ［德］卡尔·拉伦茨：《德国民法通论》（上），王晓晔等译，法律出版社 2003 年版，第 209 页。

"分离说"，即法人成立后，设立中的法人所发生的权利义务，除非另有特别的法律转移程序，不得自动转移于成立后的法人。因此，设立中的法人发生的一切权利义务或者诉讼，在法人成立后获得转移时，法人也可以以自己的名义重新起诉。设立中的法人的不动产，非经办理所有权变更登记，不能转移给成立后的法人[1]。也就是说，这种理论主张一个法人在设立过程中（设立中的社团）所承担的义务或者获得的权利，在法人有效设立后并非当然自动地转移，其坚持了形式上的主体二元性。

现在德国的主流学派已经坚持"同一性"原则，例如，德国学者托马斯认为：传统理论认为，在社团登记簿或者商事登记簿中进行登记是取得法人资格的前提条件。如在登记之前就以法人的名义从事行为的话，则如同无权利能力的社团，由行为人自行承担责任。此外，若在登记之前因从事交易而受到损失，从而使公司的资金不能得以保障时，则该公司就不能再到商事登记机关去登记了。但由于登记程序的漫长，参与公司成立的股东实际上多在取得登记之前就已经对外从事交易活动了，而在法律上却对这种很强烈的实践采取否定的态度，这本身就说明这种学说不是很可靠。现在德国联邦最高法院已经承认成立中的公司具有独立的法律主体资格，可通过其机关为法律行为，可以取得自己的权利并承担义务，并可进行诉讼。如果成立中的公司将来登记于商事登记簿，则该成立中的公司的财产权及针对第三人的权利义务均自动地转移于登记后的法人[2]。德国学者梅迪库斯也指出：设立中的社团与事后取得权利能力的社团存在着同一性，因此，为设立中的社团形成的权利义务，都直接转移于法人。权利义务转移后，为设立中的社团从事行为的行为人的个人责任也随之消灭[3]。德国学者拉伦茨也指出：前社团作为开始时无权利能力的社团与登记后成为有权利能力的社团，是同一个社团。因为这里涉及的是同一个由设立合同建立起来的人的长期联合体，它们有着同一个名称。不同之处仅仅在于其权利与义务的归属方式不同而已，社团在无权利能力时，其权利义务归于相互成为一个整体的全体成员；而在取得权利能力后，则归于作为法律主体的社团本身。这个权利义务的归属方式发生了变化，但这个真实的社会组织体却没有改变，即权利义务都归属于这个社会组织体。这里也无需将原来属于相互结成一个整体的成员的权利转移给有权利能力的

---

[1] 黄立：《民法总则》，中国政法大学出版社 2002 年版，第 141 页；龙卫球：《民法总论》，中国法制出版社 2001 年版，第 405 页。

[2] 〔德〕托马斯·莱赛尔："德国民法中的法人制度"，张双根译，载《中外法学》2001 年第 1 期。

[3] 〔德〕迪特尔·梅迪库斯：《德国民法总论》，邵建东译，法律出版社 2000 年版，第 832 页。

社团。因为并不是那个合法组成的团体解散了，而只是表现为另一种组织形式而已，以前和以后都是同一个团体[1]。

拉伦茨的主张虽然在许多地方颇具说服力，却也有不合逻辑之处：既然是同一个团体，为什么在登记前权利义务归属于团体的个人而使个人承担无限责任，登记后就归属于团体从而使成员承担有限责任？既然是同一个团体，为什么在登记前不能以法人的名义从事活动？登记前个人对设立中团体的责任是基于什么转移给成立后的法人的——是成立后的法人对成立前团体个人的债务的免责承担，还是基于法律的规定？因此，我认为，这种同一性学说，其实是迁就于实践的功利需要，而分离说则更注重理论说明。

按照我国《民法总则》第75条的规定，设立人为设立法人从事的民事活动，其法律后果在法人成立后由法人承受；法人未成立的，其法律后果由设立人承受。设立人为2人以上的，享有连带债权，承担连带债务。设立人为设立法人以自己的名义从事民事活动产生的民事责任，第三人有权选择请求法人或者设立人承担。

三、法人的设立标志与权利能力、行为能力

法人的设立一般来说，需要登记。只有极少数情况下，才不需要登记。因此，我国《民法总则》第77条规定，营利法人经依法登记成立，取得法人资格。根据《民法总则》第88、89、90、92、93条的规定，非营利法人依法经登记成立；依法不需要登记的，自成立时起具有法人资格。

一般来说，法人自成立之日起，取得权利能力与行为能力。但是，在关于什么叫"成立"的问题上，营利法人与非营利法人之间存在较大的差别。

对于非营利法人，自登记之日或者在不需要登记时的成立之日就取得权利能力和行为能力。但按照我国《民法总则》第78条的规定，营利法人的成立日期为营业执照的签发日期。

前面已经提到，讨论法人的行为能力一般来说是没有意义的，因为法人一般不能"自己行为"，当然也不存在行为能力的欠缺或者限制问题。相反，人们更多地是讨论以下问题：谁可以代表法人从事行为？代表人的行为后果在什么情况下由法人承担？代表人本身有什么责任？

法人可能由很多成员组成，但由于法人与其成员人格分离的缘故，这些人的行为与法人的行为不能混为一谈。这些成员的行为一般来说由他们自己负责，所

---

[1]〔德〕卡尔·拉伦茨：《德国民法通论》（上），王晓晔等译，法律出版社2003年版，第208页。

谓"自己行为自己责任"。只有在特殊情况下，这些人的行为才例外地由法人负责——法人授权或者法律规定。为了方便辨认谁能够对外代表法人，《民法总则》专门规定了"法定代表人"制度，其行为对外代表法人。《民法总则》第61条第1款规定："依照法律或者法人章程规定，代表法人从事民事活动的负责人，为法人的法定代表人。"

但是，法定代表人本身也有自己独立的人格，那么，其行为什么时候属于自己的行为，什么时候属于代表法人的行为呢？对此，《民法总则》第61条第2款规定："法定代表人以法人的名义从事的民事活动或者其他职务行为，其后果由法人承担。"但是，在我国，什么是"以法人的名义从事的民事活动或者其他职务行为"，需要认真解释。因为，我国实行法人"公章"辨认习惯，大多数情况下，凡是法人的行为，除了由法定代表人签字外，还需要法人盖章。这样，就可以比较准确地认定为"以法人的名义从事民事活动"，属于法定代表人的职务行为。但有时候法人没有盖章，仅仅是由法定代表人签字。这时候，就需要来认定：此时法定代表人的行为是自己的行为而应该由自己负责，还是职务行为而由法人承担。而这种不同的责任主体，往往涉及第三人利益。我国的司法实践一般来说，要按照事务的性质来认定。例如，由江苏省宜兴法院在2015年审理的一起劳动工资纠纷案件中，就出现了这一问题的认定：原告张某2014年在被告华友公司工作，公司拖欠工资，直到2015年1月15日，被告华友公司的法定代表人蒋某才出具欠条，写明欠张某工资67 700元。此后，经多次催要，蒋某偿还15 000元，还欠52 700元。为此，张某起诉到法院，请求华友公司与将某承担连带责任。法院经过审理认为，蒋某的签字属于职务行为，应该由华友公司承担支付责任，而蒋某不承担责任[1]。在近几年，由于民间借贷十分普遍，许多中小企业在借款方面的很多借条上都只有法定代表人签字而并无公司盖章，在认定谁是被告时，应特别注意区分是该法定代表人的个人行为还是职务行为。

四、法人的不法行为责任

从一般意义上说，无论是社团法人还是财团法人，对其法定代表人造成第三人的损害的不法行为，应该承担赔偿责任，这是没有异议的。但是，法人承担的这种责任究竟是法人自身的责任，还是替代责任，是有争议的。

肯定说主要是从"法人实在说"出发，认为，既然承认法人自身的行为，那么，只要该行为至少在表面上为"目的范围内"的行为，对作为其结果的不

---

〔1〕　见《江苏法制报》2015年12月28日。

法行为就应该承担损害赔偿责任。否定说从法人否定说出发，认为，法人自身不能够行为，因此，不存在法人自身的不法行为。因此，法人的不法行为责任应解释为对于被法人使用的人的责任，是对他人行为的赔偿责任的一种类型[1]（替代责任）。

在我国，学理一般不区分法人实在说或者拟制说。前面已经提到，这种学说对于法人的存在实际上是没有意义的。我认为，由于法人本来就是法律模拟自然人而创制的主体（民法上的自然人也是法律模拟的），因法定代表人本来就是法人的一个机关，是法人的当然组成部分，其行为应可以视为法人的行为，当然包括不法行为。

当然，常常引起我们忽视的问题是：为什么法定代表人的意思就可以是法人的意思，其行为也是法人的行为？这里实际上存在着一种"拟制"。

但是，法人与其法定代表人毕竟具有相互独立的人格，法定代表人在履行职责时，应尽到"善良管理人"的注意义务。如果其具有过失时，法人对第三人承担赔偿责任后，可以向法定代表人追偿（《民法总则》第62条）。日本判例也认为，无论任何人，只要实际侵害了他人权利并有损害的事实，它自己的不法行为当然由此而成立。既然不存在关于其作为法人之理事履行职务时所为的个人责任可予以免除的规定，理事就应该按照一般规定，作为个人与法人共同负担起损害赔偿之责[2]。

五、法人与其成员或者设立人的关系

按照通常的理论，社团法人与其成员或者设立人的关系可以分为以下三个方面：

（一）法人与其成员或者设立人的人格彼此独立

法人的人格不依赖于其成员或者设立人的人格而独立存在，法人的成员或者设立人也不因加入法人或者设立法人而丧失其固有的人格。法人人格与其成员或者设立人人格的"二元"化，是法人财产独立于责任独立的基础，也正是在这个意义上，法人区别于合伙。

（二）法人的财产与其成员或者设立人的财产相互区别而独立存在

法人作为具有独立人格的团体，在法律上可以独立享有财产所有权。虽然法人的最初财产来源于其成员或者设立人（捐助人）的出资，但其成员或者捐助

---

〔1〕　［日］近江幸治：《民法讲义Ⅰ》，渠涛等译，北京大学出版社2015年版，第117页。
〔2〕　［日］近江幸治：《民法讲义Ⅰ》，渠涛等译，北京大学出版社2015年版，第120页。

人一旦出资，财产所有权就发生转移而归法人所有，其成员或者设立人不得直接支配法人的财产。于是，形成了法人财产与其成员或者设立人财产的明显区分，这是法人独立承担责任的先决条件条件。"法人人格否认理论"与实践恰恰从反面解释了这一基本原则：当法人的财产与其成员的财产彼此不独立时，成为个案中视法人独立人格于不顾的因素。

（三）法人债务与其成员或者设立人的债务彼此独立

法人既然是一种具有独立人格的主体，就应当能够独立承担责任，这也是法人区别于合伙的主要标志之一，即法人不为其成员或者设立人的债务承担责任，其成员或者设立人也不为法人的债务承担责任，其成员或者设立人仅仅以出资额或者捐助额为限对法人的经营承担风险。这一原则的最典型的表现形式为有限责任公司与股份有限公司。对此，我国《民法总则》第60条规定："法人以其全部财产独立承担民事责任。"

但是，近年来，许多学者对法人与其成员之间的责任关系提出了质疑，认为成员的有限责任并非法人的必然特征，股东对公司的债务既可以承担有限责任，也可以承担无限连带责任，这并不影响法人的存在。我国《民法总则》及现行《公司法》并没有采取这种观点，没有承认股东的无限责任。

六、法人的变更

（一）法人变更的概述

法人的变更是指法人的登记事项（如经营范围、法定代表人、住所等）、组织形式发生变更或者法人的分立或合并。

法人登记事项（如经营范围、法定代表人、住所等）的变更，必须经过法人章程规定或者法律规定的程序作出决定，然后再到登记管理部门办理变更登记。否则，不可对抗善意第三人。我国《民法总则》第64～65条规定，法人在存续期间登记事项发生变化的，应当依法向登记机关申请变更登记。法人的实际情况与登记的事项不一致的，不得对抗善意第三人（相对人）。法人登记机关应当及时公示法人登记的有关信息。

法人组织形式的变更，主要是指法人成立后组织类型发生变化，如从有限责任公司变为股份有限公司等。由于前面所讲的原因，即法律对法人组织形式强行归类的需要，法人组织形式是必须明确公示的事项，因此，其变更需要依照法律规定进行。例如，从有限责任公司变为股份有限公司，实际上是有限责任公司的消灭和股份有限公司的成立。

当然，组织形式的变更不仅应当包括有限责任公司变为股份有限公司，也应包括股份有限公司变为有限责任公司。但从法理上讲，公司组织形式的变更主要是公司决策机关的意思自治问题，在不损害债权人利益的前提下，应当没有禁止的理由。

在法人的变更中，最重要的是法人的分立与合并。下面专门就这一问题作一简单阐述。

（二）法人的分立

1. 法人分立的概念与形式。法人的分立是指一个法人分为两个或者两个以上法人的行为。在实践中，法人的分立可分为存续式分立与新设分立。

（1）存续式分立。存续式分立是指法人分出一个法人后，原法人继续存在。例如，原来山东大学艺术系从山东大学分立出来而成立了山东艺术学院（独立法人）后，山东大学作为法人继续存在。可以用图式表示为：

$$A \xrightarrow{\text{分为}} A 与 B$$

（2）新设分立。新设分立是指一个法人分为两个或者两个以上法人后，原来的法人不再存在。可以用图式表示为：

$$A \xrightarrow{\text{分为}} B 与 C$$

2. 法人分立后的债权债务关系的处理。《民法总则》第67条第2款规定，法人分立的，其权利和义务由分立后的法人享有连带债权，承担连带债务，但是债权人和债务人另有约定的除外。

我国《公司法》第175条第2款和第176条对公司法人的分立有特别的规定："公司分立，应当编制资产负债表及财产清单。公司应当自作出分立决议之日起10日内通知债权人，并于30日内在报纸上公告。""公司分立前的债务由分立后的公司承担连带责任，但是，公司在分立前与债权人就债务清偿达成的书面协议另有约定的除外。"

3. 法人分立的一般程序。以公司法人的分立为例，法人分立的程序一般是：①由股东会作出分立的决议；②对债权人的通知或者公告（《公司法》第185条）；③主管机关批准（如果需要的话）；④注册登记（包括设立登记与注销登记）。

（三）法人的合并

1. 法人合并的概念与形式。法人的合并是指两个或者两个以上的法人归为一个法人主体的行为。法人的合并分为吸收式合并与新设合并两种，我国《公司法》第172条就规定了这两种合并："公司合并可以采取吸收合并或者新设合并。"一个公司吸收其他公司为吸收合并，被吸收的公司解散。两个以上公司合并设立一个新的公司为新设合并，合并各方解散。

（1）吸收式合并。数个法人合并，其中一个法人存续而其他法人终止的，谓之吸收式合并[1]。通俗地讲，吸收合并就是数个（包括一个的情形）法人被一个法人所吞并，该吞并法人力量得到了壮大而继续存在，而其他法人消灭的情形。用图式来表示就是：

A + B + C + D = A

（2）新设合并。新设合并是指参加合并的各方均在合并中消灭，而一个新的法人实体从而产生的行为[2]。例如，中南政法学院与中南财经大学合并后，称为中南财经政法大学，而原来的中南政法学院与中南财经大学都消灭了。

2. 法人合并后债权债务关系的处理。在关于法人合并后债权债务如何处理？对此，我国《民法总则》与《公司法》有较大的区别不同。根据《民法总则》第 67 条的规定，法人合并后，它的权利和义务由变更后的法人享有和承担。而《公司法》第 173 条规定："公司合并，应当由合并各方签订合并协议，并编制资产负债表及财产清单。公司应当自作出合并决议之日起 10 日内通知债权人，并于 30 日内在报纸上公告。债权人自接到通知书之日起 30 日内，未接到通知书的自公告之日起 45 日内，可以要求公司清偿债务或者提供相应的担保。"这两种规定显然有较大的区别，试看一例，便能得出结论：A 公司是一个经营状况良好、银行信誉很高的企业，由于其资产状况良好、经营与信誉都好，故许多债权人甚至不需要担保也愿意与其交易。B 企业是一个负债累累（达 8000 万元）的濒临破产的企业。当地政府为了避免 B 企业破产职工下岗，强迫 A 企业与 B 企业合并。结果合并后，A 企业的债权人的债权根本无法获得完全清偿，而 B 企业的债权人能够得到比合并前更好的清偿。由此可见，《公司法》的规定比《民法总则》的规定更加合理。

七、法人的解散、终止

（一）解散的原因

按照我国《民法总则》第 69 条的规定，法人的解散大致有以下几种原因：①法人章程规定的存续期间届满或者章程规定的其他解散事由出现；②法人的权力机构决议解散；③因法人合并或者分立需要解散的；④法人依法被吊销营业执

---

[1] 江平主编：《新编公司法教程》，法律出版社 1994 年版，第 84 页。
[2] 江平主编：《新编公司法教程》，法律出版社 1994 年版，第 84 页。

照、登记证书，被责令关闭或者被撤销的；⑤法律规定的其他情形。一般来说，①与②所列原因称为法人"意定解散"的原因，③与⑤所列原因称为"法定解散"的原因，④称为"命令解散"的原因。

（二）解散与权利能力的关系

德国学者区分法人的解散与法人权利能力的丧失，如德国学者拉伦茨指出：法人因下列原因而解散：①全体社员不存在了；②法人章程规定的消灭期间届至或者解散社团的条件已经具备；③社员大会作出决议解散法人；④依照主管机关的命令而解散。法人因下列原因而丧失权利能力：①法人开始破产程序；②主管的国家机关因法定理由剥夺法人的权利能力[1]。这种区分在德国学理上仍然存在争议，有的学者就主张，丧失权利能力就是被解散[2]。

但在我们国家，按照《民法总则》（第72~73条）及《公司法》（第188条）之规定，法人解散并不意味着法人消灭，只有经过清算并注销登记后，法人资格才丧失，权利才消灭。

（三）解散与终止的关系

从我国《民法总则》第68~70条的规定，显然可以看出，解散与终止是不同的：解散仅仅是终止的一个原因而已。根据《民法总则》第68条的规定，法人由于下列原因之一终止：①解散；②依法宣告破产；③其他原因。由此可见，解散仅仅是终止的原因之一。我国《民法总则》沿用了《民法通则》第45条的规定。但有的学者提出这是一种错误，其理由有二：①法人出现上述原因后，法人人格"终止"，但同时又规定："法人终止，应当依法进行清算，停止清算范围外的活动。"这两条规定之间显然存在矛盾：法人既已终止，又何来清算？既然清算，又何以终止得了？因此，这里所谓的"终止"实为"解散"的误写。②我国《公司法》《合伙企业法》《个人独资企业法》已经不用"终止"而用"解散"了[3]。

学者的这种分析区分在我国法上确实具有实证依据，特别是在法人破产时，因我国破产法没有使用"破产财团"的概念而是使用了"破产财产"的概念，就使得法人的人格在破产清算时继续存在，因此，可以说，破产清算时被清算的法人的人格并没有终止，而是在破产清算的限度内视为存续。但应当注意的是，

---

[1] ［德］卡尔·拉伦茨：《德国民法通论》（上），王晓晔等译，法律出版社2003年版，第233页。

[2] 德国学者恩尼的观点，转引自［德］卡尔·拉伦茨：《德国民法通论》（上），王晓晔等译，法律出版社2003年版，第233页下注。

[3] 张俊浩主编：《民法学原理》（上册），中国政法大学出版社2000年版，第212页。

《公司法》虽然使用了"解散"而没有使用"终止",但其仍然没有将破产列为解散的原因,而是仅仅规定(第180条):"公司有下列情形之一的,可以解散:①公司章程规定的营业期限届满或者公司章程规定的其他解散事由出现时;②股东会或者股东大会决议解散;③因公司合并或者分立需要解散的;④法人依法被吊销营业执照、被责令关闭或者被撤销的;⑤法院依本法第182条的规定予以撤销。"而《公司法》于第187条规定:"清算组在清理公司财产、编制资产负债表和财产清单后,发现公司财产不足以清偿公司债务的,应当向人民法院申请宣告破产。"由此可见,破产宣告不是公司解散的原因,更不是一般民法典或者公司法上法人清算的原因,是特别法上的特别清算制度。故第二个理由是不充分的。

特别需要说明的是:从境外学者的论述看,很多人将破产程序的开始作为法人解散的原因[1]。我认为,这种观点并不十分准确,因为,在许多国家的破产法中,破产宣告与法人的终止没有必然的联系,甚至破产宣告后,债权人会议可以与债务人达成和解协议,或者申请重整,从而结束破产程序,法人继续存在,并不因此消灭或者终止,德国《支付不能法》及我国台湾地区"破产法"都如此规定。在我国,因为破产法不允许在破产宣告后进行和解或者重整(我国《破产法》第95条、第70条),因此,可以说,破产宣告会引起法人的终止。

八、法人的清算

(一)清算概述

我国《民法总则》第70~73条规定了法人解散后的清算。清算是指对一个即将终止主体资格的法人之债权、债务及财产所作的综合清理行为,其主旨在于一次概括性地结束其在存续期间的财产关系,以保护债权人及股东利益。

清算分为非破产清算与破产清算。非破产清算与破产清算的本质区别在于:破产清算是在法人的现有财产不足以清偿其全部债务的情况下,为公平地、概括性地清偿所有债权人的债权所设的一种特别清算程序。而非破产清算程序则是在法人解散或者因其他原因而消灭的时候,对所有的债权债务关系进行清理以便结束所有的财产关系,并最终将法人的剩余财产分配给出资人或者作出其他处理。

我国《民法总则》在这里所说的当然是非破产清算。但是,大多数国家的

---

〔1〕 〔德〕卡尔·拉伦茨:《德国民法通论》(上),王晓晔等译,法律出版社2003年版,第233页;
    〔日〕近江幸治:《民法讲义Ⅰ》,渠涛等译,北京大学出版社2015年版,第120页;陈聪富:《民法总则》,元照出版有限公司2016年版,第124页。

公司法或者合伙法规定，当在非破产清算中发现法人的财产不能清偿所有债务的，应当从非破产清算转化为破产清算。我国《公司法》第187条也作了相同的规定。

（二）清算（非破产清算）的意义

1. 保护债权人利益。任何法人在其存在的过程中，可能已经缔结了许多财产性契约关系，也可能因侵权行为负担债务，也可能因其他原因财产性义务，如果该法人没有清理这些义务而悄然消失，将会给这些债权人造成巨大的损害，对交易安全构成威胁。所以，包括我国法律在内的许多国家的法律都规定，法人的消灭以清算为必要程序。

2. 确定出资人最后分配的财产从而保护出资人利益。无论是公司的股东，还是合伙企业的合伙人，都是企业的最初出资人，也是最终所有人——当法人消灭时的剩余财产的所有者。只有经过清算才能确定最终分配给出资人的财产。如果法人的财产不足以清偿其所有债务的，出资人如果是公司的股东，不再在出资以外承担责任，即有限责任。

（三）清算义务人及其职责

按照我国《民法总则》第70条的规定，除了法律、行政法规另有规定，法人的董事、理事等执行机构或者决策机构的成员为清算义务人。

清算义务人在法人解散时，应当及时组成清算组对法人进行清算。如果其未履行该义务时，主管机关或者利害关系人可以申请人民法院指定有关人员组成清算组进行清算（《民法总则》第70条）。清算期间，法人虽然具有主体资格，但不得从事与清算无关的行为（《民法总则》第72条）

至于清算组的职权和清算程序，法律有规定的依其规定，没有规定的，参照我国《公司法》有关规定（《民法总则》第71条）。这主要是因为，不同性质的法人，其清算程序是有所不同的，例如，社团法人与财团法人就有所不同。在我国，商事主体与非商事主体的清算也有不同。

九、未经清算即注销法人的后果

法人的消灭以注销法人登记为标志，但注销的前提是清算。如果未经清算即注销法人登记，会产生什么样的法律后果呢？如果参照《最高人民法院关于适用〈中华人民共和国公司法〉若干问题的规定（二）》[1] 之规定，确定法人清算义

---

〔1〕《最高人民法院关于适用〈中华人民共和国公司法〉若干问题的规定（二）》法释〔2008〕6号，2008年5月5日由最高人民法院审判委员会第1447次会议通过，自2008年5月19日起施行。

务人的责任。该《解释》第 19、20 条的规定：①有限责任公司的股东、股份有限公司的董事和控股股东，以及公司的实际控制人在公司解散后，恶意处置公司财产给债权人造成损失，或者未经依法清算，以虚假的清算报告骗取公司登记机关办理法人注销登记，债权人可以向其主张赔偿责任的；②公司未经清算即办理注销登记，导致公司无法进行清算，债权人主张有限责任公司的股东、股份有限公司的董事和控股股东，以及公司的实际控制人应对公司债务承担清偿责任；③公司未经依法清算即办理注销登记，股东或者第三人在公司登记机关办理注销登记时承诺对公司债务承担责任，债权人可以向其主张清偿责任。

十、社团法人的其他问题

（一）法人设立后被确认无效的法律后果

如果一个公司的成立基础存在问题，即公司虽然已经进行了经营活动，签订了许多合同，但后来发现公司是一个应当撤销或者无效的公司，那么，这种撤销或者无效是否具有溯及力？德国判例认为：公司是一种以长期存在为目的的效能共同体，如果公司已经开始运作，那么，如果要以溯及既往的效力径直将公司从法律生活中消除，并视公司从来没有存在过，则必定会产生不可忍受的后果。有瑕疵的公司并非自始无效，而是在存在无效原因或者撤销原因的情况下仅可针对未来消灭。今天，此项原则已经成为公司法的一个稳定的组成部分[1]。德国法院的这一判例对我们具有现实启发意义，在我国，这种情况常常被当作合同无效对待。如果一个公司的成立基础存在瑕疵，被确认撤销或者无效，并非在其存在过程中始终没有缔约能力而缔结的合同无效。如果公司不再存在，应当认为是合同不能履行而解除。而对于已经履行完毕的合同，不能再主张无效。

（二）法人经营范围的性质及超越经营范围的法律后果

企业法人目的范围外行为无效制度滥觞于英国的"越权行为规则"，其最初产生的目的在于保护债权人和投资者的利益，就如英国学者高沃（Gowre）所言："越权行为规则主要有两个方面的作用：一是保护投资者的利益，使他们知道其投资被用于什么；二是保护债权人的利益，用于向债权人保证其资金没有被分散地用于各种未授权的活动而使债权人的债权得到保障。"其存在的条件有三：一是法人章程的登记而产生公信效力，故目的外行为无善意第三人；二是法人在目

---

〔1〕〔德〕迪特尔·梅迪库斯：《德国民法总论》，邵建东译，法律出版社 2000 年版，第 197 页。

的范围内活动乃投资者的期待；三是目的体现着国家意志[1]。但随着时间的推移，它不再适应现代交易，故逐渐被各主要国家所废止。我国学理或立法继受自日本民法典，特别是苏联的民法理论，一直将之视为不破的原则。因此，我国以前的学理普遍认为，法人的行为能力应当与其权利能力的范围相一致，即法人必须在其成立时被核准的范围内从事经营，超出其经营范围的无效[2]。而学理的这种认识则直接来源于《民法通则》第42、49条的规定。《民法通则》第42条规定："企业法人应当在核准登记的经营范围内从事经营。"第49条规定，超出登记机关核准登记的经营范围从事非法经营的，对其法定代表人可以给予行政处分、罚款，构成犯罪的，依法追究其刑事责任。正是基于立法的这种规定，将学理引向了普遍的认同——法人的缔约能力（行为能力）与其权利能力相一致，目的范围外的缔约行为无效。

但是，随着1999年我国《合同法》的施行，学理与司法判例的观点发生了较大的变化。《合同法解释（一）》第10条规定："当事人超越经营范围订立合同，人民法院不因此认定合同无效。但违反国家限制经营、特许经营以及法律、行政法规禁止经营规定的除外。"从这一规定看，恰恰是采用类似于德国的"法人内部责任说"。从这一司法解释，可以得出三点结论：①从合同法的意义上看，超越经营范围不会引起合同无效；②从行政管理上看，法人超越经营范围，违反行政管理法规，可能要承担行政责任；③法定代表人如果超越经营范围订立合同，可能要受到内部追究。

最高人民法院关于合同法的这一司法解释适应市场规则的要求和现代民法的发展趋势，对我国传统的理论进行了根本性的改变，无疑为解决法人的目的外行为问题及保护交易安全提供了法律途径。

从我国《民法总则》第64、65条的规定看，法人存续期间登记事项发生变化的，应当依法向登记机关申请变更登记。法人的实际情况与登记的事项不一致的，不得对抗善意相对人。而且，即使违反第64、65条的规定，也不属于效力性强制性规定，不属于《民法总则》第143条规定的情形，不属于无效的情形。

（三）法人被吊销营业执照后的法律地位

在实践中，法人因具有某些法定事由而被工商行政管理部门吊销营业执照的

---

[1]　许明月："企业法人目的范围外行为研究"，载梁慧星主编：《民商法论丛》（第6卷），法律出版社1997年版，第168页。

[2]　见王家福主编：《中国民法学·民法债权》，法律出版社1991年版，第318页；张俊浩主编：《民法学原理》（上册），中国政法大学出版社1991年版，第190页。

情形，在此情况下，法人的主体资格是否会受到影响呢？由于我国法律没有明确规定，因此，在司法实践中常有疑问。从法理上说，法人的终止以注销登记为标志，因此，在注销法人登记前，法人资格是存在的。吊销营业执照，仅仅是对其营业的行政处罚，而不是取消其法人主体资格，法人仍然可以作为民法上的原告或者被告。

（四）企业法定代表人变更后未进行登记的效力

企业的法定代表人已经发生变动，但没有在工商行政管理部门办理登记，其行为的效力如何？这一问题实际上涉及登记是生效要件还是对抗要件的问题。如果是对抗要件，则即使没有办理变更登记，其变动也是有效的，即新的法定代表人所为的行为也是有效的，但原来的法定代表人所为的行为原则上无效，但如果第三人是善意的，则该行为的无效性不能对抗善意第三人。如果是登记生效主义，则新的法定代表人虽然已经产生但没有进行登记的，不产生有效的代表效力，新法定代表人所为的行为无效，而原来的法定代表人所为的行为有效。在此问题上，我国通说认为，应当采取登记对抗主义。

第三节　营利法人

一、《民法总则》中营利法人概述

我国的《民法总则》不是从有利于提取公因式的角度去规范法人，而是用法人的目的为营利还是非营利来规范法人，这样就使得整个法人制度失去了作为组织体的"核心"或者说"灵魂"，因此，在营利法人中也不可能抽象出相同的东西。那么，现实生活中，哪些法人属于营利法人呢？当然，公司是典型的营利法人。立法者在起草这一部分的时候显然是以公司法人为典型或者模型的，内容几乎就是现行《公司法》中内容的搬迁。但由于《民法总则》以"目的"来划分法人类型，那么，除了公司之外，还有没有其他类型的营利性法人呢？当然有。

我国《民办教育促进法》第 10 条第 3 款规定："民办学校应当具备法人条件。"2017 年教育部等三部委为贯彻落实《国务院关于鼓励社会力量兴办教育促进民办教育健康发展的若干意见》，规范营利性民办学校办学行为，促进民办教育健康发展，根据《中华人民共和国教育法》《中华人民共和国民办教育促进法》和 2016 年 11 月 7 日《全国人民代表大会常务委员会关于修改〈中华人民共和国民办教育促进法〉的决定》等法律法规，制定了《营利性民办学校监督管理实施细则》（以下简称《实施细则》）。该《实施细则》第 3 条第 2 款规定："营利性民办学校应当坚持教育的公益性，始终把培养高素质人才、服务经济社会发展放在首位，实现社会效益与经济效益相统一。"第 16 条第 1 款规定："营利性民办学校应当建立董事会、监事（会）、行政机构，同时建立党组织、教职工（代表）大会和工会。"说明这种法人与一般的公司型营利性法人除了"营利"这一点相同之外，其他毫无相同之处。因此，《民法总则》关于"营利法人"的部分难以成为所有营利法人的共同规则。

另外，从《民法总则》关于"营利法人"的具体规定内容看，主要是：营利法人成立日期的特别规定，营利法人的组织机构，法人人格否认，法人组织机构之决议等违反法律、法规和章程规定的救济方式，法人的社会责任，等等。前面已经提到，这些内容完全都是从《公司法》中抽出来的，以特别法规定又有什么不妥？为什么一定要规定在《民法总则》中？

二、营利法人的组织机构

按照我国《民法总则》第 78～80 条的规定，营利法人的组织机构主要包括：权力机关、执行机关、代表机关、监督机关（不是必设机关）。

（一）权力机关

1. 权力机关的构成与职权。法人的决策机关又称为最高权力机关或者意思机关，是法人的"中枢机关"，法人的"意思"就形成于这一机关。因此，法人必须有此机关，否则，就是"无头的苍蝇"。因此，《民法总则》第 80 条第 1 款规定："营利法人应当设权力机构。"这一机关通常可以称为"社员大会"或者"成员大会"。

因为社团是一个由不断变动的多个成员为了统一行动而组成的团体，原则上，所有成员都参与对社团事务的决定。为此目的，他们就必须按照一定规则召开大会。社员大会以与会的多数作出决议[1]。

社员大会的主要任务是决定社团的内部事务，社团内部的重大事项需要社员大会作出决定，如公司重大经营政策的变化、章程的修改、分立或者合并等。但社员大会一般不直接支配法人的财产，也不直接与第三人发生关系，也就是说，社员大会不能对外代表法人。

按照《民法总则》第 80 条第 2 款之规定，权力机构的主要职权是：修改法

---

[1] ［德］卡尔·拉伦茨：《德国民法通论》（上），王晓晔等译，法律出版社 2003 年版，第 209 页。

人章程，选举或者更换执行机构、监督机构成员并行使章程规定的其他职权。具体到作为典型的营利法人的公司，按照我国《公司法》，有限责任公司法人的决策机关是股东会（第36条），其职权是：①决定公司的经营方针和投资计划；②选举和更换非由职工代表担任的董事、监事，决定有关董事、监事的报酬事项；③审议批准董事会的报告；④审议批准监事会或者监事的报告；⑤审议批准公司的年度财务预算方案、决算方案；⑥审议批准公司的利润分配方案和弥补亏损方案；⑦对公司增加或者减少注册资本作出决议；⑧对发行公司债券作出决议；⑨对公司合并、分立、解散、清算或者变更公司形式作出决议；⑩修改公司章程；⑪公司章程规定的其他职权（第37条）。按照《公司法》第99条之规定，上述关于有限责任公司股东会的职权的规定适用于股份有限公司的股东大会。

应当特别指出的是：意思机关是社团法人特有的机关，财团法人及公法人均无这一机关。

2. 成员资格的取得与丧失。

（1）社团法人成员资格的取得。社团法人的成员资格可因下列途径而取得：

第一，因设立行为而取得。一般来说，社团法人的设立人在法人有效成立后，便成为该法人的社员，无论是有限责任公司，还是股份有限公司，以及其他的社团法人，均是如此。

第二，因加入而取得。法人设立后，其他人（自然人或者法人）可因加入而取得成员资格。当然，任何人加入社团必须经过章程规定或者法律规定的程序。

第三，因接受股权转让而取得。无论是在股份有限公司还是有限责任公司，股东可以将自己的股份或者出资额按照法定程序或者章程规定的程序转让给第三人，接受转让的第三人便成为新的股东。

第四，股东资格因继承而取得。我国《公司法》第75条明确规定了股东资格可以继承，但公司章程有限制性规定的除外。但对此问题，德国学理认为，应当区分经济性社团与非经济性社团而区别对待：①对于非经济性社团，社员资格不能转让、不能抵押，也不能继承，理由是：社员对于社团的隶属关系建立在人合的关系上，在这种关系中，人与人之间的信任起很大的作用，因此，社员资格和由此产生的权利就既不能转让，也不能抵押，更不能继承。②对于经济性社团，社员资格可以继承与转让。因为，公司（特别是股份公司）成员资格表现为股票。当然，这些内容取决于公司章程的规定，章程可以规定成员资格的转让、继承[1]。

（2）社员资格的终结。主要有以下四种情形：

第一，法人成员的资格因成员死亡或者法人解散而终结。

第二，公司法人之社员资格可因其股份转让而终结。

第三，因退出而终结。这种情形主要适用于非公司型的法人，因为，采公司形式的法人可以通过股权转让的方式退出社团而终止社员资格。

第四，因开除而终结。法人的成员可以因被开除而终结，这也主要适用于非经济性法人。因为，从我国的《公司法》及《民法总则》上看，一个营利性法人（如公司）的权力机构能否通过决议开除股东，是一个值得研究的问题。我国《最高人民法院关于适用〈中华人民共和国公司法〉若干问题的规定（三）》第 17 条仅仅规定了公司股东不缴纳出资且经催告后仍然不缴纳的，公司可以以股东会决议方式解除该股东的股东资格[2]。但除了这一种情形外，其他情形是否可以？从法律上看，没有禁止的情形。如果公司章程上有明确的规定，公司可以通过决议的方式开除一个股东，这是否属于禁止或者无效条款呢？我认为，很难认为无效或者被禁止，应尊重股东自治。但是，如果成员大会的关于开除的决议违反法律程序或者《民法总则》第 85 条规定的情形的，可以请求法院救济。

但必须看到，在我国有一个很现实的问题：如果一个公司盈利能力很强，有很好的收益，不排除大股东通过这种方式排斥或者损害小股东的情形。因此，如果承认这种开除的情形，必须强调对开除决议的救济，并就理由进行实质审查。

关于此问题，从比较法上看，我国台湾地区"民法"第 50 条规定，社团最高权力机关可以开除社员，但必须有正当理由，且经由社团权力机关按照法律规定作出决议。学者一般都认为，除了社团法人之最高权力机关外，任何机构作出决议或者代行开除职权，都违反法律规定[3]。

（二）执行机关

执行机关是执行决策机关的决策或者执行法人章程规定事项的机关。任何法

---

[1] ［德］迪特尔·梅迪库斯：《德国民法总论》，邵建东译，法律出版社 2000 年版，第 836 页；［德］卡尔·拉伦茨：《德国民法通论》（上），王晓晔等译，法律出版社 2003 年版，第 224 页。

[2] 《最高人民法院关于适用〈中华人民共和国公司法〉若干问题的规定（三）法释〔2011〕3 号》第 18 条（2010 年 12 月 6 日由最高人民法院审判委员会第 1504 次会议通过，自 2011 年 2 月 16 日施行）规定："有限责任公司的股东未履行出资义务或者抽逃全部出资，经公司催告缴纳或者返还，其在合理期间内仍未缴纳或者返还出资，公司以股东会决议解除该股东的股东资格，该股东请求确认该解除行为无效的，人民法院不予支持。"

[3] 陈聪富：《民法总则》，元照出版有限公司 2016 年版，第 115 页；王泽鉴：《民法总则》，中国政法大学出版社 2001 年版，第 192 页。

人必须有执行机关，因此，我国《民法总则》第81条明确规定："营利法人应当设执行机构。"根据《民法总则》第81条之规定，执行机关的职权一般是：①召集权力机关会议；②决定法人的经营计划和投资方案；③决定法人内部的管理机构的设置；④章程规定的其他职权。

以我国公司法为例，公司法上有限责任公司与股份有限公司的执行机关为董事会，董事会由公司权力机关选举产生。根据我国《公司法》第46条的规定，有限责任公司的董事会对股东大会负责，行使下列职权：①负责召集股东会，并向股东会报告工作；②执行股东会的决议；③决定公司的经营计划和投资方案；④制订公司的年度财务预算方案、决算方案；⑤制订公司的利润分配方案和弥补亏损方案；⑥制订公司增加或者减少注册资本的方案以及发行公司债券的方案；⑦拟订公司合并、分立、解散或者变更的方案；⑧决定公司内部管理机构的设置；⑨决定聘任或者解聘公司经理及其报酬事项，并根据经理的提名决定聘任或者解聘公司副经理、财务负责人及其报酬事项；⑩制定公司的基本管理制度；⑪公司章程规定的其他职权。

（三）代表机关

所谓法人的代表机关，是指法人的意思表示机关，即代表法人对外进行民事活动的机关[1]。在法人的代表机关问题上，学理上主要有以下几个问题需要研究：①代表说与代理说之争及实质；②关于代表机关的立法例；③代表权限的限制及其效力；④如何区分代表人的个人行为与代表行为。

1. 代表说与代理说之争及实质。基于对法人性质的不同认识，在关于对外表示法人的机关的性质上形成了"代表说"与"代理说"。基于对法人为拟制说的立场，代理说认为：法人并非与自然人一样的主体，而是拟制的法律上的存在，因此，法人不存在行为能力，如同无行为能力人，只能由代理人代理。代理人有不同于法人人格的独立人格，其行为之所以归于法人，是基于代理的关系。

"代表说"则基于法人为实在说的立场，认为：代表人与法人属于同一人格，代表机关是法人的有机组成部分，因此，代表机关的行为就是法人本身的行为，行为的后果自然归于法人。

代表说与代理说的区别主要是：①基础不同：代理说的基础是法人拟制说，而代表说的基础是法人实在说。②机关与法人的关系不同（如上所说）。③法人有无侵权能力及责任的基础不同：代表说认为法人是一个实际的存在，而法人的代表机关是法人的有机组成部分，代表机关的行为本身就是法人自身的行为，因

---

[1] 张俊浩主编：《民法学原理》（上册），中国政法大学出版社2000年版，第198页。

此，法人具有侵权能力，对于不法侵害他人的行为承担侵权责任是顺理成章的。而代理说在对这一问题上的说明，则不免颇费口舌：由于民法上的代理仅仅能够代理合法行为，而对于非法行为，如侵权等不能归于被代理人，因此，虽然在实务中也承认法人应对其代理人的不法行为承担责任，但这种责任的基础却是责任转承担。

关于这一点，我们在前面已经作了专门讨论。在此，我不得不再一次重复前面论述过的观点：代表说与代理说之争实与拟制说与实在说之争一样，在实务中没有任何差异，仅仅在理论说明上不同而已，尤其是在我国，立法从来没有考虑过法人拟制说或者实在说，仅仅用"法定代表人"就明确了是代表而非代理。

2. 关于代表机关的立法例。在关于如何代表（或者代理）法人的问题上，存在不同的立法例，大致有共同代表制、单独代表制度与单一代表制。

（1）共同代表制。德国民法是这一方面的范例，按照《德国民法典》第26条的规定，董事会对外代表社团，具有法定代表人的地位。但是，当董事会作为法人的代表机关出现时，必须由董事会按照法律规定或者章程规定作出决议。

但是，章程也可以规定，各个董事具有单独代表权，在这种情况下，董事的单独代表权就不取决于董事会的决议。决议是作为对外统一行动的集体的董事会所形成的意思[1]。

（2）单独代表制。在单独代表制下，法人的每个董事或者理事都可以对外代表法人。例如，我国台湾地区"民法"第27条规定：法人应设董事，执行法人事务。董事就法人的一切事务，对外代表法人。法人董事有数人者，除法律和章程另有规定外，各董事均得代表法人。当然有时法律有另外的规定，例如，我国台湾地区"公司法"第208条第3款规定，就股份公司对外关系而言，应由董事对外代表公司。常务理事或者理事，在一定条件下，始得代表公司（副董事长只有在董事长请假或者因故不能行使职权时，方可代表公司；没有副董事长或者虽有副董事长但因其请假或者因故不能履行职务时，由董事长指定常务理事一人代表公司；未设常务理事者，指定理事一人代行）。

（3）单一代表制。我国是单一代表制的典型，《民法总则》第61条第1款规定："依照法律或者法人章程的规定，代表法人从事民事活动的负责人，为法人的法定代表人。"按照我国《公司法》第13条的规定，董事长、执行董事或者经理都可以担任法定代表人，对外代表公司，具体由公司章程来规定，并依法登记方具有对抗第三人效力。对比"单独代表制"，单一代表制仅仅有一个人能够代表公司，而不是所有董事都能够对外代表公司，体现了我国本土化的特点，避

---

〔1〕 ［德］卡尔·拉伦茨：《德国民法通论》（上），王晓晔等译，法律出版社2003年版，第214页。

免了实践中出现的矛盾和问题。

3. 代表权限的限制及其效力。按照我国《民法总则》第 61 条第 3 款的规定，公司章程对法定代表人代表权范围的限制，不得对抗善意第三人（相对人）。但是，在内部效力上，若法定代表人超出章程授权，即使在外部对第三人有效，也可能受到法人的内部责任追究。

从比较法上看，按照《德国民法典》的规定，章程中有关限制董事会代表权的规定需要在社团登记簿上进行登记，仅当章程的规定进行过登记或者与之进行法律行为的第三人知道这种规定时，这种限制才能对抗第三人[1]。日本民法的规定，大致与德国相同[2]。我国台湾地区"民法"也规定，有关董事代表权的限制，不得对抗善意第三人[3]。

4. 如何区分法定代表人的行为是个人行为还是代表法人的行为？在我国，由于施行单一代表制，而法定代表人在实际的担当者上具有双重角色：一是他是一个自然人，具有自己独立的人格，可以从事自己负责任的行为；而另一方面他也是法人的代表机关，其行为由法人承担责任。这样就必然带来一个问题：其行为在什么时候被认定为个人行为而由个人承担责任，在什么情况下被认定为法人的行为而由法人承担责任？例如，在其侵犯他人合法权益（侵权）时，应当由法人还是个人承担赔偿责任？在取得一项权利时，该权利属于个人还是法人？应当指出的是，公司的法定代表人的人格上具有双重性：他一方面是法人的代表人，另一方面又是一般民法意义上的自然人。法律必须解决这样的问题：决定什么时候个人将被认为作为法人的机关来行为。凯尔森教授认为，如果个人的行为在一定方式下符合构成社团的特殊秩序，他就作为社团的机关而行为[4]。这个所谓的"特殊秩序"是什么呢？那就是法人自己的法律——章程。正是法人的这个特殊秩序，使法人机关的行为区别于其个人的行为，从而使得法人对其代表人的行为负责任的范围清晰化。但是，在实际生活中，可能会发生法人代表人的行为之属性究竟是代表法人还是其个人的情形。应当说，如果法人的代表人是以法人的名义为法律行为，而且，一个合理的第三人站在相对人的地位会毫不犹豫地信赖法人的代表人是代表法人行为时，该行为即应被认为是法人的行为。

---

〔1〕 ［德］卡尔·拉伦茨：《德国民法通论》（上），王晓晔等译，法律出版社 2003 年版，第 214 页。

〔2〕 ［日］山本敬三：《民法讲义Ⅰ总则》，解亘译，北京大学出版社 2004 年版，第 319 页。

〔3〕 邱聪智：《民法总则》（上），三民书局股份有限公司 2005 年版，第 306 页。

〔4〕 ［奥］凯尔森：《法与国家的一般理论》，沈宗灵译，中国大百科全书出版社 1996 年版，第 111 页。

（四）监督机关

从我国《民法总则》关于法人的规定看，除了捐助法人之外，监督机关不是其他类型法人的必设机关，在一般情况下，是由法人权力机构决定是否设立，《民法总则》第82条也规定了这一思想。但是，作为特别法的《公司法》却有不同规定，对于公司法人来说，无论是有限责任公司，还是股份有限公司，监事会都是必设机关[1]。

监督机构的职责应该是什么呢？如果从私法的视角看，应该是维护全体股东（投资者）利益、代表全体投资人（出资人）利益而对执行机关和代表机关执行职务进行日常监督。从《民法总则》第82条的规定看，主要职责是：检查法人财务，对执行机构成员及高级管理人员执行法人职务的行为进行监督，并行使章程规定的其他职权。以公司法人为例，公司的监事会是代表全体股东的利益，对于公司的董事会、法定代表人、公司高管等执行职务进行日常监督的机关。从其职责看，主要是：①检查公司财务；②对董事、高级管理人员执行公司职务的行为进行监督，对违反法律、行政法规、公司章程或者股东会决议的董事、高级管理人员提出罢免的建议；③当董事、高级管理人员的行为损害公司的利益时，要求董事、高级管理人员予以纠正；④提议召开临时股东会会议，在董事会不履行本法规定的召集和主持股东会会议职责时召集和主持股东会会议；⑤向股东会会议提出提案；⑥依照《公司法》第152条的规定，对董事、高级管理人员提起诉讼；⑦公司章程规定的其他职权（《公司法》第53条）。

从《公司法》第53条的规定看，公司监事会的职权与公司职工的利益毫无关系，但《公司法》第51条却规定监事会中必须有一定比例的职工代表，意义

---

[1] 我国《公司法》第51条规定："有限责任公司设监事会，其成员不得少于3人。股东人数较少或者规模较小的有限责任公司，可以设1至2名监事，不设监事会。监事会应当包括股东代表和适当比例的公司职工代表，其中职工代表的比例不得低于三分之一，具体比例由公司章程规定。监事会中的职工代表由公司职工通过职工代表大会、职工大会或者其他形式民主选举产生。监事会设主席一人，由全体监事过半数选举产生。监事会主席召集和主持监事会会议；监事会主席不能履行职务或者不履行职务的，由半数以上监事共同推举一名监事召集和主持监事会会议。董事、高级管理人员不得兼任监事。"第117条规定："股份有限公司设监事会，其成员不得少于3人。监事会应当包括股东代表和适当比例的公司职工代表，其中职工代表的比例不得低于三分之一，具体比例由公司章程规定。监事会中的职工代表由公司职工通过职工代表大会、职工大会或者其他形式民主选举产生。监事会设主席一人，可以设副主席。监事会主席和副主席由全体监事过半数选举产生。监事会主席召集和主持监事会会议；监事会主席不能履行职务或者不履行职务的，由监事会副主席召集和主持监事会会议；监事会副主席不能履行职务或者不履行职务的，由半数以上监事共同推举一名监事召集和主持监事会会议。董事、高级管理人员不兼任监事。"

究竟是什么？这似乎与私法无关，实值思考。

三、营利法人组织机构之决议等违反法律、法规和章程规定的救济方式

《民法总则》第85条规定："营利法人的权力机构、执行机构作出决议的会议召集程序、表决方式违反法律、行政法规、法人章程，或者决议内容违反法人章程的，营利法人的出资人可以请求人民法院撤销该决议，但营利法人依据该决议与善意相对人形成的民事法律关系不受影响。"从该条规定看，有两层主要意思：①程序违法或者违反章程的撤销权。当营利法人的权力机构、执行机构作出决议的会议召集程序、表决方式违反法律、行政法规、法人章程，或者决议内容违反法人章程的，营利法人的出资人可以请求人民法院予以撤销。这种情况在我国私法实践中是一种常见的诉讼；②对善意第三人（相对人）的保护。虽然决议的程序存在瑕疵，但在该决议的基础上与善意第三人形成的正常民事法律关系不受影响。这里所谓的"善意第三人（相对人）"，是指任何不知道决议有瑕疵的第三人。

但是，如果决议的内容违反法律应如何处理？应当属于决议无效的范畴，就不是撤销问题了。实践中最需要研究的问题恰恰是：权力机构、执行机构的会议召集程序、表决方式没有违反法律、行政法规、法人章程，决议内容也没有违反法人章程，但决议实实在在地损害了个别股东的利益，特别是大股东利用这种合法行使损害小股东利益时，如何救济？

对此问题，《民法总则》中只有第83条是相关的救济规范："营利法人的出资人不得滥用出资人权利损害法人或者其他出资人的利益。滥用出资人权利给法人或者其他出资人造成损失的，应当依法承担民事责任。"但这里的"依法承担民事责任"，显然是指损害赔偿责任，但具体的决议效力如何，却没有具体规定。根据《民法总则》第154条规定的"恶意串通，损害第三人利益的"法律行为无效之规范，受到损害的人可以请求该决议无效。《最高人民法院关于适用〈中华人民共和国公司法〉若干问题的规定（四）》第6条第1款第1项规定，股东滥用股东权利通过决议损害公司或者其他股东的利益无效，也可以作为请求权基础。

四、营利法人的出资人滥用出资人地位损害法人本身或者其他出资人利益的行为之效力（内部损害）

由于这种损害仅仅涉及公司内部（公司本身及其他出资人利益），可以称为"内部损害"。《民法总则》第83条第1款明确规定："营利法人的出资人不得滥用出资人权利损害法人或者其他出资人的利益。滥用出资人权利给法人或者其他出资人造成损失的，应当依法承担民事责任。"这其实是直接从《公司法》第20

条第 1、2 款照搬过来的[1]，这一规定仅仅是规定了在营利法人的出资人滥用出资人地位损害法人本身或者其他出资人利益时，受到损害的法人或者其他出资人可以请求其承担民事责任。但这里的"民事责任"究竟应该如何理解呢？能否理解为包括损害行为的无效或者可撤销？还是仅仅指赔偿责任？依据前后文的逻辑，这里仅仅能够理解为赔偿责任。因此，这种损害行为本身的效力就成为问题。

例如，控股股东利用自己的地位和权利损害公司利益，公司请求其赔偿这一问题在上述规定中得到了解决，但"损害行为"本身效力如何？因为绝大部分"损害行为"从外表上看都是"合法"的。再例如，大股东利用自己的优势地位通过的决议损害了其他小股东利益，但这些决议无论从形式上还是程序上都没有违反法律的强行性规定，其本身效力如何？这其实也在私法实践中难以举证，因此，也是难以处理的问题。对此，《最高人民法院关于适用〈中华人民共和国公司法〉若干问题的规定（四）》第 6 条将"股东滥用股东权利通过决议损害公司或者其他股东的利益"的行为定性为"无效行为"，从而解决了这一问题。但是，在损害他人利益的问题上，最好的方式还是用"可撤销"最好，因为，是否要让此行为归于无效，应该由受害人来决定，并且，有的时候情况在不断地发生变化，之前是损害行为，随着时间推移，也有可能会变成无害甚至是有利的行为。因此，用"无效"来处理，不如用"可撤销"更合适。

五、出资人滥用权利损害债权人利益（外部损害）——法人人格否认

我国《民法总则》第 83 条第 2 款规定："营利法人的出资人不得滥用法人独立地位和出资人有限责任损害法人的债权人利益。滥用法人独立地位和出资人有限责任，逃避债务，严重损害法人的债权人利益的，应当对法人债务承担连带责任。"这实际上是从《公司法》第 20 条第 3 款直接照搬过来的，可以看成是法人的出资人对第三人——债权人的损害，而这一条规定可以看成是法人人格否认的规范基础。

（一）法人人格否认的概念及制度价值

按照法人的一般理论，法人（尤其是有限责任公司）与其成员的人格彼此独立，法人不为其成员的债务承担责任，其成员也不为法人的债务承担责任。但

---

[1] 《公司法》第 20 条第 1、2 款规定："公司股东应当遵守法律、行政法规和公司章程，依法行使股东权利，不得滥用股东权利损害公司或者其他股东的利益；不得滥用公司法人独立地位和股东有限责任损害公司债权人的利益。公司股东滥用股东权利给公司或者其他股东造成损失的，应当依法承担赔偿责任。"

是，当法人在运行中出现了有悖法人独立责任的前提时，可不可以在个案中突破这种独立责任而将法人的责任直接归属于其成员，即将法人成员的有限责任变为无限责任呢？许多国家的法理与实践对此作出了有条件的肯定性回答，这就是通常所说的"法人人格否认"或者"揭开公司面纱"。具体来说，所谓的"法人人格否认"，是指法人虽为独立的主体，承担独立于其成员的责任，但当出现有悖法人存在目的及独立责任的情形时，若再坚持形式上的独立人格与独立责任，将有背公平时，在具体个案中视法人的独立人格于不顾，直接将法人的责任归结为法人成员的责任。美国一个司法判例的经典表述为：作为一般规则，在没有相反的充分理由出现时，公司将被视为一个法律实体。但是，当法律实体的概念被用于挫折公共便利、正当化违法行为、保护欺诈，或者替犯罪辩护时，法律将视公司为多数人的联合。这里揭示的是：①公司人格的利用应当符合一定的法律政策前提，即法律实体的概念只有当其被援引和使用于正当合法的目的时才能被确认，如果滥用这一概念于不适当的用途和不诚实的目标，则是不允许的。②一旦出现此种违反法律和公共政策目标而滥用实体概念的情形，法院将考虑无视公司人格的单一实体性而直接追及法人外壳或者面纱掩蔽下的股东个人责任，以防止欺诈并实现衡平[1]。

我国《民法总则》（第83条第2款）对此的表述是："营利法人的出资人不得滥用法人独立地位和出资人有限责任损害法人的债权人利益。滥用法人独立地位和出资人有限责任，逃避债务，严重损害法人的债权人利益的，应当对法人债务承担连带责任。"

法人人格否认理论的价值在于：①平衡了股东的有限责任与债权人利益损失之间的矛盾。法人的独立人格与股东的有限责任作为近代经济生活中最伟大的发明，效力于世界经济的发展，尽管有人提出了诸多意见，但仍然是经济活动主体中的中流砥柱。但是，处在两极的股东与债权人之间的利益却具有内在的必然联系，有限责任的最初功能是避免投资风险，但其能动性使其很快就成为形成资本联合的有效法律机制，并进而分化出集资功能，固化公司财产内涵的功能，促使资本所有与经营相分离实现管理现代化的功能，等等。确认股东有限责任的结果，是股东对公司债权人不负任何责任，因此，只能用公司的财产来偿还公司债务。由此及彼引出了大陆法系国家传统的资本三原则以及与此相联系的最低资本额原则，以确保公司财务结构的健全和资本的稳定性，从而保护公司债权人的利

---

[1] Sanborn J. V. Milwaukee Refringteator Transit Co. 转引自陈现杰："公司人格否认法理评述"，载《外国法译评》1996年第3期。

益。公司法上的利益均衡原理由此获得证实。而在采取授权资本制的美国法中，利益均衡理念的实现却选择了另一条道路，即通过"揭开公司面纱"而获得衡平救济的道路。尽管这一做法已经被大陆法系所借鉴，但它仍然是美国法上具有价值选择意义的重要特征[1]。②为防止股东控制权的滥用提供了规范性保障。由于法人本身的特性，其本来就是由其机关操控的工具，如果这种操控被控制在法律规则之内并用于正当目的，便是法人的正常运行。但如果法人的机关被股东所操控并用来作为获得利益而损害债权人的工具时，就构成了控制权的滥用。法人人格否认的理论与实践正是对这种权利滥用的规制。

（二）法人人格否认适用的范围

在此讨论的问题主要有两个：一是法人人格否认的法律关系主要包括哪些？二是什么类型的公司常被判例揭开其独立责任的面纱？

1. 法人人格否认所适用的法律关系。

（1）美国的司法判例规则。在美国，法人人格否认制度在契约、侵权、破产及税收等领域有着广泛的适用。实践中，公司人格否认在反避税立法领域获得了广泛的发展。避税是指纳税人利用私法中的漏洞和不明之处以及各国税赋的差异，减少或者不承担纳税义务的行为。通常纳税人利用避税港避税都是通过在避税港设立公司这种形式进行的，主要的方式有：在避税港设立转销售公司，将所得利润转移到低税国而不在高税国纳税；在避税港设立持股份公司，集中利润在避税港，免交或者迟交母公司所在国的税收；在避税港设立信托公司，将有关财产的经营所得挂在信托公司的名下，逃避经营财产所在国的税收等。通过这种行为，不仅会造成国家税收的大量流失，严重损害国家的财政利益，还将引起国际资本的不正常流动，导致国际资本流通秩序的混乱，妨碍国家之间的正常经济交往。因此，许多国家将纳税人为逃避税收而在避税港设立的公司的人格予以否认，重新核定纳税人应当承担的合理税赋。

在契约与侵权案件中，法院更倾向于在侵权的情形中否认法人人格。因为契约债权人通常在事前已经获得对事后增加的不履行风险的补偿，与此相反，侵权债权人则未被补偿。

在破产法领域，法院在对待破产公司的控制或者支配的股东时，具有相当大的灵活性：法院可以否认公司实体而让股东个人对公司债务负责，或者否定公司股东对公司的债权，或者使其债权劣后于其他债权人的债权。

（2）大陆法系的日本与德国。在大陆法系，由于法官更多地受到法律的具

---

〔1〕　陈现杰："公司人格否认法理评述"，载《外国法译评》1996年第3期。

体拘束，因此，在法人人格否认适用的范围上表现出更加谨慎的态度，多数学者主张，如果能够由契约条款或者既存的法规作出合理解释而对当前案件作出妥当的解决，就不应适用法人人格否认理论[1]。而且更倾向于尽量缩小适用范围，基本上适用于契约与侵权案件[2]。

（3）我国《民法总则》第83条的适用范围。如果严格地解释我国《民法总则》第83条规定的构成要件，可以解释为：法人人格否认能够适用于契约和侵权案件、不当得利案件。因为利用法人人格和出资人有限责任逃避债务，似乎只有基于契约行为或者侵权行为、不当得利行为才能发生。例如，以法人的名义签订契约，由法人承担债务，但利益却由出资人获得，当债权人请求法人承担债务时，法人无任何财产清偿。或者说，出资人以法人的名义侵犯他人权益，自己控制法人并获得利益，让法人承担赔偿义务，而法人可能根本没有任何财产。在不当得利行为中，亦同。

在税收方面，也可能发生这种问题，但从《民法总则》第83条的规定来看，不应包括在其中。尽管如果出现了法人人格否认的具体情形，税收问题上也应该考虑刺破法人面纱的问题，但这应该是公法问题。

2. 法人人格否认所适用的法人类型。

（1）法人人格否认所适用的法人类型一般是出资人承担有限责任法人。对此，德国学者梅迪库斯指出：法人人格否认对于社团（非经济性社团）和财团来说几乎没有什么意义，它的意义主要在有限责任公司领域[3]。从法律制度的设置来看，这种公司最有必要适用这一法理。因为，在这类公司是从事交易行为的社团，而且，其股东以出资为限对法人经营承担风险，而法人独立对第三人承担责任，因此，公司的股东有足够的动机控制公司而将利益归于自己、将风险转移给第三人。

从我国《民法总则》的规定看，将这一制度规定在"营利法人"中，显然也是主要针对交易性法人的。但是，在我国的司法实践中，是否绝对不存在非营利性法人的出资人滥用法人人格和出资人的有限责任损害债权人利益的情况呢？

---

〔1〕 陈现杰："公司人格否认法理评述"，载《外国法译评》1996年第3期。

〔2〕 ［德］托马斯·莱赛尔、吕迪格·法伊尔：《德国资合公司法》，高旭军等译，法律出版社2005年版，第485～491页；陈现杰："公司人格否认法理评述"，载《外国法译评》1996年第3期。

〔3〕 ［德］迪特尔·梅迪库斯：《德国民法总论》，邵建东译，法律出版社2000年版，第824页。但这种说法可能过于绝对，即使在德国也有非经济性社团被适用法人人格否认的案例——德国联邦最高法院第8民庭就判决了一个协会的所有成员对协会的债务承担责任——见［德］托马斯·莱赛尔、吕迪格·法伊尔：《德国资合公司法》，高旭军等译，法律出版社2005年版，第487页。

甚有疑问！有些非营利性的法人，其出资人也可以滥用法人的人格和出资人的有限责任，从而损害债权人利益的情况。因此，我认为，《民法总则》第 83 条的规定应准用于非营利性法人。

另外，从我国营利性法人的类型看，其出资人一般都承担有限责任。

（2）出资人为一人的营利性法人。所谓出资人为一人的法人，是指法人由一人出资设立的法人，这类法人的典型就是一人公司。虽然说法人的实质是财产独立、意思独立、人格独立，而从理论上说，这些完全可以在一人公司中做到。但不可否认的是，一人公司比 2 人以上的公司的股东更容易控制与支配公司，公司的财产更容易与股东财产混淆，因此，从许多国家的司法实践上看，为了防止股东损害债权人利益，许多法人人格否认的案例是针对一人公司的。

我国公司法已经明确承认了一人公司，而我国的实践中看，一人公司中的控制、资产混淆等情况十分普遍，因此，更应该适用法人人格否认。

（3）母公司与子公司。所谓母公司，是指拥有另一公司一定比例的股份，能够从法律上控制该公司的公司；被控制的公司叫做子公司。日本学者非常明确地定义道：持有其他股份公司已经发行股份过半数的股份或者其他有限公司的资本之过半数出资的公司叫做母公司[1]。在母子公司的关系上，子公司之所以经常在个案中被否认法人人格，是因为从法律上说，母子公司各为独立的法人，各自拥有自己的财产、组织机构，独立承担责任，但是，在事实上，母公司又实际上能够控制子公司，因此，有时母公司在实际上将子公司作为分公司对待，即在意志上、财产上、利益上并不彼此独立。所以，与其他形式的企业法人比较，法院更愿意在母子公司关系上适用法人人格否认。

美国法官道格拉斯在总结了大量案例后指出，母公司必须遵守以下四个条件，子公司的人格才不致被否认：①子公司作为一个独立的财政单位的地位必须得到维持；②母子公司的日常营业应保持独立；③应维持两个公司管理机构的一般界限，以保证两个公司的业务不至于陷入有害的混同；④两个公司不表现为一个整体，那些对外缔约的人应充分表明他们的独立身份[2]。

有的美国学者从经济分析的角度分析了法院为什么更愿意在母子公司关系中适用法人人格否认的原因：①追及母公司资产并不会给任何个人带来无限责任，从而不会影响资本市场的多元性、流通性及其监督机制等利益；②在母子公司的

---

〔1〕　[日] 末永敏和：《现代日本公司法》，金洪玉译，人民法院出版社 2000 年版，第 21 页。

〔2〕　Robort W. Hamilton, *The Law of Corporation*，转引自蔡立东："公司人格否认论"，载梁慧星主编：《民商法论丛》（第 2 卷），法律出版社 1994 年版，第 357 页。

情形，由于子公司缺少投保动机因而具有较大的道德风险因素，尤其是在母公司管理人员同时兼为子公司管理人员的情形下，以及母公司以最低限度的资本投入建立子公司从事风险事业的情形下，母公司以有限责任获得子公司经营利益，却不承担相应的成本〔1〕。

在我国的司法实践中，母公司完全控制子公司、通过关联交易损害债权人利益的情况时有发生，因此，从客观上看，应有更多适用法人人格否认的情形。

（三）法人人格否认的适用条件

从我国《民法总则》第 83 条的规定看，法人人格否认的具体条件是：①法人的出资人滥用法人独立地位和出资人有限责任。前面已经说过，法人的独立责任与出资人的有限责任都是有条件的，具体就是：法人的财产独立、意思独立。只有满足了这两项条件，法人的人格独立和责任独立、出资人的有限责任才具有合理性和合法性。如果法人的出资人置前两项条件于不顾，否定法人的独立意思而代之以"自己控制"、随意支配法人的财产，甚至把法人作为取得利益和权利的手段，抽空法人资产，让法人仅仅成为对外抵挡债务的工具，那么，再保持法人的独立责任与股东的有限责任将违背法律之宗旨，违背公平之原则，就必须考虑穿透这种责任的法律壁垒。②逃避债务从而严重损害债权人利益。这里所谓的"逃避债务"，不是指法人逃避债务，而是指出资人滥用法人独立地位和出资人有限责任，透过法人取得利益或者财产，从而达到了出资人本应该承担的债务。实际上是让法人的债务无法清偿，从而损害了债权人利益。当然，我国《民法总则》使用了"严重损害法人的债权人利益"，如何解释，实成问题。应该说，用"损害债权人利益足矣"。

从比较法上看，美国法院在考虑适用公司法人人格否认时，往往坚持三个基本的原则："真实原则（资本充实并不作关于公司资本或者净值的虚假陈述）""首要原则（债务人应当把满足法律义务放在捐赠、个人事务和道德义务的前面）""公平原则"〔2〕。法院在个案中决定是否对公司人格进行否认时，要通过两种测试：①股东的行为表明他们在进行活动时从未对公司实体的"独立性"加以考虑；②如果法院不否认公司人格将导致不公平。前者称为"独立性测试"，后者叫做"不公平测试"，也叫"资本不足"测试。就独立性测试而言，假如法院发现公司被其股东仅仅当作一种可以不断改变的"自我"的工具而无视其独立性，则公司实体将会被否认。就"不公平"测试，假如债权人能够证

---

〔1〕 陈现杰："公司人格否认法理评述"，载《外国法译评》1996 年第 3 期。
〔2〕 ［美］罗伯特·C. 克拉克：《公司法则》，胡平等译，工商出版社 1999 年，第 55 页。

实公司是在没有充足的股份资本以应付经营上可能遭受的风险的情况下设立的，法院就能据以"刺破公司面纱"。大多数法院正是依靠显示公司资本不充足的事实来证明公司设立的不公平性。法院在判断公司法人人格是否应当被否定时，独立性测试与不公平测试都必须使用，但由于各个法律领域的法律政策不同，对两种测试的具体要求也不同[1]。法院在法人人格否认中的政策考量，在母子公司或者关联公司的情形中体现得最好、最为明显，故我们仅以此作为说明的典型。

在对母子公司或者关联公司考量是否适用法人人格否认时，就这一法理的具体适用要件，法院发展了三个变体学说，即"工具说""另一自我说""同一体说"[2]。

（四）法人人格否认的具体效果

一般法人人格否认，不是一般地消灭或者否定法人的存在，而是在个案中，

---

[1] 陈现杰："公司人格否认法理评述"，载《外国法译评》1996年第3期。

[2] (1)"工具说"。"工具说"由三个要素组成，即"过度控制""违法或者不公平行为""与原告损失的因果关系"，其具体含义如下：①"过度控制"是指不仅多数或者全部股份的控制，而且是完全的支配，即不仅在财务方面，而且在受到非难的交易的方针和经营活动方面的全面支配，以致于公司实体在此同时没有任何独立的思想、意志和自身利益的存在。②"违法或者不公平行为"是指上述控制已经被用于欺诈或者违法行为，永恒化对制定法或者其他法律义务的违反，或者用于一个与原告法律权利相抵触的不诚实或者不正当的行为。③"与原告损失的因果关系"是指上述控制和对义务的违反必须是被控伤害或者损失的直接原因。"工具说"在各州法院获得了广泛的接受。

(2)"另一自我说"。"另一自我说"是指两个公司之间的关系存在着所有和利益的如此一致，以致已经停止其相互独立的存在，而子公司被降至作为母公司的"另一自我"的地位。并且，如果承认其各自为独立的实体，将鼓励欺诈或者导致不公平结果。这时，法院就应当揭开公司的面纱。

(3)"同一体说"。"同一体说"是指公司之间存在着所有和利益的如此一致，以致其各自的独立性事实上已经停止或者从未开始，附加一虚构的独立是为了使企业整体逃避产生于为了整体的利益从事经营的某一公司的债务，从而危害公平与正义。在符合这种条件时，法院即可无视各公司在法律地位上的独立性而着眼于其经济上的结合，将其作为一个经济上的统一体，一个单一企业，从而追及企业整体的责任——参见陈现杰："公司人格否认法理评述"，载《外国法译评》1996年第3期。

在比斯凯勒房地产公司诉奥斯藤房地产公司一案中，法院用"另一自我说"否定了被告公司的法人人格。在该案中，布希与其妻为经营不动产设立了奥斯藤房地产公司，并拥有该公司的全部股份。该公司实际上并无任何财产，也未经营不动产业务，只是股东用来买卖不动产的工具。二股东通常以公司的名义购买不动产，除付清金外，其余价款则以公司的名义签发支票给付，出卖人将不动产转移于公司后，二股东随即将不动产转移于自己名下，使公司名下无不动产。其后，因以公司名义签发的支票无法兑现，被诉至法院。法院认为：在此情形，公司仅为股东的"另一自我"，股东以公司作为逃避债务的手段，实际上，买卖业务为股东自身利益经营，并进而指出，假如公司的股东为图个人私利进行交易，利用公司名义仅为交易上的便利，公司在交易上没有任何利益，徒使债权人产生误信，进而导致欺诈，应无视以其名义从事交易的法律主体，当事人应当自负责任。支持了原告的请求。本案虽然不是母子公司之间的关系，但颇有相似的说明意义——案例来源于蔡立东："公司人格否认论"，载梁慧星主编：《民商法论丛》（第2卷），法律出版社1994年版，第357页。

视公司的独立人格及股东的有限责任于不顾，将分割法人与其股东责任的法律面纱揭开，将法人的责任直接归于股东，是对股东有限责任的绝对贯彻所带来的不公平的矫正。就如有学者形象地比喻的一样：公司人格被否认，意味着在某种情形下由公司形式所竖起来的有限责任之墙上被钻了一个孔，但对于被钻孔以外的所有其他目的而言，这堵墙依然矗立着[1]。即使某一法人的人格独立在此一案件中被否认，其效力也仅仅及于此一案件，而对以往案件无任何溯及力，对以后的案件也无约束力，故法人人格的否认与法人人格的消灭迥然不同。我国《民法总则》的规定更为直截了当：法人的出资人应当对法人的债务承担连带责任。这样，就更清楚地表明了法人人格否认并不消灭法人本身。

六、营利法人的社会责任

我国《民法总则》第 86 条照搬了现行《公司法》第 5 条，将法人的所谓"社会责任"纳入民法典："营利法人从事经营活动，应当遵守商业道德，维护交易安全，接受政府和社会的监督，承担社会责任。"对此，我们首先来讨论一下"什么是法人的社会责任"，然后再对其从民法的视角进行评价。

（一）法人社会责任的含义

尽管许多中外学者都在讲"法人（公司）社会责任"，但究竟什么是法人的社会责任，其内容是什么，却没有统一的认识。美国学者 Williams 和 Siegel 认为，公司社会责任是指公司的一些改进社会福利的行为，这是超乎企业利益之外的，是由政府所要求的行为[2]。而对公司社会责任最为广泛引用的是世界可持续发展商业委员会（World Business Council for Sustainable Development）的定义——公司社会责任是指企业做出的一种持续承诺：按照道德规范经营，在为经济发展做贡献的同时，既改善员工及其家人的生活质量，又帮助实现所处社区甚至社会的整体生活质量的改善[3]。

我国学者对此认识也不相同，主要有下列观点：①公司社会责任（又称"公司的社会义务"），指公司在增进股东利益的同时，还应尽量关怀和增进股东之外的利益相关者的利益及社会公共利益。其中，利益相关者（stakeholders）泛指消

---

[1] Phlilip I. Blumberg 语，转引自陈现杰："公司人格否认法理评述"，载《外国法译评》1996 年第 3 期。

[2] 转引自史际春、肖竹、冯辉："论公司社会责任：法律义务、道德责任及其他"，载《首都师范大学学报（社会科学版）》2008 年第 2 期。

[3] 转引自史际春、肖竹、冯辉："论公司社会责任：法律义务、道德责任及其他"，载《首都师范大学学报（社会科学版）》2008 年第 2 期。

费者、职工、债权人、中小竞争者、当地社区和社会弱势群体等与公司生存发展具有利害关系的社会主体，既包括既存的利益相关者，也包括未来或潜在的利益相关者。利益相关者的利益既表现为自然人的权益（尤其是根本人权与自由），也表现为法人和其他组织的权益。公司社会责任的核心要义是：在承认公司营利性的基础上，重视公司的社会性。公司的营利性与生俱来，但其社会性却需要后天培育。股东利益与其他利益相关者的利益既相互对立，又辩证统一，共同组成了公司利益。公司社会责任的核心价值观是以人为本、以义为本，而非以钱为本、以利为本[1]。②对公司社会责任的讨论纠葛于法律责任、道德责任、经济责任或环境责任等，可能会使我们陷入泥潭，因为它们是不同维度上的问题，法律责任、道德责任讨论的是公司社会责任的形式，而经济责任、环境责任、劳工责任等讨论的是公司社会责任的内容。就形式维度而言，法律和道德均是促进公司社会责任担当的工具、方法和手段，法律规范、道德准则乃至软法规则均是公司社会责任的载体，公司社会责任既非单纯的道德责任，亦非仅指法律责任，但它既可以表现为法律责任，也可以表现为道德责任，公司社会责任在法律和道德之间的游移具有充分的正当性。从内容维度来讲，如果我们认可并采纳利益相关者理论，并且认为公司利益相关者中除员工、社区、消费者等之外，还包括股东，那么，也就意味着公司社会责任除了公司环境责任、劳工责任等之外，公司经济责任也是公司社会责任的应有之义。公司社会责任中的"责任"指角色义务，即公司这一角色对社会公众应负担的义务。在形式维度上，公司社会责任既可以表现为法律责任，也可以表现为道德责任；在内容维度上，公司社会责任除公司环境责任、劳工责任等之外，也包含公司的经济责任[2]。③事实上，公司社会责任有伦理意义上的社会责任和法律意义上的社会责任之别。笔者认为应把关涉个人利益和公共利益的公司社会责任概念称为道德化社会责任；把只关涉公共利益的公司社会责任概念称为狭义的公司社会责任。前者主要关涉与公司相关的个人利益，主要包括公司与债权人、雇员、供应商、用户、消费者的关系，又可称为广义的社会责任，后者则主要涉及社会公共利益层面，主要包括公司与当地住民的利益和政府代表的税收利益、环保利益等之间的关系，又可称为狭义的社会责任。对于狭义的社会责任，其概念可以界定为公司在从事营利性的经营活动中负有的维护社会利益的法律义务，以及侵害社会利益应承担的法律责任。如

---

〔1〕 刘俊海："论全球金融危机背景下的公司社会责任的正当性与可操作性"，载《社会科学》2010年第2期。

〔2〕 刘萍："公司社会责任的重新界定"，载《法学》2011年第7期。

果采用道德化社会责任概念，把个人利益相关者和公司的关系纳入公司社会责任，一方面不仅与公司法的伦理基础相抵牾，而且会降低公司经营的效率；另一方面，此种关系完全可以用公司法固有的诚实信用原则来调整，且更能实现博弈双方的利益平衡。社会利益既包括社会中的个人利益，也包括社会中的公共利益，而社会的中个人利益和公共利益相比较而言并不具有当然的优位性，所以，在公司社会责任的概念中，我们把社会利益限定为社会公共利益。我们应采法律化社会责任概念，把公司社会责任的范围限定在公司经营中关涉社会公共利益的层面。据此对于公司社会责任我们可得出如下定义：公司社会责任是公司在从事营利性的经营活动中负有的维护社会公共利益的义务，以及侵害社会公共利益应承担的法律责任[1]。④一般认为，广义的公司社会责任包括企业的经济责任、法律责任、道德责任和慈善责任；狭义的公司社会责任仅指道德责任和慈善责任。我们认为，慈善责任属于道德责任的范畴，而经济责任涵盖在法律责任和道德责任中，从逻辑上讲，不能与法律责任和道德责任并列。法律、道德和社会中的个体行为构成一个社会最基本的制度环境体系，所以，公司社会责任应当是守法责任、做好自己的责任和对社会的其他道德承担三者的统一体[2]。

（二）对法人社会责任的评价

在《民法总则》出台以前，我国仅仅在《公司法》中规定了"公司社会责任"，也仅仅能够在一些公司法的著作中看到"社会责任"，很少从民法学者的著作或者讨论中听到"法人社会责任"这样的词句。现在，作为民法典的"总则编"对此作出了规定，实在是令人惊讶。我对其评价总体上来说是消极的，因为：

1. 首先，法人的这种所谓的"社会责任"是否属于私法上的责任？这种责任在私法上的正当基础和根据是什么？

无论是民法还是商法，法人的责任一定来自于某种具体的根据，比如合同、侵权行为、不当得利、无因管理等；或者是某种具体的交易，如票据、破产、保险、期货或者信托等。当然，也有可能来自于一种具体的条款，如"诚实信用原则"等。但让公司承担社会责任时来自于什么地方呢？对于一个营利性法人来说，公司依法纳税、依法经营，追求最大利润以回报股东，难道这还不足以存在

---

〔1〕 赵万一、朱明月："伦理责任抑或法律责任——对公司社会责任制度的重新审视"，载《河南省政法管理干部学院学报》2009 年第 2 期。

〔2〕 转引自史际春、肖竹、冯辉："论公司社会责任：法律义务、道德责任及其他"，载《首都师范大学学报（社会科学版）》2008 年第 2 期。

于私法中吗？其是否"遵守商业道德，维护交易安全，接受政府和社会的监督"难道需要民法典对其作出规定吗？如果这种逻辑成立的话，那么，我们的民法典在"自然人"部分为什么不规定："自然人应当遵纪守法、依法纳税，接受党的领导，热爱国家、热爱社会主义，坚持传统道德，不得搞婚外情"？这些都是一个自然人应该做到的，但没有必要在民法典中规定。

2. "社会责任"是否是经营性法人特有的？当我们在讨论法人社会责任时，发现这些非法律上的要求，其实并非经营性法人独有，经营性的个体户和农村承包经营户、商业合伙、自然人是否也应该具有那些道德义务和法律义务呢？"遵守商业道德，维护交易安全，接受政府和社会的监督"难道不是每个人都应该做到的吗？至于说到"慈善"责任，自然人也应该有替国家分忧、替政府出力的道德义务，为什么民法典仅仅让经营性法人承担？

3. 这些所谓的"法人社会责任"与民法规范有什么关系？法律应该是由规范构成的，而规范就是调整生活关系的"规矩"。任何法律规范都有自己的调整对象和调整方法，而这些所谓的"法人社会责任"应该是民法典调整的对象吗？显然不能说"是"！就如学者所指出的，从历史发展来看，公司社会责任最初并非既定法律框架内的讨论，而是对传统公司法律框架将股东权利之维护作为单一核心进行的反思和批判，是传统公司法律框架可能存在漏洞的一种补救。因此，公司社会责任一开始是超越当时既定的法律框架的。超越了既定的法律框架，却又需要具有正当性，于是人们开始在道德伦理层面寻找公司社会责任正当性之理由。故早期对公司社会责任的讨论是从道德伦理层面展开的，公司社会责任主要指公司在道义上对公众应负担的责任，是自愿的。在一些国际组织对公司社会责任下的定义中，我们也可以看到这种倾向。世界可持续发展工商理事会认为："公司社会责任是公司针对社会——既包括股东也包括其他利益相关者的合乎道德的行为。"欧盟委员会认为："公司社会责任，即公司在自愿基础上整合其业务活动中以及与利益相关者互动中存在的社会和环境问题。"[1] 有学者更直接地指出，这个概念从一开始就超越了法律，属于社会自治或社会性规制的范畴。也就是说，公司社会责任中的 Responsibility，指的主要是道德义务或道德领域的角色责任，这就不宜通过国家强制力来保障实现——事实上也保障不了。在这个意义上，CSR 是一种社会规制（Social Regulation），而不是法律的调整或规制[2]。

〔1〕　刘萍："公司社会责任的重新界定"，载《法学》2011 年第 7 期。
〔2〕　自史际春、肖竹、冯辉："论公司社会责任：法律义务、道德责任及其他"，载《首都师范大学学报（社会科学版）》2008 年第 2 期。

有学者显然注意到了这些问题，主张将"法人社会责任"中的道德义务剔除，保留"公共利益"这样一个与法律有关的义务，从而说明其正当性。但问题是：如果这样的话，就更没有必要了：一方面，无论是营利性法人还是非营利性法人，或者自然人，都应当遵守社会公共利益，这显然不是营利性法人独有的社会责任；另一方面，民法专门有针对违反社会公共利益的具体调整，完全没有必要放在法人部分进行规定。

另外，从规范的构成来看，必须采取"条件（大前提）＋结果"的模式，而这种所谓法人社会责任是提倡性的，而非强制性的，有何规范可言？

4. 国外的这些鼓噪"法人社会责任"的学者出身是私法学者还是经济学家？我们能否将一个经济学的概念简单拿来作为民法典的概念使用？

应该说，我国学者的这些所谓的"法人社会责任"肯定是引进国外的产物，那就让我们看看国外这些鼓噪"法人社会责任"的人的出身是私法学者还是经济学家。1924 年最早提出"公司社会责任"的学者谢尔顿（Oliver Sheldon）是经济学家，这一概念是其在《管理哲学》（*The Philosophy of Management*）一书中提出的；20 世纪 30 年代至 60 年代，关于"公司社会责任"的大争论中，争论的群体也多是经济学者。例如，伯利（Adolf A. Berle）、多德（Dodd E. Merrick）、弗里德曼、哈耶克等，都是经济学者。那么，问题就是：经济学家观察问题有其自身的角度，这些概念拿到法律领域是否合适？如果说商法学者在著作中讨论到对公司的规制时谈到这一问题，是正常的，但如果作为一种规范规定在民法典中，就实在难以接受。要不，请哪一位学者指出：有哪个国家的民法典或者公司法直接规定"法人或者公司的社会责任"的立法例？

即使在经济学者中间，对于公司的社会责任也有反对声音。其实，自从"法人社会责任"这一概念出笼以来，反对声就没有停止过。两位诺贝尔经济学奖得主弗里德曼和哈耶克都反对所谓的"公司的社会责任"。弗里德曼指出，要求公司及其管理者承担"社会责任"虽已成为某种社会时尚，但实际上，这是一个颠覆性的概念，很少有风尚能比这一风尚更能如此彻底地损害我们自由社会的基础。原因在于：责令私人公司承担社会责任，一方面是对公共机构技能的僭越；另一方面，即便令其承担，追求私人利益的公司以及非经民主程序产生的管理者也无从判断社会利益之所在，没有能力以恰当的方式协调其所服务的股东利益与社会利益之间的关系[1]。弗里德曼反对公司社会责任的依据主要有三：一是认为公司只是股东的公司；二是坚持公司的目标是利润最大化；三是将管理者仅仅

---

〔1〕 参见朱庆育：《民法总论》，北京大学出版社 2016 年版，第 420 页。

看作股东的代理人[1]。哈耶克认为，公司的唯一任务就是将其资产用在最有利可图的事情上，而无权做出这样的价值选择：令其资源服务于别人的价值——让公司接受含糊不清的"社会责任"，从短期看，其作用是增加不负责任的权力，从长期看，则注定会增加国家对公司的控制[2]。当然还有很多反对的声音[3]。

5. 这种所谓的社会责任，如果说在私法中有意义的话，也只能在某些情况下，认定公司的法定代表人或者其他机构的"过错"时，作为参考标准。例如，一个公司的董事会作出的决议有可能符合社会责任标准但不符合公司利益最大化标准时，管理层是否具有过错时，可以作为抗辩理由适用。但这种抗辩是否能够有说服力，也甚有疑问：一个公司的管理者面对社会责任与股东责任的矛盾时，它应该首先向公司及股东负责，还是首先向社会负责？

因此，将这样一种所谓的法人社会责任，不是在判例或者理论中展开，而是直接规定在民法典中，是十分不妥的。我国的民法典承载了多少不该由其承担的负载！

第四节　非营利性法人

一、关于非营利性法人概述

《民法总则》第 87 条规定了非营利法人的基本概念："为公益目的或者其他非营利目的成立，不向出资人、设立人或者会员分配所取得利润的法人，为非营利法人。非营利法人包括事业单位、社会团体、基金会、社会服务机构等。"从这一规定来看：

1. 非营利法人实际上包括了传统民法认为的公益法人与中间法人（既非公益也非营利），如有的社会团体和社会服务机构。

2. 《民法总则》将非营利法人概括为事业单位、社会团体、基金会、社会服务机构等，是否能够涵盖所有实际存在的各种形式的非营利法人？例如，ABC三人各出资 1 个亿，设立了一个公司，该公司章程明确规定：①该公司的宗旨是

---

[1] 见史际春、肖竹、冯辉："论公司社会责任：法律义务、道德责任及其他"，载《首都师范大学学报（社会科学版）》2008 年第 2 期。

[2] 参见朱庆育：《民法总论》，北京大学出版社 2016 年版，第 420 页。

[3] 参见自史际春、肖竹、冯辉："论公司社会责任：法律义务、道德责任及其他"，载《首都师范大学学报（社会科学版）》2008 年第 2 期。

专门资助贫困中小学生完成义务教育；②该公司股东不分配利润，所有赢利全部用于资助事业等。③其他的事项与一般公司相同。那么，这一公司是否属于非营利法人？

《民法总则》以营利和非营利为标准区分法人，实际上还是以"目的"为标准分类，与之前《民法通则》上的机关法人、事业单位法人、企业法人等分类比较，没有太大的区别，甚至还不如《民法通则》的区分更符合中国国情。从《民法总则》第89~95条规定的公益法人、事业单位法人、社会团体法人、捐助法人的具体规定看，几乎是一种法人类型的简单罗列，根本没有任何共同点可言，仅仅就是"目的——非营利"相同。

二、公益目的法人终止时的财产分配

按照我国《民法总则》第95条的规定："为公益目的成立的非营利法人终止时，不得向出资人、设立人或者会员分配剩余财产。剩余财产应当按照法人章程的规定或者权力机构的决议用于公益目的；无法按照法人章程的规定或者权力机构的决议处理的，由主管机关主持转给宗旨相同或者相近的法人，并向社会公告。"这是对一般公益法人的要求，但是，按照公司法设立的、专门从事公益事业的公司又该如何呢？其章程规定只能从事公益，股东不能分配利润。例如，上述公司股东 ABC 三股东各自出资 1 个亿，共 3 亿，公司存续为期 10 年。10 年间，其公司共赢利 5 个亿，全部用于资助中小学生。10 年期满，现在按照章程解散公司，公司清算后还剩余 3 个亿资产。那么，这些资产也不能分配给这些最初出资的股东吗？这一个公司应该算是公益法人，当然算不上是捐助法人。显然，《民法总则》的这一规定不能从法人的基本构成上来构建法人制度，仅仅从"目的"出发，就会造成这种尴尬的局面——逻辑上不能自洽。

三、公益性事业单位

我国《民法总则》主要规定了公益性事业单位的设立和组织机构。①具备法人条件，为实现公益目的设立的事业单位，经依法登记成立，取得事业单位法人资格；依法不需要办理法人登记的，从成立之日起，具有事业单位法人资格（第88条）。②事业单位法人设理事会的，除法律另有规定外，理事会为其决策机构。事业单位法人的法定代表人依照法律、行政法规或者法人章程的规定产生（第89条）。

实际上，像事业单位法人、机关法人这种法人类型，根本就不是私法上典型的法人，其设立、运行和消灭等都应该由特别法律或者法规来处理，仅仅是某些

方面准用民法法人的规定即可。

在我国《民法总则》中，令人疑惑的是：事业单位为什么会有决策机关？这一类法人的目的是明确的，有的甚至就几乎等同于机关法人（公法人），如中国证监会等。就如《民法总则》第93条规定的捐助法人也有决策机关一样，令人不解。

四、非营利的社会团体法人

在我国《民法总则》中，社会团体法人有两种类型：一种是为公共利益设立的社会团体法人，另一种就是为会员共同利益而设立的社会团体法人，如同乡会、同学会等（但这类团体仅仅在理论上符合《民法总则》第91条的规定——为社员共同利益，但在我国实际生活中能否给予登记，则是一个问题。但是，从理论上来说，是可以成立法人的。）

按照我国《民法总则》第90~91条的规定：①设立社会团体法人应当依法制定章程。②社会团体法人应当设立权力机构、执行机构和代表机构。会员大会或者会员代表大会等为社团法人的权力机构；理事会等为执行机构；理事长或者会长等负责人依照法人章程的规定担任法定代表人。③社会团体，经依法登记成立，取得社会团体法人资格；依法不需要办理法人登记的，从成立之日起，具有社会团体法人资格。

（一）社会团体法人概述

2016年《社会团体登记管理条例》（以下简称《条例》）第2条规定："本条例所称社会团体，是指中国公民自愿组成，为实现会员共同意愿，按照其章程开展活动的非营利性社会组织。国家机关以外的组织可以作为单位会员加入社会团体。"《民法总则》第90条规定："具备法人条件，基于会员共同意愿，为公益目的或者会员共同利益等非营利目的设立的社会团体，经依法登记成立，取得社会团体法人资格；依法不需要办理法人登记的，从成立之日起，具有社会团体法人资格。"对比二者，我们会发现，《民法总则》第90条明确规定两个目的：一是公益目的，二是会员共同利益。但是，《条例》好像只有一种。我认为，应该包括两种目的。

社会团体法人包括哪些呢？1989年的《条例》（现已失效）第2条规定："在中华人民共和国境内组织的协会、学会、联合会、研究会、基金会、联谊会、促进会、商会等社会团体，均应依照本条例的规定申请登记。"现在的社会团体法人大概也就是这些。不过，基金会除外——属于捐助法人（传统民法上的财团法人）。该《条例》第3条规定："下列团体不属于本条例规定登记的范围：①参加中国人民政治协商会议的人民团体；②由国务院机构编制管理机关核定，并经国务院批准免于登记的团体；③机关、团体、企业事业单位内部经本单位批准成立、在本单位内部活动的团体。"

（二）组织机构

《民法总则》第 91 条规定："设立社会团体法人应当依法制定法人章程。社会团体法人应当设会员大会或者会员代表大会等权力机构。社会团体法人应当设理事会等执行机构。理事长或者会长等负责人按照法人章程的规定担任法定代表人。"

（三）成立需要的条件

根据《条例》第 10 条的规定，成立社会团体，应当具备下列条件：

1. 有 50 个以上的个人会员或者 30 个以上的单位会员；个人会员、单位会员混合组成的，会员总数不得少于 50 个。

2. 有规范的名称和相应的组织机构。

3. 有固定的住所。

4. 有与其业务活动相适应的专职工作人员。

5. 有合法的资产和经费来源，全国性的社会团体有 10 万元以上活动资金，地方性的社会团体和跨行政区域的社会团体有 3 万元以上活动资金。

6. 有独立承担民事责任的能力。

7. 要有章程。

《条例》第 14 条规定："社会团体的章程应当包括下列事项：①名称、住所；②宗旨、业务范围和活动地域；③会员资格及其权利、义务；④民主的组织管理制度，执行机构的产生程序；⑤负责人的条件和产生、罢免的程序；⑥资产管理和使用的原则；⑦章程的修改程序；⑧终止程序和终止后资产的处理；⑨应当由章程规定的其他事项。"

五、捐助法人

（一）捐助法人的概念

我国《民法总则》第 92～94 条规定了"捐助法人"，其中，第 92 条规定："具备法人条件，为公益目的以捐助财产设立的基金会、社会服务机构等，经依法登记成立，取得捐助法人资格。依法设立的宗教活动场所，具备法人条件的，可以申请法人登记，取得捐助法人资格。"这一概念基本上等同于传统民法中的"财团法人"。

财团法人就是为实现一定的目的，利用为此提供的一定财产而设立的永久性的组织体[1]。这里所谓的"此提供的一定财产",其实就是指捐助财产。

自然人为了更好地经营或者其他目的而以人的集合为基础成立一个法人,已经为法律所允许并已成为经济生活中常见的事情了,那么,如果有人欲建立一个无成员而仅以他人提供的一定财产为基础并以特定目的存在的法人,是否也为法律所允许?法律所允许的这种法人实际上就是西方传统民法中常说的财团法人,也就是我国《民法总则》上的捐助法人。

作为私法中常见的一种法人形式,(捐助法人)财团法人具有与社团法人非常不同的特征,这些特征我们已经在前面法人的分类中作了介绍,在此想特别强调一下:

1. 社团法人与财团法人的存在都有自己特定的目的,但社团法人的目的一般来说是营利性的,而且目的是可变的,即可以根据需要而由成员大会决定变更;而财团法人的目的是比较具体的非营利性的,而且这种目的常常是不能变更的,这恰恰也是设立人愿意设立这种法人的动机之一。

2. 正是基于以上的差别,导致了传统民法立法模式的巨大差异:营利性法人一般规定在商法典中,而财团法人一般规定在民法典中。因此,德国民法典中所讲的法人实际上是商法典中规定的营利法人之外的法人形式。因此,也就出现了德国民法典中的法人采取许可主义原则之现象。

3. 财团法人与社团法人设立的程序存在巨大差别,由于财团法人的非营利性,往往享有许多优惠政策,故为了防止有人以设立财团为外壳规避法律(如避税),往往对财团法人的成立采取非常严格的审查与管理制度。财团法人的成立往往采取"许可制"。

4. 社团法人是"自律法人",而财团法人是"他律法人"。社团法人因有自己的决策机关,可以改变法人的章程。而财团法人无自己的决策机关,必须完全按照章程或者捐助人的遗嘱执行。一般而言,即使章程中规定或者遗嘱中写明理事会或者董事会可以修改章程,这种规定条款也是无效的。这完全体现了他律法人的特征[2]。

5. 法人解散及解散后的财产归属不同。由于财团法人没有成员,故不存在因成员大会的决议而解散的情形。一般来说,财团法人的解散都是因为财团的目的事业不能达到或者不能维持,无利息降低而无其他捐赠,导致财团财产不足以支持目的事业。

---

〔1〕　[德]卡尔·拉伦茨:《德国民法通论》(上),王晓晔等译,法律出版社2003年版,第248页。
〔2〕　但我国《民法总则》第95条还规定了捐助法人的"决策机构",实在值得思考。

法人解散后，财产归属完全不同于社团法人。由于社团法人有自己的成员，故社团法人解散并清算后，有剩余财产的，应分配给成员。但财团法人无成员，如解散后有剩余财产的，应根据章程的规定处理；若章程没有规定，各国法律规定并不相同。根据我国《民法总则》第 95 条的规定，其剩余财产应当按照章程的规定或者权力机构的决议用于公益目的；无法按照法人章程规定或者权力机构的决议处理的，由主管机关主持转给宗旨相同或者相近的以公益为目的的法人，并向社会公告。

（二）财团法人的制度价值

任何一种制度的设置均有其价值，财团法人制度也不例外。简单地说，财团制度的设置价值有二：①设立人想把自己的意志永远地贯彻下去；②设立人想把用于这一目的的财产同自己的其他财产独立开来而让这种"独立财产"承担责任。下面我们就在与其他存在形式的比较中，阐述其制度价值。

如果仅仅是为了公益或者其他非营利性目的时，难以构成设立一个财团法人的充分理由，他完全可以设立社团法人而用于公益事业或者其他非营利性目的，现实生活中也确实存在为了公益事业的社团法人。目的虽然可以达到，但其他方面却有不同：因社团法人有成员，成员可以通过成员大会的决议来改变设立人的意志。正因如此，德国学者梅迪库斯指出：财团提供了使一个人的意思（同时还有捐助者的姓名）永垂不朽的可能性。在财团中，确定捐助行为的宗旨可不受时间方面的限制 [1]。例如，世界上最负盛誉的诺贝尔基金会因设立人诺贝尔在设立基金会时，明确禁止数学家获此殊荣，至今仍然没有改变，数学家至今仍无缘问鼎这一奖项。假如诺贝尔地下有知的话，也可以高枕无忧地长眠。因此，一个人若想把自己的财产用于特定目的使该目的永远不被改变，最好的方式就是设立财团法人。

另外，如果有人仅仅想从事公益事业，也不必设立一个法人。在现有的法律框架下就可以通过其他法律制度实现这一目的，如信托制度就是一种可以利用的制度。信托制度源于英国，我国也于 2001 年颁布了《信托法》。信托是指委托人基于对受托人的信任，将其财产委托给受托人，由受托人按照委托人的意愿以自己的名义，为受益人的利益或者特定目的，进行管理或者处分的行为。也就是说，委托人可以拿出一定的财产交给受托人管理，并指定受益人。这种方式也完全可以用于公益事业。现实生活中，这种以信托的形式表现出来的为特定目的的财产是普遍存在的，如自然人或者法人接受一定的财产，且这些财产是作为与接

---

〔1〕 ［德〕迪特尔·梅迪库斯：《德国民法总论》，邵建东译，法律出版社 2000 年版，第 865 页。

受人的其他财产在经济上相分离的特别财产而被管理且为一定的目的而使用的。例如，大学经常以法人的名义接受捐款，规定须从资金的受益中为一定的研究课题或者为某些科研机构提供资助，或者安排奖学金，或者类似的其他目的。这样，这些被捐助的财产就成为管理这些财产且按照既定目的使用其权益的受托人的财产。如果捐助人不想把资金捐助于现有的自然人或者法人，因为担心他们不能按照其意愿使用资金，或者认为现有的组织不适宜承担他的任务，那么，他就需要建立新的组织。这个组织只为他所规定的目的服务，其本身作为"法人"是财产的所有权人。他可以通过设立一个财团做到这一点[1]。因此，财团法人的制度价值是不能仅仅用"公益"来涵盖的，公益之外的其他目的是促使设立人设立财团法人而非其他方式的主要原因。有的学者更直接地指出：一个人情愿为无家可归的人提供居所，于是花钱买了一栋房屋，购置了必要的家具、电器，让无家可归者免费居住。这些公益活动需要设立一个法人吗[2]？但是，如果不设立财团法人，则用于公益目的的财产就无法与自己的其他财产相分离，责任也就无法分离。

我国有一个著名的案例就清楚地说明了这一点：1995 年 7 月，广西壮族自治区横县地税局职工余辉，被广西医学院附属医院诊断为慢性白血病。医生告诉他：最理想的治疗方法是进行骨髓移植，费用大约 25 万~30 万元。高额的医疗费使余辉一家陷入一筹莫展的困境中。此时，地税局和余辉的母校广西经济管理干部学院同时发起了募捐活动，共计捐款 1 万多元，相比骨髓移植需要的费用杯水车薪。于是，号召全国地税系统捐款，并设立了专门的账户。截至 1996 年 6 月 5 日，共收到来自四川、贵州、海南等全国各地的捐款 193 笔，共计 22 万余元。但是，爱心并没有挽回余辉的生命，1998 年 11 月 2 日，余辉去世。处理完后事后，还剩余 14 万多元，地税局以工会的名义存入银行。死者的父亲找到税务局领导，要求继承这一笔遗产。一审法院判决驳回余辉父亲的诉讼请求，余辉父亲不服，上诉到中级人民法院，二审支持了其诉讼请求。此案在全国引起极大的反响。该案结束后，地税局的领导意识到：如果当时设立一个财团法人，让全国地税系统给这个财团法人捐款，再由财团法人给予余辉救济，就不会发生这种情况了[3]。

〔1〕 ［德］卡尔·拉伦茨：《德国民法通论》（上），王晓晔等译，法律出版社 2003 年版，第 249 页。

〔2〕 葛云松："中国的财团法人制度展望"，载《北大法律评论》2002 年年刊（第 5 卷·第一辑）。

〔3〕 案情摘自《京华时报》2002 年 11 月 3 日，第 7 版。

（三） 财团法人设立的条件

按照德国学者拉伦茨的观点，设立一个财团法人的基本实质要件是：财团目的、财团法人的组织与必要的资金[1]。我认为，除了上述条件之外，还应有一个主要的要件，即财团章程，下面分别述之。

1. 财团目的。设立财团必须有明确的目的，即财团设立人为财团规定的永久性任务，财团为此而存在。财团的目的可以是慈善、学术、宗教、社会方面的或者其他广泛意义上的有益于公众的，只要目的不违反法律的禁止性规定或者善良风俗即可。该目的必须明确地记载于章程中。

2. 必须有章程或者遗嘱。由于财团法人没有意思机关而仅有执行机关，而执行机关的行为依靠章程，故无章程的财团法人就难以存在。我国《民法总则》第93条第1款要求设立捐助法人应当依法制定章程。章程中应当记载：①财团的目的；②财团的组织形式和组成方式；③捐助的财产；④财团的管理方式[2]。

在法人没有章程而有遗嘱时，也可以成立。遗嘱中应当有财团的目的及主要管理方式[3]。

当章程或者遗嘱没有规定或者规定不明确，但为财团法人的设立或者存在必须者，由法院补正。如法人执行机关的组成方式等。

3. 必须有组织。这种组织通常是执行机关，此机关一般是财团法人的主要甚至是唯一的常设机构，为完成财团的永久性任务而存在。当然，还可以设监督机构和代表机关。按照《民法总则》第93条的规定，捐助法人应当设理事会、民主管理组织等决策机构，并设执行机构。理事长等负责人依照法人章程的规定担任法定代表人，捐助法人应当设监事会等监督机构。

在这里需要对我国《民法总则》第93、94条进行讨论和思考。第93、94条都规定了捐助法人必须设立"决策机构"。这样规定"捐助法人"实际上违反了法律设立这类法人的基本宗旨和目的——这种法人必须是"他律法人"，必须不能设立"决策机构"，因为捐助人就是想把一部分财产分离出来，让这一部分财产按照其意志做某种公益事业，任何人都不能改变捐助人的意愿和目的，就像诺贝尔捐助成立的诺贝尔基金会，该基金会设立之初，诺贝尔就不允许数学家获得此奖。即使今天，也没有人能够改变这种意愿。如果有决策机构，就失去了这种

〔1〕 ［德］卡尔·拉伦茨：《德国民法通论》（上），王晓晔等译，法律出版社2003年版，第248页。

〔2〕 ［德］卡尔·拉伦茨：《德国民法通论》（上），王晓晔等译，法律出版社2003年版，第249页；邱聪智：《民法总则》（上），三民书局股份有限公司2005年版，第381页。

〔3〕 邱聪智：《民法总则》（上），三民书局股份有限公司2005年版，第381页。

法人类型的最直接的意义，捐助人也就没有必要设立捐助法人了，直接设立一个一般法人从事慈善事业或者其他公益事业不就可以了吗？因此，《民法总则》的这种规定实际上是对捐助法人或者财团法人的误解。

4. 必须有捐助的财产。由于财团法人存在的基础是财产，故必须有财团法人所需要的财产。许多国家的法律根据财团法人的不同目的而要求有不同的财产。例如，在日本，就要求财团法人获得足够的、设立之处的捐赠财产和持久的赞助收入等[1]。我国《民法总则》既然规定为"捐助财产"，那么，就必然要求有足以支撑捐助法人完成目的事业的财产。

（四）财团法人设立的一般程序

1. 捐助行为。财团法人的捐助人必须捐助财产，制定财团的根本规则，并将其用书面形式记载，这些行为统称为"捐助行为"[2]。捐助行为可以是生前行为，也可以是死因处分行为。

生前的捐助行为是一项不需要受领的意思表示的单方法律行为，财团的设立一经获得许可，捐助而就有义务提供允诺的财产。对于死因处分的捐助行为，根据德国法的规定，就捐助人的捐助行为而言，财团视为在捐助人死亡之前已经设立，因而它具有继承能力[3]。

2. 须经过官方许可。在大陆法系的许多国家，对于财团法人采取严格的审查制度，因此，财团法人的设立 适用许可制度，如《德国民法典》第80条规定："设立有权利能力的基金会，除捐赠行为外，需要得到基金会住所所在地的邦的许可。"我国实践中财团法人的设立也必须得到有关行政管理机关的许可。

3. 登记。同社团法人一样，财团法人也必须进行登记。从我国《民法总则》（第92条）的规定和之前中国的实践看，捐助法人必须经过有关机关批准并登记，方可取得法人资格。但是，在比较法上，就登记的效力而言，却因不同的国家的法律规定不同而不同，例如，在德国，登记是财团取得权利能力的必经程序；而在日本，则采取登记对抗主义，即使不登记也可以取得权利能力，但不得对抗第三人[4]。

（五）财团法人的监督

财团法人由何人监督？我国《民法总则》第93条专门规定了捐助法人应当

〔1〕［日］山本敬三：《民法讲义Ⅰ总则》，解亘译，北京大学出版社2004年版，第302页。
〔2〕［日］山本敬三：《民法讲义Ⅰ总则》，解亘译，北京大学出版社2004年版，第302页。
〔3〕［德］迪特尔·梅迪库斯：《德国民法总论》，邵建东译，法律出版社2000年版，第866～867页。
〔4〕［日］山本敬三：《民法讲义Ⅰ总则》，解亘译，北京大学出版社2004年版，第302－303页。

设立监督机构，由其对捐助法人的执行机构及法定代表人等行为进行监督。但是，除此之外，其他人是否可以进行监督呢？按照我国《民法总则》，"利害关系人"可以通过多种方式进行监督。这里所谓的"利害关系人"，是指捐助人等。捐助人有权向捐助法人查询捐助财产的使用、管理情况，并提出意见和建议，捐助法人应当及时、如实答复。捐助法人的决策机构、执行机构或者其法定代表人作出的决定违反捐助法人章程的，捐助人等利害关系人或者主管机关可以请求人民法院予以撤销（第94条）。

在这里需要指出的是，"捐助人"不应该是捐助法人的"利害关系人"，任何人一旦捐出财产，就与捐助法人没有任何利害关系，以防止其控制捐助法人。我国对于捐助法人的整体规定，几乎是不符合捐助法人（财团法人）之基本宗旨的。

（六）章程的修改与目的变更

从传统民法上看，由于财团法人无成员，故财团法人的章程不可能按照社团法人的规定而由社员大会决议修改。恰恰相反，财团法人的主要目的之一就是防止他人改变设立人的意志。但是，法人章程规定的目的，可以被修改或者撤销。对此，《德国民法典》第87条规定："①基金会的目的不能完成或者其完成会危及公共利益时，主管行政机关可以为基金会另定目的或者将其基金会撤销。②在变更基金会目的时，应尽可能地考虑捐赠人的本意，尤其应考虑的是，基金会财产的收益应尽可能按照捐赠人的意思，继续由其预期的人享受。如果基金会的目的需要变更，主管行政机关可以变更基金会章程。③在变更目的和章程之前，应听取董事会意见。"

关于目的的修改，例如，以防治天花为目的的财团，因医学发达，天花已经灭绝，主管机关可以衡量客观情况，并斟酌捐助人的意思，变更目的为 SARS 防治，其结果仍然是财团法人[1]。

但是，从我国的《民法总则》看，由于捐助法人有自己的决策机关，还把捐助人作为利害关系人对待。这是否代表决策机关可以随时改变章程之规定的目的？从决策机构的职能看，应该作出这样的解释。甚至作为"利害关系人"的捐助人也可以请求决策机构作出变更；而当决策机构不作出这种变更的决议时，捐助人还可以请求法院撤销。但是，这种做法是违反捐助法人的一般原则的。

（七）财团的受益人

财团的受益人由章程规定，章程既可以规定特定人为受益人，也可以不规定

---

[1] 邱聪智：《民法总则》（上），三民书局股份有限公司 2005 年版，第 386 页。

特定受益人，仅仅规定财团目的。如果仅仅规定特定目的，则在该目的范围内的人都可以成为受益人。

（八）财团法人的破产问题

由于财团法人与社团法人的区别并不在于是否经营，而在于经营所得的去向。在实践中，许多财团法人为了扩大目的事业，也进行经营活动。既然有经营，就肯定存在风险，就有可能出现财产不足以支付债务的情形，就存在破产分配的可能性和现实性。

第五节　特殊法人

一、关于"特别法人"的概述

"特别法人"这一提法应该说是我国民法的创举，它反映了在我国社会生活中，存在很多"似是而非"的"类法人"。这些法人在私法实践中，是否作为法人主体对待，常常存在争议，例如，像"居民委员会""村民委员会"等基层组织。

但是，按照我国《民法总则》第96～101条的规定，所谓特别法人，包括机关法人、农村集体经济组织法人、合作经济组织法人、基层群众性自治组织法人[1]。实际上，在这些所谓的"特别法人"中，最有实际意义的，就是"居民委员会""村民委员会"等基层组织法人资格的确认。因为，其是否具有法人资格，即使在理论上也存在争议。而机关法人在实践中一般都作为法人来对待；农村合作经济组织不仅有具体的法律法规或者部门规章，在实践中也一般不会发生主体资格问题。

二、机关法人

（一）概述

机关法人，在理论上一般都会将其作为"公法人"对待，例如，各级政府、国务院各个部委等。而且，1986年《民法通则》第50条就规定："有独立经费的机关从成立之日起，具有法人资格。"因此，我国无论从理论还是实践上，都

---

〔1〕《民法总则》第96条规定："本节规定的机关法人、农村集体经济组织法人、合作经济组织法人、基层群众性自治组织法人为特别法人。"

对机关法人之主体资格没有争议。

我个人认为，机关法人等这类公法人，其实属于"特别法人"，其特别之处就在于：其成立目的、成立程序和运行程序、消灭程序等，与民商法毫无关系，因此，它们根本就不是民商法上的法人。但是，其存续过程中，会偶尔介入或者说涉及民商法，尤其是民法，因此，民法上将其作为有民事主体资格的法人对待。《德国民法典》第 89 条仅仅用一个条文规定了公法人的准用。我国将公法人放在"特别法人"中规定，也是妥当的。

我国《民法总则》第 97 条之规定，与 1986 年的《民法通则》第 50 条相比，更加完善合理。《民法总则》第 97 条规定："有独立经费的机关和承担行政职能的法定机构从成立之日起，具有机关法人资格，可以从事为履行职能所需要的民事活动。"这里应强调，法律虽然赋予其民事主体资格——法人地位，但其职能在"履行职能所需要"的范围内从事民事活动。

（二）机关法人终止后权利义务的承担

机关法人因被撤销而终止的，其民事权利和义务由继续履行其职能的机关法人承担；没有继续履行其职能的机关法人的，由撤销该机关法人的机关法人享有和承担（《民法总则》第 98 条）。

三、农村集体经济组织法人和村民委员会法人

（一）概述

尽管我国关于"集体经济组织"的立法颇多，我国《民法总则》特意区分了城镇集体经济组织和农村集体经济组织、农村集体经济组织和村委会作为不同的"特别法人"，但对于大多数（即使是教授民法的人）来说，"究竟什么是集体经济组织"以及它是如何在中国诞生和发展的，特别是对于"乡镇政府与乡镇集体经济组织"是什么关系、"农村集体经济组织和村民委员会"（下称"村委会"）及村民小组是什么关系，乡镇集体经济组织和农村集体经济组织现存的状况和表现形式等问题，是一些既熟悉又模糊的概念。况且，我国的许多民事立法，如《土地管理法》《物权法》以及一些法规和规章中，对于这一概念的适用很不规范，特别是《物权法》第 59 条对于农村土地所有权的主体界定更容易引向歧义。尽管可以说，《民法总则》将集体经济组织和乡镇政府、村民委员会区分而作为特别法人来规定，在中国具有里程碑式的意义，但如果不了解这种法人的历史变迁和法律结构，就难以真正从法律上保护其合法权益。因此，本部分的目的就在于要说清楚下列问题：①什么是集体经济组织？它是如何形成的？中国为什么会出现乡镇集体经济组织和农村集体经济组织？它在农村实际存在的形态

是什么？有多少种类？②在一个具体的行政村里面，村委会和集体经济组织是什么关系？二者是分离的还是合一的[1]？③《民法总则》中所说的"农村集体经济组织"与依据《农民专业合作社法》以及其他法律法规成立的合作经济有何区别？

（二）村集体经济组织、村内集体经济组织与村民委员会、村民小组的关系

在原来"三级所有、队为基础"的经济生产模式下，一个村的最典型和最基本的结构是：一个村里面有一个生产大队，生产大队下面有许多生产小队。大队有大队的生产资料，小队有小队的生产资料。农村组织生产基本上都是以生产小队为基本单位，而且每个生产小队的土地划分都是明确的。大队管理全村的事务，例如，有的地方，全村宅基地的划拨是由大队以自己所有的土地分配的。当时的机构设置并没有"村委会"或者"村民小组"的概念，大队设"大队支书"和"大队长"，一个是"党的干部"，一个是"行政干部"。小队设"小队长"，管理生产小队的全部事务。大队有自己的会计，小队也有自己的会计，各自独立核算。

"村委会""村民小组"和今天所谓的"集体经济组织"是改革开放后，农村改革后出现的农村组织形式和经济结构形式。"村委会"实际上属于村民自治的组织形式，是一种"行政组织形式"。我国《村民委员会组织法》第2条规定："村民委员会是村民自我管理、自我教育、自我服务的基层群众性自治组织，实行民主选举、民主决策、民主管理、民主监督。村民委员会办理本村的公共事务和公益事业，调解民间纠纷，协助维护社会治安，向人民政府反映村民的意见、要求和提出建议。村民委员会向村民会议、村民代表会议负责并报告工作。"村委会是一个常设机构，村的最高权力机构是"村民会议或者村民代表会议"。村委会设村主任（村长），为行政"长官"，党的机构为村支部，其首脑为"村支部书记"。村集体经济组织是村民土地所有权及其他财产所有权的组织形式，因为按照我国的法律法规，集体经济组织的土地归集体经济组织的成员集体所有（《物权法》第59条）。因此，必须将村集体的经济组织形式和行政组织形式相区别。

但是，由于我国农村情况千差万别，各地情况不同。有些地区的农村没有设村集体经济组织，村集体经济组织的职能如何实现？《民法总则》第101条第2款专门规定："未设立村集体经济组织的，村民委员会可以依法代行村集体经济

---

[1] 有许多教授民法的教师和法院的法官都认为，集体经济组织就是村委会，村委会就是负责管理农村集体经济组织的机构。这种认识其实是非常不准确的。

组织的职能。"《农业部办公厅关于布置 2016 年农村经营管理情况统计年报工作的通知（农办经〔2016〕15 号）》附件 2 中的第一条之 4 也有这样的阐述："没有明确设立村集体经济组织，由村民委员会代行管理、协调行政村范围内的农村集体土地资源和其他集体资产的开发、经营以及为农户家庭经营提供服务等集体经济组织有关职能……"

正是因为有这样的情形，让许多人难以区分村委会和村集体经济组织，甚至有人把村支书看成村集体经济组织中的最高领导。

村内的各个集体经济组织实际上就是原来"三级所有"中的最基础的"生产小队"的变种，其名称在全国各地不同。从组织形式上看，这些集体经济组织的机构设置与"村民小组"的关系，就如村集体经济组织与村委会的关系一样，村民小组是作为与"村委会"对应的"行政组织形式"，从理论上说，村内各个集体经济组织与其村民小组的职能是分离的。但是，我国的情况千差万别，有些经济组织根本就没有"形式上的组织"，因此，许多法律和行政法规规定，如果集体经济组织没有设置自己的机构的，由"村民小组"代行。例如，我国《物权法》第 60 条规定："对于集体所有的土地和森林、山岭、草原、荒地、滩涂等，依照下列规定行使所有权：①属于村农民集体所有的，由村集体经济组织或者村民委员会代表集体行使所有权；②分别属于村内两个以上农民集体所有的，由村内各该集体经济组织或者村民小组代表集体行使所有权；③属于乡镇农民集体所有的，由乡镇集体经济组织代表集体行使所有权。"就是针对这种情况作出的灵活性规定。

也就是说，在我国从总体上或者典型意义上的集体经济组织结构形式上看，村委会、村民小组和集体经济组织是可以区分的，而且也必须分开。就如有的学者指出的，随着家庭承包经营的深入发展，乡村集体经济组织的职能和体制也在发生变化。按照当时政社分开的改革方案，农村集体经济组织要从以前依附政权组织的境况中分离出来，使其成为自我组织、自我发展、自主经营的组织实体，其职能主要是：①搞好管理。农村集体拥有耕地、林地、草地、荒山、荒滩、水面等自然资源，还有乡村集体企业。管理并保护这些财产资源是乡村集体组织的重要职能。②提供服务。实行家庭联产承包责任制以后，对于一家一户办不了或办不好的事情，自然要由集体组织承担起来。比如，良种供应、机械服务、植保服务、化肥农药供应、科技推广、农产品储运销售和公共设施的维护等，都需要集体组织来完成，对集体财产资源行使管理职能[1]。我国的许多关于农村土地的所有或者承包的法律都认可这些区分，特别是一个村内可能存在两个以上集体经济组织。例如，除了上述《物权法》和部委规章外，我国《农村土地承包法》第12条规定："农民集体所有的土地依法属于村农民集体所有的，由村集体经济组织或者村民委员会发包；已经分别属于村内两个以上农村集体经济组织的农民集体所有的，由村内各该农村集体经济组织或者村民小组发包。村集体经济组织或者村民委员会发包的，不得改变村内各集体经济组织农民集体所有的土地的所有权。国家所有依法由农民集体使用的农村土地，由使用该土地的农村集体经济组织、村民委员会或者村民小组发包。"这一规定实际上明确区分了村集体经济组织、村委会、村内各个集体经济组织和村民小组的不同职能，当然，也可以看出有"重合"的情况，为什么呢？

《农村土地承包法》《物权法》《土地管理法》以及各个部委的规章，实际上反映了中国集体经济组织存在的现实情况。上面的分析是以典型的村集体经济组织形式和村内各个集体经济组织为模型的。但实际上，在我国，集体经济组织在各地很不相同，甚至是混乱的。就如有的学者指出的，在实际运行中，由于农村社会经济条件的复杂性，往往是许多村民委员会（又称村民自治组织）与社区集体经济组织相互交叉、相互依赖，形成"两块牌子，一套班子"的组织结构[2]。上述《农业部办公厅关于布置2016年农村经营管理情况统计年报工作的通知（农办经〔2016〕15号）》附件2中的第一条之3有这样的描述："依据……相关法律和有关政策精神，行政村范围内应当设立相应的集体经济组织，有些地方设立了村集体经济组织，还有些地方尚没有设立，由村民委员会代行村集体经济组织职能。村集体经济组织有的地方称为经济联合社，有的经过改制成立股份经济联合社，也有的改制成立了名称不一的'公司'；有的地方村集体经济组织的负责人与村党支部、村民委员会成员交叉任职……"有的地方，在一个村内，存在多个原来"三级所有"模式下的生产大队（例如，在山东省博兴县曹王公社曹王村内，就存在曹一大队到曹五大队五个生产大队，这些大队下面各有生产小队）；村内的部分村民小组联合成立集体经济组织；极少数地方存在村民小组与原生产小队不一致的情况等。有学者对湖北农村实地考察后指出：从调

〔1〕 马晓河："中国农村50年：农业集体化道路与制度变迁"，载《当代中国史研究》1999年第5、6期。

〔2〕 马晓河："中国农村50年：农业集体化道路与制度变迁"，载《当代中国史研究》1999年第5、6期。

查结果来看，只有 8.60% 的受访农户反映本村具有独立的农村集体经济组织，而 91.40% 的受访农户反映村委会取代了本村的农村集体经济组织。在访谈中，村委会与农村集体经济组织的功能合为一体基本为受访者所认可，但是受访者普遍主张，无论是否在村委会之外另行设立独立的农村集体经济组织，都必须将农村社区的经济职能和社会职能予以区分，如果不设立独立的农村集体经济组织，那么就应当在现行村委会体制下安排专人负责农村社区经济发展事务[1]。另外，目前中国的集体经济形式也发生了一些载体上的变化，例如，《农业部、监察部关于印发〈农村集体经济组织财务公开规定〉的通知（农经发【2011】13 号）》第 2 条就指出：“本规定适用于按村或村民小组设置的集体经济组织（以下称村集体经济组织）。代行村集体经济组织职能的村民委员会（村民小组）、撤村后代行原村集体经济组织职能的农村社区（居委会）、村集体经济组织产权制度改革后成立的股份合作经济组织，适用本规定。”这一《通知》反映出我国农村集体经济组织在当下的实际存在形式的变化。但如前所述，《民法总则》将集体经济组织规定为法人后，这种局面将得到彻底的改变。

（三）乡镇集体经济组织的存在形式及其与乡镇政府的关系

1. 乡镇集体经济组织的存在形式。乡镇集体经济的组织形式，目前来说是我国最为复杂的问题之一。简单地说，有两种：①从人民公社解体之后，因“政社分开”而产生的纯粹担负经济职能的组织形式。有学者指出，所谓乡（镇）集体经济组织，应当是从事生产经营活动，其产权和收益归属全乡（镇）农民，并且全体集体成员能够通过一定民主管理程序行使社员权的组织[2]。如对于土地，按照原来的“三级所有”模式，属于原人民公社所有的，应该确定为属于现在由原人民公社改制而来的乡镇集体经济组织所有。对此，我国《土地管理法》第 10 条已经进行了明确的确认。②根据现代法律制度建立起来的新型集体经济组织形式，如各种合作社等。

2. 乡镇集体经济组织的存在形式与乡镇政府的关系。由于原来的人民公社实行“政社合一”的模式，将行政职能与组织生产和所有制合二为一，但人民公社制度瓦解以后，将政社分开后，乡镇成为政府政权组织形式，另一种财产所有者意义上的载体，自然也就成为乡镇集体经济组织，但这种组织形式在我国各地并不相同。

---

〔1〕 高飞：“农村集体经济有效实现的法律制度运行研究——以湖北省田野调查为基础”，载《农村经济》2012 年第 1 期。

〔2〕 杨青贵：“集体土地所有权实现法律机制研究”，西南政法大学 2014 年博士学位论文。

四、居民委员会法人

(一) 我国居民委员会的概念

居民委员会简称"居委会""社区居委会",是中国大陆地区城市街道、行政建制镇的分区即"社区"的一个主要社会组织机构。按照我国《城市居民委员会组织法》第2条的规定,居民委员会的性质是:"居民自我管理、自我教育、自我服务的基层群众性自治组织。"居民委员会属于城镇居民的自治组织,地位相当于农村的村民委员会,管辖对象以城镇非农业居民为主,其与村委会一样,具有"行政性"(虽然不是权力机关)。

通常情况下,居委会的直接上级是不设区的市、市辖区的人民政府或者它的派出机关——街道办事处。按照我国《城市居民委员会组织法》第2条的规定,不设区的市、市辖区的人民政府或者它的派出机关对居民委员会的工作给予指导、支持和帮助。居民委员会协助不设区的市、市辖区的人民政府或者它的派出机关开展工作。而街道办事处,习惯上简称"街道办",是我国市辖区和不设区的市政府的派出机关,"街道办事处"管辖区域称为"街道",街道一般与乡和镇处同一行政区划层次,但本身不构成一级政权。例如,某城市街道办事处全称为"北京市海淀区人民政府××街道办事处",同级党的机构为"中国共产党北京市海淀区委员会××街道工作委员会",同时设有"北京市公安局海淀区分局××街道派出所",其具体职责为:指导、帮助社区居委会开展组织建设、制度建设和其他工作;负责辖区社区建设、管理和服务工作;做好社会救助和其他社会保障工作;执行辖区内经济和社会发展计划、财政预算,管理辖区内的社会事务管理、劳动和社会保障、计划生育、环境保护、文化、卫生、安全生产等行政工作。

居民委员会的设立、撤销、规模调整,由不设区的市、市辖区的人民政府决定。居民委员会根据居民居住状况,按照便于居民自治的原则,一般在一百户至七百户的范围内设立(《城市居民委员会组织法》第6条)。其职责是:①宣传宪法、法律、法规和国家的政策,维护居民的合法权益,教育居民履行依法应尽的义务,爱护公共财产,开展多种形式的社会主义精神文明建设活动;②办理本居住地区居民的公共事务和公益事业;③调解民间纠纷;④协助维护社会治安;⑤协助人民政府或者它的派出机关做好与居民利益有关的公共卫生、计划生育、优抚救济、青少年教育等项工作;⑥向人民政府或者它的派出机关反映居民的意见、要求和提出建议(《城市居民委员会组织法》第3条)。

居民委员会的常设机构,其基础或者"权力机构"为居民会议。居民会议由 18 周岁以上的居民组成。居民委员会向居民会议负责并报告工作。

居民委员会的工作经费和来源，居民委员会成员的生活补贴费的范围、标准和来源，由不设区的市、市辖区的人民政府或者上级人民政府规定并拨付；经居民会议同意，可以从居民委员会的经济收入中给予适当补助。居民委员会的办公用房，由当地人民政府统筹解决（《城市居民委员会组织法》第 17 条）。由此可见，其具有一定的"行政性"。

居民委员会办理本居住地区公益事业所需的费用，经居民会议讨论决定，可以根据自愿原则向居民筹集，也可以向本居住地区的受益单位筹集，但是必须经受益单位同意；收支账目应当及时公布，接受居民监督（《城市居民委员会组织法》第 16 条）。

（二）居民委员会具有法人资格的意义

我国《民法总则》第 101 条赋予居民委员会以法人资格，十分符合我国实际需要，因为居民委员会可以开展便民利民的社区服务活动，可以兴办有关的服务事业，具有自己的财产（《城市居民委员会组织法》第 4 条），因此，就应当具有主体资格。而赋予其法人资格比作为非法人组织更能够使其财产、责任明晰。

第 四 章

非法人组织与合伙

第一节 非法人组织概述

一、定义

无论是在历史上还是今天，无论是在中国还是外国，社会生活中实际存在着许多自然人的集合体却又没有登记成为法人的"组织"（团体），如何称呼它们？它们究竟包括哪些类型？其有无权利能力？团体本身与成员责任如何？对于这一系列问题，学理上一直争论不休。

关于非法人团体应如何称呼的问题，各个国家或者地区在民法上的称谓并不相同：我国台湾地区"民事诉讼法"（第40条）用"非法人之团体"通称之；德国法中，这些团体是由民法典规定的"无权利能力社团"和其他特别法上的"商事合伙"组成；日本一般称为"法人外团体"，包括"组合"（各当事人通过出资，并约定经营共同的事业，从而成立的组合）和"无权利能力社团"（包括能够取得法人资格但却没有取得的情形（如成立中的法人）和（无法取得法人资格的情形）[1]。我国的许多立法（如《合同法》《民事诉讼法》《著作权法》等）都以"其他组织"来称呼这些法人外团体；《民法总则》将之称为"非法人组织"，并将之定义为：非法人组织是指不具有法人资格，但是依法能够以自己的名义从事民事活动的组织（《民法总则》第102条）。

我认为，用"非法人组织"这一概念来通称这些法人外团体，可能更加合适，因为它体现了其与自然人及法人的区别，具有比"其他组织"具有更强的包容性。但是，《民法总则》对"非法人组织"所作的定义难以令人满意：正是《民法总则》赋予"非法人组织"以权利能力和"以自己的名义从事民事活动"，那么，第102条中的"依法能够以自己的名义从事民事活动"中的"法"是指什么法？因此，作为立法语言和规范，应该这样规定：非法人组织经登记取得权

---

[1] ［日］山本敬三：《民法讲义I总则》，解亘译，北京大学出版社2004年版，第326～327页。

利能力，以自己的名义从事民事活动。如果学者再根据这种规范，作出类似的定义："非法人组织是指不具有法人资格，但是依法能够以自己的名义从事民事活动的组织。"那就正常了，因为学理概念往往来自法律的规定（规范）。但有时法律直接用学理概念是不妥当的。

二、非法人团体究竟包括哪些类型及规范原则

对于非法人团体究竟包括哪些类型及规范原则，学者之间争议很大。例如，有学者认为，现实生活中存在各种不具备法人资格的组织体，诸如：业主委员会，无法人资格的分公司，各种企业的分支机构，独资企业、合作企业、合伙企业、非企业合伙组织（如律师事务所、会计师事务所），各种协会与学会的分会，学校的学生会、校友会、同乡会，各种俱乐部（如高尔夫俱乐部、足球俱乐部），大学内部的学院、系、所、教研室，科学院内部的研究所、研究中心、研究室、课题组，等等[1]。也有的学者提出了不同的内容，认为，非法人团体包括非法人企业、非法人经营体、非法人非营利性团体，其中，非法人企业又具体包括：合伙企业、个人独资企业、乡镇企业、非法人乡村集体企业、非法人外资企业；非法人经营体具体包括：个体工商户、农村承包经营户、个人合伙、合伙型联营、企业分支机构、设立中的公司、企业集团；非法人非营利性团体具体包括：非法人机关、非法人事业单位、非法人社会团体[2]。还有学者认为，非法人团体包括非法人社团（包括营利性社团和非营利性社团）、非法人财团、合伙（民事合伙与合伙企业）、个人独资企业、设立中的法人以及其他[3]。

对于以上观点，我觉得各有道理，但是，有些是否应该归入非法人团体中，值得考虑，例如，各种企业的分支机构，大学内部的学院、系、所、教研室，科学院内部的研究所、研究中心、研究室、课题组，等等，不应该属于非法人团体，而是法人本身的内部组织机构或者组成部分。另外，像合伙是否属于非法人组织也值得考虑，例如，民法上的契约型合同就难以归入非法人团体中。除此之外，像非法人财团能否成为非法人团体也存在疑问：各国对财团的控制是非常严格的，因为财团与社团不同，可能存在危及社会的各种风险。因此，我国《民法总则》第102条对于非法人组织种类的限制采取比较严格的态度，将非法人组织

---

〔1〕 梁慧星：《中国民法典草案建议稿附理由——总则编》，法律出版社2013年版，第183~184页。

〔2〕 苏号朋：《民法总论》，法律出版社2006年版，第118页。

〔3〕 李昊："我国民法总则非法人团体的制度设计"，载中国政法大学民法学青年教师学术创新团队2015年11月28日召开的"民法主体制度的立法与解释研讨会"论文集，第41页。

限定为：个人独资企业、合伙企业、不具有法人资格的专业服务机构（如律师事务所、会计师事务所等）。

但从理论上看，合伙是否应该属于非法人组织，确实值得思考，至少民事合伙应该不属于非法人组织。因此，《德国民法典》将无权利能力的社团与合伙分别规定的。在我国立法上，从具体规范看，实际上，非法人组织与合伙也不相同（下文详细讨论）。

第二节　非法人组织的具体问题

一、赋予非法人"团体"权利能力的条件

在民法典（《民法总则》）的编纂过程中，对于非法人组织地位（权利能力）的问题，最大的争论在于：究竟是采取"严格主义"还是"放任主义"？严格主义实际上就是采取"登记方可取得权利能力"，方能以团体的名义进行民事活动，才会被法律承认其为"非法人组织"，否则就是个人的简单组合，每个个人为主体而不是非法人组织；放任主义实际上就是采取"形式主义"，只要在形式上对外以团体的名义从事民事活动，法院就承认其为非法人组织，按照非法人组织对待，不需要进行登记。而且持这种"形式主义"观点的人占有较大的比例。但从我国颁布后的《民法总则》来看，还是采取了"严格主义"原则，即非法人组织必须进行登记，否则不能取得权利能力。

除了登记之外，一个非法人团体还应该具备什么条件，才能被赋予权利能力呢？从民法典的历史上看，许多国家的民法典都不会毫无条件地赋予一个团体以权利能力，德国法为了惩罚那些不愿意登记并接受政府审查的法人外团体，根本不赋予其权利能力，所以，德国民法典上有"无权利能力社团"之规定，就是那段历史的痕迹。但随着历史的变迁，这种态度发生了根本的变化。甚至德国学者指出，在德国法上，无权利能力社团因具有权利能力而可享有财产权利，可以作为所有权人被登记在土地登记簿上[1]。无权利能力的社团是一个其成员变动对其结构不发生影响的团体，在这一点上与民法上的合伙不同。因此，现在人们一般认为《德国民法典》第54条的规定是不恰当的。无权利能力的社团在其整

---

[1]　[德]汉斯·布洛克斯、瓦尔克：《德国民法通论》，张艳译，中国人民大学出版社2014年版，第314页。

体结构上不是近似于民法上的合伙，而是近似于有权利能力的社团。典型的民法上的合伙是特定的合伙人松散的或者紧密的联合，各个合伙人的人格对于联合体有着重要的意义。……司法判决已经普遍承认对之已类推适用《德国民法典》关于有权利能力社团的规定[1]。

除了登记之外，非法人团体还应具备什么条件才能赋予其权利能力呢？有学者指出，非法人团体应当具备下列条件：①有自己的名称、组织机构和场所；②有自己的章程或者组织规章；③有自己享有处分权的财产或者经费；④根据法定程序设立[2]。日本的判例确定了四项条件：①组织性，即具备作为团体的组织；②少数服从多数的原则；③团体与成员的分离，即团体的存续不受成员变更的影响；④团体内容的确定性，即代表的方法、大会的运营、财产的管理及其他作为团体的主要方面确定[3]。

我认为，非法人团体既然作为一个独立于其成员的资格存在，必须有一种团体的结构，同时又不同于法人。主要应具备下列条件：①有将其成员组织起来的章程或者其他文件，就像凯尔森所言："社团之所以被认为是一个人，就是由于法律秩序规定了某些权利与义务，它们关系到社团成员的利益但却又似乎并非是成员的权利与义务，因而就被解释为社团本身的权利和义务。几个人只有当他们已经被组织起来，仿佛每个人关于别人都有特定的功能时，他们才组成一个集团、一个联合。当他们的相互行为由秩序、规范制度所调整时，他们才被组织起来。构成这一联合，使几个人组成一个联合的，就是这种秩序，或者说是这种组织。这一联合具有机关的意思同组成联合的人由一个规范所组织的意思，正好是一样的。构成社团秩序或者组织就是社团的法律，社团的所谓章程，就是调整社团成员行为的规范的总和。"[4]。②有自己的名称、组织机构和场所，否则，难以区分于个人。③有形成团体意思的表决方式，以区别于团体每个人的意思，只有具有了这种机制，团体才能够区别于个人而存在或者去行动。④非营利性非法人组织还应该具有自己的财产，并具有保证这种财产同成员财产分离的机制。

需要说明的是，有无财产其实对于营利性非法人组织和非营利性非法人团体是不同的：对于非营利性非法人组织应该要求其具有自己的财产，因为在财产与责任的相互联系上，一般来说，非营利性非法人组织的成员对于非法人组织的债

〔1〕 ［德］卡尔·拉伦茨：《德国民法通论》，王晓晔等译，法律出版社 2003 年版，第 236 页。

〔2〕 梁慧星：《中国民法典草案建议稿附理由——总则编》，法律出版社 2013 年版，第 185 页。

〔3〕 ［日］山本敬三：《民法讲义Ⅰ总则》，解亘译，北京大学出版社 2004 年版，第 329 页。

〔4〕 ［奥］凯尔森：《法与国家的一般理论》，沈宗灵译，中国大百科全书出版社 1996 年版，第 109 页。

务承担有限责任，因此，才要求团体必须具有财产。而营利性非法人组织的成员对于非法人组织的债务承担无限连带责任。因此，对于营利性的非法人组织来说，有无财产就不重要。

二、非法人团体与其成员的责任关系

对于非法人团体，其成员是否无一例外地都对团体的债务承担无限责任？在这一点上，德国法的判例与理论可资借鉴：在对外债务方面，对于无权利能力的社团，尤其是非经济性社团，不适用合伙的成员对于合伙债务承担无限连带责任的有关法律规定。因为，如果让无权利能力社团的成员对团体债务承担无限连带责任，就不会有任何人加入非经济性社团，会成为这种社团吸引新社员的一个不可逾越的障碍。所以，司法判决和学说就寻找各种可能，将社员对社团的责任限制在社团财产的范围内[1]。但对于营利性团体，其成员对团体债务则承担无限连带责任[2]。也正是因为这一个原因，合伙应当与非法人组织分别规定。

但是，我国《民法总则》并没有区分营利性与非营利性的非法人组织，第104条直接规定：非法人组织的财产不足以清偿债务的，其出资人或者设立人承担无限责任。这种规定实际上不利于许多非营利性的非法人组织的存在，而这些非营利性的非法人组织对于社会的文化建设、丰富人民生活等往往具有重大意义。

三、非法人组织的解散与清算

按照《民法总则》第106条的规定，有下列情形之一的，非法人组织解散：①章程规定的存续期间届满或者章程规定的其他解散事由出现的；②出资人或者设立人决定解散的；③法律规定的其他情形。

非法人组织解散后，要参照法人的规定进行清算（《民法总则》第108条）。那么，在我国法上清算的意义是什么呢？如果从正常的连带责任的视角看，对于合伙的清算是没有任何意义的。但是，在我国立法上却有意义。《民法总则》第104条规定："非法人组织的财产不足以清偿债务的，其出资人或者设立人承担无限责任。法律另有规定的，依照其规定。"从该规定看，实际上，在我国法上，非法人组织的设立人对于非法人组织的债务承担的是补充责任而非连带责任——当非法人组织的财产不足以承担债务时，其成员才承担第二位的责任。因此，对

---

〔1〕　[德] 卡尔·拉伦茨：《德国民法通论》（上），王晓晔等译，法律出版社2003年版，第242页。
〔2〕　[德] 迪特尔·梅迪库斯：《德国民法总论》，邵建东译，法律出版社2000年版，第859页。

于非法人组织的清算就具有了真正的意义。

第三节　非法人组织与合伙之关系的应然分析

尽管我国《民法总则》第 102 条将合伙包括在非法人组织中，但实际上，非法人组织与合伙是有区别的。

一、法人外的团体的概述

由于近代各国出于对团体的关注和控制，对于什么样的团体应赋予其独立地位设置了严格的条件，因此，有的团体就不能取得团体人格地位；有的则出于摆脱国家的控制与审查的目的，即使具备取得团体人格的条件也不愿意设立为法人；有的则是正在设立中。所以，在法人之外，存在许多非法人团体，在传统民法上，这些非法人团体主要是无权利能力的社团（非法人组织）与合伙。

无权利能力的社团是指与社团法人具有同一的性质，但无法取得法人资格的团体。所谓与社团法人具有同一的性质，是指其是由多数人为达一定之共同目的而组织起来的结合体。其与社团法人的主要区别在于未依法律规定取得法人资格。无权利能力的社团与合伙通常被称为"非法人团体"[1]。关于合伙的概念，我们将在下面详细分析。

法律与学理所关注的问题主要是：一是无权利能力社团与合伙的实质性联系与区别；二是对于无权利能力社团究竟是准用关于合伙的法律规范还是准用关于社团法人的法律规范。

二、非法人组织与合伙的联系与区别

1. 从团体与其成员的关系来看，对于无权利能力的社团，作为成员的个人丧失了重要性，团体成为一个超越个人的独立存在；而对于合伙，作为成员个人仍然具有重要性，团体不超越个人而存在，即与各个合伙人的人格、财产与信用有密切关系，仍未脱离个人的因素[2]。也就是说，对于无权利能力的社团，人的集合通过一定的方式使其具有了独立于成员的存在而不依赖于其成员；而合伙

〔1〕　王泽鉴：《民法总论》，中国政法大学出版社 2001 年版，第 194 页。
〔2〕　[日] 山本敬三：《民法讲义 I 总则》，解亘译，北京大学出版社 2004 年版，第 328 页；王泽鉴：《民法总论》，中国政法大学出版社 2001 年版，第 145 页。

则不然，人与人的关系仅仅是被简单地组合起来，其间的关系为契约性联合。

2. 从立法体例上看，在德国和受《德国民法典》影响的法典化国家，对于合伙与无权利能力的社团采取的是分别立法的方式：无权利能力社团规定在"总则"编中，而合伙则作为契约规定在"债"编中[1]。除德国学者外的许多学者也持有这种观点[2]。

3. 从内部关系看，无权利能力的社团有作为团体的意思决定机关，并按照少数服从多数的原则进行决议；有对外的执行机关、对外代表机关的存在；团体本身的存续不受其成员变化的影响；代表的方法、大会的运营、财产的管理以及作为团体的主要方面确定[3]。正是因为这些方面的特征颇似社团法人，故有学者认为对其应准用关于社团法人的法律规范。

而对于民事合伙，几乎所有事项都要经过全体合伙人的一致同意，不适用少数服从多数的原则，合伙的意思不能脱离合伙人的意思而独立存在；在对外关系方面，只能由全体合伙人行使共同代理权；合伙可以因某个合伙人的死亡或者破产而解散。

4. 在对外债务方面，对于无权利能力的社团，尤其是非经济性社团，不适用有关合伙的成员对于合伙债务承担无限连带责任的规定。因为，如果让无权利能力社团的成员对团体债务承担无限连带责任，就不会有任何人加入非经济性社团，会成为这种社团吸引新社员的一个不可逾越的障碍。所以，司法判决和学说就寻找各种可能，将社员对社团的责任限制在社团财产的范围内[4]。而合伙人对合伙的债务就不存在这种限制。

5. 在财产归属方面，无权利能力的社团与合伙一样，不能取得财产或者权利的归属，属于全体合伙人或者社团成员共同共有[5]。但我国《合伙企业法》是一个例外，该法第20条规定："合伙人的出资、以合伙企业的名义取得的收益和依法取得的其他财产，均为合伙企业的财产。"从这一规定可以看出：我国《合伙企业法》赋予了合伙以取得财产或者收益的归属资格。

6. 在当事人能力方面，传统民法认为：无权利能力社团与合伙一样，在诉讼法上既不能作为原告，也不能作为被告，无当事人资格。但后来为了债权人的

〔1〕　见《德国民法典》第一编第54条、第二编第705～740条。
〔2〕　王泽鉴：《民法总论》，中国政法大学出版社2001年版，第193～198页；［日］山本敬三：《民法讲义Ⅰ总则》，解亘译，北京大学出版社2004年版，第328页。
〔3〕　［日］山本敬三：《民法讲义Ⅰ总则》，解亘译，北京大学出版社2004年版，第329页。
〔4〕　［德］卡尔·拉伦茨：《德国民法通论》（上），王晓晔等译，法律出版社2003年版，第242页。
〔5〕　［德］卡尔·拉伦茨：《德国民法通论》（上），王晓晔等译，法律出版社2003年版，第238页。

方便，法律认可其可以作为被告，但不能作为原告[1]。然而，现在越来越多的学者主张，应赋予无权利能力社团与合伙以当事人地位[2]。

三、对于非法人组织的法律规范的适用

无权利能力社团与合伙既然存在如此大的差别而又接近社团法人，那么，对于无权利能力社团究竟是准用关于合伙的法律规范，还是适用关于社团法人的法律规定？对此，《德国民法典》第54条规定："对于无权利能力的社团适用有关合伙的规定，以这种社团的名义对第三人所为的法律行为，由行为人个人负责；如行为人为数人时，全体合伙人视为连带债务人。"

但是，德国学者对于这一规定提出了疑问：无权利能力的社团是一个其成员变动对其结构不发生影响的团体，在这一点上与民法上的合伙不同。因此，现在人们一般认为《德国民法典》第54条的规定是不恰当的。无权利能力的社团在其整体结构上不是近似于民法上的合伙，而是近似于有权利能力的社团。典型的民法上的合伙是特定的合伙人松散的或者紧密的联合，各个合伙人的人格对于联合体有着重要的意义。……司法判决已经普遍承认对之已类推适用《德国民法典》关于有权利能力社团的规定[3]。

总之，由于无权利能力的社团无论是在本身结构还是在目的上，都与合伙有着重大的不同，在成员责任上，不能适用关于合伙的规定，而应准用关于社员社团法人的规定。

第四节　合伙

一、合伙的基本概述

（一）合伙的定义

在大陆法系的许多国家中，由于民商分离的传统，使得民法上的合伙与商法上的合伙有着重大的区别，例如，在民法上，合伙被视为一种契约关系而规定在

---

〔1〕　［德］卡尔·拉伦茨：《德国民法通论》（上），王晓晔等译，法律出版社2003年版，第245页。

〔2〕　［德］卡尔·拉伦茨：《德国民法通论》（上），王晓晔等译，法律出版社2003年版，第247页；

　　　　［德］迪特尔·梅迪库斯：《德国民法总论》，邵建东译，法律出版社2000年版，第858页。我国学者更是如此。

〔3〕　［德］卡尔·拉伦茨：《德国民法通论》（上），王晓晔等译，法律出版社2003年版，第236页。

债法中，而在商法上，合伙却被规定在主体部分；民事合伙从事非经营性活动，而商事主体则从事经营性活动。因此，应将二者分别界定。

民事合伙是指以契约为纽带结合起来并对外承担无限连带责任的组合体。而商事合伙，由于其制度本身的变异如此之大，以至于在今天对商事合伙的作出确切的定义十分困难，因为，像有限合伙与隐名合伙这种商事合伙的出现，已经使合伙人非常类似公司法人的股东。为了给商事合伙寻找商事主体地位的坐标，我们也许可以对其作出这样的界定：商事合伙是指从事较为固定的营利性活动，但不具有法人资格的自然人团体。这一定义包含以下含义：

1. 商事合伙从事较为固定的营利性活动。这一点使商事合伙与民事合伙区别开来。虽然说，民商合一是现代发展的趋势，但是否从事较为固定的营利性活动，仍然在实质上区分着民事合伙与商事合伙。民事合伙不一定是营利的，至少不是从事固定性营利活动的，但商事合伙从事较为固定的营利活动。

2. 不具有法人资格。这一特质，使得商事合伙与商法人区别开来。商法人与商事合伙的这种区别是本质性的，正是这种区别使得商法人与商事合伙在主体地位以及与出资人之间的关系上存在重大差异。法人的这种归属性主体资格，使法人成为一种独立于其成员——股东的独立民事主体。也正是这种独立的归属资格，使法人成为能够独立承担民事义务、享有民事权利的主体，从而在财产与责任上与其成员彼此分立，使股东的有限责任成为可能。

而商事合伙因不具有这种独立的归属资格，所以，在财产所有权、义务承担与权利享有等方面，以其成员——合伙人为归属主体，故合伙人对合伙本身的债务承担无限连带责任是一个合乎逻辑的推论[1]。而今天发展起来的所谓"有限合伙"只是合伙制度的一种变异而已。

3. 合伙具有人合的团体性。合伙虽然不是法人，但却具有法人之团体性的特征，即至少有两个合伙人才能成立合伙。这种团体性使其与自然人区别开来。故合伙在团体性方面类似于法人，但在权利义务的归属方面类似于自然人，所以，人们对于合伙这种游离于法人与自然人之间的组织的法律地位发生兴趣也就极其自然了。至今，关于合伙法律地位的争论尚未平息。

4. 组织形式的持续存在性。商事合伙一般来说要求有商号（《合伙企业法》第 14 条），并要求登记，因而被列为"商人"的范畴，并以某种经营为常业。这是民事合伙与商事合伙的一个较大的区别。

---

〔1〕 法国于 1978 年重新修订法国民法典时，规定合伙自登记之日起具有法人资格。实为"合伙不是法人"的一种例外。但是，合伙人对合伙债务仍然承担无限责任。

（二）对我国《合伙企业法》中合伙性质的认定与分析

我国 2006 年《合伙企业法》第 2 条规定：“本法所称合伙企业，是指自然人、法人和其他组织依照本法在中国境内设立的普通合伙企业和有限合伙企业。”结合《合伙企业法》的其他规定，可以看出：

1. 我国《合伙企业法》中的合伙就是商事合伙。因为《合伙企业法》直接以“企业”限定，而在我国，企业实际上就含有“经营”之意，并且《合伙企业法》要求合伙企业一定要有自己的商号并进行设立登记（《合伙企业法》第 9 条、第 11 条、第 14 条），显然相当于大陆法系国家的“商事合伙”。

2. 我国《合伙企业法》不仅承认普通合伙，也承认有限合伙。

3. 我国 2006 年《合伙企业法》不仅承认自然人可以成为合伙人，法人与其他经济组织也可以成为合伙人。这是一个很大的进步。

二、合伙的分类

（一）民事合伙与商事合伙

这种分类的目的在于从民事合伙与商事合伙的区别的角度，来说明商事合伙的特征。其分类的标准是：合伙设立与存在的规范基础是民法还是商法。民事合伙以民法为基础而设立，合伙人之间的权利义务关系适用民事法律规范。而商事合伙是以商事法律为规范基础而设立，合伙本身的法律地位及合伙人之间的权利义务关系适用时法调整。这种区别在具有民商分立传统的大陆法系国家中，仍然具有意义。民事合伙与商事合伙之间的差别主要是：

1. 民事合伙是一个契约性共同体，而商事合伙则是一个具有主体性组织体。所谓契约性共同体，是指合伙人之间的权利义务关系靠契约维系，而各个合伙人是合伙共同体权利义务的归属者，例如，合伙取得的财产为合伙人的共同财产，合伙的义务是合伙人的共同连带义务。而主体性组织体，是指合伙具有某些法人的特征，例如，以合伙可以以自己的名义从事经营活动，取得的权利归合伙组织所有，义务首先由合伙组织承担，可以作为诉讼中的原告与被告，在与第三人的关系上，债权人可以直接指向合伙组织。

2. 民事合伙一般不涉及商号，而商事合伙必须有商号。由于商事合伙是一个组织体，所以，合伙应当在商号的名义下进行活动，才能使行为的后果归属合伙组织。而民事合伙的后果直接归属合伙人，故不需要商号。

3. 商事合伙需要商事登记，而民事合伙不需要商事登记。按照许多国家的法律规定，商事合伙必须进行商业登记、建立商业账簿，可以建立分支机构。而民事合伙则不需要进行商业登记，也不需要建立商业账簿，更不能设立分支机构。

4. 在对外关系上，民事合伙的合伙人必须以全体合伙人的名义执行业务，否则，效果不归全体合伙人。而商事合伙则实行代理制（或者代表制），只要以合伙组织的名义从事行为，行为结果就归合伙组织。

（二）普通商事合伙与有限商事合伙

这种区分是以在商事合伙中，有没有以出资额为限承担有限责任的合伙人为标准。

1. 普通合伙。两个或者两个以上的人，以在一个商号下经营商事营业为目的而结成的合伙，若全体合伙人的责任均不受限制，即为普通商事合伙。按照《德国商法典》的规定，要建立一个普通商事合伙必须具备三个条件：①必须有一份对所谓合伙人的责任都不加以限制的合伙协议。②一种商事营业和一个商号。③必须在国家设立的商事登记簿中进行登记[1]。这种要求，与我们国家的法律要求大致相同。

2. 有限商事合伙。有限商事合伙是为了在某一商号的名义下从事商业经营而建立的一种商事合伙。在该合伙中，包括两种合伙人：对合伙债务负有限责任的合伙人与负无限责任的合伙人[2]。有限合伙人以其出资为限对合伙债务承担责任，如果有限合伙人已经缴付了出资，那么，他对有限合伙的债权人不再承担任何财产责任。在这一点上，有限合伙人相当于有限责任公司与股份有限公司的股东。

但是，由于有限合伙人责任的有限性，所以，在许多方面同无限合伙人的权利是不相对称的。在法定的模式中，有限责任的合伙人不得管理合伙事务，也不对外代表合伙，其与合伙组织之间也不存在禁止同业竞争的限制[3]。但是，这些限制与不同也在发生变化。

在我国《合伙企业法》中，有限合伙企业有以下特点：①有限合伙人不得以劳务费出资（第64条）；②有限合伙人不执行合伙事务，不得对外代表有限合伙企业（第68条）；③有限合伙人可以同本有限合伙企业进行交易（第70条）；④有限合伙人可以自营或者同他人合作经营与本有限合伙企业相竞争的业务；

---

〔1〕［德］罗伯特·霍恩等：《德国民商法导论》，楚建译，中国大百科全书出版社1996年版，第267页。

〔2〕［德］罗伯特·霍恩等：《德国民商法导论》，楚建译，中国大百科全书出版社1996年版，第273页。

〔3〕［德］罗伯特·霍恩等：《德国民商法导论》，楚建译，中国大百科全书出版社1996年版，第274页。

⑤有限合伙人以其认缴的出资额为限对合伙企业债务承担责任（第 2 条）。

与普通合伙及公司制度相比较，有限合伙制度有其特别之处，使许多人愿意选择有限合伙而非普通合伙或者公司：

（1）有限合伙人的责任有限性为投资者提供了安全，设立条件的要求相对较低，为投资者提供了方便。产业的投资方式较多，但投资无疑是一种常见的方式。但高风险企业与在创立阶段的企业，融资十分困难。特别是高科技产业，投资回报较高但风险相对较大，对投资者具有吸引力。但是，在投资模式的选择上，却颇费踌躇。有限责任公司或者股份有限公司出资者的责任是有限的，但设立的法定条件要求较高。特别是股份有限公司，使许多风险投资者较少选择。普通合伙虽然设立的法定条件要求较低，但出资人的责任却不以投资额为限承担有限责任，而是无限连带责任，吓跑了投资人。

采取有限合伙的方式，很好地解决了这一矛盾。一方面，投资者作为有限合伙人，可以把自己的风险与责任限制在出资的范围内，由可以获得高额回报。正如德国学者所言："在中小型企业中，有限合伙是一种颇为常见的组织形式。有限合伙吸引人的地方在于，它可以使人们成为只负有限责任的合伙人。"[1] 合伙企业的设立条件要求相对较低，为投资人设立创造了条件。

但是，任何一种制度在获得一种价值的时候，就意味着失去了另一种价值。有限合伙虽然为愿意承担有限责任的投资人提供了方便和安全，但却降低了合伙的信用。所以，有限合伙的信用要低于普通合伙。

（2）有限合伙的内部治理结构，较普通合伙与公司形式具有更大的灵活性。在有限合伙中，有限合伙人一般只出资和分享利润，不参加经营管理，或者虽然参加经营管理，但不起决策作用，经营管理与决策权往往掌握在承担无限责任的普通合伙人手中。有限合伙的管理形式比较简单，不像公司管理机构那样复杂，也不需要普通合伙那样的全体合伙人一致同意。无限合伙人完全自主决策。这种决策权对于高风险投资是十分重要的。

应该说，《合伙企业法》的有限合伙形式符合今天我国正在崛起的高科技产业的需要。当今世界上许多国家，如德国、法国、美国、日本等，都普遍承认商事有限合伙这种组织形式，这种组织形式能够极大地促进经济的发展，是经济发展的需要。

---

〔1〕［德］罗伯特·霍恩等：《德国民商法导论》，楚建译，中国大百科全书出版社 1996 年版，第 274 页。

（三）一般普通合伙与特殊普通合伙

一般普通合伙与特殊普通合伙是以合伙所从事的行业及普通合伙人之间的关系为分类标准所进行的分类。特殊普通合伙的特殊性就体现在与分类标准有关的这两个方面：①以专业知识和专门技能为客户提供有偿服务；②一个合伙人或者数个合伙人在执业活动中因故意或者重大过失造成合伙企业债务的，应当承担无限责任或者无限连带责任，其他合伙人以其在合伙企业中的财产份额为限承担责任。合伙人在执业活动中因故意或者重大过失造成的合伙企业债务，以合伙企业财产对外承担责任后，该合伙人应当按照合伙协议的约定对给合伙企业造成的损失承担赔偿责任。但是，合伙人在执业活动中非因故意或者重大过失造成的合伙企业债务以及合伙企业的其他债务，由全体合伙人承担无限连带责任。

正是因为上述特点，所以，法律要求特殊的普通合伙企业名称中应当标明"特殊普通合伙"字样。除了上述两点特殊之处外，特殊普通合伙适用一般普通合伙的规定。

（四）显名合伙与隐名合伙

显名合伙与隐名合伙划分的标准是：是否在合伙中公开其姓名、是否参加合伙的经营管理，以及是否对合伙债务承担无限连带责任。

隐名合伙是指在合伙中存在这样的合伙人：合伙人不公开其姓名而仅仅出资并分配利益，不参加合伙的经营管理活动，并且，仅仅以出资为限对合伙债务承担有限责任。这种人称为"隐名合伙人"。也就是说，含有至少一名隐名合伙人的合伙为隐名合伙。

显名合伙是指合伙中的所有合伙人均公开其姓名，不仅出资、分配利益，而且参加经营管理活动，并对合伙组织的债务对第三人承担无限连带责任。显名合伙是合伙的典型形式。

与显名合伙人（普通合伙人）相比，隐名合伙人具有以下几个特点：①隐名合伙人同显名合伙人一样，以实物、货币或者技术、劳务出资。②隐名合伙人不公开其姓名，一般为第三人所不知。③隐名合伙人不参加合伙事务的经营管理。④隐名合伙人不能代表合伙与第三人发生权利义务关系。⑤隐名合伙人对合伙组织的债务以出资为限承担有限责任，不直接对第三人发生财产上的责任。⑥显名合伙人与隐名合伙人的内部关系主要靠契约来维持。所以，德国学者说："从经济学的观点看，隐名合伙很像一种以参加利润分配为条件的借贷。两者之间的区别在于隐名合伙人也要分担损失。"[1] 当然，这种损失的分担以出资额为限。

隐名合伙在有限责任、无权对合伙事务进行管理方面，同有限合伙有较大的相似之处，但二者的区别仍然十分明显：①隐名合伙人无须登记，仅仅以契约就可以成立，而有限合伙必须进行登记。也就是说，显名合伙人与隐名合伙人的关系主要靠契约来维持，而有限合伙人则是合伙组织的成员。②从外在形式上看，有限合伙的外在形式是合伙组织（合伙商号），而隐名合伙的外在形式有可能是一人经营的独资商号[2]。

隐名合伙作为一种契约型合伙形式，在许多国家普遍存在，例如，大陆法系的德国、法国、日本以及英美等国的商事法上均承认这种形式。我国合伙企业法否定这种形式。有一些学者认为，我国有必要建立隐名合伙制度，理由是：①确立隐名合伙制度有利于将一部分闲散资金吸引到一个新的投资领域。②确立隐名合伙制度有利于规范投资行为，保护投资者和经营者的合法利益，同时也保护第三人。③确立隐名合伙制度有利于解决实践中的纠纷[3]。

我们认为，隐名合伙在实践中确实有较大的需求，许多人想利用这种方式投资，一方面承担有限责任，另一方面，不参与合伙事务的经营与管理而分配利益。在实践中，这种实际的做法也是存在的。但是，一旦发生纠纷，隐名合伙人与债务人的关系就是一个较大的问题。对此，最高人民法院《民通意见》第46条规定："公民按照协议提供资金或者实物，并约定参与盈余分配，但不参与合伙经营、劳动的，或者提供技术性劳动而不提供资金、实物，但约定参与盈余分配的，视为合伙人。"而根据《民法通则》第35条的规定，合伙人对合伙债务承担连带责任。那也就是说，在我国，即使是隐名合伙人，也要对合伙债务承担连带责任。这样，无疑是否定了隐名合伙。我们赞同设立隐名合伙制度，以满足实际的需要。但另一方面，应当在隐名合伙制度中考虑对第三人的权利安全保障，避免合伙人以隐名合伙形式欺骗债权人。

（五）个人合伙与法人合伙

这是我国自1986年《民法通则》颁行以来，以合伙人的身份而划分的类型。在我国《民法通则》中，个人合伙是指由两个以上的自然人之间以合伙协

---

[1] ［德］罗伯特·霍恩等：《德国民商法导论》，楚建译，中国大百科全书出版社1996年版，第277页。

[2] 刘黎明："隐名合伙及相关的法律问题"，载《法商研究》1998年第6期。

[3] 刘黎明："隐名合伙及相关的法律问题"，载《法商研究》1998年第6期。

议为基础，共同出资、共同经营、共享收益、共担风险并对合伙债务承担无限连带责任的合伙方式，并将之规定在"自然人"一章中。而法人之间的合伙在我国称为"联营"，规定在"法人"一章中。这种分类受到了学者的普遍批评，认为，以个人、法人的身份来划分所谓的"个人合伙"与"法人合伙"是不适当的，除了人为地制造限制与不公平外，并没有什么实际作用[1]，并且在法律上留下了空白：自然人与法人之间的合伙，既不属于法人合伙，也不属于个人合伙，因而在民法上处于一种不确定的状态。既然自然人与法人都有资格成为合伙人，两者作为合伙成员的权利、义务又没有什么差别，规定适合所有民事主体的合伙也许更合理一些[2]。这些批评与建议颇有道理，但是，我国1997年《合伙企业法》（2006年已修订）却又剥夺了法人作为合伙人的资格。

《合伙企业法》规定，不仅自然人可以是合伙人，法人及其他经济组织都可以作为合伙人（但国有独资公司、国有企业、上市公司以及公益性的事业单位、社会团体不得成为普通合伙人[3]）。

三、合伙的设立（以我国《合伙企业法》为参照）

（一）普通合伙设立的基本条件

根据我国《合伙企业法》第14条的规定，设立普通合伙企业应当具备以下条件：

1. 有两个以上合伙人，合伙人为自然人的，应具有完全行为能力。这一条件，实际上肯定了合伙的团体性——二人以上。但是，需要注意的是，按照我国《合伙企业法》第3条的规定，国有独资公司、国有企业、上市公司以及公益性的事业单位、社会团体不得成为普通合伙人。

2. 有书面协议。按照我国《合伙企业法》第18、19条的规定，合伙协议应当包括以下内容：①合伙企业的名称和主要经营场所的地点；②合伙目的和合伙企业的经营范围；③合伙人的姓名及其住所；④合伙人出资的方式、数额和缴付出资的期限；⑤利润分配和亏损分担办法；⑥合伙企业事务的执行；⑦入伙与退伙；⑧合伙企业的解散与清算；⑨违约责任；⑩合伙期限；⑪争议的解决方式。

合伙协议经全体合伙人签名、盖章后生效。合伙人按照合伙协议享有权利，履行义务。修改或者补充合伙协议，应当经全体合伙人一致同意。

---

[1]　江平、龙卫球："合伙的多种形式与合伙立法"，载《中国法学》1996年第3期。
[2]　方流芳："关于合伙的几个问题"，载《法学研究》1987年第5期。
[3]　我国《合伙企业法》第3条。

合伙协议未约定或者约定不明确的事项，由合伙人协商决定；协商不成的，依照《合伙企业法》和其他有关法律、行政法规的规定处理。

3. 有合伙人实际缴付的出资。合伙人应当按照合伙协议约定的出资方式、数额和缴付期限，履行出资义务。

合伙人可以用货币、实物、知识产权、土地使用权或者其他财产权利出资，也可以用劳务出资。合伙人以实物、知识产权、土地使用权或者其他财产权利出资，需要评估作价的，可以由全体合伙人协商确定，也可以由全体合伙人委托法定评估机构评估。

合伙人以劳务出资的，其评估办法由全体合伙人协商确定，并在合伙协议中载明。

由此可见，合伙人的出资并不像公司股东的出资那样要求严格。这主要是因为公司股东对公司债务承担有限责任，而合伙人对合伙企业债务承担无限责任。所以，合伙财产与个人财产的严格区分，对保护债权人来说，并没有任何实质性意义。

另外，需要注意的是，以非货币财产出资的，依照法律、行政法规的规定，需要办理财产权转移手续的，应当依法办理。

4. 有合伙企业的名称。对于商事合伙，合伙必须在统一的名称下进行活动，所以，一定要求合伙企业具有自己的名称并进行登记。

5. 有经营场所和从事合伙经营的必要条件。

（二）设立的程序

1. 申请登记与审批。申请合伙企业设立登记，应当向企业登记机关提交登记申请书、合伙协议书、合伙人身份证明等文件。

合伙企业的经营范围中有属于法律、行政法规规定在登记前须经批准的项目的，该项经营业务应当依法经过批准，并在登记时提交批准文件。

2. 登记允许。申请人提交的登记申请材料齐全、符合法定形式，企业登记机关能够当场登记的，应予当场登记，发给营业执照。企业登记机关不能当场登记的企业登记机关应当自受理申请之日起 20 日内，作出是否登记的决定。予以登记的，发给营业执照；不予登记的，应当给予书面答复，并说明理由。

合伙企业的营业执照签发日期，为合伙企业成立日期。合伙企业领取营业执照前，合伙人不得以合伙企业名义从事合伙业务。

四、合伙企业与合伙人之间的财产关系

（一）合伙企业的财产

按照我国《合伙企业法》第 20 条的规定，合伙企业存续期间，合伙人的出资和所有以合伙企业名义取得的收益均为合伙企业的财产。这实际上是赋予了合伙企业的财产权利的归属资格。

（二）合伙人对合伙企业财产的分割禁止

由于合伙企业是一个相对稳定的商事组织，故合伙企业应当维持经营所必要的财产。虽然有的国家（如我国）承认合伙企业的权利归属资格，有的国家不承认其权利归属资格，但是，在合伙人对合伙企业财产的分割禁止这一点上是共同的，我国《合伙企业法》第 21 条规定，合伙企业进行清算前，合伙人不得请求分割合伙企业的财产。

也就是说，合伙人是合伙企业财产的最初出资人，也是最终所有者，即在合伙企业解散并清算完毕后，是企业剩余财产的所有者。

（三）合伙人对自己财产份额的转让

既然合伙人在合伙企业进行清算前，不得请求分割合伙企业的财产，那么，合伙人能否像公司股东那样，将自己在合伙企业中的份额转让给第三人而退出合伙？我国《合伙企业法》是允许的。按照该法第 22 条、第 23 条的规定，合伙企业存续期间，合伙人可以转让自己在合伙企业中的财产份额。但是：①合伙人向合伙人以外的人转让其在合伙企业中的全部或者部分财产份额的，必须经过其他合伙人一致同意。②合伙人之间转让其在合伙企业中的全部或者部分财产份额的，应当通知其他合伙人。③合伙人依法转让其财产份额的，在同等条件下，其他合伙人具有优先购买的权利。

《合伙企业法》关于合伙人向合伙人以外的人转让财产份额的规定，与《公司法》有较大的区别。按照《公司法》第 71 条的规定，股东向股东以外的人转让出资时，必须经全体股东过半数同意。不同意转让的股东应当购买该转让的出资，如果不购买，视为同意转让。但《合伙企业法》却没有作出这样的规定，所以，当其他合伙人不同意其向合伙人以外的人转让，也没有当然购买的义务，该合伙人就不得转让。这种规定似有不妥之处，应该作出类似《公司法》的规定。

（四）合伙人以其在合伙企业中的财产份额出质

根据我国《合伙企业法》第 25 条的规定，合伙人以其在合伙企业中的财产份额出质的，须经其他合伙人一致同意；未经其他合伙人一致同意，其行为无效，由此给善意第三人造成损失的，由行为人依法承担赔偿责任。

因为，出质虽然不是转让，但却是附条件的转让，所以，同财产份额的转让的条件几乎是一致的。

（五）合伙人与合伙企业竞争或者交易的禁止

根据我国《合伙企业法》第32条的规定，合伙人不得自营或者同他人合作经营与本合伙企业相竞争的业务。除合伙协议另有约定或者经全体合伙人同意外，合伙人不得同本合伙企业进行交易。

在普通合伙，合伙人与合伙企业之间的同业竞争为许多国家法律所禁止。但是，在承认有限合伙的国家中，有限合伙人不负该禁止义务。

五、合伙事务的执行

（一）合伙事务执行的一般原则[1]

各个合伙人对执行合伙企业事务享有同等的权利，可以由全体合伙人共同执行合伙企业事务，也可以由合伙协议约定或者全体合伙人决定，委托一名或者数名合伙人执行合伙企业事务。作为合伙人的法人、其他组织执行合伙事务的，由其委派的代表执行。

如果合伙协议规定或者全体合伙人决定委托一名或者数名合伙人执行职务的，其他合伙人不再执行合伙企业事务。执行合伙企业事务的合伙人，对外代表合伙企业。

但是，不参加执行合伙事务的合伙人有权监督执行事务的合伙人，检查其执行合伙企业事务的情况。

（二）对委托的撤销

受委托执行合伙事务的合伙人不按照合伙协议或者全体合伙人的决定执行事务的，其他合伙人可以决定撤销该委托[2]。

（三）合伙人分别执行合伙事务时的异议权

合伙人分别执行合伙事务的，执行事务合伙人可以对其他合伙人执行的事务提出异议。提出异议时，应当暂停该项事务的执行。如果发生争议，应按照合伙协议规定的办法表决决定；如果合伙协议没有约定，则按照合伙人一人一票并经全体合伙人过半数通过的表决办法决定[3]。

（四）合伙事务执行的结果归属

根据《合伙企业法》第28条的规定，由一名或者数名合伙人执行合伙企业

---

[1]　《合伙企业法》第26、27条。
[2]　《合伙企业法》第29条。
[3]　《合伙企业法》第30条。

事务的，其执行合伙企业事务所产生的收益归合伙企业，所产生的亏损或者费用，由合伙企业承担。

执行事务合伙人应当定期向其他合伙人报告事务执行情况以及合伙企业的经营和财务状况；合伙人为了解合伙企业的经营状况和财务状况，有权查阅合伙企业会计账簿等财务资料。

（五）被委托执行合伙企业事务的合伙人的法律地位

被委托执行合伙企业事务的合伙人不是合伙企业的负责人或者法定代表人，而是一种基于委托关系产生的代理关系。这种代理与一般民事代理的区别在于：被委托执行合伙事务的人执行事务的积极结果与消极结果均由全体合伙人承担，而在一般的民事代理中，代理人的积极结果由被代理人承担，但发生的侵权责任等消极结果被代理人不承担。这主要是由被委托人同合伙企业的特殊关系所导致的。

另外，在同第三人的关系上，也不同于一般代理。根据我国《合伙企业法》第37条的规定，合伙企业对合伙人执行合伙企业事务以及对外代表合伙企业权利的限制，不得对抗善意第三人。如果在一般民事代理中，代理人超越代理权的行为，为无权代理，为效力待定的行为，必须经过被代理人的追认才能对被代理人生效。

六、合伙企业的内部关系

（一）利润的分配与亏损的负担

合伙企业的利润分配、亏损分担，按照合伙协议的约定办理；合伙协议未约定或者约定不明确的，由合伙人协商决定；协商不成的，由合伙人按照实缴出资比例分配、分担；无法确定出资比例的，由合伙人平均分配、分担。合伙协议不得约定将全部利润分配给部分合伙人或者由部分合伙人承担全部亏损（《合伙企业法》第33条）。

（二）合伙人对合伙事务的决定权

1. 合伙企业决议的一般原则。合伙人对合伙企业有关事项作出决议，按照合伙协议约定的表决办法办理。合伙协议未约定或者约定不明确的，实行合伙人一人一票并经全体合伙人过半数通过的表决办法（《合伙企业法》第30条）。

2. 需要合伙人一致同意的表决事项。根据我国《合伙企业法》第31条的规定，下列事务必须经全体合伙人一致同意：①改变合伙企业的名称；②改变合伙企业的经营范围、主要经营场所的地点；③处分合伙企业的不动产；④转让或者处分合伙企业的知识产权和其他财产权利；⑤以合伙企业名义为他人提供担保；

⑥聘任合伙人以外的人担任合伙企业的经营管理人员。

（三）入伙

1. 入伙的程序。新合伙人入伙时，应当经全体合伙人同意，并依法订立书面合伙协议。但是，新合伙人加入合伙后要对合伙企业原来的债务承担连带责任，因此，为了防止原合伙人以加入合伙为名欺骗新合伙人，故法律特别规定了原合伙人的信息披露义务。即订立入伙协议时，原合伙人应当向新合伙人如实告知原合伙企业的经营状况和财务状况[1]。

2. 入伙的新合伙人的权利义务。按照我国《合伙企业法》第44条的规定，入伙的新合伙人与原合伙人享有同等权利，承担同等责任。入伙的新合伙人对入伙前合伙企业的债务承担连带责任。

由于入伙的新合伙人对入伙前合伙企业的债务承担连带责任，就必须要求入伙时，原合伙人向新合伙人如实告知原合伙企业的经营状况和财务状况（《合伙企业法》第43条）。如果原合伙人违反这一义务，导致了新合伙人入伙并承担了不可预见的对第三人的连带责任，新合伙人能否以此向债权人提出抗辩？不能，除非债权人与原合伙人恶意串通以损害新入伙人。但可以有两种途径解决：一是以欺诈为由请求法院撤销合伙协议，并要求其他原合伙人进行赔偿，但不能免除对第三人的连带责任。二是保持合伙协议有效，追究违反说明义务的原合伙人的责任，即要求原合伙人赔偿因未尽如实说明义务给新合伙人造成的损失。

（四）退伙

1. 退伙的事由。我国《合伙企业法》规定了许多退伙的事由，主要有：

（1）合伙人可以自己决定是否退伙的事由[2]。如果合伙协议约定合伙企业的经营期限，有下列情形之一的，合伙人可以退伙：①合伙协议约定的退伙事由出现；②经全体合伙人同意退伙；③发生合伙人难以继续参加合伙企业的事由；④其他合伙人严重违反合伙协议约定的义务。

如果合伙协议没有约定合伙企业的经营期限的，合伙人在不给合伙企业事务执行造成不利影响的情况下，可以退伙，但应当提前30日通知其他合伙人。

（2）当然退伙的事由[3]。如果发生了下列情形之一的，当然退伙：①作为合伙人的自然人死亡或者被依法宣告死亡；②个人丧失偿债能力；③作为合伙人的法人或者其他组织依法被吊销营业执照、责令关闭撤销，或者被宣告破产；

---

〔1〕《合伙企业法》第43条。
〔2〕《合伙企业法》第45条。
〔3〕《合伙企业法》第48条。

④法律规定或者合伙协议约定合伙人必须具有相关资格而丧失该资格；⑤合伙人在合伙企业中的全部财产份额被人民法院强制执行。

应当特别指出，合伙人被依法认定为无民事行为能力人或者限制民事行为能力人的，经其他合伙人一致同意，可以依法转为有限合伙人，普通合伙企业依法转为有限合伙企业。其他合伙人未能一致同意的，该无民事行为能力或者限制民事行为能力的合伙人退伙。

合伙人死亡或者被依法宣告死亡的，对该合伙人在合伙企业中的财产份额享有合法继承权的继承人，按照合伙协议的约定或者经全体合伙人一致同意，从继承开始之日起，取得该合伙企业的合伙人资格。但是，有下列情形之一的，合伙企业应当向合伙人的继承人退还被继承合伙人的财产份额：①继承人不愿意成为合伙人；②法律规定或者合伙协议约定合伙人必须具有相关资格，而该继承人未取得该资格；③合伙协议约定不能成为合伙人的其他情形。合伙人的继承人为无民事行为能力人或者限制民事行为能力人的，经全体合伙人一致同意，可以依法成为有限合伙人，普通合伙企业依法转为有限合伙企业。全体合伙人未能一致同意的，合伙企业应当将被继承合伙人的财产份额退还该继承人（《合伙企业法》第50条）。

（3）除名退伙的事由[1]。合伙人有下列情形之一的，经其他合伙人一致同意，可以将其除名：①未履行出资义务；②因故意或者重大过失给合伙企业造成损失；③执行合伙企业事务时有不正当行为；④合伙协议约定的其他事由。

对合伙人的除名决议，应当书面通知被除名的合伙人。被除名的合伙人自接到除名通知之日起，除名生效，被除名人退伙。被除名人对除名决议有异议的，可以在接到除名通知之日起30日内，向人民法院起诉。

2. 退伙的后果[2]。

（1）退伙的结算。合伙人退伙的，其他合伙人应当与该退伙人按照退伙时的合伙企业的财产状况进行结算，退还退伙人的财产份额。即应当对整个合伙企业的财产状况进行清理，如果企业有盈利的，应当将退伙人的最初出资加上盈利一并退还；如果有亏损的，应当从最初的出资额中减去亏损。退伙时有未了结的合伙企业事务的，待了结后进行结算。

至于退伙人的出资份额的退还，可以是货币，也可以是实物，由合伙协议约定或者全体合伙人决定。

---

[1] 《合伙企业法》第49条。
[2] 《合伙企业法》第51～54条。

（2）退伙的责任。合伙人退伙不影响其在退伙前对合伙企业债务应承担的连带责任，即退伙人对其退伙前已经发生的合伙企业债务，与他合伙人承担连带责任。

合伙人退伙时，合伙企业财产少于合伙企业债务的，退伙人应当依照《合伙企业法》第 33 条第 1 款的规定分担亏损[1]。

七、合伙企业的外部关系

（一）合伙人与合伙企业对于债权人承担责任的一般原则

一般来说，合伙人与合伙企业就合伙企业债务对债权人承担连带责任，但是，根据我国的《合伙企业法》第 38、39 条的规定，合伙企业对其债务，应先以其全部财产进行清偿。合伙企业财产不足清偿到期债务的，各合伙人应当承担无限连带清偿责任。

这一规定在实际效果上赋予了合伙人以先诉抗辩权，即债权人只能先向合伙企业主张债务清偿。只有当合伙企业不能清偿时，才能向各个合伙人主张权利。这样一来，就改变了传统民法上的连带责任的基本性质。所以，我们可以这样理解我国合伙法上的连带责任：这种连带责任是数额连带，而非性质连带。目前，在我国许多立法和司法解释中，均采用这种连带责任的概念。

因连带责任造成的合伙人清偿的数额超过自己应当承担则份额的，可以向其他合伙人追偿。

（二）合伙人个人的债权人对合伙企业权利行使的禁止[2]

1. 抵销权的禁止。合伙人发生与合伙企业无关的债务，相关债权人不得以其债权抵销其对合伙企业的债务。例如，A 为合伙企业甲的合伙人之一，B 是合伙人 A 的债权人，对 A 拥有债权 9000 元。同时，B 又是合伙企业甲的债务人，对合伙企业甲欠债 9000 元。B 不得以其对 A 的债权抵销对甲的债务。

2. 代位权的禁止。合伙人个人负有债务，其债权人不得代位行使该合伙人在合伙企业中的权利。

---

[1] 《合伙企业法》第 33 条规定："合伙企业的利润分配、亏损分担，按照合伙协议的约定办理；合伙协议未约定或者约定不明确的，由合伙人协商决定；协商不成的，由合伙人按照实缴出资比例分配、分担；无法确定出资比例的，由合伙人平均分配、分担。合伙协议不得约定将全部利润分配给部分合伙人或者由部分合伙人承担全部亏损。"

[2] 《合伙企业法》第 41 条。

（三）合伙人的债权人对合伙人在合伙企业中财产利益的请求[1]

合伙人的自有财产不足以清偿其与合伙企业无关的债务的，该合伙人可以以其从合伙企业中分取的收益用于清偿；债权人也可以依法请求人民法院强制执行该合伙人在合伙企业中的财产份额用于清偿。

人民法院强制执行合伙人的财产份额时，应当通知全体合伙人，其他合伙人有优先购买权；其他合伙人未购买，又不同意将该财产份额转让给他人的，应当为该合伙人办理退伙结算，或者办理削减该合伙人相应财产份额的结算。

八、有限合伙企业[2]

（一）有限合伙企业的设立

结合我国《合伙企业法》第60~66条、第14条的规定，有限合伙企业的设立应当具备下列条件：

1. 有限合伙企业由2个以上50个以下合伙人，并且，其中至少应当有一个普通合伙人。

2. 有书面合伙协议。合伙协议除普通合伙协议规定的事项外，还应当载明下列事项：①普通合伙人和有限合伙人的姓名或者名称、住所；②执行事务合伙人应具备的条件和选择程序；③执行事务合伙人权限与违约处理办法；④执行事务合伙人的除名条件和更换程序；⑤有限合伙人入伙、退伙的条件、程序以及相关责任；⑥有限合伙人和普通合伙人相互转变程序。

3. 有合伙人认缴或者实际缴付的出资。有限合伙人应当按照合伙协议的约定按期足额缴纳出资；未按期足额缴纳的，应当承担补缴义务，并对其他合伙人承担违约责任。

有限合伙人可以用货币、实物、知识产权、土地使用权或者其他财产权利作价出资。有限合伙人不得以劳务出资。

4. 有合伙企业的名称和生产经营场所。

5. 法律、行政法规规定的其他条件。

（二）有限合伙企业事务的执行[3]

按照我国《合伙企业法》的规定，有限合伙企业由普通合伙人执行合伙事务。有限合伙人不执行合伙事务，也不得对外代表有限合伙企业。但是，有限合

---

[1]《合伙企业法》第42条。

[2] 本节仅仅说明有限合伙的特殊事项，在本节没有说明时，适用普通合伙的规则。

[3]《合伙企业法》第67~68条。

伙人的下列行为，不视为执行合伙事务：①参与决定普通合伙人入伙、退伙；②对企业的经营管理提出建议；③参与选择承办有限合伙企业审计业务的会计师事务所；④获取经审计的有限合伙企业财务会计报告；⑤对涉及自身利益的情况，查阅有限合伙企业财务会计账簿等财务资料；⑥在有限合伙企业中的利益受到侵害时，向有责任的合伙人主张权利或者提起诉讼；⑦执行事务合伙人怠于行使权利时，督促其行使权利或者为了本企业的利益以自己的名义提起诉讼；⑧依法为本企业提供担保。

执行事务的合伙人可以要求在合伙协议中确定执行事务的报酬及报酬提取方式。

（三）与合伙企业交易及竞争业务的允许

根据我国《合伙企业法》第70、71条的规定，除合伙协议另有约定外，有限合伙人可以同本有限合伙企业进行交易并可以自营或者同他人合作经营与本有限合伙企业相竞争的业务。

（四）有限合伙人以其在合伙企业中财产份额的出质与转让

1. 有限合伙人以其在合伙企业中的财产份额出质。除合伙协议另有约定外，有限合伙人可以将其在有限合伙企业中的财产份额出质（《合伙企业法》第72条）。

2. 份额转让。有限合伙人可以按照合伙协议的约定，向合伙人以外的人转让其在有限合伙企业中的财产份额，但应当提前30日通知其他合伙人。在同等条件下，其他合伙人有优先购买权。

份额转让后，有限合伙企业仅剩有限合伙人的，应当解散；有限合伙企业仅剩普通合伙人的，转为普通合伙企业（《合伙企业法》第75条）。

（五）合伙人之个人债务对于其出资份额的关系

有限合伙人的自有财产不足以清偿其与合伙企业无关的债务的，该合伙人可以以其从有限合伙企业中分取的收益用于清偿；债权人也可以依法请求法院强制执行该合伙人在有限合伙企业中的财产份额用于清偿。

法院强制执行有限合伙人的财产份额时，应当通知全体合伙人。在同等条件下，其他合伙人有优先购买权。

（六）表见普通合伙人[1]

有限合伙人未经授权一般不以合伙企业的名义从事交易行为，对外也不代表合伙企业。但是，第三人有理由相信有限合伙人为普通合伙人并与其交易的，该

---

[1]《合伙企业法》第76条。

有限合伙人对该笔交易承担与普通合伙人同样的责任。

有限合伙人未经授权以有限合伙企业名义与他人进行交易，给有限合伙企业或者其他合伙人造成损失的，该有限合伙人应当承担赔偿责任。

（七）有限合伙企业入伙与退伙的特别规定

1. 新入伙人对原来合伙企业的债务责任。新入伙的有限合伙人对入伙前有限合伙企业的债务，以其认缴的出资额为限承担责任（《合伙企业法》第77条）。

2. 合伙企业存续期间合伙人丧失民事行为能力的法律后果。作为有限合伙人的自然人在有限合伙企业存续期间丧失民事行为能力的，其他合伙人不得因此要求其退伙（《合伙企业法》第79条）。法律这样规定的原因有二：①因有限合伙人仅仅承担有限责任，因此，不涉及其个人的偿债能力问题；②有限合伙人一般不参与合伙事务的管理，与行为能力也无太大的关系。另外，其尚有监护人可以法定代理。

3. 合伙人死亡或者解散时的法律后果[1]。作为有限合伙人的自然人死亡、被依法宣告死亡或者作为有限合伙人的法人及其他组织终止时，其继承人或者权利承受人可以依法取得该有限合伙人在有限合伙企业中的资格。

4. 退伙的法律后果。

（1）有限合伙人退伙后，对基于其退伙前的原因发生的有限合伙企业债务，以其退伙时从有限合伙企业中取回的财产承担责任（《合伙企业法》第81条）。

（2）有限合伙企业仅剩有限合伙人的，应当解散；有限合伙企业仅剩普通合伙人的，转为普通合伙企业（《合伙企业法》第75条）。

（八）有限合伙人与普通合伙人的转换[2]

1. 一般程序。除合伙协议另有约定外，普通合伙人转变为有限合伙人，或者有限合伙人转变为普通合伙人，应当经全体合伙人一致同意。

2. 有限合伙人转变为普通合伙人的债务责任。有限合伙人转变为普通合伙人的，对其作为有限合伙人期间有限合伙企业发生的债务承担无限连带责任。

3. 普通合伙人转变为有限合伙人的债务责任。普通合伙人转变为有限合伙人的，对其作为普通合伙人期间合伙企业发生的债务承担无限连带责任。

---

〔1〕《合伙企业法》第80条。
〔2〕《合伙企业法》第82~84条。

九、合伙企业的解散与清算

（一）合伙企业的解散事由

根据我国《合伙企业法》第 85 条的规定，合伙企业有下列情形之一的，应当解散：

1. 合伙协议约定的经营期限届满，合伙人不愿意继续经营的。
2. 合伙协议约定的解散事由出现。
3. 全体合伙人决定解散。
4. 合伙人已经不具备法定人数满 30 天。
5. 合伙协议约定的合伙目的已经实现或者无法实现。
6. 被依法吊销营业执照、责令关闭或者被撤销。
7. 出现法律、行政法规规定的合伙企业解散的其他原因。

（二）清算

任何一个企业的解散均应当进行清算，合伙企业也不例外。在实践中，许多企业不经清算就消灭，对债权人往往造成巨大损害。所以，《合伙企业法》第 86 条规定，合伙企业解散后应当进行清算。

从性质上说，企业的清算是对企业债权、债务、资产进行清理的过程，是企业推出市场的必经程序，没有清算，任何企业不得注销。

第三编　法律行为与代理

第一节　《民法总则》中的法律行为的概念

一、《民法总则》第 133 条关于法律行为的概念

《民法总则》颁布之前，我国学者关于法律行为的概念有诸多争议，这主要源自《民法通则》对于法律行为的规范本身。《民法总则》吸收了学理成果，于第 133 条对法律行为进行了这样的定义："民事法律行为是民事主体通过意思表示设立、变更、终止民事法律关系的行为。"该定义与《民法通则》比较，有显著的进步，主要表现在：①明确了"意思表示"在法律行为中的作用和核心地位。应该说，这是一个很大的进步，"意思表示"是法律行为的核心，而《民法通则》当年就没有将这一核心要素规定在法律行为中："民事法律行为是公民或者法人设立、变更、终止民事权利和民事义务的合法行为。"（第 54 条）。由于该条规定中没有"意思表示"这样的表达，其实就没有定义出"法律行为"的实质，也就难以与其他概念和制度清楚地予以区分，例如，"无因管理"是否也符合《民法通则》第 54 条之规定呢？因为，无因管理也具有该条规定的所有要件：客观上能够引起民事权利义务，也是合法行为。但无因管理与法律行为的区别在于：是否具有主观上设立、变更或者终止民事权利义务的意思表示。②去除《民法通则》对法律行为"合法性"的要求，也是吸收学理关于法律行为研究成果的具体体现。因为，《民法通则》通过之后，许多学者对于这种"合法性"的要求进行了批判，认为"合法性"要求是不必要的[1]。因此，可以说，《民法总则》对于法律行为的定义，是一个进步，或者说回归了"法律行为"的本来面目。

但是，《民法总则》仍然保留了"民事法律行为"的错误概念，应该说这是一个遗憾。因为，法律行为是私法中独有的概念，只有私法中才有意思自治，才需要通过法律行为来表达。公法中（如行政法与刑法）根本不存在意思自治原则适用的余地，当然也就不可能有法律行为生存的土壤。

对于法律行为的这一概念，我们应该从以下几个方面加以理解和把握：

1. 法律行为以意思表示为要素，从而使其区别于其他的同样能够引起法律上权利义务的事实，例如，不当得利、无因管理、侵权行为等。我国《民法总则》第 133 条强调"通过意思表示设立、变更、终止民事法律关系"正是这一思想的体现。甚至在早年，德国学者根本不区分意思表示与法律行为。由此可见，意思表示对于法律行为的重要性。

2. 法律行为的目的在于引起明确的法律后果，这一含义是说法律行为的目的在于产生具体的私法上的权利义务关系，并且这种法律后果来源于主体意思表示中所预设的希望发生与积极追求的，并不是法律强加于当事人的。我国《民法总则》第 133 条明确表达了这一思想，正如德国学者所指出的：我们说法律行为的目的是引起法律后果，这一表述的意思是：法律行为之所以产生法律后果，不仅是因为法律制度为法律行为规定了这样的后果，首要的原因在于从事法律行为的人正是想通过这样的行为引起这种法律后果。可见，在通常情况下，法律行为是一种有目的的行为，即以最后引起某种法律后果为目的的行为[2]。法律行为的这一含义就使其同以下两种行为区别开来：

第一，情谊行为，即人们之间的友谊交往行为，例如，今天我邀请你来我家做客，你愉快地答应了邀请。但这并不成立一个法律行为（合同），因为双方在发出或者接受这种意思表示的时候，并没有在具体权利义务的意义上为之。

第二，有些人的行为虽然也产生法律后果，但这种法律后果并非基于行为人的意思及效果预设，而是基于法律规定，如侵权行为虽然是人的行为，但却是典

---

〔1〕 王利明：《民法总则研究》，中国人民大学出版社 2012 年版，第 514 页；董安生：《民事法律行为——合同、遗嘱和婚姻行为的一般规律》，中国人民大学出版社 1994 年版，第 104～105 页、126～127 页；李永军：《民法总论》，法律出版社 2006 年版，第 428～429 页；谭启平主编：《中国民法学》，法律出版社 2015 年版，第 187 页；朱庆育：《民法总论》，北京大学出版社 2013 年版，第 92～103 页等。

〔2〕 ［德］卡尔·拉伦茨：《德国民法通论》（下册），王晓晔等译，法律出版社 2003 年版，第 426 页。

型的非法律行为，其侵权行为的赔偿义务之后果是基于法律的强制性规定，而不是基于行为人积极的预设。

3. 法律行为的本质为私法自治。几乎所有学者都认识到了这一点，即法律行为是实现私法自治的工具，如梅迪库斯指出：意思表示是法律行为的工具，而法律行为又是私法自治的工具[1]。拉伦茨认为：《德国民法典》所称的"法律行为"，是指一个人或多个人从事的一项行为或者若干项具有内在联系的行为，其目的是引起某种私法上的法律后果，亦即使个人与个人之间的法律关系发生变更。每个人都通过法律行为的手段来构建他与其他人之间的法律关系。法律行为是实现德国民法典的基本原则——私法自治的工具[2]。法律行为的这一本质，在其作用范围中明显地体现出来：凡允许私法自治的领域才适用法律行为，因此，法律行为在民法中具体为合同行为、婚姻行为与遗嘱行为。自然地，法律行为也就作为合同行为、婚姻行为与遗嘱行为的上位概念。这三种行为的共同性规则就是法律行为的规则，反过来说，法律行为的制度规则对于这三种行为通用，也就是说，其具有"公因式"的特征。

4. 法律行为具有抽象性。"法律行为"是一种抽象的概念，现实生活中根本不存在所谓的"法律行为"这种东西，只存在具体的合同、遗嘱和婚姻等。法律行为恰恰是从这些具体的"以意思表示"为核心的行为中抽象出来的，就比如说，现实生活中不存在"人"，只存在男人和女人、老人和小孩一样。就如德国学者所指出的，法律行为的概念是所有在法律秩序中形成的行为类型的抽象，就法律秩序针对这些行为类型所规定的内容而言，其目的在于使个体能够以意思自治的方式通过制定规则来形成、变更或者消灭法律关系，即旨在实现私法自治。现实中不存在"某一"法律行为本身，而仅存在法律所认可的、因其而存在的各种行为类型，如买卖合同、债权让与、订婚、结婚、遗嘱等行为，这些行为都可以被置于抽象的法律行为概念之下去理解[3]。除了法律行为的共性之外，人们还必须注意到各种法律行为所具有的特性。只有当法律行为被理解为对法律秩序所认可的各种类型的法律行为的抽象，而不是法律行为本身时，才可能存在注意各类法律行为的余地[4]。

因此，我们在理解法律行为这一概念的时候，一定要注意"民法总则编"

---

〔1〕 〔德〕迪特尔·梅迪库斯：《德国民法总论》，邵建东等译，法律出版社2000年版，第142～143页。

〔2〕 〔德〕卡尔·拉伦茨：《德国民法通论》（下册），王晓晔等译，法律出版社2003年版，第426页。

〔3〕 〔德〕维尔纳·弗卢梅：《法律行为论》，迟颖译，法律出版社2013年版，第26～27页。

〔4〕 〔德〕维尔纳·弗卢梅：《法律行为论》，迟颖译，法律出版社2013年版，第39页。

中的抽象的法律行为规则与其他各编中具体的各个法律行为之间的关系，即法律行为与合同、法律行为与遗嘱、法律行为与婚姻等之间的关系：法律行为规则是一般规则，而各个具体的法律行为（如合同）部分则规定独特的规则。这也应该是我国民法典编纂中，处理民法总则编与合同部分之间关系的一般原则。但由于我国民法典编纂从目前的态势看，合同法独立成编，因此，如何处理法律行为与合同编的关系，就成为一个关键的问题。如果处理不好，将严重破坏民法体系的内部结构。

5. 法律行为是法律事实的一种。法律行为是法律事实的一种，法律事实包括以人的意志为转移的行为和与人的意志无关的事件，前者为法律行为，而后者就是非法律行为。法律事实这一概念是与法律规范的构成直接相关的，美国学者梅利曼指出：法律行为概念是以"法律事实"为基础的。我们知道，法律规范中包含着一个典型的事实状态和一个法律后果的表述。如果与典型事实状态相吻合的具体事实发生，那么法律后果就随之出现。法律事实指一个事件（如人的出生或者死亡，一个契约的订立等）。这个事件同典型的事实状态相吻合，因而就带来一定的法律后果。它是一个与法律有关的事实，有别于那些无任何法律意义的事件。法律事实包含了"不以人的主观意志为转移而自然发生的事实（如人因疾病、地震而死亡等）以及人的自愿、审慎的行为"。因此，法律事实分为两种：严格意义上的法律事实（即纯粹的法律事实）和自愿、审慎的法律行为[1]。我们所说的法律行为，是在后一种意义上使用的。

二、法律行为与意思表示

法律行为与意思表示究竟是什么关系？从我国《民法总则》第六章的整体结构看，我国立法从来没有把意思表示等同于法律行为，而仅仅把意思表示作为法律行为的一部分来对待，这一点，从该章的第二节"意思表示"规定中，体现得非常明确。

但不可否认的是，意思表示与法律行为有时可以通用，德国民法典即是如此。那么，在什么情况下，法律行为与意思表示接近？在什么情况下，二者的区别才有意义呢？

按照德国学者的观点，在单方法律行为中，亦即法律关系由一个意思表示就可以形成的话，那么，"法律行为"与"意思表示"就是重合的，例如，单方终止合同的情形就属于这种情形。该终止合同的表示是一个意思表示，该意思表示

---

〔1〕 ［美］约翰·亨利·梅利曼：《大陆法系》，顾培东、禄正平译，法律出版社 2004 年版，第 79 页。

是终止合同这一法律行为的表达，这里的意思表示就等于法律行为。只有当法律行为由多个意思表示构成的情况下，区分意思表示与法律行为才有意义。典型的例子是合同。合同缔结各方的意思表示共同构成合同这一法律行为，例如，买卖这一法律行为由卖方和买方的意思表示构成。有鉴于此，就合同而言，应当区分"意思表示"和"法律行为"[1]。

三、法律行为的作用范围

德国学者一般认为，法律行为一般包括合同行为（订立债务合同、债权转让合同、所有权转移合同）、缔结婚姻、做成遗嘱[2]。

虽然法律行为是从婚姻行为、合同行为、遗嘱行为中抽象出来的，并一般地说，适用于这三个领域，但也有例外。例如，法律行为制度就不适用于全部婚姻关系，夫妻财产关系可以通过契约约定，但人身关系不适用约定而是法定；订立的婚约是不可以强制执行的；有关人的生命、人格、尊严等诸方面的约定也常常会导致无效。因此，法律行为制度的彻底贯彻仅仅在具有财产交易性质的契约法中才能进行。

四、法律行为与准法律行为

（一）概念

准法律行为看起来很像法律行为，但却不是法律行为。准法律行为是指由法律直接规定结果的当事人的表示行为。我们必须正确地把握法律行为与准法律行为的区别：①首先，从概念上说，准法律行为完全不是法律行为，就如历史法学派在英国的代表人物梅因在批评英国人将"准契约"等同于"契约"时指出的：准契约完全不是契约，而是罗马人用来进行分类的名词[3]。之所以将一个不是法律行为的东西前面加上一个"准"字而称为"准法律行为"，是基于以下两点：其一，表明两者的不同；其二，是当事人的行为，并且有明确的意思表示，类似于法律行为，有关法律行为的一些规则可以准用，如行为能力、意思瑕疵等。②虽然法律行为与准法律行为的共同点在于都具有意思表示、都要求行为人的行为能力，但法律后果发生的根据存在巨大的不同：法律行为之所以能够产生

---

〔1〕　〔德〕维尔纳·弗卢梅：《法律行为论》，迟颖译，法律出版社2013年版，第29~30页。

〔2〕　〔德〕K.茨威格特、H.克茨：《比较法总论》，高鸿钧等译，贵州人民出版社1992年版，第271页；
　　　〔德〕迪特尔·梅迪库斯：《德国民法总论》，邵建东等译，法律出版社2000年版，第27页。

〔3〕　〔英〕梅因：《古代法》，沈景一译，商务印书馆1996年版，第193页。

某种法律后果，是因为行为人具有这种法律后果的愿望，并将这种后果表达出来；而准法律行为虽有意思表示行为，但这种后果并不包含在意思表示中，或者说意思表示中是否具备这种后果并不重要，该表示行为的后果是由法律直接规定的。

（二）种类

1. 催告。催告是指债权人要求债务人履行到期债务的通知，或者要求法律关系的对方当事人确定某种关系的通知。例如，《担保法》中，行使留置权前对于债务人的履行催告；无权代理关系中，相对人对于被代理人是否追认的催告等。

2. 通知或者告知。在这类行为中，行为人表示的并不是某项意思，而是一种他知道的事实[1]。具体如债权转移对债务人的通知（《合同法》第 80 条）、迟到的承诺的通知（《合同法》第 29 条）、标的物瑕疵告知（《合同法》第 158 条）等。

我国台湾学者普遍地将准法律行为分为三种：意思通知、事实通知与感情表示。意思通知是指当事人的表达具有一定的期望，法律因其表示而赋予一定的法律后果（如催告）；事实通知是指当事人表达一定的事实上的观念，法律因其表示行为而赋予一定的法律后果的行为（如留置权人定有一定期限要求债务人履行债务，否则就行使留置权）；感情表示是指当事人表达一定的感情，法律因其表示行为而赋予一定的法律后果者，如夫妻一方与他人通奸，另一方表示原谅的表示[2]。除了最后一种，这种分类方式与上面的分类几乎相同。

3. 关于法律行为规则对于准法律行为的类推适用。德国学者梅迪库斯指出：由于准法律行为与法律行为之间不存在一条清晰的界限，因此有关法律行为的规定也应该可以类推适用于准法律行为。但是，由于各类准法律行为之间存在着重大的区别，也无法作出一般性的断言。例如，法律有关"违反善良风俗的法律行为无效"的规定就几乎不能适用于准法律行为；行为能力一般可以适用[3]。我认为，日本学者提出的一般性原则可以采用，即有关行为能力、意思表示瑕疵等是否准用于准法律行为时，应根据准法律行为所关注的规定不同而有不同的答案。具体来说：①有关行为能力的规定——当有关行为能力的规定的立法目的也

---

〔1〕 ［德］迪特尔·梅迪库斯：《德国民法总论》，邵建东译，法律出版社 2000 年版，第 160 页。

〔2〕 邱聪智：《民法总则》（上），三民书局股份有限公司 2005 年版，第 646～650 页；王泽鉴：《民法概要》，中国政法大学出版社 2003 年版，第 81 页。

〔3〕 ［德］迪特尔·梅迪库斯：《德国民法总论》，邵建东译，法律出版社 2000 年版，第 161 页。

适合于准法律行为时，允许类推；②有关意思欠缺、意思表示瑕疵的规定——当法律规定的有关意思欠缺、意思表示瑕疵的规则也适合于准法律行为时，也允许类推适用。反之亦然，也应根据准法律行为的法律规定的立法目的来决定是否类推适用法律行为的有关规定[1]。

第二节　法律行为的分类

一、单方法律行为与多方法律行为

这是以法律行为的成立对意思表示的依赖而作的分类，也是我国《民法总则》第 134 条明确规定的分类。该条第 1 款规定："民事法律行为可以基于双方或者多方的意思表示一致成立，也可以基于单方的意思表示成立。"

（一）单方法律行为

单方法律行为是指只需要一项意思表示就可成立的法律行为[2]。也就是说，单方法律行为是指原则上由一个人即可单独有效地从事的行为[3]。由于"任何人不得为第三人创设义务"的规则，单方法律行为大致可以分为三种情况：

1. 仅仅以单方行为处分自己的权利，如所有权的抛弃。

2. 为他人设权的行为，如授予代理权的行为、立遗嘱的行为。

3. 行使法律规定或者当事人约定的权利，如解除权、撤销权、追认权，即形成权的行使一般为单方法律行为。

在单方法律行为中，根据意思表示是否需要受领或者是否需要向他人作出，可以分为有相对人的和无相对人的单方法律行为[4]。《民法总则》第 138、142条涉及这种分类。对此，德国学者指出，从事物的本质来看，原则上，意思表示应当"向他人作出"，这是因为，一般而言，只有当意思表示"向他人作出"时，即向它所针对的那一方作出时，它才具有意义。因此，多方法律行为要求一方当事人应"向另一方当事人"作出意思表示，以便双方能够达成合意。据此，

---

〔1〕 ［日］山本敬三：《民法讲义Ⅰ总则》，解亘译，北京大学出版社 2004 年版，第 73 页。

〔2〕 ［德］迪特尔·梅迪库斯：《德国民法总论》，邵建东译，法律出版社 2000 年版，第 165 页。

〔3〕 ［德］卡尔·拉伦茨：《德国民法通论》（下册），王晓晔等译，法律出版社 2003 年版，第 432 页。

〔4〕 有相对人与无相对人的法律行为的分类，与需要受领的意思表示与不需要受领的意思表示法律行为的分类是否相同，有不同观点。在此，我采取相同的观点。

以意思表示是否具有需受领为标准来划分法律行为的做法，仅适用于单方法律行为[1]。仅在个别情形中，即在那些法律行为不直接关涉他人，实施法律行为的行为人仅仅为自己的权利领域制定规则的情形中，人们可以通过无须受领的意思表示来实施单方法律行为，典型如遗嘱行为。例如，《德国民法典》第 144 条对于"可撤销法律行为的认可"属于无需向他人作出的单方法律行为，而第 182 条对于尚未生效的法律行为的同意，则属于需要向他人作出意思表示的单方法律行为。这是因为，表意人对第 144 条的认可属于对于自己撤销权的处分，而经认可的法律行为原本已经生效。反之，需经其同意的法律行为尚未生效，其效力有待确定。因此，同意表示属于需要受领的表示[2]。

这种分类的意义主要在于意思表示的生效时间和法律行为的成立时间不同、意思表示的解释不同。对此，我国《民法总则》第 138 条规定："无相对人的意思表示，表示完成时生效。法律另有规定的，依照其规定。"第 142 条规定："有相对人的意思表示的解释，应当按照所使用的词句，结合相关条款、行为的性质和目的、习惯以及诚信原则，确定意思表示的含义。无相对人的意思表示的解释，不能完全拘泥于所使用的词句，而应当结合相关条款、行为的性质和目的、习惯以及诚信原则，确定行为人的真实意思。"

（二）多方法律行为

多方法律行为包括必须有两个或者两个以上的意思表示才能成立的法律行为。由于在多方法律行为中情况比较复杂，因此，学理上一般要对多方法律行为进行再分类：即双方法律行为、多方法律行为与决议。

1. 双方法律行为。双方法律行为一般是指契约，即由两个意思表示一致而成立的法律行为。契约的当事人可以是多个，但这多个当事人必须形成"两造"，即对立双方。当事人虽为多人，但却仅仅能够形成两个意思表示，例如，A B C 三个当事人，AB 为一方，C 为一方，双方所期待的法律后果是因他们之间相互一致的意思表示而产生的[3]。有些人认为，双方法律行为应称为契约，以区别于下面所说的因多方意思表示一致而形成的合同[4]。

2. 多方法律行为。多方法律行为应准确地称为"共同行为"，即因当事人多个方向相同的意思表示趋于一致而形成的法律行为，因其特征为多数意思表示的

〔1〕 ［德］维尔纳·弗卢梅：《法律行为论》，迟颖译，法律出版社 2013 年版，第 163～164 页。
〔2〕 ［德］维尔纳·弗卢梅：《法律行为论》，迟颖译，法律出版社 2013 年版，第 164～165 页。
〔3〕 ［德］卡尔·拉伦茨：《德国民法通论》（下册），王晓晔等译，法律出版社 2003 年版，第 432 页。
〔4〕 张俊浩主编：《民法学原理》（上册），中国政法大学出版社 1991 年版，第 571 页。

平行一致，故也称为合同行为[1]。这就是合同与契约的区别（即多方法律行为与双方法律行为的区别），如合伙协议、公司发起协议等，属于多方法律行为。

3. 决议。德国学者一般认为，应该将决议从合同中分离出来。决议是人合组织、合伙、法人之由若干人组成的机构（如社团的董事会）通过语言形式表达出来的意思形成的结果。决议可以以全票通过的方式作出，也可以多数票通过的方式作出[2]。决议不同于合同或者其他多方法律行为之处在于：①若干意思表示一致，且方向相同，而不像合同那样，是对立两造的意思表示的重合。但仅在此点上，决议难以同多方法律行为相区别。②决议有的是以全票作出的（如合伙的许多事务都要求一致同意），但在许多情况下，决议都不实行全票制，如公司的董事会决议或者股东会决议实行多数表决制。在这一点上，决议同多方法律行为有所区别。③调整关系不同：决议主要调整组织内部关系，而不调整组织与第三人的关系，而合同则调整行为人之间的交易关系。另外，决议与合同的区别还在于：决议一旦以规定的方式作出，无论对于赞成的决议的人还是反对的人都具有约束力。而在合同中，任何一方不同意，根本无法形成合同。

但是，决议是否属于法律行为有时是值得探讨的。因为：①有时，决议实际上是单方法律行为形成的一种方式，例如，公司的意思机关（股东会议）形成一个关于收购其他公司股权的决议，实际上仅仅是公司的单个意思的形成机制，说这是一个"多方法律行为"，未免过于牵强。②在这一个"决议"的形成过程中，一般实行"多数决"，有些股东的意思完全被否决，这哪里还是多方法律行为呢？因此，对于《民法总则》第134条第2款规定的法人、非法人组织依照章程规定的议事方式和表决程序作出的决议，是否属于法律行为，实在值得商榷，最多是一个"准法律行为"。

二、身份行为与财产行为

这是以法律行为的效果意思为标准所作的分类。身份行为是指以发生身份上的效果为目的的法律行为，如婚姻行为、抚养行为等；而财产行为则是以发生财产上的效果为目的的法律行为，如交易合同等。

按照我国台湾学者的观点，身份行为有广义与狭义之分：狭义的身份行为仅指亲属行为，而广义的身份行为则除了上述狭义的法律行为之外，还包括以身份

---

[1] 邱聪智：《民法总则》（上），三民书局股份有限公司2005年版，第463页。
[2] ［德］卡尔·拉伦茨：《德国民法通论》（下册），王晓晔等译，法律出版社2003年版，第433页。

为基础的财产关系，如夫妻财产契约、遗嘱等[1]。我国大陆学者也有此主张者[2]。

但我认为，身份行为应从其狭义理解。因为无论是夫妻之间的财产约定，还是立遗嘱，与非身份性法律行为的区别仅仅是主体方面的，而效果都发生在财产领域。因此，不能把这种法律行为纳入身份领域。

另外，关于婚约的性质，学者也存在争议，有人认为是法律行为，有人认为婚约仅仅是双方表示相互同意的一种事实行为[3]。应当认为，它是一种法律行为，因为它符合法律行为的要件，但效力方面存在问题。关于婚约的效力，大部分国家不承认其具有强制执行力。在我国，在有的地方虽然还存在缔结婚约的习俗，但法律也不承认其强制力。因为，如果婚约可以强制执行，不符合婚姻的基础——感情基础，将造成诸多"捆绑夫妻"，与婚姻法的宗旨背离。

在财产法律行为中，是否再区分为债权法律行为与物权法律行为（负担行为与处分行为），学者间存在较大的争议。有学者认为，因民法分为"债编"与"物权编"，这两编合为财产法，相应地，财产行为得因其发生效果为债的关系或者物权关系而区分债权行为与物权行为[4]。

三、负担行为与处分行为

（一）负担行为与处分行为的概念

1. 负担行为。所谓负担行为，是指使一个人相对于另一个人（或者另若干人）承担为或者不为一定行为之义务的法律行为。负担行为的首要义务是确定某项给付义务，即产生债务关系[5]。梅迪库斯解释说：负担行为仅产生一项或者多项请求权，或者产生一种有效给付的法律原因[6]。

负担行为之所以如此称谓，是因为这种法律行为的直接后果是使义务人负担了一项义务，故以此称之。但这种义务仅仅以观念上的义务而存在，尚未开始履行。故对于一项具体的交易过程来说，负担行为不是目的，仅仅是手段，是暂时的。它仅仅是一种物权或者其他权利变动的准备阶段。

---

[1] 邱聪智：《民法总则》（上），三民书局股份有限公司 2005 年版，第 481～482 页。

[2] 张俊浩主编：《民法学原理》（上册），中国政法大学出版社 1991 年版，第 239 页。

[3] ［德］卡尔·拉伦茨：《德国民法通论》（下册），王晓晔等译，法律出版社 2003 年版，第 434～435 页。

[4] 邱聪智：《民法总则》（上），三民书局股份有限公司 2005 年版，第 481 页。

[5] ［德］卡尔·拉伦茨：《德国民法通论》（下册），王晓晔等译，法律出版社 2003 年版，第 436 页。

[6] ［德］迪特尔·梅迪库斯：《德国民法总论》，邵建东译，法律出版社 2000 年版，第 167 页。

通说认为，负担行为既可以通过合同行为表现出来，也可以通过单方法律行为的方式表现出来[1]。

2. 处分行为。

（1）定义。处分行为是指直接作用于某项现存权利的法律行为[2]。通俗地说，处分行为就是直接使权利发生变动的法律行为，是支配权行使的具体表现。例如，动产中的交付行为，直接转移所有权。

在许多情况下，处分行为被人们等同于物权行为，这实际上是一个曲解。在此应当明确指出：处分行为不同于物权行为，虽然物权行为是处分行为的典型，但二者还是有区别的：①概念的对立面不同：处分行为是与负担行为相对应的，而物权行为是同债权行为相对应的。而且，这两组概念的分类标准及目的不同：处分行为与负担行为以行为人负担某种义务还是直接使权利发生变动为标准，而债权行为与物权行为则以行为的直接结果是产生债法上的效果还是物权法上的效果为标准。虽然说，二者在具体法律关系上的效果可能相同，但这种区分的说明意义不同。②物权行为的客体一般是物权，而处分行为的客体除了物权外，还包括债权及其他准物权。

（2）处分行为的客体。处分行为的客体可以是权利，如物权、债权、知识产权，也可以是物。

（二）负担行为与处分行为的区别

1. 法律后果不同。负担行为产生债法上的后果，即直接产生请求权；而处分行为则产生权利直接变动的结果，有的是物权上的，有的则是准物权的变动。

2. 适用的法律原则不同。处分行为要求处分的客体在处分前必须确定，而负担行为并不要求特定[3]。因此，负担行为成立时，即使标的物不存在，也不影响其效力。

3. 对处分人的要求不同。对于处分行为，法律不仅要求处分人有行为能力，而且要求处分人具有处分权，其处分行为才能生效。就如德国学者所言，处分人享有处分权，是处分行为生效的前提条件[4]。与此相反，任何人都可以从事负担行为，法律仅仅要求其行为能力的具备。

4. 是否要求公示不同。对于物权法上的处分行为，法律一般要求公示，即

---

〔1〕 ［德］卡尔·拉伦茨：《德国民法通论》（下册），王晓晔等译，法律出版社2003年版，第436页。

〔2〕 ［德］卡尔·拉伦茨：《德国民法通论》（下册），王晓晔等译，法律出版社2003年版，第436页。

〔3〕 ［德］迪特尔·梅迪库斯：《德国民法总论》，邵建东译，法律出版社2000年版，第168页。

〔4〕 ［德］维尔纳·弗卢梅：《法律行为论》，迟颖译，法律出版社2013年版，第167页。

处分行为必须通过某种公示手段表现出来；而在负担行为一般不要求公示[1]。

四、要因法律行为与不要因法律行为

要因法律行为与不要因法律行为的区分标准，是法律行为是否能够与其原因相分离。能够与其原因相分离的法律行为，即法律行为的成立与其原因相脱离，原因非为法律行为成立的要件，称为不要因法律行为；反之，若法律行为以原因为成立要件而与原因不可分离者，称为要因法律行为[2]。一般来说，负担行为多为要因法律行为，处分行为多为不要因法律行为。

要因行为与不要因法律行为的区分，与负担行为与处分行为的区分为密切相关，"独立性＋无因性"才是法律行为理论的全部。德国学者拉伦茨明确地阐述道：负担行为，如买卖合同和赠与的约定，往往是为转移财产权（特别是转移所有权）做准备的。转移行为本身是通过第二项合同即物权合同才完成的，这项合同就是出卖人对其所有权的处分。通过处分，出卖人履行了他在买卖合同中承担的义务。价金的支付行为是通过转移货币的所有权完成的，即价金的支付也是通过支付和物权合同完成的。显然，这三项行为（负担行为、物权合意、支付）依据其内在的意义是一个整体。只有在完成了这三项行为后，当事人所设想的法律行为才能得到履行，当事人所追求的经济效果才能达到。虽然物权上的履行行为正是为了执行债权上的基础行为，但物权上的履行行为的效力，原则上不受债权上的基础行为之有效与否的影响。也就是说，即使买卖合同因某种原因不生效力，转移所有权的行为仍然有效。我们把这种物权行为同作为其基础的负担行为作严格的分离的做法，称为物权行为的不要因性。……不要因的问题是《德国民法典》独有的特点，其他国家的民法典大多不具备这一特点。从历史上看，不要因原则发端于 19 世纪的普通法学，主要源自萨维尼的学说[3]。因此，必须将负担行为与处分行为的区分同要因行为与不要因法律行为的区分联系起来才能理解。

关于物权行为的独立性与无因性，我国学理上也存在不同的观点。在我国民事立法及最高人民法院的司法解释中，有时承认，有时不承认——《合同法》与《物权法》就截然相反：《合同法》第 51 条否定独立性与无因性，但《物权

---

〔1〕 ［德］迪特尔·梅迪库斯：《德国民法总论》，邵建东译，法律出版社 2000 年版，第 169 页。

〔2〕 邱聪智：《民法总则》（上），三民书局股份有限公司 2005 年版，第 502 页。

〔3〕 ［德］卡尔·拉伦茨：《德国民法通论》（下册），王晓晔等译，法律出版社 2003 年版，第 441～442 页。

法》第106条显然是承认物权行为的独立性与无因性的。

五、有偿法律行为与无偿法律行为

这是以法律行为有无对价性（而非等价性）而作的分类。所谓有偿的法律行为，是指法律行为一方在为财产性给付时，有对待给付的法律行为；而无偿法律行为则是指法律行为的行为人在为财产性给付时，没有对待给付的法律行为。

在实践中，因单方法律行为的本质所决定，其一般为无偿法律行为，而双方法律行为因其一般为交易行为，故多为有偿法律行为。但也不尽然，康德指出，无偿的合同（双方法律行为）主要有三种：无偿保管、借用和赠与[1]。其实，委托合同既可以为有偿，也可以为无偿。在多方法律行为中，因其多个意思表示的平行，并非对价的交易关系，因此，难以用有偿或者无偿来评价之。

在罗马法上，有偿的双方法律行为又分为实定契约与射幸契约两种。实定契约 是指在契约订立时，双方的权利义务即确定地由双方分别负担的契约；而射幸契约是指双方的权利义务决定于一偶然事件，如赌博、买彩票等。《法国民法典》对之有明确的规定，该法典第1104条第2款规定："对于当事人各方根据不确定的事件而在取得利益或遭受损失方面存在偶然性时，此种契约为射幸契约。"对于有偿契约进行再分类的意义在于：只有对于实定契约，当事人方有可能以遭受损害为由而提出撤销契约的请求，而射幸契约不存在双方给付是否等价的问题，故"合同的偶然性即排除了合同导致一方损害的可能性"[2]。

六、要式法律行为与非要式法律行为

以法律行为的是否需要完成一定的形式为标准，将法律行为分为要式与非要式两种。因私法自治原则的缘故，在民法上，法律行为以不要式为常态，而以形式的强制性要求为例外。因此，法律行为除法律有特别规定者，其成立无需特定形式。当然，当事人也可以通过契约的方式，约定某种法律行为的形式。这种约定的形式虽然必须遵守，但却不能改变非要式法律行为的性质。只有法律特别要求形式时，才是要式法律行为。

七、连续性给付的法律行为与非连续性给付的法律行为

这是以法律行为的标的为一次性给付还是连续性给付为标准，对法律行为所

---

〔1〕 ［德］康德：《法的形而上学原理——权利的科学》，沈叔平译，商务印书馆1997年版，第106页。
〔2〕 尹田：《法国现代合同法》，法律出版社1995年版，第9页。

作的分类。连续性给付的法律行为是指法律行为的标的为持续性给付才能达到目的者，如租赁合同中的出租方的给付义务、雇佣合同中受雇佣方的给付义务、供电、供水合同中供应方的给付义务等。而非连续性给付义务是指法律行为的给付义务因一次性给付就可以完成的法律行为，如一般货物买卖合同中双方的给付行为。生活中大部分法律行为都是非连续性给付行为。

八、诺成性法律行为和实践性（要物）法律行为

这是以法律行为的成立在当事人的意思表示之外是否尚需要交付标的物为标准所作的划分。诺成性法律行为是指在当事人意思表示之外，无需再为实物的交付的法律行为；实践性法律行为，又称为要物法律行为，是指在当事人意思表示以外，尚需交付标的物的法律行为（至于为什么会出现要物性法律行为，请参见"法律行为的成立与生效"一章）。诺成性法律行为和实践性法律行为的分类是一种古老的分类，从梅因在对早期契约史的考察中可知，诺成契约是在罗马后期作为最后一种契约成立的方式而产生的，但是一种主要的并对后世影响较大的契约，罗马人将其归于"万民法"中。[1]

在传统民法中，买卖契约、租赁契约、雇佣契约、承揽契约、委托契约等属于诺成法律行为；借用契约、借贷契约、保管契约等属于要物法律行为。[2]

九、生前法律行为与死因法律行为

这是以法律关系的成立是否以死亡为条件而作的分类。若以法律行为产生的法律关系在行为人生前就可以成立，而与行为人死亡无关的，就是生前法律行为；反之，若以行为人死亡才成立法律关系的法律行为，即为死因法律行为，又称死后法律行为。该种法律行为，必须等到死亡的事实发生时，法律关系才能成立，如遗嘱、死因赠与等。

在实践中，应区别死因法律行为与那些以某人的死亡为条件的生前法律行为。在生前法律行为中，也经常会有涉及有关法律行为当事人或者第三人死亡情形的规定。然而，类似规定只能以合同作出，而不能以单方法律行为作出。典型的例子是人寿保险合同，特别是利他的合同。就法律行为的内容而言，以任何一种形式将某人的死亡设为条件的生前法律行为与死因法律行为的区别是：在死因法律行为中，某人基于自己的权利针对其领域（特别是针对其财产就自己死亡后

---

[1]　[英]梅因：《古代法》，沈景一译，商务印书馆1996年版，第188页。
[2]　王家福主编：《中国民法学·民法债权》，法律出版社1991年版，第274页。

的事项）予以安排。死因财产处分所涉及的是被继承人就其财产所进行的于其死后发生效力的给予。有鉴于此，法律关系于死亡之时才基于因死因处分而形成。反之，在作为生前法律行为的合同中，当法律行为规则以某人的死亡为条件时，当事人并没有针对其领域进行死后处分，死亡仅属于由合同双方基于自己现有的权限针对正在形成的法律关系所设定的法律行为规则的一个日期。有鉴于此，即使法律行为规则以死亡为条件，法律关系也已经于生前已经成立，死亡仅仅是基于该法律行为所产生的权利产生的期限或者条件。

第二章

法律行为的成立与生效

第一节　法律行为的成立

学者很少论及什么是法律行为的成立，而是更多地从成立要件的角度阐述之。但我认为，对法律行为成立的研究殊有意义，因为它是法律行为生效的基础，也是意思表示的最初效果。因此，必须给法律行为的成立一个明确的定义，并与生效区别开来。我认为：法律行为的成立是指法律对于一项法律行为之事实存在的确认。正如有的学者所指出的：法律行为成立与否是一个事实判断问题，其着眼点在于某一法律行为是否已经存在，行为人从事的某一具体行为是否属于其他表示行为[1]。例如，在合同行为中，法律只是从意思表示是否一致的角度来确认合同是否已经存在，而不是从效力控制角度进行评价。另外，法律还要确认其成立的是一种什么样的法律行为，例如，当事人虽然签订的合同名为"买卖合同"，但却是无偿的，则可能没有成立买卖合同，而是成立了赠与合同。法律对法律行为的这一评价角度，已经与生效区别开来了。

研究法律行为的成立与生效的对于整个法律行为体系的把握颇有助益，二者的区别具体如下：

1. 成立与生效的制度价值不同。成立是一种私人行为，法律仅仅对这种私人行为是否存在进行判断，即使这种私人行为中存在意思瑕疵、违反法律等内容，法律也不会否定其存在。也就是说，法律行为既然是主体欲达到一定法律效果的行为，那么，法律仅仅判断：这种欲发生一定后果的行为是否已经达到最起码的要求与条件。

法律行为的生效则是国家以一个管理者与统治者的身份、以国家和社会利益为尺度，通过法律对私人已经成立的法律行为进行评价，决定是否允许其产生当事人希望发生的效果。如果作出肯定性评价，则是生效；反之，若作出否定性评

---

〔1〕　董安生：《民事法律行为——合同、遗嘱和婚姻行为的一般规律》，中国人民大学出版社 1994 年版，第 180 页。

价，则是无效。

2. 适用的法律规则不同。法律行为生效与成立的上述价值理念的区别，必然会导致适用的规则不同。笼统地说，对判断一项法律行为是否成立，适用较为简单的规则，故成立要件要比生效要件简单得多，而且不会以国家或者社会利益为尺度。但生效因涉及私人法律行为之效果放置到社会或者国家中的影响，法律就不得不考虑这种法律行为对于其他主体的利益影响的正当性。因此，法律多是从国家利益、社会利益及第三人利益角度去评价它，而当事人利益之间的平衡不是法律否定性评价的关注点，这种东西要由当事人按照意思自治的原则去决定（是否行使撤销权）。

3. 法律行为的效力依赖于法律行为的成立。从各国民法的规定看，法律行为效力的起始时间原则上不能脱离法律行为的成立时间而独立得到确定，这主要表现在：①除附条件与附期限的法律行为外，法律行为的效力开始于法律行为的成立。如我国《民法通则》第 57 条规定："民事法律行为从成立时起具有法律约束力。行为人非依法律规定或者取得对方同意，不得擅自变更或者解除。"《民法总则》第 136 条规定："民事法律行为自成立时生效，但是法律另有规定或者当事人另有约定的除外。"②无效与可撤销的法律行为的效果必然与法律行为的成立时间相联系，具体而言，无效与可撤销的法律后果只能溯及法律行为成立之日。③法律行为的有些规则就直接与法律行为的成立时间相联系，如可撤销的法律行为的除斥期间的起算点就是从法律行为的成立开始的，例如，《民法总则》第 152 条规定："当事人自民事法律行为发生之日起 5 年内没有行使撤销权的，撤销权消灭。"该 5 年的起算点就是法律行为成立之日。

第二节　法律行为的要素——意思表示

一、意思表示的概念及构成

（一）意思表示的概念

意思表示是指表意人向他人发出的表示，据此向他人表明，根据其意思，某项特定的法律后果应该发生效力[1]。有学者更直接地将意思表示定义为：意思

---

〔1〕 ［德］卡尔·拉伦茨：《德国民法通论》（下册），王晓晔等译，法律出版社 2003 年版，第 451 页。

表示是表示令一定的私法上的法律效果发生的意思的行为[1]。我国学者一般表述为：意思表示是行为人把进行某一民事法律行为的内心意愿，以一定的方式表达于外部的行为[2]。

虽然学者用不同的语言表达，但基本内容是一致的，即表意人将自己内心形成的意在设定、变更或者消灭私法权利义务的意志通过可被认知的方式表达于外，以便其内心的意愿变为现实。

根据学者的考察，"意思表示"这一概念是与"法律行为"同时出现的，也是德国民法的基本概念。德国学者沃尔夫（Christian Wolf）在18世纪首次在其《自然法论》中提出并阐明了意思表示这一概念，在随后的19世纪，意思表示成为历史法学派与注释法学派的基本概念[3]。后来这一概念为德国民法典及其继受者所普遍接受。

（二）意思表示的构成

从意思的形成原因入手来分析意思表示的全过程，是一个非常复杂的问题，哪些是法律关注的问题，往往引起学者的争议。而学者在分析意思表示的构成时，其实就是从过程开始的。

由于意思表示是法律行为的核心要素，甚至有时候意思表示就等同于法律行为，因此，意思表示的构成分析有助于对意思表示完整性的理解。从制度规范角度说，有助于对意思扭曲进行法律救济。但由于意思表示过程的复杂化，应尽量减少法律关注的环节，以便于司法救济，不能将司法救济当作心理医生来对待。

实际上，如果从法律行为的全过程来理解意思表示的过程，应当是：①产生动机，即产生效果意思的理由，如买房是因为自己需要居住还是投资，或是其他目的？②基于动机产生效果意思。③产生将内心形成的效果意思表达于外的意思，即有意识地将内心意思表达于外，学者一般将之称为"表示意识"。④通过能够被外部所认识的方式将效果意思表示于外。其中，由于动机千差万别、难以规范，意思表示的构造不应包括动机，因此，意思表示的构造为："效果意思 + 表示意识 + 表示行为"。

人们之所以将意思分解为上述要素，是为了确定哪一意思要素构成意思表示的"本质"，即在个案中确定哪一意思要素实际上属于"意思表示的必备要

---

〔1〕 ［日］山本敬三：《民法讲义Ⅰ总则》，解亘译，北京大学出版社2004年版，第84页。
〔2〕 佟柔主编：《中国民法学·民法总则》，中国人民公安大学出版社1990年版，第218页。
〔3〕 沈达明、梁仁洁编著：《德意志法上的法律行为》，对外贸易教育出版社1992年版，第49页。

素"[1]。实质上，就是在解释意思表示时，哪个阶段是决定性要素。

在学理上最有争议的是，在意思表示构成中，表示意识和表示行为哪个是决定性因素。所谓表示意识，文献上或称表示意思，意指表意人将其效果意思表达于外部的意思。由于意思表示的目的在于发生一定的法律上的效果，故学理上也将表示意识诠释为：表意人认识其将进行之表示具有某一特定的法律上之意义的心理状态[2]。关于表示意识在意思表示构成中的角色，学者之间颇有争议，主要有消极论与积极论两种观点。消极论者认为：如果表意人具有效果意思，通常即依效果意思产生表示行为。反之，表意人如无效果意思，其表示行为本来就没有意思表示的意义。因而，在意思表示的构成上，殊无另将表示意识作为独立要件的必要。而积极论者认为：表示意识为接续效果意思而产生的另一概念，在意思表示的构成上，它不仅需要与效果意思严格区别，而且是意思表示的成立不可或缺的因素，其地位或在效果意思之上[3]。而且，积极论者常常列举在拍卖场所招呼友人作为理论论据，认为：在拍卖场所招呼友人虽然具有买受的外观，但因缺乏表示购买的意识，故不成立意思表示[4]。对于这种论据，有的学者颇有微词：在此情形下，表意人根本就没有效果意思，其表示行为也无表示意识可以作为依据，不言自明。我们是否需要因此开启表意人无效果意思或效果意思并不必要，但须表示意识的理论？难谓毫无疑义。我们之所以将表示意识作为意思表示构成的要件，是因为表示意识具有作为效果意思与表示行为桥梁的角色，但过度强调，将其凌驾于效果意思之上，是否必要，颇感疑惑[5]。在德国对此长期存在争议：有些学者认为，不具备表示意思或者表示意识的表示，不构成意思表示；而另外的一些学者则认为，只要某一表示具有行为意思（表示行为），就构成意思表示，而不问行为人是否具有表示意识或者表示意思。按照第二种观点，前面提到的"特里尔葡萄酒拍卖案"中的打招呼行为也可以认为是意思表示[6]。

笔者认为，表示意识与表示行为都是意思表示不可或缺的构成要素，表示意识之所以重要，是因为表示意识具有作为效果意思与表示行为桥梁的角色，并且在实证法上具有重要意义。如果某人虽然在内心形成了效果意思，但尚没有表示

---

〔1〕　[德] 维尔纳·弗卢梅：《法律行为论》，迟颖译，法律出版社2013年版，第55页。

〔2〕　邱聪智：《民法总则》（上），三民书局股份有限公司2005年版，第533页。

〔3〕　邱聪智：《民法总则》（上），三民书局股份有限公司2005年版，第534页。

〔4〕　史尚宽：《民法总论》，正大印书馆1970年版，第313页；王泽鉴：《民法概要》，中国政法大学出版社2003年版，第107页。

〔5〕　邱聪智：《民法总则》（上），三民书局股份有限公司2005年版，第534页。

〔6〕　[德] 维尔纳·弗卢梅：《法律行为论》，迟颖译，法律出版社2013年版，第55页。

于外的意识（或称意思），此时一种偶然的无意识的行为被他人误认为是表示行为或者被他人施加暴力表达于外（如强制按手印），法律就有救济的必要，也就是说，其表示行为必须是在其意志的控制之下，将内心的效果意思自觉自愿地表示于外。诚如拉伦茨所言：意思表示首先是以一种可受意志控制的作为或者不作为为前提的。因此，某人在睡眠状态下、麻醉状态下或者在类似的无法对其行为进行有意识控制的状态下作出的表示，就不属于"行为"的范畴，因此，也就不是意思表示。举手（如在表决时）和某种头部动作都可以具有意思表示的意义，但这种动作必须是一种受意志控制的作为，如果是一种纯粹机械的反应，则不可能具有意思表示的意义。此外，如果某种身体上的动作不是根据行为人自己的意志决定的，而是在他人对行为人身体施加直接的强制力的情况下作出的，那么这种动作也不是行为，因此也不是意思表示[1]。但必须注意的是：如果某人在无表示意识的情况下受到胁迫而为的表示，不能认为不是意思表示。因为，虽然行为人心理上受到压力而产生恐惧，其意志决定受到侵犯，但其行为本身仍然是一种有意识的行为，然而，他可以请求法院撤销之。《德国民法典》在此问题上，经过长期激烈的争论，最终确定受胁迫和欺诈的法律行为是可撤销而不是无效的。

二、意思与表示的关系

如果行为人在内心形成了效果意思，并意欲表达出来，而且作了不折不扣的表达，相对人也作了如同表意人欲表达的意思一样的理解，那么意思与表示就是一致的，这个过程就是理论所设计的理想、完美的过程。但是，如果表意人在表达过程中使用的表达方式不能表达或者不能恰当地表达表意人意欲表达的效果意思，或者相对人作了不同于表意人欲表达的意思一样的理解，那么最终的法律行为效果就与行为人在效果意思中预设的效果不符，在这里，法律将如何解决这种矛盾？这就是所谓的主观主义与客观主义、意思主义与表示主义的矛盾问题，是法律行为解释中不可回避的问题，是法律行为理论中非常重要且实践中需要解决的问题。

意思主义与表示主义各有其合理的理论基础。意思主义背后的理论基础是私法自治的原则，即一个人是否进行意思表示、作什么样的意思表示，应完全由自己决定。因此，当意思与表示不一致时，应当根据行为人的内心意思来确定法律行为的内容；而表示主义的理论基础则是信赖原理与交易安全，即一个人的合理

---

〔1〕 ［德］卡尔·拉伦茨：《德国民法通论》（下册），王晓晔等译，法律出版社 2003 年版，第 451 页。

信赖应受到应有的保护，以维护交易安全[1]。

从意思自治的完整性来说，意思与表示的不一致，是意思表示的例外，就如萨维尼所言，意思与表示的一致是必然的而非偶然的，人们不能将其理解为在本质上是相互独立的，人们应该将其理解为在本质上是两个相互关联的因素[2]。意思主义与表示主义在实证法上的重要意义在于：在解释法律行为（意思表示）的内容时，特别是意思与表示不一致时，应以内心意思为准，还是以表示于外的可识别的意思为准？法律在处理意思与表示的不一致时，实际上是在进行法益的权衡：一方面，保护善意相对人的信赖利益以保护交易安全，故应侧重表示；但另一方面，法律也不能不顾意思自治的完整性，同时，法律也赋予表意人以撤销权。另外，在解释法律行为的内容时，也不能仅仅看表示于外的表示，也应兼顾主观意思。《德国民法典》正是这种"利益衡量"的结果：《民法典第一草案》采取了当时的主流学说——"意思说"，于第98条规定："如果因错误而导致真正的意思与表示的意思不一致，则意思表示无效。"然而，第二草案对于第一草案作出了修订：错误的意思表示不导致法律行为无效，而只能导致意思表示的可撤销。德国学者认为，这是在意思说与表示说之间所进行的一种妥协[3]。

在我国《民法总则》中也是如此，因重大误解、欺诈或者胁迫的情况下所为的法律行为，不是当然无效，而是可撤销（第146~151条），可以认为是采取以"表示主义为主，意思主义为辅（对意思瑕疵进行救济）"的原则。

三、意思表示的方法

意思表示虽然由效果意思、表示意识与表示行为三个要素构成，但在具体交易中，仅仅表示行为才具有为相对人所认识的客观形式。因此，此处所谓的意思表示的方法，当然是指表示行为的方法。我国《民法总则》第140条第1款规定："行为人可以明示或者默示作出意思表示。"该条第2款规定："沉默只有在有法律规定、当事人约定或者符合当事人之间的交易习惯时，才可以视为意思表示。"第1款可以称为一般表示方法，第2款可以称为特别表示方法。

（一）意思表示的一般方法

在传统民法上，意思表示的方法主要有明示与默示两种方法。明示的意思表示是指表意人以语言、文字、符号、手势或者其他方式，将其效果意思直接表示

---

〔1〕 ［日］山本敬三：《民法讲义Ⅰ总则》，解亘译，北京大学出版社2004年版，第86页。

〔2〕 转引自［德］维尔纳·弗卢梅：《法律行为论》，迟颖译，法律出版社2013年版，第57页。

〔3〕 ［德］维尔纳·弗卢梅：《法律行为论》，迟颖译，法律出版社2013年版，第64~65页。

于外部的行为，又称为直接的意思表示[1]。所谓默示的意思表示，是指表意人以某种行动或者态度所显示的意思，学理上称之为意思证实[2]。也就是说，表意人以举动或者其他可以推知其效果意思的方法间接表示其意思于外部的方法，又称为间接的意思表示[3]。例如，在租赁合同期满后，出租人继续接受承租人交付的租金，则视为同意延期的意思表示。

明示的意思表示在实践中为常见者，法律有时甚至明确规定有些意思表示必须采取明示的方式，如我国台湾地区"民法"第 272 条规定："数人负同一债务，明示对于债权人各负全部给付之责任者，为连带债务。无前项之明示时，连带债务之成立，以法律有规定者为限。"我国《合同法》第 22 条规定："承诺应当以通知的方式作出，但根据交易习惯或者要约表明可以通过行为作出承诺的除外。"但是，明示的表示方法与默示的表示方法在制度价值上并无不同。

（二）特别表示方法

1. 沉默。在民法上，沉默与默示不同，默示是一种表达意思的方式，而沉默根本就不构成表示，它既不构成同意，也不构成拒绝[4]。因此，沉默不构成意思表示的方法为一般原则，但在下列情况下，沉默也例外地构成意思表示的方法：

（1）当事人有特别约定时。如果当事人特别约定，沉默表示其同意或者不同意的意思时，可以作为意思表示的方法。这实际上已经等同于明示而非沉默了。

（2）符合交易习惯。如果按照交易习惯，沉默可以作为意思表示的方法者，也应认可。这种习惯，既包括行业习惯，也包括当事人之间的长期交易习惯。

我国《民法总则》第 140 条规定：①行为人可以明示或者默示作出意思表示。②沉默只有在有法律规定、当事人约定或者符合当事人之间的交易习惯时，才可以视为意思表示。

（3）规范性拟制。有时，法律规定在特别情况下，沉默可以构成意思表示，如我国《合同法》第 171 条规定："试用买卖的买受人在试用期内可以购买标的物，也可以拒绝购买。试用期间届满，买受人对是否购买标的物未作表示的，视为购买。"

---

[1] 邱聪智：《民法总则》（上），三民书局股份有限公司 2005 年版，第 537 页。
[2] 沈达明、梁仁洁编著：《德意志法上的法律行为》，对外贸易教育出版社 1992 年，第 49 页。
[3] 邱聪智：《民法总则》（上），三民书局，2005 年版，第 537 页。
[4] ［德］维尔纳·弗卢梅：《法律行为论》，迟颖译，法律出版社 2013 年版，第 75 页。

2. 事实合同关系。

（1）概念。事实合同关系，又称为社会典型行为，是指无需当事人意思表示的自身具有确定含义的行为，如乘坐公共汽车、拨打自动投币电话等。这里虽然没有任何意思表示或者法律行为的形式，但最终所形成的结果与法律行为是一致的。德国学者罗伯特·霍恩等指出，推定契约条款是当事人之间自由协商的结果，这是《德国民法典》崇尚个人主义的突出表现，但是它远远落后于现代商业的实际情况。当人们乘坐地铁或公共汽车、使用电力或煤气时，根本就不存在什么个人之间的特定交易，因为有关的费用是事先规定好的，而且消费者的行为表明了其对这些服务项目的迫切需要，他们一般会接受这些条件……契约成立中的自愿要素，常常可以被实际行为所完全取代，由此产生的结果是人们可以不必进行意思表示[1]。这就是德国著名学者、莱比锡大学教授豪普特（Haupt）于1941年就任大学教授后的第一次课上所提出的"事实上的契约关系"的理论。豪普特教授对事实契约关系的经典定义是：事实合同关系是指不是由合同的缔结而形成，而是由事实上的过程发生所形成的法律关系。它与民法典上所规定的合同的区别，只是它的成立过程的差异，当一种事实成就的时候，这种合同关系也就产生了[2]。豪普特教授认为，传统的契约理论拘泥于"意思合意"的套路之中，将事实上产生类似契约权利义务的关系却根本不存在合意的情形，用纯粹人为的拟制或借助于默示的方式强行将其归于"权利义务产生于合意"的思维模式中去。他指出：在当代人类共同生活的组织结构中，个人越来越强烈地遇到这样一种压迫：他在法律上所应履行的义务或者接受的义务履行，不能由他自己选择对方当事人，或者不得由他自己与对方协商确定合同的内容。在这种现实面前，当事人之间意思表示一致越来越失去其法律制度的本来意义，即失去现行民法典所确定的制度意义。正如高速公路运输公司在经营中订立的合同的情况一样，公司不会向每个乘客提出订立合同的要求，也不会在每个合同缔结之后才承担他自己的义务。为了避免过多的人为概念所造成的混乱，我想把上述这种现实的法律关系表述为"事实合同关系"[3]。虽然有许多关于这一理论的文献，但是它们都没有能够明显超越普豪特在30页的篇幅中所阐述的内容[4]。

---

〔1〕 罗伯特·霍恩等，《德国民商法导论》，楚建译，中国大百科出版社1996年版，第85页。

〔2〕 君特·豪普特："论事实合同关系"，转引自［德］汉斯·哈腾保尔："法律行为的概念——产生以及发展"，孙宪忠译，载《民商法前沿》2002年第1、2辑。

〔3〕 君特·豪普特："论事实合同关系"，转引自［德］汉斯·哈腾保尔："法律行为的概念——产生以及发展"，孙宪忠译，载《民商法前沿》2002年第1、2辑。

〔4〕 ［德］维尔纳·弗卢梅：《法律行为论》，迟颖译，法律出版社2013年版，第111页。

（2）适用范围。事实上的契约关系理论的适用范围，学说上并不一致，豪普特将其分为三类，但弗卢梅就分为两类（尽管他反对事实合同的理论）；拉伦茨仅承认一类。

豪普特的三分法主要包括：①基于社会接触而生的契约关系。所谓基于社会接触而生的契约关系，其所涉及的现象为缔约过失问题。当事人为缔结契约，势必有所接触，因当事人一方之过失致使他方遭受损害者，时常有之。在此情形下，若适用侵权行为法将涉及举证与时效的问题，被害人请求赔偿，常常遇到困难。为使被害人得主张契约上的权利，德国判例学说另辟蹊径，认为当事人为缔约而接触时，即以默示的意思表示成立了一种"预备性契约"或者"维护契约"。但是，豪普特教授认为，此种契约成立的方式纯属拟制，因为当事人之间并无缔约的意思。另外，如果适用意思表示的规定，有责任的一方更能够以意思表示错误为借口而撤销其意思表示，从而逃避契约上的责任。因此，豪普特教授主张应当放弃以意思表示为契约关系成立的基础，另寻客观要件，即社会接触的事实，当事人因社会接触的事实而产生相互照顾、通知和保护的义务等，凭借此等事实，足以成立契约关系[1]。②基于团体关系而生的事实上的契约关系。基于团体关系而生的事实上的契约关系之最主要者，为事实上的合伙及事实上的劳动关系。合伙或者劳动契约在实施或者履行之后，才发现其为无效或者因瑕疵而被撤销时，依照德国民法的原则，当事人所受的给付应当以不当得利而负返还义务。但是，这必然会引起复杂繁难之结果，所以，豪普特教授认为，合伙的共同事业既已实施，或者劳务已为一部或者全部给付，无论在内部还是外部，既已发生复杂的法律关系，则此种法律关系实际上已经存在的事实即不容否认。合伙或者企业是具有团体性的组织，当事人既已纳入其中，即可基于此事实而成立契约关系，并依此而处理彼此之间所发生的权利义务关系[2]。③基于社会给付义务而生的事实上的契约关系，如公共交通、自来水、煤气等基于社会生存而生的给付关系。此类行业为社会生活所必需，而且通常由大企业经营，就使用的条件及所产生的权利义务，多采取格式合同而订有详尽规定，相对人少有选择自由，对企业所订的条款也难以变更。依照传统观念，利用此等给付是基于对企业者要约的默示承诺。豪普特教授认为：如此的合意，乃为无血肉之形体，与契约的本质并不符合。利用者对使用条件没有讨价还价的余地，而提供者非有正当理由不得拒绝。所以，不必假借当事人的意思，拟制法律行为的要件，应当直接承认，利

---

〔1〕 王泽鉴：《民法学说与判例研究》（第一册），中国政法大学出版社 1998 年版，第 106 页。
〔2〕 王泽鉴：《民法学说与判例研究》（第一册），中国政法大学出版社 1998 年版，第 107 页。

用此等给付的事实，即可成立契约，确定当事人之间的权利义务[1]。

弗卢梅认为，就该理论当下的发展水平而言，主要涉及两个方面的内容：一是公共交通的情形；二是法律对于基于不生效的合同所产生的长期之债的处理问题，特别是基于不生效的合伙合同与雇佣合同所产生的长期之债[2]。

但是，如学者艾瑟尔（Esser）不承认第一类事实上的契约关系，拉伦茨也反对将事实上的契约关系的理论在适用范围上的扩大，而主张在第三类上有适用。

依本书的观点看，普豪特的事实合同关系的适用范围的确过宽，实际上也没有必要，所谓的事实契约，如果承认的话，也应该限制在弗卢梅所说的两个类型方面。因为，公共交通方面的确是缔结"交通运输合同"的相当特殊情形：①确实没有"任何意思表示"，仅仅是按照公交公司设定的"上车条件（方式）"直接履行，就构成公交公司方面的义务履行（上车人已经开始接受履行）、上车人付费义务的确定。②行为能力能否适用，也值得讨论。③合伙合同虽然没有生效，也形成与事实合伙合同一样的效果，即使在合伙合同订立时双方并没有这样的效果意思，更没有意思表示。

（3）理论争议。既然事实上的给付权利义务关系并非基于当事人的合意，为何又将其归于"契约关系"之中？这正是事实上的契约关系最薄弱、最不能自圆其说、最受到人们攻击的地方。因此，豪普特的事实契约理论的出现，以其对传统契约理论的部分否定而引起了德国法学界的震动，当时有名的学者几乎均有涉及。反对者有之，支持者有之，一时形成了两大阵营。

支持事实合同关系理论的学者认为，法律行为这一概念无法涵盖公共交通中的给付关系。他们声称，对公共交通所提供的给付加以利用的人没有实施私法自治的设权行为，这是因为给付提供的条件业已确定，双方都没有缔结合同的表示。此外，它们还认为，有关法律行为的规定，特别是有关行为能力和意思表示瑕疵的规定，对于公共交通中的给付关系而言，不属于恰当的规则[3]。其中最有力者为拉伦茨教授以及他所提出的"社会典型行为的理论"："现代大量交易产生了特殊现象，即在甚多情形，当事人无须为真正的意思表示，依交易观念因事实行为，即能创设契约关系。其所涉及的客体，主要是生活中不可缺少的照顾给付。对于此种给付，任何人均得支付一定的费用而利用。在此种情形下，事实

---

〔1〕　王泽鉴：《民法学说与判例研究》（第一册），中国政法大学出版社1998年版，第107页。

〔2〕　［德］维尔纳·弗卢梅：《法律行为论》，迟颖译，法律出版社2013年版，第111页。

〔3〕　［德］维尔纳·弗卢梅：《法律行为论》，迟颖译，法律出版社2013年版，第112页。

上的提供给付及事实上的利用行为取代了意思表示。此两种事实行为并非以发生特定的法律效果为目的的意思表示，而是一种事实上的合意行为，依其社会典型意义，产生了与法律行为相同的法律效果。乘坐公共汽车，使用人未先购票，径行登车，即为著例。在此情形，乘客的通常意思是运送到目的地，并未想到应先缔结运送契约，同时，也未有此意思表示；一般言之，登车人多意欲承担其行为的结果，并愿支付车费。然而，其是否有此意思，他人是否认识，对于成立依契约原则加以处理的契约关系，不生任何影响。"[1] 由此可见，拉伦茨教授之社会典型行为理论所主张的适用范围较豪普特教授的事实契约关系理论更窄，故更为普遍地受到重视。

1956 年联邦最高法院审理的首例停车场案，即确认了事实契约理论。在该案中，被告将汽车驶入一个带有明显收费标记的停车场，但是，他拒绝向管理人员交纳停车费，理由是根据习惯和惯例，他有权在此停放汽车，而且他根本没有订立契约的意图。联邦最高法院引用豪普特事实契约关系理论和拉伦茨的"典型的社会行为理论"，作出判决，认为，当汽车停放在该停车场时，事实上的契约关系已经发生，尽管个别人可能强烈地表示了相反的意图，但这并不影响事实契约关系的成立[2]。之后，于 1957 年 1 月 29 日与 1957 年 2 月 5 日又以同样的规则审理了两个案件。

反对派以弗卢梅为代表，它指出，针对公共交通的私法设权行为，正确的说法是：对于公共交通提供的给付予以利用的个体只能决定自己"是否利用公共交通"。事实上，即便在这一点上，他通常也是不自由的。然而，这一现象不仅存在于所有日常生活必需品供给的情形中，而且普遍存在于所有日常生活的行为之中。历来在一些国家里，在涉及日常生活的行为进行讨价还价的做法是不常见的，买卖合同作为涉及日常生活中的行为仅限于决定"是否"进行行为。有鉴于此，针对公共交通中的给付关系，人们不能认为，其没有法律行为存在的空间。对此，拉伦茨的观点是不正确的，他认为，在这一情形中，设施利用者通常仅旨在达到实际效果，而不旨在产生法律效果。因此，他仅实施了社会典型行为，并未作出任何表示。假如拉伦茨的上述观点是正确的，那么，医生与病人之间就不可能成立合同。因为，病人的意思肯定是以"实际效果"为目的，即希望自己的病能够被治愈，病人也没有向医生作出任何表示。然而，医生和病人之间基于就诊行为成立合同的事实从未受到任何质疑。另外，通过自动售货机或者

---

〔1〕 转引自王泽鉴：《民法学说与判例研究》，中国政法大学出版社 1992 年版，第 99 页。

〔2〕 ［德］罗伯特·霍恩等：《德国民商法导论》，楚建译，中国大百科全书出版社 1996 年版，第 85 页。

在自选商场中进行的买卖与在商场中进行的买卖有何不同呢？有必要区分卖报者收到买报纸的人支付的金钱从而交付报纸的买卖与无人售报亭中的报纸买卖吗[1]？

至于不生效的合同而产生的长期之债的问题，弗卢梅认为，在债法中，通常认为，当合同不生效时，人们对已经履行的给付适用不当得利的规定。然而，对于已经履行完毕的不生效的合伙合同和雇佣合同，适用不当得利的做法是不合理的。在这种情形中，人们必须就不生效的后果作出不同规定。然而，这一问题同样不能通过"事实合同关系"的概念得到解决。人们不正确地认为，似乎存在着"事实合同关系"这一客观实体，它似乎可以像形成法律关系的法律行为那样引起"法律效果"。但是，此处所探讨的基于"事实合同关系"形成的法律关系，根本不是基于"事实"而产生，而是基于法律行为（即使是不生效的）而产生。当法律行为无效时，作为规则的法律行为不为法律所认可，然而这并不意味着，就已经实施的法律行为而言，人们也应当忽略法律关系基于法律行为产生这一事实。倘使本身不生效的合伙合同或者雇佣合同包含某些就其自身的产生和内容而言在法律上都属于无可争议的规则，那么，这些规则在合同不生效的情况下，仍然可以被适用于基于不生效合同的履行而产生的法律关系[2]。

弗卢梅因此总结说，对于公共交通予以利用的行为被视为对要约进行承诺的法律行为之行为属于合适的解决方案；长期债务关系的情形所涉及的是法律行为不发生效力的特殊问题。所以，事实上，事实合同关系既没有存在的必要也没有存在的空间[3]。

（4）对事实契约理论的思考。事实上的契约关系理论之所以能引起德国人学者的争论和法院判例的采用，说明其有一定的说服力。如豪普特教授和拉伦茨教授所言的社会公共福利设施的问题，在各国均普遍存在，因此，对各国的契约法理论和侵权法理论均有启发意义。这就使得我们不得不对这一理论的价值理念作深入的思考，最值得思考的问题应该是：事实契约关系的理论基础究竟为何？换句话说，当权利义务产生的原因非基于当事人的合意时是否得以契约关系规范去调整？是否应该像传统民法对待"无因管理"和"不当得利"那样，由于其产生的效果很像"契约"，就将其称为"准契约"？

从大陆法系传统民法的一般原理看，债权债务关系既可以根据法律规定而产

〔1〕 ［德］维尔纳·弗卢梅：《法律行为论》，迟颖译，法律出版社2013年版，第113-115页。
〔2〕 ［德］维尔纳·弗卢梅：《法律行为论》，迟颖译，法律出版社2013年版，第118-120页。
〔3〕 ［德］维尔纳·弗卢梅：《法律行为论》，迟颖译，法律出版社2013年版，第113页。

生，也可以根据当事人的约定而产生。在法定之债，法律直接对结果予以规定而不问当事人的意思如何，如无因管理之债、侵权行为之债、不当得利之债等。而在约定之债，债权债务关系的产生是根据当事人的意思而生，契约之债权债务关系是典型的约定之债，没有当事人的合意，是不可能产生契约关系的，这无疑是大陆法系传统民法的普遍原则。但事实契约关系理论与一般契约关系之最大的不同就是前者是基于事实行为，而后者则是基于意思表示的法律行为。按照事实契约理论，契约得基于没有意思表示的事实行为而产生。这就使得传统的契约理论体系中出现了一个极不协调的音符，故 Lehmann 教授将之称为"足以摧毁忠于法律的思想方式的原子弹"。我国台湾著名学者王泽鉴先生也认为："契约的基本精神，自由及自主，故非有意思合致，不能成立。若仅有事实行为，当事人并无创设规律彼此权利义务规范之意思，其去契约之理念与本质实亦远矣！所成立之法律关系能否称为契约关系，诚有疑问。"[1] 的确，若将非基于合意而生的权利义务关系归于契约法的范畴之中，无疑会对契约的一般概念及理论体系产生破坏性的影响，就如弗卢梅所言，就这一基于公共交通给付关系所形成的理论而言，唯一令人质疑的是其构建和蕴含的对整体合同法律产生的影响和风险。有鉴于此，极有必要对公共交通给付关系在合同法律中予以正确定位，否则整体合同法律将存在被事实合同关系理论推翻的风险[2]。

另外，所谓的"事实合同理论"，实际上是对于那些在我们日常生活中没有明显的"意思表示"的典型社会行为予以说明的理论，问题恰恰在于：我们是否有相应的制度或者理论对于这些现象予以合理的说明？对此，弗卢梅认为，在正常情况下，任何对于可供利用的有偿给付进行利用的人都知道，自己是在按照为给付所设定的条件对于给付加以利用的，尽管他对给付条件的内容一无所知（例如登上公共电车）。有鉴于此，在正常情况下，对可供利用的有偿给付的利用，与严格按照规定对于"要约"进行承诺一样，皆属于有意识的设权行为，它属于法律行为。该设权行为与严格按照规定对要约进行的承诺一样，仅限于"是否"形成要约所希望形成的法律关系。当某人无意识地利用了某一可供利用的有偿给付的情形，属于例外情形，应该像前面在意思表示中所说的"特里尔葡萄酒拍卖会"上的举手打招呼不是出价一样对待。因此，就法律行为理论而言，公共交通给付并不构成特殊问题[3]。

---

〔1〕 王泽鉴：《民法学说与判例研究》，中国政法大学出版社 1992 年版，第 104 页。

〔2〕 〔德〕维尔纳·弗卢梅：《法律行为论》，迟颖译，法律出版社 2013 年版，第 117 页。

〔3〕 〔德〕维尔纳·弗卢梅：《法律行为论》，迟颖译，法律出版社 2013 年版，第 117 页。

这仅仅是对于这些所谓的"事实合同关系"中有"意思表示"的结构进行的说明，应该说也有很强的说服力，但仍然有两个问题需要解决：一是这些所谓的事实合同是不适用"行为能力"的，即合同当事人不能以自己没有行为能力或者限制行为能力对合同效力进行抗辩；二是对于事实合同也不适用法律行为的因错误而撤销的规定。对此，弗卢梅反对就公共交通方面不适用行为能力的观点。对于因错误而撤销的问题，他认为，这里几乎不涉及基于错误而撤销的问题，这是因为，出于事实原因，几乎无法想象存在可以导致撤销的错误，对于条件的认识错误，不构成撤销的理由，这是因为，条件不构成通过对给付予以利用而进行的法律行为的标的。此外，例如，某人虽然搭错有轨电车，但是他的行为仍然构成都给付的利用，因此他必须支付相应的票款[1]。

本书认为，弗卢梅在这里的说明理由并不充分，首先，这些社会典型行为什么适用"行为能力"？从节约社会成本、方便百姓的角度看，如果适用"行为能力"会增加社会成本。因为这种价值判断，不适用"行为能力"具有充足的理由。但是，从逻辑上看，所有这些行为都是人创造出来的，为什么就不适用呢？就如德国学者梅迪库斯指出的：在具有决定性意义的表示内容产生于数据处理设备的情况下，法律行为也显得与它的意思基础相割裂。在这里，至少不能直接看出法律行为与某种人类意思之间的联系。但是，即使是最复杂的数据处理设备也只能执行输入进去的程序。由于程序是人设计的，因此设备表达的内容，最终还是起源于人的意思。因此，以人类脑力活动过程为出发点的各种形式，也适用于自动化的意思表示[2]。这是逻辑判断问题。我倒是同意弗卢梅的这一观点：特别不值得赞同的是，对于公共供给公司所产生的信赖保护强于对于私人信赖的保护[3]。对于行为能力欠缺人的保护，无论从行为能力的价值判断，还是逻辑判断方面，都应该承认。另外，弗卢梅所说的"几乎无法想象存在可以导致撤销的错误，对于条件的认识错误，不构成撤销的理由"的这种说法，也难以说服人。例如，饭店中放在餐桌上的面包或者饮料，顾客吃掉或者喝掉了，成立买卖合同吗？虽然可以说，无论如何，你都要付钱，就如弗卢梅所说的"某人虽然搭错有轨电车，但是他的行为仍然构成都给付的利用，因此他必须支付相应的票款"，但在理论说明方面就差别很大了：假如有人错误地认为，放在餐桌上的面包是酒店餐前赠送的，应如何？在这一方面，事实合同理论较法律行为理论就更有说

---

〔1〕　〔德〕维尔纳·弗卢梅：《法律行为论》，迟颖译，法律出版社2013年版，第116页。

〔2〕　〔德〕迪特尔·梅迪库斯：《德国民法总论》，邵建东译，法律出版社2000年版，第199－200页。

〔3〕　〔德〕维尔纳·弗卢梅：《法律行为论》，迟颖译，法律出版社2013年版，第116页。

服力。

因此，我认为，对于那些能够用法律行为理论说明的"事实合同"，就不应该再强行地牵强附会地拉入契约关系之中，但对于那些确实不能用契约理论说明的日常生活中的行为，可以用"事实合同"去说明，就像"准契约"一样，也没有任何不利于合同法的体系完整。但是，必须把"事实合同"限制在狭窄的范围中。在这狭窄的范围之中，不必考虑意思表示等问题，甚至行为能力等，以明确区别于法律行为与意思表示。

四、意思表示的生效

意思表示的目的在于引起预设的法律后果，而意思表示是引起预设法律效果的第一步。那么，意思表示何时生效呢？这一问题因不同类型的意思表示而有不同。我国《民法总则》分三种情况予以规定，即有相对人的意思表示的生效时间（《民法总则》第137条）、无相对人的意思表示的生效时间（《民法总则》第138条）、公告方式作出的意思表示的生效时间（《民法总则》第139条）。

（一）无相对人的意思表示

所谓无相对人的意思表示，也称为无需受领的意思表示，是指意思一旦表示于外即告完成并生效，即表示就能产生效力而不需要他人得悉此项表示[1]，如放弃动产所有权的意思表示。

（二）有相对人的意思表示

有相对人的意思表示，也称为需要受领的意思表示，是指这种意思表示是针对特定人而发出的，因此，需要对之作出反应。就如德国学者所指出的：由于意思表示旨在相互沟通，因此意思表示的相对人至少必须知道意思表示的内容。民法典以"相对于"他人发出的意思表示为必要，来表达意思表示的须受领性[2]。

这种意思表示又分为以对话的方式与非对话的方式而为的意思表示，这两种意思表示的生效时间有较大的差异。

1. 有相对人的以非对话方式作出的意思表示的生效时间。我国《民法总则》及《合同法》与大陆法系国家民法一样，都采取"到达说（受领说）"，之所以如此，主要是与意思表示所欲达到的法律目的相关：例如，在合同法上，要约使受要约人产生承诺的权利，即确定契约关系的权利，但在要约到达受要约人之前，这种权利并不发生；从要约人方面讲，在要约到达受要约人之前，受要约人

---

〔1〕 沈达明、梁仁洁编著：《德意志法上的法律行为》，对外贸易教育出版社1992年，第84页。
〔2〕 ［德］迪特尔·梅迪库斯：《德国民法总论》，邵建东译，法律出版社2000年版，第204页。

并不知道有此要约的存在。在这段时间内让要约人受到要约效力的拘束，也殊欠公允，故各国法均允许要约人在要约到达受要约人之前撤回要约。我国《民法总则》第137条第2款规定："以非对话方式作出的意思表示，到达相对人时生效。"

另外，在当今的"互联网＋"时代，传统的缔约方式也在发生变化，因此，《民法总则》第137条第2款专门规定："以非对话方式作出的采用数据电文形式的意思表示，相对人指定特定系统接收数据电文的，该数据电文进入该特定系统时生效；未指定特定系统的，相对人知道或者应当知道该数据电文进入其系统时生效。当事人对采用数据电文形式的意思表示的生效时间另有约定的，按照其约定。"

2. 以对话方式发出的意思表示的生效时间。通说认为，对于以口头（无载体）的意思表示的生效时间，应适用"了解说"，即在通常情况下，只有在相对人实际听到并了解意思表示的内容时，意思表示才能生效。然而，何为"了解"呢？学者的下述见解可资赞同：所谓"了解"者，是指相对人认知表意人意思表示的内容。了解与否，依通常情形客观上可能了解与否而定。换言之，如依其情形，为客观上可能了解者即是。因之，对于正常人而为对话意思表示，除相对人能够证明其不了解者之外，应认定该意思表示已为相对人所了解。但对于聋哑人为对话的意思表示，或者对于不懂中文的外籍商人所为的以中文对话的意思表示，因相对人客观上无从了解，自无生效可言[1]。对此，我国《民法总则》第137条第1款规定："以对话方式作出的意思表示，相对人知道其内容时生效。"

（三）以公告作出的意思表示

以公告作出的意思表示，有的有相对人，有的无相对人。由于公告的特殊性，一经发出，即视为到达。因此，无论是否具有相对人，以公告方式作出的意思表示，公告发布时生效（《民法总则》第139条）。

五、意思表示撤回

在有相对人且意思表示采取"到达主义"的场合，在发出意思表示与到达相对人之间就有一个时间，在这段时间内，法律允许表意人撤回其意思表示。因为，这时不会对相对人造成任何损失。我国《民法总则》第141条就规定了这种精神：行为人可以撤回意思表示。撤回意思表示的通知应当在意思表示到达相对人前或者与意思表示同时到达相对人。我国《合同法》第17条也规定："要约

---

[1]　邱聪智：《民法总则》（上），三民书局股份有限公司2005年版，第543页。

可以撤回。撤回要约的通知应当在要约到达受要约人之前或者与要约同时到达受要约人。"

无相对人的意思表示的撤回问题上,因其发出即可产生效力,故与有相对人的意思表示的撤回不同,一般应采用与发出意思表示同样的方式或者其他特别方式才能撤回。如《德国民法典》第658条关于悬赏广告的撤回规定:"悬赏广告得在完成行为前撤回。撤回仅限于与悬赏广告同样的方式通告时,或以特殊通知为之者,始为有效。"

六、意思表示的解释

我国《民法总则》第142条规定了"意思表示的解释":"有相对人的意思表示的解释,应当按照所使用的词句,结合相关条款、行为的性质和目的、习惯以及诚信原则,确定意思表示的含义。无相对人的意思表示的解释,不能完全拘泥于所使用的词句,而应当结合相关条款、行为的性质和目的、习惯以及诚信原则,确定行为人的真实意思。"

第三节 法律行为的效力概述

一、法律行为的效力概述

一个法律行为成立之后,并不一定能够发生行为人预设的效果,其效力状态可能会出现以下几种情况:①成立后生效(有效);②完全不发生当事人预设的效果(无效);③虽然生效,但违背当事人的真实意思,法律赋予当事人自我决定是否让其无效的权利(可撤销);④效力待定。当然,法律行为的当事人还可以自己设定生效或者失效的条件来控制法律行为的效力(附条件和期限的法律行为)。我国《民法总则》第六章实际上是按照法律行为的有效、无效可撤销、附条件和期限来设计的(第143~160条)。在本节,我们主要讨论法律行为的有效(生效及其要件)、效力待定的问题,至于法律行为的附条件和附期限、无效与可撤销的问题,将在本章第四节和第三、四章分别详细讨论。

二、法律行为的效力状态

(一)法律行为生效与有效

法律行为的有效实际上是法律行为生效后的效力持续状态,包括"正常"

的法律行为和意思表示有瑕疵的法律行为（可撤销的法律行为）。法律行为成立后，一般立即生效（《民法总则》第136条），生效后的状态即有效。因此，我们下面讨论分析法律行为生效及其要件，目的恰恰就是在讨论有效问题。

法律行为的生效是指法律按照一定的标准与尺度对私人成立的法律行为进行评价后的肯定性结论。如果说，法律行为的成立是意思自治的充分体现，那么，法律行为的生效则体现了法律对意思自治的控制。

与法律行为的成立比较，法律更加关注法律行为的生效。因为，任何国家的法律都不可能规定，只要当事人愿意（或者意思表示一致）就可以毫无限制地发生其预设的效果。之所以如此，主要是基于以下两个因素：其一，任何法律都为个人自治划定了界限，个人的意思自治自由在这一界限内才能发生效力，任何违反或者超越这一界限的，法律自然不能允许其生效，也就是说，法律要对其进行否定性评价。因为，任何人的意思表示（或者合意）的效果可能会涉及社会利益、其他个人利益，如果法律行为损害或者违反这些利益，将会被法律切断其效果的发生，例如，违反善良风俗的法律行为等。其二，因为国家是保护个人利益的公平机器，因此，当个人之间的利益发生严重不平等时，就可以施加均衡性影响。也就是说，在意思自治的游戏中，当事人之间的利益关系可能会因为各种因素（例如信息的不对称、另一方当事人的欺诈等）导致当事人之间的利益不平等。而国家在市民社会中所扮演的角色，有对法律行为的均衡性施加影响的可能性。但问题是，什么样的原因所导致的不公平或者不公平达到什么样的程度才能允许国家介入？且国家是主动介入还是被动介入？一般来说，在第一种情况下，法律会作出直接的否定性评价，而在第二种情况下，法律不直接作出否定性评价，而是被动性介入，在当事人请求的情况下，才作出否定性评价。前者即为法律行为的无效制度，而后者为法律行为的可撤销制度。

应当特别指出的是，我们应当严格区分法律行为的成立与生效。具体来说，有两点不同：①性质不同。法律行为的成立是解决法律行为是否已经存在的问题，而生效则是对已经存在的法律行为进行评价后的肯定性结论。因此，法律行为的成立更重要的是一个事实问题（意思表示是否有效或者是否达成合意），是一个私人的问题，而生效则是侧重法律评价。以合同为例，从契约订立的目的和过程看，是当事人为满足私人的目标而欲达到一定的法律效果的合意。欲缔结契约的当事人各自怀有不同的目标和需要，经过讨价还价和充分的协商，即经过要约、反要约、再要约、承诺的复杂过程达成一致时，契约即告成立。由此可见，契约的成立完全是个人之间的事情，是每个缔结契约的当事人对自己利益和义务的衡量和肯定。这就使得其与生效严格地区分开来，因为生效是国家或法律以一个管理者和统治者的身份，以国家和社会的利益为尺度，对缔结契约的当事人之间已经成立的契约进行评价，决定是否让其产生缔结契约的当事人希望发生的效果。如果当事人间已经成立的契约有悖国家或社会利益，应否定其效力。可见，生效已不再是私人之间的事情了。②要件不同。法律行为的成立仅仅要求意思表示有效或者当事人意思表示一致即可，而生效则要求多角度评价，如法律行为是否违反法律的强行性规定、是否符合善良风俗、形式是否符合法律规定等。

但是，法律行为的成立与生效的上述区分是在理论层面的"解剖学"式的分析，实际上，很多法律行为在成立时就立刻生效，除非当事人有特别约定或者法律有特别规定。因此，我国《民法总则》第 136 条第 1 款规定："民事法律行为自成立时生效，但是法律另有规定或者当事人另有约定的除外。"

需要说明的是，我国《民法总则》第 143 条规定的所谓"法律行为的有效要件"实属多余。因为按照该条规定："具备下列条件的民事法律行为有效：①行为人具有相应的民事行为能力；②意思表示真实；③不违反法律、行政法规的强制性规定，不违背公序良俗。"但问题是，不具备"意思表示真实"要件的法律行为是生效而且是有效的。

因此，《民法总则》不应该规定这种要件，而是应该从法律行为的无效与可撤销的视角去"反对"其效力，更加合适。

（二）效力待定的法律行为

1. 效力待定的法律行为的概念。关于效力待定的法律行为的通说概念是：由于法律规定的某种原因，法律行为既非有效，也非无效，其效力有待于第三人的确定。效力待定的法律行为通常包括：无权代理、无权处分、限制行为能力人实施的依法不能实施的法律行为。我认为，这种概念有不够周延之嫌，因为这些法律行为难以用一个"效力待定"加以涵摄。下面具体分析之。

2. 无权代理人以他人名义从事的行为。无权代理 是指代理人无代理权、超越代理权或者在代理权终止后以被代理人的名义从事的法律行为。这种法律行为是真正的效力待定的法律行为，因为它是以被代理人的名义从事的，而被代理人却未给予授权，因此，代理的法律后果就难以归属于被代理人。故代理的后果要对被代理人生效，就必须得到被代理人的追认（《民法总则》第 171 条）。

3. 限制行为能力人实施的依法不能实施的法律行为。《民法总则》第 145 条规定："限制民事行为能力人实施的纯获利益的民事法律行为或者与其年龄、智力、精神健康状况相适应的民事法律行为有效；实施的其他民事法律行为经法定代理人同意或者追认后有效。相对人可以催告法定代理人自收到通知之日起 1 个月内予以追认。法定代理人未作表示的，视为拒绝追认。民事法律行为被追认前，善意相对人有撤销的权利。撤销应当以通知的方式作出。"前面已经提到，我认为，行为能力对于法律行为来说不应是生效问题，而是成立问题，因为限制行为能力人不能为有效的意思表示，故其代理人的补充应是对成立的补正。因此，不是效力待定，而是成立的效力待定。也可以说，又成立了一个新的法律行为。

4. 无权处分人所从事的法律行为。无权处分人所从事的法律行为的效力问题，在我国学理上颇有争议，究竟是无效还是效力待定？

这一问题主要围绕着我国《合同法》第 51 条的规定："无处分权的人处分他人财产，经权利人追认或者无处分权的人订立合同后取得处分权的，该合同有效。"我认为，该条的规定实难理解。这就是我国有些学者长期以来人为地否认负担行为与处分行为的相互独立性而导致的结果，无权处分应当是处分行为效力待定，而负担行为（合同）当然应当是有效的。具体到该条，无权处分人订立的合同之效力不应受到影响，无处分权仅仅涉及将来合同的履行问题。对此，最高人民法院关于《合同法》的司法解释已经清楚地阐明了[1]。

三、效力不能对抗第三人的法律行为

有一些法律行为是可以生效的法律行为，但该效力不能对抗第三人。对此，德国学者拉伦茨指出：法律所说的处分行为的相对无效性是指，一个处分行为尽管原则上是有效的，但是，对于特定人来说它是无效的，即法律使这个人不能行使对某种请求权的处分，或者使与这个人有关的某种强制执行措施不能采用[2]。例如，我国《合伙企业法》第 21 条第 2 款规定："合伙人在合伙企业清算前私自转移或者处分合伙企业财产的，合伙企业不得以此对抗不知情的善意第三人。"即为著例。

---

[1] 《最高人民法院关于审理买卖合同纠纷案件适用法律问题的解释》（2012 年 3 月 31 日由最高人民法院审判委员会第 1545 次会议通过。法释〔2012〕7 号）第 3 条："当事人一方以出卖人在缔约时对标的物没有所有权或者处分权为由主张合同无效的，人民法院不予支持。出卖人因未取得所有权或者处分权致使标的物所有权不能转移，买受人要求出卖人承担违约责任或者要求解除合同并主张损害赔偿的，人民法院应予支持。"

[2] [德] 卡尔·拉伦茨：《德国民法通论》（下册），王晓晔等译，法律出版社 2003 年版，第 652 页。

第四节　附条件与附期限的法律行为

一、附条件的法律行为

（一）附条件的法律行为的概念

附条件的法律行为是指以未来的不确定的事实的发生或者不发生，作为法律行为发生效力或者失去效力的限制条件的法律行为。这种法律行为在实践中并不罕见，是行为人分配风险与计划未来的重要手段。《民法总则》第158条规定了这种法律行为：民事法律行为可以附条件，但是按照其性质不得附条件的除外。附生效条件的民事法律行为，自条件成就时生效。附解除条件的民事法律行为，自条件成就时失效。

（二）附条件的法律行为产生的制度基础

附条件法律行为产生的制度基础主要是意思自治原则以及在此基础上构建起来的债法的任意性规范，使得法律行为具有了可计划性的特征，因而人们可以通过自治的方式，将法律行为的效力的发生或者终止系于特定的条件。

（三）附条件法律行为的制度价值

1. 附条件法律行为体现了对私法自治的尊重。私法自治是民法的基本原则，而法律行为本身也是私法自治的具体体现，因此，法律不仅应允许对法律行为的内容自治，对于其效力也应允许以自治的方式作出安排。

2. 符合社会经济生活的实际需要。通过这种制度，当事人可以将不确定的风险做事先的安排。因为，在现实社会生活中，有许多不确定因素，当事人可以根据目前的这些不确定因素并考虑未来的发展，对法律行为作出适当的安排，以分配风险。例如，A有公寓住房一套，现在正在办理出国留学，想出租他人，但签证何时办妥难以估计。但签证一旦下来，再找承租人就十分仓促；但若现在就找承租人，又不能确定何时房屋交付使用，若盲目确定租赁合同生效日期，一旦签证未果，就面临违约责任。这时，如果用附条件的法律行为制度，就能够解决这一问题，即先签订租赁合同，但合同的生效日期是出租人的出国签证下来15天以后。这样一来，既避免了签证一旦下来仓促中找不到合适承租人的问题，也避免了盲目确定日期而面临违约的问题。

（四）条件的概念与特征

条件是行为人控制法律行为效力的发生或者消灭的手段。它具有以下几个特征：

1. 条件是未来发生的事实。如果是已经发生的事实，一般不能作为法律行为的控制手段。

问题是：如果事实已经发生，但是，法律行为的双方当事人均不知道已经发生的事实，而以该事实作为限制法律行为效力发生的条件，是否有效？例如：弟弟对哥哥说：如果我得到父亲的全部遗产，将付给你一半。但是，父亲已经写下遗嘱，将财产给弟弟。如何？

对此，学者之间存在争议。有的学者认为，如果双方当事人规定行为的有效性有赖于一个现在或者过去已经决定了的情况，只是因为这个情况在行为实施时不被当事人所知道，那么，在这里并不存在一个客观上不确定性和由此引起的行为的不确定状态，因此，这种情况不属于附条件的法律行为，并把它称为"不真正的条件"[1]。有的学者认为，应准用有关条件的规定[2]。本书同意第一种观点。

2. 条件是否发生具有不确定性。也就是说，条件的发生具有不确定性，才符合对风险的分配功能。如果条件是确定的，往往会成为一方当事人损害另一方当事人的手段。所以，一个人死亡是确定的，所以，不可能是条件。但是，如果说，一个人在一段时间内是否死亡，则可能是条件。

3. 必须是合法的事实。以非法的条件作为限制法律行为效力的条件的，不发生附条件法律行为的效力，如以伤害他人作为赠与的条件。

4. 法律行为的效力必须与条件具有依赖关系。也就是说，行为人有意将法律行为的效力受条件的约束。

（五）条件的性质

条件不是独立的行为，也不是从属性行为，而是法律行为的一部分，只不过是起到控制法律行为的效力而已。

（六）条件的分类

1. 停止条件与解除条件（《民法总则》第158条规定了这两种条件）。分类标准：条件对法律行为限制的作用。

（1）停止条件。停止条件是限制法律行为发生效力的条件，即当条件发生的时候，法律行为开始发生效力。因此，停止条件又称为延缓条件。如果条件不发生，法律行为就不会发生效力。例如，AB订立租赁合同约定：当A的儿子出

---

〔1〕 ［德］卡尔·拉伦茨：《德国民法通论》（下册），王晓晔等译，法律出版社2003年版，第684页。

〔2〕 ［德］迪特尔·梅迪库斯：《德国民法总论》，邵建东译，法律出版社2000年版，第628页。

国时，A 将房子租赁给 B。

（2）解除条件。解除条件是限制法律行为效力消灭的条件，即在条件发生时，法律行为失去效力。

例如，AB 订立租赁合同，约定：A 的儿子回国时，B 将房子搬出，解除合同。

2. 积极条件与消极条件。区分的标准：究竟是以事实的发生作为条件还是以不发生作为条件。

（1）积极条件是以事实的发生作为条件。例如：如果你考上大学，将如何如何……

（2）消极条件是以事实的不发生作为条件。例如，如果你考不上大学如何如何……

实际上，停止条件与解除条件都可以设立积极条件或者消极条件。

3. 真正条件与不真正条件。不真正条件有：

（1）法定条件：法律已经规定的条件。例如：合同约定，如果一方违约将承担违约责任。

（2）既定事实条件：如果是已经发生的事实，即使当事人不知道，也不是条件。

（3）不能的条件。

（4）不法条件。

以以上事实为条件者，法律行为视为没有条件约束。例如，在上述例子中，弟弟虽然不知道父亲已经死亡并且将遗产留给自己，那么他与哥哥的约定有效，但可以适用《民法总则》第 147 条请求可撤销的救济。

（七）不许附条件的法律行为

1. 有关身份的法律行为不得附条件。有关身份的法律行为主要是指婚姻、收养等，如果允许这些行为附条件，就会明显地有悖公共利益，同时也有悖基于上述关系形成的共同关系[1]。另外，如果允许婚姻附条件，那么当事人的身份关系就处于一种与婚姻的本质不相符合的不确定状态中，违反了婚姻的终身性规则[2]。

2. 形成权不得附条件，如撤销、追认、解除、权利的抛弃等。因为，形成权的功能就在于使某种不确定的行为的效力得以确定，如果再允许附条件，就会

---

〔1〕 ［德］卡尔·拉伦茨：《德国民法通论》（下册），王晓晔等译，法律出版社 2003 年版，第 689 页。

〔2〕 ［德］迪特尔·梅迪库斯：《德国民法总论》，邵建东译，法律出版社 2000 年版，第 639 页。

使行为的效力变得更加不确定。

3. 登记行为不得附条件，如房屋的所有权登记等。因为，登记应当记载权利的真实情况，而不能将一种权利的不确定状态登记于登记簿，否则难以起到权利公示的作用。

4. 特别法上的限制，如票据法上禁止票据行为附条件，这是由票据的无因性决定的。另外，继承的接受或者拒绝、遗赠的接受或者拒绝、担任遗嘱执行人的接受与拒绝，都不能附条件，因为，这些行为对其他人具有意义，因此应避免出现效力未决的状态。

（八）条件发生的结果

1. 附停止条件的法律行为，在条件发生时发生效力。

2. 附解除条件的法律行为，在条件发生时失去效力。

在此应当明确指出，附条件的法律行为与其他效力待定的法律行为不同，其没有溯及力。

（九）违反诚实信用恶意阻止或者促成条件发生的后果

由于条件的发生或者不发生对于当事人双方具有利益，所以，当事人可能会为了自己的利益而违反诚实信用恶意阻止或者促成条件发生。无论是按照我国的法律规定，还是大陆法系国家的一般规定，结果是向相反的方向发生效力，即违反诚实信用恶意阻止条件发生的，视为条件已经发生；违反诚实信用恶意促成条件发生的，视为条件没有发生（《民法总则》第159条）。

但是，需要讨论的问题是：如果一种法律行为的生效需要政府部门决定的，一方当事人通过各种手段和关系，促使政府部门没有批准或者批准的，是否适用上述规则？尽管从理论上说不应适用，因为政府部门的行为是不应也不能被当事人所左右的。但是，这种情况在我国实在是一个很普遍的问题，因此，我建议应该适用。而且还可以适用侵权行为法进行救济——相对人与第三人共同侵权或者政府部门以作为或者不作为的方式侵害权利，但政府部门确有理由批准或者不批准的除外。

（十）在条件没有发生期间的法律行为的效力

德国学者指出：尽管依赖于条件的法律效果在条件成就时才发生效力，但下面的说法仍然是错误的，即附条件的法律行为在条件成就前根本没有任何法律约束力。实际上，双方当事人在实施法律行为时，尽管条件的成就与否还很不确定，但他们都已经认为行为的效果是有效的，并同时使自己承担下列义务，即任何当事人不得单方撤回他的意思表示。而且，实际上，在这段不确定的时间里，双方当事人的行为也已经受到某些特定法律要求的约束，而这些要求也全面保证了一旦条件出现时，法律行为所要达到的法律效果能够得到实现[1]。简单地说，附条件的法律行为在条件没有发生期间，是已经成立但尚未生效的法律行为。

（十一）负担行为与处分行为都可以附条件

负担行为（例如买卖合同）当然是可以附条件的，但处分行为也可以附条件，例如，所有权保留就是典型的附条件的处分行为。

二、附期限的法律行为

（一）附期限的法律行为的概念与制度价值

附期限的法律行为是指以将来确定发生的事实作为限制法律行为效力的法律行为。制度价值同于附条件的法律行为。《民法总则》第 160 条规定："民事法律行为可以附期限，但是按照其性质不得附期限的除外。附生效期限的民事法律行为，自期限届至时生效。附终止期限的民事法律行为，自期限届满时失效。"

（二）期限的种类

1. 始期与终期。始期与终期，相当于停止条件与解除条件的效力。实际生活中，始期一般用"届至"，而终期往往用"届满"的措辞。

2. 确定期限与不确定期限。确定期限是指具体日期，如 2008 年 8 月 8 日；不确定日期是指具体日期在设定时不能确定的，例如，在某人死亡时。

（三）期限与条件的区别

期限是必定到来的，而条件则不一定。但在有的时候要根据具体情况加以判断，例如，"下次下雪时"，是条件还是期限？如果在我国东北，就是期限；如果是在广州，则为条件。

总之，只要事实不确定，就是条件。

（四）期限的具体计算

1. 以具体日历设立的——以具体时间。

2. 以期间设立的——见《民法通则》第 154 条第 3、4 款："期间的最后一天是星期日或者其他法定休假目的，以休假日的次日为期间的最后一天。期间的最后一天的截止时间为 24 点。有业务时间的，到停止业务活动的时间截止。"按照《民通意见》第 198 条第 2 款："期间的最后一天是星期日或者其他法定休假日，而星期日或者其他法定休假日有变通的"，以实际休假日的次日为期间的最后一天。"

3. 以事实发生为设立的——以事实的发生具体时间为期限的到来。

---

〔1〕〔德〕卡尔·拉伦茨：《德国民法通论》（下册），王晓晔等译，法律出版社 2003 年版，第 694 页。

（五）期限到来后的效力

在始期到来时，法律行为发生效力。在终期到来时，法律行为失去效力。

（六）不许附期限的法律行为

一般来说，不许附条件的法律行为，同时也不得附期限。但也有例外，例如，在形成权行使中，关于终止某种法律关系的行为可以附期限。就如学者所指出的：附期限在终止中不仅仅被允许，还被作为规则来适用。这样做的原因在于考虑到另一方的利益，使他们对于由此终止后引起的法律状态有所准备[1]。

---

〔1〕 ［德］卡尔·拉伦茨：《德国民法通论》（下册），王晓晔等译，法律出版社 2003 年版，第 690 页。

第 三 章

法律行为的无效

第一节　法律行为无效概述

一、法律行为无效的概念

法律行为的无效是指法律按照一定的标准（条件）对于已成立的法律行为进行评价后所得的否定性结论。也就是说，法律行为因不具备生效条件而使得当事人预设的法律后果不能发生。在理解法律行为无效这一概念时，应注意与其他法律救济制度的区别。

二、法律行为无效的原因

根据我国《民法总则》第 143～157 条的规定，导致法律行为无效的原因主要有：①因为欠缺行为能力而无效（第 144 条）；②虚假法律行为无效（第 146 条）；③违反法律的效力性强制性规范而无效（第 153 条）；④违反公序良俗而无效（第 153 条）；⑤恶意串通损害他人利益而无效（第 154 条）。

第二节　各种无效的具体原因

一、法律行为因欠缺行为能力而无效

《民法总则》第 144 条规定："无民事行为能力人实施的民事法律行为无效。"法律行为的核心为意思表示，而意思表示的前提是有行为能力。无行为能力，意味着意思表示的前提不存在，因此，这种法律行为无效是当然的。

从价值判断上说，法律对于行为能力的要求，也是对欠缺行为能力人的保护。

二、法律行为因违反强制性法律规定而无效

应该说，我国《民法总则》第153条之规定，是对于我国《最高人民法院关于适用〈中华人民共和国合同法〉若干问题的解释（二）》（法释〔2009〕5号，以下简称《合同法解释（二）》）第14条规定的继受。

《合同法解释（二）》第14条规定："合同法第52条第5项规定的'强制性规定'，是指效力性强制性规定。"《民法总则》第153条规定："违反法律、行政法规的强制性规定的民事法律行为无效，但是该强制性规定不导致该民事法律行为无效的除外。"这里所谓的"除外条款"，是指法律或者行政法规虽然是强行性规定，但其强行性并非指向法律行为之民法上的效力的除外。例如，非法集资违反强行性规定，但集资的每一个合同的民法效力并不必然因为违反强行性规定而无效。

那么，何为"效力性强制性规定"呢？许多学者主张，强制性规定可以分为效力性规定和管理性规定（或者称为取缔性规定），违反前者将导致合同无效，而违反后者只是对违反者进行制裁，而不否认其效力[1]。

众所周知，"强行性规范"是与"任意性规范"相对应的概念，是指当事人不能依意思自治排除其适用的法律规定。但是，强行性规范仅仅是必须适用而不能排除的法律规范，但并不都是指向合同效力的。因此，并非违反任何强行性规范都将导致合同效力的病态。

对于这一问题的争议恰恰出在对这一概念的理解和立法语言的不统一。例如，我国《合同法》第3条规定："合同当事人的法律地位平等，一方不得将自己的意志强加给另一方。"第4条规定："当事人依法享有自愿订立合同的权利，任何单位和个人不得非法干预。"第7条规定："当事人订立、履行合同，应当遵守法律、行政法规，尊重社会公德，不得扰乱社会经济秩序，损害社会公共利益。"上述三条规定都可以理解为"强行性"规定，同时都使用了"不得"这一词语，但在效力上显然是不同的：违反第3条和第4条并不必然导致合同无效，而违反第7条就会导致合同无效。这恰恰就是问题和争议的渊源所在。因此，在判断违反强行性法律规范对合同效力的影响时，一定要结合规范的目的和合同法的体系来综合判断。

我认为，判断是否属于"效力性强制性规范"时，应注意以下因素：

1. 规范的目的。判断何为"效力性强制性规定"的核心问题是规范的目的，

---

[1] 张谷："略论合同行为的效力——兼评《合同法》第三章"，载《中外法学》2000年第2期。

任何规范都有目的，如果规范的目的在于对当事人意思自治的否定，则属于效力性强制性规范。否则，就不应影响私法意义上的合同之效力。例如，史尚宽先生举例说，有的国家对营业时间在法律上有强制性限制，但立法目的仅仅是保护受雇人，而不是禁止交易行为效果的发生，属于取缔性或者管理性规定[1]。因此，即使在法律禁止营业的时间内交易，也不影响合同效力，但会引起对营业主的处罚。我国《公务员法》第53条对公务员经商的限制，也是为了加强对公务员的管理，但对于其已经从事的交易并不否认其效力。

2. 合同涉及的利益主体。一般来说，合同是双方当事人之间的事情，如果不涉及第三方利益，法律一般不会否定其效力，因此，违反《合同法》第3条并不必然引起合同无效。但是，如果合同涉及国家利益、集体利益或者第三人利益，特别是损害其利益时，就会导致无效。学者一般都同意这一观点。

3. 注意区分"物权行为"效力与"债权行为"的效力。我国法上是否存在物权行为与债权行为的区分，尽管在学理上存在争议，但在立法和司法解释中这一问题却始终都不能摆脱。因此，我们必须区分效力性强制性规范是针对物权的，还是针对债权的，即合同的效力。例如，我国《房地产管理法》第36条规定："房地产转让、抵押，当事人应当按照本法第五章的规定办理权属登记。"第45条第2款规定："商品房预售人应当按照国家有关规定将预售合同报县级以上人民政府房地产管理部门和土地管理部门登记备案。"而这里的要求是针对债权合同的，还是针对物权的？

在区分物权行为与债权行为时，显然登记或者备案都属于物权问题，而不是债权合同的问题。因此，我国最高人民法院《关于审理商品房买卖合同纠纷案件适用法律若干问题的解释》第6条规定："当事人以商品房预售合同未按照法律、行政法规规定办理登记备案手续为由，请求确认合同无效的，不予支持。"我国《物权法》第15条也明确规定，登记与否不影响合同效力。

4. 结合其他因素的综合判断。不能机械地套用标准进行判断，而是要结合其他因素综合判断。例如，同样是涉及"市场准入的主体"问题，法律效力可能会不一样，有的是效力性强制，有的则不是效力性强制而是管理性强制。例如，违反金融管理法规，未经批准从事金融业务，就属于被否定效力的行为。违反《公务员法》第53条对公务员经商的限制，与他人进行一般商业性合同交易，就不属于被否定合同效力的行为。因为，前一种交易违反了国家的金融经济秩序，需要否定其效力。而后一种一般性商业交易，并不违反市场秩序或者国家利

---

[1] 史尚宽：《民法总论》，中国政法大学出版社2000年版，第330页。

益。因此，最高人民法院《关于当前形势下审理民商事合同纠纷案件若干问题的指导意见》第16条规定："人民法院应当综合法律规范的意旨，权衡相互冲突的权益，诸如权益的种类、交易安全以及所规制的对象等，综合认定强制性规范规定的类型。如果强制性规范规制的是合同行为本身即只要该合同行为发生即绝对地损害国家利益或者社会公共利益的，人民法院应当认定合同无效。如果强制性规定规制的是当事人的'市场准入'资格而非某种类型的合同行为，或者规制的是某种合同的履行行为而非某种合同行为，人民法院对于此类合同效力的认定，应当谨慎把握，必要时应当征求相关立法部门的意见或者请示上级人民法院。"

三、法律行为因违反善良风俗或者公共秩序而无效

尽管我国的学理很早就适用"公序良俗"一词，但从民事立法上看，我国《民法总则》第一次正式使用"公序良俗"的概念，并且违反规定将导致法律行为的无效（《民法总则》第153条第2款）。

（一）善良风俗的概念与制度价值

善良风俗与诚实信用原则一样，属于民法中弹性较强的一般条款，其内涵与外延具有较大的伸缩性，并具有随时代变迁而变化的特点。能否对善良风俗进行一般性的定义呢？对于这一问题，存在两种不同的观点。一种观点认为：事实上由于善良风俗本身的特点，不能作出一般性定义，而只能进行类型化考察和研究。例如，德国学者迪特尔·梅迪库斯认为：所有关于善良风俗的概念表述都有正确的方面，无疑，社会道德具有重要意义，在评判有关行为是否违反善良风俗时，也要考虑这种行为是否与法律共同体的基础和基本制度相符合。但所有这些表述都不理想，因此，我们大概必须放弃对善良风俗作统一定义的尝试，而应当满足于描述同样类型的、可以认定存在善良风俗的案例[1]。另一种观点则认为，可以而且应当对善良风俗作出一般性定义。这种观点主张可以而且应当对善良风俗作出一般性定义的观点中，至于什么是善良风俗以及如何表达其内涵，也存在较大的争议。

由于受苏联民法理论和民事立法的影响，我国在合同法以前的民事立法从未使用过"公共秩序与善良风俗"的概念，而是用"社会公共利益及社会公德"，如《民法通则》第7条规定："民事活动应当遵守社会公德，不得损害社会公共利益。"但依学理通说，我国现行法所谓的"社会公共利益"及"社会公德"，

---

〔1〕　［德］迪特尔·梅迪库斯：《德国民法总论》，邵建东译，法律出版社2000年版，第514页。

在性质和作用上与公序良俗相当。"社会公共利益"相当于"公共秩序","社会公德"相当于"善良风俗"[1]。故有学者认为,因"社会公共利益""社会公德"并非法律用语,应改用通用的法律概念,即"公共秩序"与"善良风俗"[2]。在1999年《合同法》的起草中,曾一度使用了公共秩序与善良风俗,但在最后几稿及颁布后的《合同法》中又重新回到了《民法通则》中去。只有此次《民法总则》正式使用这一概念,但如何确定其内涵和外延,比较法上的借鉴是必不可少的。

在法国理论及判例上,下列行为属于违反善良风俗的行为:①违反性道德的行为;②赌博行为;③限制人身自由的行为;④违反家庭伦理道德的行为;⑤为获得其他不道德利益的行为;⑥违反人类一般道德的行为等[3]。

在德国,下列行为属于违反善良风俗的行为:①束缚性行为。这类法律行为被法院宣告无效,是因为其极大地限制了另一方当事人的人身或者经济自由,或者极大地限制了另一方的职业自由或者从事艺术性事业的自由。例如,德国法院曾经判决一个抵押合同因束缚性而无效。这个案件中,抵押者抵押的财产是抵押人的全部财产,因为这一抵押使抵押人不可能再满足其他债权人的请求。②违反职业道德的行为。③违反性道德的行为。④诱使他人违反合同的行为。⑤暴利行为。⑥对于违反道德目的的无偿资助行为等。

如果无偿资助是为了鼓励合同另一方从事某种违反道德的行为,或者是对另一方实施这种行为的一种奖励,则这种无偿资助根据判例是违反善良风俗的[4]。

虽然我国《民法总则》规定了"公序良俗"会导致法律行为无效,根据什么规则来判断"公序良俗"以及违反善良风俗的类型化研究却十分薄弱。例如,在我国,由于以各种形式赌博的现象可谓普遍,几乎是人人熟视无睹,并时常发生因赌债不能偿还而家破人亡、妻离子散的悲剧,所以,我国法律也确认这类法律行为(合同)无效;基于对人权的尊重,对于那些限制当事人一方人身自由的合同应当引起我们足够的重视。特别是在我国目前失业人数剧增而劳动力资源过剩的条件下,更应当对劳动合同中限制劳动者的人身自由的现象给予关注。我们的媒体也经常报道,有许多合资企业、外资企业及私营企业主严重违反劳动法的规定,限制工人的自由活动时间,并对工人或雇员进行搜身检查等,甚至将其

---

[1] 梁慧星:《民法总论》,法律出版社1996年版,第45页。
[2] 梁慧星:《民法总论》,法律出版社1996年版,第45页。
[3] 尹田:《法国现代合同法》,法律出版社1995年版,第167~168页。
[4] [德]卡尔·拉伦茨:《德国民法通论》(下册),王晓晔等译,法律出版社2003年版,第614页。

写进合同。鉴于寻找工作的艰难，许多人对此忍气吞声。为保护这些员工的人权，应确认这些合同为无效合同。我国最高人民法院也曾经作出过类似德国判例的司法解释，即如果一个债务人有多个债权人，但债务人将全部财产抵押给一个债权人的抵押合同无效。德国与法国判例之所以要将这些类型归入"善良风俗"条款之下，目的在于为其无效寻找民法上的依据。对此，我国私法实践对此也应该将其与"公序良俗"联系起来。另外，在我国目前有许多暴利行业，有的是滥用特殊地位并利用对方没有经验等，许多人觉得确实存在问题，法律应当规范，但不知规范它的法律依据，能否归入违反善良风俗，这些都是我国司法和学理未来的重大课题和艰巨任务。

（二）公共秩序的概念

所谓公共秩序，是指一种强制性规范，是当事人意志自由的对立物，其本质在于反映和维护国家的根本利益[1]。

关于公共秩序与善良风俗之间的关系问题，学者有不同的看法。德国学理上进行过激烈的争论。西米蒂斯认为，公共秩序就是现存的社会秩序[2]。帕兰特等人则认为，人类为了一个有序的共同生活，必须有一个最低的道德规范。因此，可以这样解释，违反了善良风俗，就是违反了公共秩序[3]。显然，帕兰特等人是将公共秩序作为一个上位阶的概念来适用，而把善良风俗等作为达到人类共同生活秩序的手段，当然也就是一个下位阶概念。但德国学者反对这种试图用公共秩序的观点替代善良风俗。因此，拉伦茨和梅迪库斯都认为：公共秩序涉及公共安全与外部秩序，适用于所有国际私法领域，它被作为外国法在本国适用的界限。所以，人们应该把公共秩序限制在这一范围，而不应该把它扩大适用于解释善良风俗[4]。其实，按照德国民法典制定时期的理解，公共秩序是指一切宪法性的原则，这些原则是社会秩序、政治秩序的基础；善良风俗是指对私道德的要求和交易上的诚实的一般评价。第二次起草委员会删去了公共秩序，只剩下纯粹以经验为基础的善良风俗，即废除了双重标准。立法者认为把过于广泛、过于不确定的公共秩序标准授权法官使用未免危险[5]。因此，现在的德国民法典中，只有善良风俗的规定，而没有公共秩序的规定。

---

〔1〕　尹田：《法国现代合同法》，法律出版社 1995 年版，第 170 页。

〔2〕　［德］卡尔·拉伦茨：《德国民法通论》（下册），王晓晔等译，法律出版社 2003 年版，第 598 页。

〔3〕　［德］卡尔·拉伦茨：《德国民法通论》（下册），王晓晔等译，法律出版社 2003 年版，第 597 页。

〔4〕　［德］迪特尔·梅迪库斯：《德国民法总论》，邵建东译，法律出版社 2000 年版，第 514 页；［德］卡尔·拉伦茨：《德国民法通论》（下册），王晓晔等译，法律出版社 2003 年版，第 599 页。

〔5〕　沈达明：《德意志法上的法律行为》，对外贸易教育出版社 1992 年版，第 180 页。

与德国法不同，法国民法典保留了公共秩序的概念，这就是《法国民法典》第 6 条的规定："不得以特别约定违反有关公共秩序与善良风俗的法律。"法国学者韦尔指出，作为对契约自由的限制，公共秩序与善良风俗表现了社会对个人的一种"至高无上"的地位，即社会强迫个人遵守构成该社会基础的一些规则。正因为如此，对公共秩序与善良风俗的区分就表现出一种人为的特点：由于法律的目的并非直接地对人进行道德教育，所以，某些基本的道德规范之所以应当被遵守，其原因并不在于为了实现该道德本身，而在于为了实现该道德所具有的社会价值，以及它给社会所带来的某种秩序。因此，从根本上讲，公共秩序与善良风俗这两个概念并无本质的不同，善良风俗是公共秩序的特殊组成部分[1]。诚然，从法律保护的最终效果上看，无论是善良风俗，还是公共秩序原则，均在于实现某种社会价值，即给社会带来某种秩序，但二者的法律渊源及出发点是不同的。所以，在许多方面存在差异。

与善良风俗不同，公共秩序反映和保护国家与社会的根本利益，表现了国家对社会生活的积极干预。其渊源大多数来自公法，如宪法、行政法等；也有些规定来自私法。根据其内涵不同，可将公共秩序分为政治公共秩序与经济公共秩序。

我认为，结合我国法律体系之规定，应当认为，下列行为属于违反公共秩序的类型：

1. 违反国家公序行为。国家公共秩序，是指国家经济、政治、财政、税收、金融、治安等秩序，关系国家人民的根本利益，违反国家公共秩序属于违反公共秩序的重要类型。例如，身份证、学历证明的买卖合同；规避国家税收的合同；等等。

2. 限制经济自由行为。经济自由为市场经济的基本条件，违反其的行为当然无效。例如，竞业禁止条款，限制职业自由的条款。经济体制改革以来，大量存在的利用经济地位或行政权力分割市场、封锁市场、限制商品和人员流动的规定或协议，亦可归入这一类，应认定为无效。

3. 违反公正竞争行为。公正竞争为市场秩序的核心，当然应受公共秩序原则的保护。属于这一类的行为有：拍卖或招标中的围标行为；以贿赂方法诱使对方的雇员或代理人与自己订立契约；以使对方违反对于第三人的契约义务为目的的契约；等等。

4. 违反消费者保护行为。现代市场经济条件下，消费者为经济上的弱者，

---

〔1〕　转引自尹田：《法国现代合同法》，法律出版社 1995 年版，第 165 页。

不能与拥有强大经济力的企业相抗衡，于是各国制定并执行消费者保护政策，由国家承担保护消费者的责任。因此，消费者保护成为公共秩序原则适用的重要领域。违反消费者保护的行为，主要是利用欺诈性的交易方法、不当劝诱方法，及虚假和易使人误信的广告、宣传、表示，致消费者遭受重大损害的行为。

5. 违反劳动者保护行为。同消费者一样，劳动者也是现代市场经济条件下最易遭受损害的弱者，因此，保护劳动者为现代保护的公序的重要领域。运用公共秩序原则保护劳动者，是各国依公共秩序原则处理的重要类型。例如，劳动关系中以雇员对企业无不利行为作为支付退职金条件的规定；女雇员一经结婚视为自动离职的所谓"单身条款"；"工伤概不负责"的约款；雇员须向雇主交纳保证金的约款；要求雇员为顾客对雇主的债务担保的约款；男女同工不同酬的差别待遇规定；等等[1]。

四、法律行为因虚假意思表示而无效

（一）虚假法律行为的概念

我国《民法总则》第146条规定了虚假意思表示之法律行为及其效果，这是我国民事立法第一次明确规定"虚假意思表示"，尽管之前我国《民法通则》（第58条）及《合同法》第52条都有关于"以合法形式掩盖非法目的"及"恶意串通损害国家、集体或者第三人利益"的法律行为或者合同无效之规定，从中也可能能够解释出"虚假意思表示"的含义，但与《民法总则》第146条之规定毕竟不同：虚假的法律行为所掩盖的不一定就是非法目的的法律行为或者损害国家集体或者第三人利益的法律行为。因此，"虚假法律行为及其效力"之规定，是有独立价值和意义的，而且这种形式在实践中也经常出现。那么，什么是虚假的意思表示或者法律行为呢？

所谓虚假的法律行为，是指在意思表示需要受领的法律行为中，意思表示的表意人与意思表示的受领人一致同意（通谋）而做出的旨在掩盖另外一项法律行为的外在的法律行为。就如德国学者拉伦茨所指出的，虚假法律行为是指表意人与表示的受领人一致同意表示事项不应该发生效力，亦即双方当事人一致同意仅仅造成订立某项法律行为的表面假象，而实际上并不想使有关法律行为的法律效果产生[2]。

---

〔1〕　梁慧星：《民法总论》，法律出版社1996年版，第204页。

〔2〕　［德］卡尔·拉伦茨：《德国民法通论》（下册），王晓晔等译，法律出版社2003年版，第479页。

（二）构成要件

1. 意思表示的双方具有"通谋性"。这一要件要求意思表示的表意人与受领人对于该意思表示的"虚假性"是共知的，如果仅仅有一方知道而对方不知道，否则构成"欠缺真意"或者"心里保留"。有时，意思表示的表意人误认为对方已经理解并接受其意思而具有"共识"，但对方并没有理解并与之达成"共识"时，则会成为"失败的虚假表示"，就如德国学者所言，虚伪行为以双方当事人的一致同意为前提条件，只有当两个表示都经双方当事人一致同意而虚伪地作出时，才可能将该合同视为虚伪行为。如果表意人希望另一方将表示理解为虚伪表示，而另一方却没有意识到表示的虚伪性质，也就是说，双方未就虚伪作出表示达成"一致同意"，则为失败的虚伪行为[1]。

2. 表意人所作出的意思表示必须是需要受领的意思表示。因为虚假法律行为的构成要求具有"通谋性"，要求双方对于"虚假性"具有共识，因此，必须是需要受领的意思表示才有可能符合这一要求。

3. 不存在效果意思。在虚假的法律行为中，双方当事人虽然有意思表示的外观，但却不具有意思表示中的效果意思，也就是说，双方当事人不具有使法律行为发生预期效果的真实意思。相反，当事人可能会隐藏另一个法律行为，欲使另一个法律行为发生效力，即使另一个法律行为具有效果意思，因此，一般来说，另一个被隐藏的法律行为可能会发生效力（《民法总则》第 146 条第 2 款）。

虚假法律行为的目的往往具有欺骗第三人的动机，但这不是虚假法律行为构成的必要条件，就如德国学者所言，虚伪行为的双方当事人大多是想欺骗某个第三人，如债权人或者税务机关等。不过，这一欺骗意图并不是构成虚假行为的必要前提[2]。

4. 虚假法律行为常常是为了掩盖另一个当事人真正希望发生法律效果的法律行为。任何法律行为都有其目的性，虚假法律行为往往是为了掩盖另一个法律行为，并有意使另一个法律行为（隐藏的法律行为）发生效力。因此，我国《民法总则》第 146 条第 2 款就规定："以虚假的意思表示隐藏的民事法律行为的效力，依照有关法律规定处理。"

---

〔1〕［德］卡尔·拉伦茨：《德国民法通论》（下册），王晓晔等译，法律出版社 2003 年版，第 480 页。
〔2〕［德］卡尔·拉伦茨：《德国民法通论》（下册），王晓晔等译，法律出版社 2003 年版，第 497 页。

（三）虚假法律行为与《民法总则》第 154 条规定的恶意串通损害他人利益的法律行为的区别

我国《民法总则》第 154 条规定："行为人与相对人恶意串通，损害他人合法权益的民事法律行为无效。"那么，该条规定与《民法总则》第 146 条规定的"虚假法律行为"之间有什么本质区别吗？

这两条非常相似，都具有"通谋性"。而且，我国《民法总则》第 154 条的规定，在大陆法系国家民事立法中难以见到。我认为，其与虚假法律行为的区别是"通谋"的内容不同：虚假法律行为其本身的"通谋性"在于双方都同意法律行为不发生表面行为的效力，即不具有效果意思，而《民法总则》第 154 条规定的恶意串通行为的效果意思是真实的，而且也在追求这种意思的发生，但其目的在于让这种法律行为的效果损害第三人利益。

问题是：在实际中，是否会发生虚假法律行为与恶意串通法律行为的竞合问题呢？例如，德国学者拉伦茨所举的例子：债务人为了达到使债权人无法执行其财产的目的，而虚假地将自己的财产让与给第三人。那么，这种让与行为就是虚假法律行为而无效，债权人就可以主张这种行为无效，其仍然能够执行这些财产[1]。再如，房屋的买卖双方在买卖房屋合同中，为了逃避税收，将实际成交的价格隐藏起来，在正式提交给登记机关的合同中用一比较低的价格表现，目的就是为了逃税。这时，是适用《民法总则》第 146 条规定的"虚假法律行为"呢，还是适用《民法总则》第 154 条的"恶意串通损害第三人利益的行为"呢？

在德国学者拉伦茨所举的例子中，按照我国法律，既可以适用《民法总则》第 146 条关于"虚假法律行为"的规定，认定该行为无效，也可以根据《民法总则》第 154 条关于"恶意串通的"规定认定其无效。按照德国学者的观点，虚假的法律行为也可以是"部分虚假"，最典型的就是买卖合同的价格虚假，以欺骗税务机关。这样的法律行为也属于"虚假法律行为"，适用"部分无效"规则，即价格部分无效，买卖合同按照真实价格生效[2]。我认为，在这种情况下，应该适用我国《民法总则》第 146 条之规定。同时，这种情况也构成《民法总则》第 154 条的"恶意串通损害第三人利益的行为"，也属于无效。

---

〔1〕［德］卡尔·拉伦茨：《德国民法通论》（下册），王晓晔等译，法律出版社 2003 年版，第 500 页。

〔2〕［德］维尔纳·弗卢梅：《法律行为论》，迟颖译，法律出版社 2013 年版，第 480 页；［德］卡尔·拉伦茨：《德国民法通论》（下册），王晓晔等译，法律出版社 2003 年版，第 501 页；［德］汉斯·布洛克斯等：《德国民法总论》，张艳译，中国人民大学出版社 2012 年版，第 242 页。

（四）虚假法律行为无效的理由

虚假法律行为为什么是无效的？如果双方当事人想让其生效，是否能够生效？对此，德国学者指出，虚假的法律行为之所以无效，就是因为双方当事人一致同意该意思表示无效[1]。从意思自治的原则看，既然双方当事人没有这样的真实意思，就不能让这种意思表示生效，这是符合意思自治原则的。

虚假法律行为无效的理由是一个价值判断问题，还是逻辑判断问题？也许有人会认为，虚假行为之所以无效，是因为其是虚假的行为，从价值判断方面来讲，就不应该有效，否则就会让一个虚假的行为变为真实的法律行为并产生效力。其实，这是一种误解。在私法领域内，让虚假的行为发生效力的情形很多很多，法律一般不直接干预。虚假法律行为的无效实际上是逻辑判断的结果：因为，从法律行为的概念看，"意思表示"是其核心要素，而从意思表示的构成看，"效果意思"是意思表示不可或缺的因素，而虚假法律行为中恰恰就缺少"效果意思"，当事人不追求这种表示产生的效果，因此，不成立真正的意思表示，意思表示也就无效，意思表示无效，从而导致法律行为无效。因此，它是一个逻辑判断问题。

（五）具体效力

从我国《民法总则》第146条的规定看，对于虚假法律行为的规定有两层意思：一是虚假表示的法律行为无效；二是"以虚假的意思表示隐藏的民事法律行为的效力，依照有关法律规定处理"。在此，重点讨论第二层意思。

1.《民法总则》第146条的意思是说，如果被隐藏的法律行为符合我国法律关于法律行为生效要件的，可以生效，否则，被隐藏的法律行为也不可以生效。例如，被隐藏的法律行为违反国家强行性法律规范的，也不能生效，例如，《合同法》第52条规定的"以合法行使掩盖非法目的的"法律行为，也不能生效。

2. 特别需要指出的是，被隐藏的法律行为需要特定程序或者特定形式的，当被隐藏的法律行为不符合这种特定要求时，也不能生效。就如德国学者所指出的，被要求的法律行为属于要式法律行为却未履行形式要件时，它因欠缺形式要件而无效[2]。

---

〔1〕 ［德］维尔纳·弗卢梅：《法律行为论》，迟颖译，法律出版社2013年版，第480页；［德］卡尔·拉伦茨：《德国民法通论》（下册），王晓晔等译，法律出版社2003年版，第499页。

〔2〕 ［德］维尔纳·弗卢梅：《法律行为论》，迟颖译，法律出版社2013年版，第481页.

五、法律行为因恶意串通损害他人利益而无效

《民法总则》第 154 条规定："行为人与相对人恶意串通，损害他人合法权益的民事法律行为无效。"该条与第 146 条的区别在于：其串通的目的在于通过实施法律行为来损害他人利益。其要件为：①有双方通谋的事实；②有恶意损害他人利益的故意（恶意）；③法律行为在表面上是成立的。

第三节　无效的法律后果

我国《民法总则》关于行为无效的法律后果，主要集中在第 155～157 条的规定[1]。其效力可以从以下几个方面来理解：

一、法律行为自始无效

从我国《民法总则》第 155 条之规定看，无效法律行为的法律后果在法律上绝对无效，自法律行为成立之日起就不发生当事人预定的法律效力。这是由无效法律行为的认定标准决定的，因为无效是根据特定的条件对法律行为进行"评价"后的否定性结论，而这些条件都是意思自治的绝对不可逾越的界限。

二、恢复原状

恢复原状就是法律对无效法律行为为效力否定的直接体现。换句话说，法律既然不承认无效法律行为的法律效力，就应该使当事人双方的财产状况不因法律行为的成立而发生任何变化，即当事人行为前的财产状况应予以恢复。这样，才能体现法律行为溯及地消灭的效力。《民法总则》第 157 条所规定的救济措施，实际上都属于恢复原状。具体来说：

（一）返还财产

恢复原状的必然要求是对于当事人因无效法律行为而交换的财产进行返还，具体地说，双方尚未履行的，停止效力即可，不发生返还问题。但一方或双方因

---

[1] 《民法总则》第 155 条规定："无效的或者被撤销的民事法律行为自始没有法律约束力。"第 156 条规定："民事法律行为部分无效，不影响其他部分效力的，其他部分仍然有效。"第 157 条规定："民事法律行为无效、被撤销或者确定不发生效力后，行为人因该行为取得的财产，应当予以返还；不能返还或者没有必要返还的，应当折价补偿。有过错的一方应当赔偿对方由此所受到的损失；各方都有过错的，应当各自承担相应的责任。法律另有规定的，依照其规定。"

法律行为已经交付的财产应当予以返还。在财产返还问题上，应特别注意返还财产的权利性质及请求权基础。

返还的理论根据就是财产返还请求权的性质问题，即因法律行为无效而发生的财产返还请求权，究竟是物上请求权，还是债权请求权？我国立法自《民法通则》开始，对此规定一直不明确，学理上存在纷争。这其实也是我国民法典制定中的一个问题，至今仍然没有明确的答案。

当然，在现实生活中，因为各种各样的原因，导致已经交付的财产不能返还或者没有必要返还，这种情况下，应当补偿与财产价值相当的金钱或者其他替代物。

（二）赔偿损失

这里所谓的"赔偿损失"，是指"缔约过失赔偿"。即法律行为无效或者被撤销后，有过错的一方应当赔偿对方由此所受到的损失；各方都有过错的，应当各自承担相应的责任。

三、自始无效与恢复原状的例外

虽然说，法律行为无效之后，其自始无效与恢复原状是一般原则，但有时也有例外。根据法律行为的性质，无法返还的，法律行为并非自始无效，而是从确认无效之时开始终止，无溯及力。例如，租赁合同、雇佣合同等。

四、法律行为的部分无效

《民法总则》第 156 条规定："民事法律行为部分无效，不影响其他部分效力的，其他部分仍然有效。"在对我国《民法总则》与《合同法》规定的部分无效在什么时候"不影响其他部分的效力"进行判断时，应当注意两个问题：

1. 合同无效部分与其他部分在客观上是可以分离的，而且当事人的明示或者可推知的意思也是可分的。法官不能以客观经济合理标准或者以自己的意志来认定合同部分的可分性。

2. 《民法总则》第 156 条、《民法通则》第 60 条与《合同法》第 56 条都规定：民事法律行为（合同）部分无效，不影响其他部分的效力的，其他部分仍然有效。那么，如何理解"不影响其他部分的效力"？在这里应当考虑法律行为之当事人的主要意思表示和主要缔约目的是什么，如果无效部分是合同当事人的主要目的或者主要意思表示，当这一部分无效时，整个合同的存在意义也就不存在，这时就不能再主张其余部分仍然有效。例如，在一个买卖合同中定有"违约条款"或者"定金条款"，当"违约条款"或者"定金条款"部分无效时，可以认定其余部分仍然有效；反之，如果其余部分无效，而仅仅"违约条款"或者"定金条款"有效时，这种有效对当事人缔约来说也就没有任何意义，将会引起整个合同无效。

第四章

法律行为的可撤销

第一节 法律行为之可撤销的概念

一、概念与特征

法律行为的可撤销，是指表意人因为自身或者外在的因素导致的意思与表示不一致，可以请求法院或者仲裁机构撤销该意思表示，从而使法律行为溯及地消灭。其具有以下特征：

（一）意思表示有瑕疵

一般来说，可撤销的法律行为都是表意人的意思表示有瑕疵。无论是重大误解，还是胁迫、欺诈、显失公平等，都是意思表示有瑕疵。

（二）意思表示的瑕疵并非表意人故意为之

意思表示的瑕疵，可能会因为各种各样的原因所致，有的是表意人自己的原因，例如错误（重大误解），有的是外在的原因，例如胁迫或者欺诈。但这种意思与表示不一致，不能是因为表意人故意为之。如果是表意人故意为之，有的是无效（例如虚假意思表示），有的不能得到救济（例如真意保留）。

（三）只能向法院或者仲裁机构请求撤销

在我国，撤销法律行为必须向法院或者仲裁机构请求，不得以向对方为意思表示的方式进行。

（四）法律行为被撤销后的法律效果与无效相同

法律行为的无效与可撤销尽管原因不同，但一旦撤销之后，其后果与无效相同。因此，我国《民法总则》第157条将无效与可撤销的法律效果规定在一起。当然，其中也有少许不同，例如，在缔约过失赔偿方式方面，因欺诈而发生的可撤销，撤销权人就没有赔偿义务。

二、法律行为无效与可撤销的区别

法律行为的无效与可撤销在结果上虽然相同，但在许多方面存在差异。具体表现在：

（一）法律行为的性质不同

法律行为的无效是自始无效，而可撤销的法律行为在表意人撤销之前是有效的法律行为，仅仅是因为表意人撤销之后才自始无效。

同时，必须强调，可撤销的法律行为并非效力待定的法律行为，其效力是确定的有效的法律行为。

（二）原因不同

在我国《民法总则》中，引起无效的法律行为的原因主要有：无行为能力人实施的法律行为；虚假意思表示的法律行为；违反法律、行政法规的强制性规定的民事法律行为（但是该强制性规定不导致该民事法律行为无效的除外）；违背公序良俗的民事法律行为；行为人与相对人恶意串通，损害他人合法权益的民事法律行为。

引起法律行为可撤销的原因有：基于重大误解实施的民事法律行为；一方以欺诈手段，使对方在违背真实意思的情况下实施的民事法律行为；一方或者第三人以胁迫手段，使对方在违背真实意思的情况下实施的民事法律行为；一方利用对方处于危困状态、缺乏判断能力等情形，致使民事法律行为成立时显失公平的。

（三）请求确认无效与可撤销时间限制不同

从理论说，确认法律行为无效的请求，没有时间限制。我国《民法总则》也没有规定具体的时间限制。但可撤销的法律行为有具体的除斥期间限制（本章第三节具体阐述）。

（四）请求权人不同

从理论上说，任何人都可以提出确认法律行为无效的请求，法院也可以主动审查。但可撤销的法律行为，仅仅有撤销权人可以请求撤销。

第二节 引起法律行为可撤销的原因

一、法律行为因重大误解而撤销

（一）重大误解的概念

《民法总则》第 147 条规定："基于重大误解实施的民事法律行为，行为人有权请求人民法院或者仲裁机构予以撤销。"所谓重大误解，是指行为人对于与法律行为有关的重大事项所作的错误认识并使行为与自己的意思相悖的情形。按照《民通意见》第71条，行为人因对行为的性质、对方当事人、标的物的品种、质量、规格和数量等产生错误认识，使行为的后果与自己的意思相悖，并造成较大损失的，可以认定为重大误解。

值得注意的是，《德国民法典》《日本民法典》及我国台湾地区"民法"等均用"错误"而不用"误解"，那么，误解与错误有什么样的区别呢？学者一般认为：错误是指表意人非故意的表示与意思不一致。误解是相对人对意思表示内容了解的错误。错误以其发意与受意而区分为"表示错误"与"受领错误"。表意人向他人主动地实施意思表示中的错误，是表示错误或者称为"主动型错误"。表意人受领相对人的意思表示并对之发生理解上的错误，即为受领错误或者称为"被动型错误"，亦即误解。我国《民法通则》《民法总则》中所谓的"误解"，应当包括错误[1]。学者的解释值得赞同，因为结合法律行为的撤销制度来解释，若仅仅解释为"相对人对表意人的意思表示内容作了错误理解"，不符合立法原意。

（二）构成法律行文可撤销的重大误解的法律构成

1. 必须是表示与意思不一致或者因对相对方的意思表示作了错误的理解而为法律行为。这一要件其实包含了两层意思：一是主动型错误，二是被动型错误。在被动型错误中，是否存在误解的判断标准是：假如行为人作了正确的理解就不会为此法律行为。

2. 必须表意人没有故意或者重大过失。如果系表意人故意表示与意思不一致或者故意对相对方的意思表示作错误理解，就是虚伪表示。如果表意人在发生错误时，具有重大过失，也不为法律所救济。

3. 误解必须影响了法律行为的后果。在法律行为的可撤销中，并非任何错误都能够引起法律行为的可撤销性法律救济，只有重大的误解，即对法律行为后果产生影响的误解，才能导致法律行为的可撤销。按照《民通意见》，行为人因对行为的性质、对方当事人、标的物的品种、质量、规格和数量等的错误认识，使行为的后果与自己的意思相悖，并造成较大损失的，可以认定为重大误解。

另外，在实践中，还有一种常见的错误类型：误传。所谓"误传"，是指因传达人或者传达机关的错误而致使表示与意思不符[2]。在有的情况下，表意人

---

[1] 张俊浩主编：《民法学原理》（上册），中国政法大学出版社2000年版，第292页；梁慧星：《民法总论》，法律出版社1992年版，第169页。

[2] 梁慧星：《民法总论》，法律出版社1992年版，第168页。

并非自己将意思传达给相对人，而是通过其他人传达。在这一过程中，可能会因传达人的原因导致意思与表示不一致。

对于误传的法律效力，学者一般认为，因传达人或者传达机关相当于表意人的喉舌，因此，误传的效力与错误相同[1]。《民通意见》第77条也规定："意思表示由第三人义务转达，而第三人由于过失转达错误或者没有转达，使他人造成损失的，一般可由意思表示人负赔偿责任。但法律另有规定或者双方当事人另有约定的除外。"学者认为，该条司法解释的含义有三：①误传是可以撤销的。②撤销权人须对第三人信赖利益损失负赔偿责任。《民通意见》中所谓的"使他人造成损失"，是指信赖利益。③传达人因其与有过失而对表意人负赔偿责任，但义务传达人不在此限[2]。我们认为，这种解释符合司法解释的本意，可资赞同。

二、法律行为因欺诈而可撤销

（一）欺诈的概念

欺诈是指故意向对方提供虚假情况或者在有说明义务时，故意隐瞒事实而违反说明义务。因欺诈而发生的法律行为是欺诈人指故意向对方提供虚假情况或者在有说明义务时，故意隐瞒事实而违反说明义务，致使对方在不真实的基础上作出了错误的判断，并基于错误的判断作出了意思表示。

（二）欺诈的类型

我国《民法总则》规定了两种欺诈：一是法律行为当事人一方的欺诈；二是第三人（当事人之外的人）的欺诈。《民法总则》第148条规定："一方以欺诈手段，使对方在违背真实意思的情况下实施的民事法律行为，受欺诈方有权请求人民法院或者仲裁机构予以撤销。"第149条规定："第三人实施欺诈行为，使一方在违背真实意思的情况下实施的民事法律行为，对方知道或者应当知道该欺诈行为的，受欺诈方有权请求人民法院或者仲裁机构予以撤销。"

1. 当事人欺诈。

（1）积极欺诈。积极欺诈是指以积极的言辞，提供虚假情况，例如，夸大商品的性能等，使得对方在意思的形成过程中，受到自身以外的因素的影响，导致意思表示的错误。

（2）消极欺诈。消极欺诈是指行为人根据法律或者根据诚实信用原则，具

---

〔1〕　梁慧星：《民法总论》，法律出版社1992年版，第169页。
〔2〕　张俊浩主编：《民法学原理》（上册），中国政法大学出版社2000年版，第294页。

有对事实说明的义务，但是，行为人违反这种义务，故意不作说明，致使对方认为自己的行为建立在真实的基础上，作出判断，并为意思表示。例如，商品的出售人，明知自己的商品具有瑕疵，但却故意隐瞒这种瑕疵，致使对方在以为自己购买的商品是合格产品。

（3）我国民法上对欺诈类型的规定及构成要件。应该说，我国民法总则上对欺诈的具体类型没有明确的规定，但《民通意思》第68条规定，一方当事人故意告知对方虚假情况，或者故意隐瞒真实情况，诱使对方当事人作出错误意思表示的，可以认定为欺诈行为。

由此可见，我国司法解释上的欺诈也是有两种情形的：积极行为与消极行为。

在当事人欺诈的情形下，构成可撤销法律行为的欺诈的法律要件：①应当有欺诈行为，包括积极欺诈和消极欺诈；②应当有欺诈的故意。这里所说的故意包括两重含义：一是指使他人陷入错误的故意，二是促使他人作出错误意思表示的故意。③欺诈人的欺诈与相对人作出意思表示之间存在因果关系，也就是说，正是欺诈人的欺诈才导致相对人作出意思表示的，如果没有欺诈行为，意思表示人是不会作出这种意思表示的。

2. 第三人欺诈。第三人欺诈的构成要件为：

（1）有第三人的欺诈行为，这种欺诈既可以是积极的，也可以是消极的。

（2）法律行为一方当事人在违背真实意思的情况下实施的民事法律行为，即第三人的欺诈致使法律行为一方当事人在这种欺诈的直接影响下，实施了法律行为。也可以说，第三人欺诈必须与法律行为一方当事人实施法律行为有因果关系。

（3）法律行为的另一方当事人知道或者应当知道该欺诈行为。这是一个很重要的要件，如果法律行为的一方当事人欺诈，但对方并不知情（善意），则不应被撤销。例如，甲公司到银行贷款，银行要求甲公司提供担保，甲公司欺诈乙公司担保，但银行对此并不知情。那么，这种担保法律行为就不能被乙公司以第三人欺诈为由而主张撤销。

应当特别指出，在因欺诈而可撤销的法律行为中，不需要有损害他人的故意，也不需要有损害他人的实际结果。因为，法律是从意思自治的角度出发而保护行为人的意志自由的，而不是从结果来看待问题的。当然，在现实生活中，如果欺诈的结果没有任何不公平，当事人也不会提出撤销请求。

（三）因欺诈而撤销的法律行为的后果

因欺诈而撤销的法律行为与无效的后果基本是一致的，但是，需要注意的是，法律行为因欺诈而撤销后，撤销权人对于相对人无缔约过失的赔偿义务，也就是说，相对方无缔约过失赔偿请求权。

三、法律行为因胁迫而撤销

（一）概念

因胁迫而发生的法律行为，是指以非法加害或者不正当预告危害而使他人产生心理上的恐惧，并基于这种恐惧作出违背自己意志并迎合胁迫人的意思表示为要素的法律行为。

因胁迫发生的法律行为与因欺诈、错误不同，不管如何，因欺诈或者错误而为的法律行为是基于受害人自己的判断而为的，只是基础存在问题。但是，在胁迫下所为的法律行为，受胁迫人根本不是基于自己的判断，其意思根本不是自己的意思，是把胁迫人的意思用自己的嘴巴说出来或者手写出来而已。

（二）胁迫的类型

根据我国《民法总则》第 150 条的规定看，我国法上的胁迫也分为两种情况：一是当事人一方胁迫；二是第三人胁迫。但是，与欺诈不同的是，我国《民法总则》在构成要件上，并不区分当事人胁迫和第三人胁迫。《民法总则》第 150 条规定："一方或者第三人以胁迫手段，使对方在违背真实意思的情况下实施的民事法律行为，受胁迫方有权请求人民法院或者仲裁机构予以撤销。"因此，这种分类实际上是没有意义的。

（三）构成要件

1. 必须有胁迫行为。

（1）胁迫行为是指不法加害，或者预告危害。前者例如，如果你现在不购买我的货物，或者不以低价出卖货物，将受到胁迫人的杀害或者毒打等。后者，如假如你现在不购买某种货物，上天就要惩罚你等。

（2）胁迫的对象可以是被胁迫人本人或者其财产，也可以是他的亲属，或者其他有可能使受胁迫的人产生心理恐惧的人或者财产。

《民通意见》第 69 条规定：以给公民及其亲友的生命健康、荣誉、名誉、财产等造成损害为要挟，迫使对方作出违背真实的意思表示的，可以认定为胁迫行为。

（3）胁迫人既可以是法律行为的当事人，也可以是第三人。

2. 胁迫的非法性胁迫的非法性包括目的非法与手段非法。

（1）目的非法，例如，以检举被胁迫人的犯罪事实为手段而胁迫对方签订有利于胁迫人的合同。这里，手段不非法，但追求的目的非法。

（2）手段非法，是指追求的目的合法，但使用的方法为法律所禁止。例如，债权人以债务人的生命或者健康相威胁，逼迫债务人偿还债务。

在这一构成要件中，需要说明的问题是：①胁迫不包括暴力在内，因为暴力根本没有意思在里面；②以法律规定的合法方式提出正当要求，不属于胁迫行为。例如，债权人以诉讼为手段，要求债务人清偿债务。

3. 胁迫与受胁迫人的意思表示之间应当具有因果关系。也就是说，胁迫人的胁迫对受胁迫人来说，产生了实质性的作用和效果，即使得受胁迫人在心理上产生了恐惧，并作出了迎合胁迫人的意思表示。

（四）法律后果

与因欺诈的法律行为的撤销后果相同。

四、法律行为因显失公平而撤销

（一）概念

按照我国《民法总则》第 151 条的规定，因显失公平的法律行为是指一方利用对方处于危困状态、缺乏判断能力等情形，而成立的显失公平并使对方受到损害的法律行为。对于这种法律行为，受损害方有权请求人民法院或者仲裁机构予以撤销。

应当引起我们注意的是，在《民法总则》之前的《民法通则》及《合同法》都把"显失公平"与"乘人之危"作为两种不同的影响法律行为效力的原因对待。《民通意见》第 72 条规定，一方当事人利用优势或者对方没有经验，致使双方的权利义务明显违反公平、等价有偿原则的，可以认定为显失公平。第 70 条规定：一方当事人乘对方处于危难之机，为牟取不正当利益，迫使对方作出不真实的意思表示，严重损害对方利益的，可以认定为乘人之危。

《民法总则》不再沿用《民法通则》与《合同法》的模式，而仅仅规定了"显失公平"的法律行为，而将乘人之危作为显失公平的内在因素写进其中，于第 151 条规定："一方利用对方处于危困状态、缺乏判断能力等情形，致使民事法律行为成立时显失公平的，受损害方有权请求人民法院或者仲裁机构予以撤销。"这种做法是值得肯定的。

（二）构成要件

1. 双方权利义务显著不对等。由于民法所规范的社会关系处于世俗之中而非世外桃源，所以，契约理论所谓的"当事人权利义务对等"也不过是理论上的假定。将这种理论上的假定适用于纷繁复杂的社会关系中时，就会发现权利义务绝对对等的情形几乎是不存在的。所以，法律必须规定一个衡量的尺度，以避免当事人动辄以"权利义务不对等"为由而主张否定法律行为的效力。对此，各国一般均规定"显失公平"为衡量尺度。但问题是：权利义务的不对等"显失"到何种程度时，才能请求法律救济？

从美国的司法实践看，大致有 3 个不同的标准；①如果卖方所取得的利润过大，即为显失公平。这是针对卖方是货物的产家而言的。②如果卖方取得的价差过大，也构成显失公平。这是针对批发零售商而言的。③合同价过分高于市价，也是显失公平[1]。

在法国，根据民法典第 1674 条的规定，出卖人因低价所受的损失超过不动产价金的十二分之七时，即达到显失公平的标准。

按照《意大利民法典》第 1448 条的规定，如果一方与他方之间的给付是不均衡的，并且这一不均衡是在一方利用相对方的需要乘机牟取利益的情况下发生，则遭受损害的一方得请求废除契约。如果损害没有超过被损害方给付或者订立契约时承诺给付价值的一半，则废除契约的权利不得行使。

在我国，《合同法解释（二）》第 19 条规定的与市场价格相差 30% 的标准，可以参考。

2. 这种权利义务的不对等是在民事法律行为成立时。如果是法律行为成立以后发生的不对等，则不应适用"可撤销"救济，而应适用情势变更等方式救济。

3. 导致显失公平的原因必须是受害人缔约时处于显著不利的地位并受到损害。根据《德国民法典》第 138 条的规定，受害人处于穷困、无经验、缺乏判断力或意志薄弱的情况下，订立的合同显然不利于自己时，才能主张法律救济。而根据美国判例规则，这种情况称为"程序性的显失公平"。用美国法院使用的措辞来表达，是指合同当事人一方在订立合同时没有作出"有意义的选择"。

按照我国《民法总则》第 151 条的规定，一方利用对方处于危困状态、缺乏判断能力等情形，致使民事法律行为成立时显失公平的，受损害方有权请求人民法院或者仲裁机构予以撤销。如果仅仅是结果不公平而无其他原因，则应适用其他救济方式。

---

〔1〕　徐炳：《买卖法》，经济日报出版社 1991 年版，第 194 页。

第三节　撤销权的行使

一、撤销权的归属

对于可撤销的法律行为的主张权利之归属问题，各国民法几乎均规定只能由法律规定的意在保护的特定当事人才能提出，其他人或机关无权提出或依职权否定法律行为效力。例如，我国《民法总则》第147～151条、《民法通则》第59条及《合同法》第54条规定，当事人一方可以请求人民法院或仲裁委员会撤销法律行为。法律将撤销权赋予一方当事人的原因有二：一是在可撤销法律行为中，利益关系仅涉及双方当事人，如果一方当事人愿意承受法律行为带来的不利益，他可以不行使撤销权而使法律行为发生法律效力；当他不愿意承受法律行为带来的不利益时，才行使撤销法律行为的请求权而使法律行为不发生预定的效力，从而使其恢复到缔约前的状态。二是在有的情况下，因情事变更，使得可撤销的法律行为变得对撤销权人有利，例如，不动产买受人A因重大误解而购买房屋一处，价格对其显著不利。后来房地产价格猛涨而使得原来对其不利的价格变得对其十分有利，在这时，他可以不行使撤销请求权而使法律行为发生效力。也就是说，否定法律行为的效力并非在任何情况下均对撤销权人有利。将否定法律行为效力的权利交给当事人自己，可能会使其作出更有利的选择。

具体来说，按照我国《民法总则》的规定，在重大误解的情况下，发生误解的当事人有权请求撤销（第147条）；在受欺诈的情况下，符合撤销权行使要件的，受欺诈方有权请求人民法院或者仲裁机构予以撤销（第148～149条）；在受胁迫的情况下，符合可撤销要件的，受胁迫方有权请求人民法院或者仲裁机构予以撤销（第150条）；在显失公平的情况下，符合可撤销要件的，受损害方有权请求人民法院或者仲裁机构予以撤销（第151条）。

二、撤销权的行使与期间

关于撤销权的行使，我国《民法总则》《民法通则》《合同法》有自己的特色。根据德国、日本等国的民法典之规定，撤销权的行使为撤销权人的单方行为，撤销权人仅以意思表示向相对人为之即可达到撤销的效果，不一定必须通过诉讼方式行使。而我国民事立法一般都要求，撤销权人应向人民法院或仲裁机关提出申请。如果撤销权人不向人民法院起诉或向仲裁机关提出申请，而直接向对方当事人为意思表示，不产生撤销的法律效果[1]。

对于法律行为相对无效的撤销权的时效问题，各国法均有规定。从各国的立法体例上看，大体有两种：一为差别制，二为统一制。《德国民法典》及《法国民法典》均为差别制，例如，《法国民法典》第 1304 条规定："请求宣告契约无效或取消契约之诉，应在 5 年内提出，但在一切情况下特别法有较短期限规定者，从其规定。"法国学理一致认为，这是对撤销权时效的一般规定。该法典第 1676 条规定："取消买卖的请求，自买卖之日起满 2 年后不予受理。"这是短期时效的规定。

我国《合同法》采取统一制，该法第 55 条规定："具有撤销权的当事人自知道或应当知道撤销事由之日起 1 年内没有行使撤销权的，撤销权消灭。"从我国《民法总则》第 152 条的规定看，采取"差别制"，不仅区分不同情况规定了期间，也区分主观与客观情况规定了行使期间。

撤销权消灭的期间因知道或者不知道而有差别，而且区分不同事由而有不同。具体来说：

1. 当在不考虑当事人主观因素的情况下，当事人自民事法律行为发生之日起 5 年内没有行使撤销权的，撤销权消灭（《民法总则》第 152 条第 2 款）。

2. 在有当事人主观因素影响的情况下，撤销权消灭的期间如下：①当事人自知道或者应当知道撤销事由之日起 1 年内、重大误解的当事人自知道或者应当知道撤销事由之日起 3 个月内没有行使撤销权；②当事人受胁迫，自胁迫行为终止之日起 1 年内没有行使撤销权；③当事人知道撤销事由后明确表示或者以自己的行为表明放弃撤销权（《民法总则》第 152 条第 1 款）。

---

[1]　梁慧星：《民法总论》，法律出版社 1996 年版，第 195 页。

第五章

代理

第一节 代理的基本概述

一、代理的概念

代理是指一人在法定或者约定的权限内，以他人的名义为法律行为，而法律行为的结果却归属该他人的行为。该他人称为被代理人或者本人；实施法律行为的人，称为代理人。这是传统民法关于代理的概念，而从这一概念看，代理仅仅指直接代理，就如日本学者所言："近世不称间接代理为代理，盖通则也。"[1]对这一概念可作如下分析：

（一）代理关系有三方当事人

代理关系一般涉及三方当事人，即代理人、被代理人（本人）与第三人（法律行为的相对人）。正是因为代理行为涉及三方当事人，才体现了代理是被代理人行为的延伸，从而使代理达成了被代理人与第三人权利义务的对接。

（二）代理人从事法律行为以被代理人的名义为之

这是法律行为结果归属本人的基本条件，如果代理以自己的名义从事法律行为，则该结果是否归属被代理人就会产生疑问。因此，《民法总则》第162条规定了这一主旨："代理人在代理权限内，以被代理人名义实施的民事法律行为，对被代理人发生效力。"

（三）代理行为的结果归属本人承担

这是代理的根本问题所在。一个人从事了一项法律行为，却不是行为结果的归属主体。这不是民法的本质使然，而是民法创设的一种特别制度，目的就在于使行为人的结果归属他人，这是代理的制度价值之一。

---

[1] ［日］富井政章：《民法原论》（第一卷），陈海瀛、陈海超译，中国政法大学出版社2003年版，第287页。

（四）代理权是代理的基础

代理人的行为结果之所以直接归属被代理人，其中一个非常重要的基础就是被代理人通过授予代理人以代理权，有效地表明了以下两点：①代理人在授权范围内所为的法律行为如同本人所为；②代理人行为的结果由本人承担。当然，这种原理在法定代理中也能适用，只不过是法定而已。

二、代理的制度价值

（一）扩张了完全行为能力人的行为空间而使人有了分身术

从意思自治及法律行为本身来看，意味着自己的行为自己负责，但代理却是代理人的行为后果不为自己所有，而是归他人所有。代理的这一特征，就使得享有结果的人与行为人可以分离：缔结法律关系的人不是法律关系的当事人，其所缔结的法律关系为另一人享有。这恰恰迎合了现代社会人们希望分身术的梦想，因为人们不可能在同一时间在不同地点从事法律行为，而代理制度实现了人们的梦想。正如德国学者拉伦茨所言：在发达的社会经济交往中存在着这种不容否认的需求，即任何人都可以由他人代理，并使代理人可以与被代理人自己一样为他创设法律后果。被代理人让代理人为自己活动，就使他扩大了在法律交往中实现自己的利益范围。代理人可以在诸如被代理人在时间上不可能或者在另一地方而无法自己活动的情况下代替自己进行法律行为。而这种法律行为就如同被代理人自己所为一样，权利与义务皆及于被代理人[1]。

但是，相同的目的可以通过两种途径达到：一是委托他人去完成，而被委托人首先取得行为后果，然后再转移给委托人（如行纪，这种方式也被称为间接代理）；二是委托他人去完成某种行为，而行为结果绕过行为人而直接归属委托人（这便是代理）。这两个制度各有千秋，并且至今存在于现行法律之中。这两者比较起来，后一种对于委托人来说更加安全，因为行为结果直接归属被代理人，从而避免了行为人从中处分行为结果的可能性，而前一种方式因结果首先归属行为人，然后再由其转移给委托人，故有处分结果的可能；从另外一个方面说，对于行为人来说，第一种方式的风险大，而第二种风险小。因此，人们可以根据需要自由选择方式。

----

[1]　［德］卡尔·拉伦茨：《德国民法通论》（下册），王晓晔等译，法律出版社2003年版，第814～815页。

（二）弥补了无行为能力和限制行为能力人的行为能力，使权利能力的平等成为可能

这主要是针对法定代理而言的。自法国民法典以后，各国民法典都以宪法为基础来规定主体在民法上的平等，但出于理性的考虑，却在行为能力方面划分了类别与等级，从而出现了无行为能力人与限制行为能力人。而无行为能力人与限制行为能力人因自己根本不能从事任何有意义的法律行为或者不能从事所有的法律行为，从而使权利能力的平等变得虚无缥缈。因此，法定代理制度的出现，使得限制行为能力人与无行为能力人所不能从事的法律行为可由其法定代理人为之，从而使得权利能力的平等有了坚实的制度支持。

（三）使法人制度真正成为可能

现代社会，法人制度十分完善，但法人是由人来操纵的，如果说，公司中的每一个人的行为都归属于他自己的话，那么法人的主体资格——权利义务的归属资格将变得毫无意义。而且，与公司进行交易的相对人也愿意将自己的权利义务同法人而不是个人联系起来，这样法人的信誉才能发挥，债权人的权利才能得到最安全的保障。代理制度能够满足这一需要，例如，一个百货公司有 1000 人，有人采购、有人销售、有人贷款、有人租赁等，但这些人的行为的结果不归属这些人个人，而是由公司承担其行为的权利与义务。也就是说，他们行为的相对人的权利直接指向公司，当权利人的权利不能实现的时候，他们以公司而不是这些行为人个人作为被告。一句话，代理人实施了行为，但行为的结果却不由他们承担，也就是说，法律行为绕过了代理人。

三、代理的性质

在今天，我们虽然已经将代理看成一种非常普遍的制度，并服务于我们的生产与生活，但代理制度在各国法律上的确认却经过了一个过程。

学者一般认为，早期罗马法因以下原因不承认代理制度：①罗马人坚持"行为的结果只能发生在行为之间"的原则，而代理制度却使后果发生于非行为人之间，故与这一观念不合。②罗马法坚持形式主义，即任何一个债只有具备了严格的形式才能产生，因此，代理在此情形下难以产生。③在罗马法的"家父"制度下，家长对其所属的子女及奴隶，无需代理即可直接取得其财产。因此，无代理制度并没有给罗马人带来不便[1]。后来随着经济的发展，罗马人在监护、债

---

〔1〕 ［日］富井政章：《民法原论》（第一卷），陈海瀛、陈海超译，中国政法大学出版社 2003 年版，第 278 页。

权转移等方面承认了代理制度，但大体上都是间接代理，而那时的直接代理只限于公法上的国家行为，如使节的交换、结盟等。罗马法禁止直接代理的原则直接影响了欧洲的法律文化。直到 17、18 世纪，自然法学家才发展了直接代理的原则[1]，而 18、19 世纪的法典化运动虽然在事实上承认了直接代理，对于代理的本质，即在解释代理制度与法律行为的关系时，却存在不同的观点：

（一）本人行为说

本人行为说是德国著名法学家萨维尼提出的主张。这种学说认为，不仅代理人发出的意思表示的法律效果由被代理人承受，而且从法律上说，被代理人是借助其代理人发出意思表示，所以，表意人是被代理人而不是代理人。根据这种理论，代理行为被看作被代理人本人的法律行为。

这种学说的理论基础是：严格意思主义。按照这种理论，人们之所以受到法律关系的约束，是因为他们自己愿意被约束，即他本人自己参与或者说决定了这种关系的产生。没有人能够让他人受到自己意志产生的法律关系的支配。早期的罗马法之所以不承认代理关系，就是担心行为的结果不发生在行为当事人之间，而是发生在不是行为人的人们之间。

这种学说虽然不能否定代理制度在现代法律上的意义，但却坚持"行为结果之发生在行为人之间"这种原则。

（二）代理人行为说

代理人行为说认为，代理的意思表示，完全由代理人来决定，代理是代理人自己的行为，只不过代理人表达了这一行为的结果归属被代理人。从事法律行为的当事人是代理人而不是被代理人，因此，有关法律行为的成立与生效要件只能以代理人为根据而不能以被代理人为根据进行判断。代理人的行为结果归属被代理人是基于行为人的意思自治，即代理人表示将行为的结果归属被代理人。

（三）共同行为说

共同行为说认为：法律行为中的意思表示未必不可分割开来，合作地加以实施。在代理中，本人通过授权行为实施了一部分意思表示，代理人则通过代理行为实施了另一部分意思表示。从而代理不过是本人与代理人的共同行为而已[2]。

（四）统一要件说

统一要件说认为，代理由授权行为与代理行为共同构成。授予代理权的行为，既含有目的，又含有表示意识和表示行为，因而属于法律行为；而代理行

〔1〕 黄立：《民法总则》，中国政法大学出版社 2002 年版，第 392 页。

〔2〕 张俊浩主编：《民法学原理》（上册），中国政法大学出版社 2000 年版，第 312 页。

为，却因欠缺为自己取得法律效果的意思而不能成立法律行为。因此，只有同授权行为相结合，方统一地构成法律行为。易言之，代理的统一构成要件是：本人的目的意思（经授权行为）+ 代理人的补充和具体化 + 代理人的表示意思 + 代理人的表示行为。在代理中，代理人不是简单地传达本人的意思，而是秉承为本人计算的宗旨，使本人的意思得以具体形成，因而属于目的形成阶段。这一观点由德国学者穆伦（Mullen Freinfers）于 1955 年提出，并受到许多学者的支持[1]。

（五）个人的观点

代理制度因是一个"桥梁性制度"，代理人并不是最终的权利义务享有者，其行为的结果不归属行为人，而是归属被代理人，故从一个方面看，表面上是代理人在行为，而实际上相当于被代理人在行为，之所以如此，是因为被代理人意思自治的结果，所以，"本人行为说"恰恰是看到了这一点。从另外一个方面看，代理人不同于传达人，代理人向第三人表达的是自己的意思而不是被代理人的意思，且从法律救济的角度看，是否善意、意思表示是否具有瑕疵等均以代理人来判断，因此，代理应理解为代理人的行为，只不过结果归属被代理人而已。从这一个方面看，"代理人行为说"似乎更合理。但是，代理人虽然为意思表示，但却不受该意思表示的约束，即欠缺目的，因此，"共同行为说"与"统一要件说"似乎有合理之处。

我个人认为，以上观点难以用对或者错来评价，且这些争议对实践并没有影响。实践中有许多制度其实早已存在且运行良好，而学者为了理性对之进行说明，便挖空心思地为其寻找理论基础，但许多说明理由即使连制度的发明者也闻所未闻。这种牵强附会的解释或者说明的意义何在？这不能不引起我们的重视。代理制度是一个独立的制度，且该制度与民法体系并没有不协调之处，其关键在于：一个人在他人的授权范围内为意思表示或者接受意思表示，而该他人取得意思表示的归属。这其实就是代理的本质。

---

[1] 张俊浩主编：《民法学原理》（上册），中国政法大学出版社 2000 年版，第 312 页。

四、代理制度的基本构造

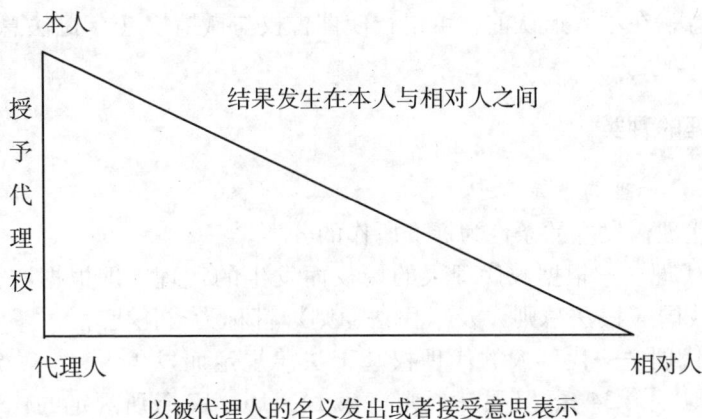

图3－5－1 代理制度的基本构造图

（一）本人与代理人的关系

在委托代理关系中，本人与代理人之间的关系主要有两层：一是本人与代理人签订委任合同，约定由一方替另一方处理事务，另一方支付报酬或者不支付报酬。在学理上称为"基础关系"。二是授权行为，即委任人授予被委任人以代理权。

在民法上，基础关系与代理权的授予之间的关系也是民法代理制度的核心问题，授权行为独立于授权关系。当然，在特殊情况下，代理关系中也许仅有第二层关系而没有第一层关系，即仅有代理权也可以成立代理。

在法定代理中，基础关系就是根据法律规定的关系，如亲权关系；代理权也是法律授予的，例如，我国《民法总则》中的监护部分对未成年人法定代理权的授予。

（二）代理人与相对人的关系

代理人与相对人的关系实际上是一种外部关系，即代理人依据代理权以被代理人的名义为意思表示或者接受意思表示，而相对人也因代理人具有代理权的外观信赖，确信自己是在与本人交易，而不是与代理人交易。

仅仅在无权代理的情况下，代理人与相对人才发生损害赔偿或者履行关系。

（三）本人与相对人的关系

代理人在代理授权的范围内以被代理人的名义所为的法律行为，无论是利益还是不利益，都归属被代理人。

如果是无权代理，则本人与相对人之间的关系取决于本人是否追认。而如果相对人为善意，在本人追认前，可以行使催告权与撤销权（《民法总则》第171条）。

五、代理的种类

（一）法定代理与意定代理

这是以代理权发生的条件为标准所作的分类。

1. 意定代理——根据被代理人的授权而发生的代理，即根据法律行为而发生的代理。我国《民法总则》及《民法通则》都称为委托代理。

2. 法定代理——代理人的代理权基于法律规定而发生者，为法定代理。我国《民法总则》第34条、《民法通则》第14、16、17条所规定的代理是法定代理。《民法通则》第64条的指定代理，实际上属于法定代理。

（二）单独代理与共同代理

这是以是代理权属于一人或者多人为标准所作的分类。

1. 单独代理——代理权属于一人的代理。无论是法定代理还是意定代理，均可产生单独代理。

2. 共同代理——代理权属于两人以上的人的代理。共同代理权的行使，应当由代理人共同行使，责任共同承担。如果一人未与其他代理人协商而为的代理行为，责任如何承担？《民法总则》第166条规定："数人为同一代理事项的代理人的，应当共同行使代理权，但是当事人另有约定的除外。"该规定仅仅指出了共同行使代理权，但为说明 如何承担。《民通意见》第79条规定："数个委托代理人共同行使代理权的，如果其中一人或者数人未与其他委托代理人协商，所实施的行为侵害被代理人权益的，由实施行为的委托代理人承担民事责任。被代理人为数人时，其中一人或者数人未经其他被代理人同意而提出解除代理关系，因此，造成损害的，由提出解除代理关系的被代理人承担。"应该说，《民法总则》第166条应含有该意思。

在共同代理中，主要是发出意思与接受意思的效力、意思表示瑕疵问题的认定方面。根据通说，不应当增加第三人送达意思表示的困难，共同代理也不应给第三人产生不利影响。因此，相对人只要向共同代理人中的一人发出意思表示就足以使被代理人受领该意思表示；只要共同代理人中的一人是恶意的，就可以认定；只要基于代理人中的一人发生了意思瑕疵，同样可以认定法律行为的意思瑕疵[1]。

（三）显名代理与隐名代理

这是以代理行为是否以本人的名义实施为标准所作的分类。

1. 显名代理——是以被代理人的名义实施的代理。我国《民法总则》及《民法通则》规定的代理是原则上都要求是这种代理。但并没有否定隐名代理的效力。

2. 隐名代理——不是以被代理人的名义实施的代理，但第三人知道或者根据情况可以得知被代理人的代理。

从隐名代理的意义中可以看出，实际上，第三人也知道被代理人，如果第三人知道被代理人就不与代理人为法律行为的，代理不产生对被代理人的归属结果，即第三人不与被代理人发生法律上的权利义务关系。

应该说，从传统民法来看，以显名为必要和常态。因此，许多学者都将"显名"作为代理的有效要件[2]。其实，隐名代理也仅仅是形式上的问题，实质上也是能够知道被代理人的。我国《合同法》第402条第1款的规定显属隐名代理："受托人以自己的名义，在委托人的授权范围内与第三人订立的合同，第三人在订立合同时知道受托人与委托人之间的代理关系的，该合同直接约束委托人和第三人，但有确切证据证明该合同只约束受托人和第三人的除外。"

（四）直接代理与间接代理

首先应当说明的是，直接代理与间接代理根本不是代理的分类，因为间接代理并不是代理。本书仅仅是为了说明的方便，而将其作为类别来处理，目的在于说明二者的本质差异。

1. 直接代理。直接代理中的"直接"意为：代理的效力是由自身发生的，不需要由代理人通过一项特别的行为将行为效果转移给被代理人。也就是说，某人与代理人订立了合同就可以直接因该合同起诉被代理人，反之，也可以被被代理人起诉。而代理人虽然实施了法律行为，但是他不承担行为的法律后果，法律行为恰似绕过了代理人[3]。我们通常所谓的代理，一般是指直接代理。

2. 间接代理。间接代理是指受托人（代理人）接受委托人的委托，以自己

---

[1]　[德]迪特尔·梅迪库斯：《德国民法总论》，邵建东等译，法律出版社2000年版，第711页。

[2]　参见[日]富井政章：《民法原论》（第一卷），陈海瀛、陈海超译，中国政法大学出版社2003年版，第230页；[德]卡尔·拉伦茨：《德国民法通论》（下册），王晓晔等译，法律出版社2003年版，第815页。

[3]　[德]迪特尔·梅迪库斯：《德国民法总论》，邵建东等译，法律出版社2000年版，第671页。

的名义从事法律行为，从而自己首先取得行为的法律后果，然后再通过一项特殊的行为将行为后果转移给委托人的制度。就如德国学者所言：在间接代理中，法律后果首先是在行为人那里产生，然后必须通过其他行为（如债权转让、债务承担或者免除等）将法律后果转移给另外一个人[1]。

委托既可以产生直接代理，也可以产生间接代理，这其实取决于委托人的选择。当然，在大陆法系，民法所称的代理，以直接代理为限，所谓的"间接代理"根本不是真正意义上的代理，只是类似于代理的一种制度，所以，直接代理与间接代理并不是代理的分类。

3. 直接代理与间接代理在法律意义上的区别。

（1）一般区别。

第一，在行为的效果归属方面。直接代理的效果直接归属本人，在法律关系方面，本人与相对人成立法律关系的当事人。但间接代理因法律行为的效果不直接归属本人，所以，在法律关系方面，本人与相对人根本不成立当事人关系。例如，A 代理 B 与 C 代理买卖汽车合同，B 与 C 是买卖合同的当事人。假如，A 为一行纪人，受 B 的委托，以自己的名义为 B 向 C 购买汽车，则汽车的所有权首先转移给 A，然后再由 A 转移给 B，B 向 A 支付报酬。则 B 与 C 没有当事人关系。

第二，因欺诈、胁迫、错误的撤销权方面。在直接代理中，法律行为因欺诈、胁迫、错误的撤销权归属本人，而在间接代理，因欺诈、胁迫、错误的撤销权归属间接代理人。在上述第一种情况，A 有撤销权，而在第二种情况，A 没有撤销权。

第三，直接代理是代理人以被代理人的名义所为的法律行为，而间接代理是代理人以自己的名义所为的法律行为。

第四，从法律关系上看，直接代理是被代理人与第三人的法律关系，而间接代理是代理人与第三人的法律关系，这种关系约束被代理人仅仅是例外，即在披露第三人或者被代理人时或者在订立合同时，第三人知道被代理人的情况下，才能约束被代理人。

（2）我国《合同法》中关于间接代理的特别规定。我国《合同法》除了规定了传统民法上的典型的间接代理——行纪外，还规定了英美法系国家外贸代理中的"间接代理"。

在国际贸易中，所谓的间接代理制度，实际上是指英美法系国家的一种代理

---

[1] ［德］迪特尔·梅迪库斯：《德国民法总论》，邵建东等译，法律出版社 2000 年版，第 672 页。

制度。英美法系国家与大陆法系国家不同，其没有直接代理与间接代理的概念。对于第三人究竟是同代理人订立了合同还是同本人订立了合同的问题，英美法的标准是：对于第三人来说，究竟是谁应当对该合同承担义务，即采取所谓的义务标准。英美法在回答这个问题时区分三种不同情况：

第一，代理人在同第三人订立合同时，具体指出了本人的姓名。在这种情况下，这个合同就是本人与第三人订立的合同，本人应对合同负责，代理人一般不承担个人责任。

第二，代理人表示出自己的代理身份，但不指出本人的姓名。在这种情况下，这种合同仍然认为是本人与第三人之间的合同，应由本人对合同负责，代理人对该合同不承担个人责任。

第三，代理人在订立合同时根本不披露有代理关系的存在。如果代理人虽然得到了本人的授权，但他在同第三人订立合同时根本不披露有代理关系一事，即既不披露有本人的存在，也不指出本人是谁，这在英美法叫做未经披露的本人。在这种情况下，第三人究竟是同本人还是同代理人订立了合同，他们中谁应对合同负责，就是一个比较复杂的问题。毫无疑问，在这种情况下，代理人对合同是应当负责的，因为他在订立合同时根本没有披露有代理关系的存在，这样他实际上就是把自己置于本人的地位同第三人订立合同，所以，他应当对合同承担法律上的责任。问题在于，在这种情况下，未经披露的本人能否直接依据这一合同取得权利并承担义务？英美法认为，未经披露的本人原则上可以直接取得这个合同的权利并承担义务，具体有以下两种方式：①未经披露的本人有权介入合同并直接对第三人行使请求权或者在必要时对第三人起诉，如果他行使了介入权，他就使自己对第三人承担个人义务。按照英国判例，未经披露的本人行使介入权要受到两种限制：其一，如果未经披露的本人行使介入权会与合同的明示或者默示条款相抵触，他就不能介入合同；其二，如果第三人是基于信赖代理人而与其订立合同，则未经披露的本人也不能介入合同。②第三人在发现了本人之后，便享有选择权：他可以要求本人或者代理人承担合同义务，也可以向本人或者代理人起诉。但第三人一旦选择了本人或者第三人承担义务后，就不能再改变[1]。

我国《合同法》第 403 条规定："受托人以自己的名义与第三人订立合同时，第三人不知道受托人与委托人之间的代理关系的，受托人因第三人的原因对委托人不履行义务，受托人应当向委托人披露第三人，委托人因此可以行使受托人对第三人的权利，但第三人与受托人订立合同时如果知道该委托人就不会订立

〔1〕 沈达明等编：《国际商法》（上），对外贸易出版社 1982 年版，第 300～303 页。

合同的除外。受托人因委托人的原因对第三人不履行义务，受托人应当向第三人披露委托人，第三人因此可以选择受托人或者委托人作为相对人主张其权利，但第三人不得变更选定的相对人。委托人行使受托人对第三人的权利的，第三人可以向委托人主张其对受托人的抗辩。第三人选定委托人作为其相对人的，委托人可以向第三人主张其对受托人的抗辩以及受托人对第三人的抗辩。"这显然是上述英美法的制度，其特点可以具体归纳为：

第一，代理人的披露义务——如果代理人丧失了清偿能力或者对被代理人实施了根本违约行为，或者在合同债务的履行期限届满前，就已经明示了将违约，被代理人有权要求代理人披露第三人。反之亦然，代理人因被代理人的原因对第三人不履行义务，代理人有义务向第三人披露被代理人。

第二，被代理人的介入权——代理人向被代理人披露第三人后，被代理人可以行使代理人对第三人的权利，但第三人与代理人订立合同时如果知道该委托人就不会订立合同的，或者被代理人行使介入权同代理人与第三人订立的合同条款相抵触的除外。第三人在接到被代理人行使介入权的通知后，不得再向代理人履行义务。

第三，第三人的选择权——代理人向第三人披露被代理人后，第三人可以选择代理人或者被代理人作为相对人主张权利，但第三人不得变更选定的相对人。

第四，第三人或者被代理人抗辩权——被代理人行使代理人对第三人的权利的，第三人可以行使其对代理人行使的抗辩权；第三人选定被代理人作为相对人主张权利时，被代理人可以行使其对代理人的抗辩权及代理人对第三人的抗辩权。

（3）小结。大陆法系国家在确定第三人究竟是与代理人还是同本人签订了合同的问题上，采取的标准通常是看代理人是以代表的身份同第三人订立合同，还是以他自己个人的身份同第三人订立合同。如果代理人是以代表的身份同第三人订立合同时，这个合同就是第三人同本人之间的合同，合同的双方当事人就是第三人与本人，合同的权利义务直接归属本人，由本人直接对第三人负责。在这种情况下，代理人在同第三人订立合同时，可以指明本人的姓名，也可以不指出本人的姓名，而仅仅声明他是受他人的委托进行交易，但无论如何，代理人必须表示他作为代理人订约的意思，或者缔约时的环境可以表明这一点，否则，就将认为是代理人自己同第三人订立合同，代理就应当对合同负责。反之，如果代理人是以他个人的名义同第三人订立合同，则无论代理人是否得到本人的授权，这种合同都将被认为是代理人与第三人之间的合同，代理人自己承担法律后果[1]。这样做的目的有三：①保护本人的利益，避免代理人将自己行为的不利后果归属本人。代理人具有双重角色：一是代理人的角色，二是具有自己的民事主体角色，这两种角色必须明确区分。②维护合同的相对性。③维护逻辑上的一致性：既然代理人没有以被代理人的名义签订合同，就没有将这种法律后果归属于本人（被代理人）的法律依据。

基于这种标准，大陆法系明确区分直接代理与间接代理。直接代理是指代理人在本人的代理权限内，以被代理人的名义同第三人订立合同，其效力直接及于本人的代理；而间接代理是指代理人以自己的名义，但为了本人的利益计算与第三人订立合同，再将取得的权利义务转移给本人的代理。在大陆法系的德国与法国，间接代理称为行纪。行纪人虽然是受本人的委托并为本人的计算而与第三人订立的合同，但在订立合同时不是以本人的名义而是以代理人自己的名义缔约，因此这个合同的双方当事人是代理人与第三人，而不是本人与第三人。本人不能仅仅凭借这个合同直接对第三人主张权利，只有当代理人把他从这个合同中所取得的权利转让给本人之后，本人才能对第三人主张权利[2]。而英美法系则采取义务标准（如前所述）。

我国民法在基本结构上是借鉴德国民法典的基本框架，当无疑问。《合同法》规定的这种间接代理的规定是否与民法体系协调，实有疑问。

（五）本代理与复代理

这是在多层代理中，以代理关系所处的层次为标准而作的分类。

1. 概念。本代理是指第一层代理，即由被代理人选任或者法律规定的代理人而产生的代理。而复代理是指由代理人为被代理人再选任代理人，使其行使全部或者部分代理权而形成的代理，也即第二层代理。相对于第一层代理来说，称为复代理或者再代理。我国《民法总则》第 169 条上规定的"转委托"，实际上就是复代理。

2. 复代理的基础——复任权。是否在任何代理关系中，代理人都可以为被代理人再选任代理人而形成复代理呢？对这一问题的回答当然是否定的，因为若代理人再为被代理人选任代理人，必须有复任权。而复任权在意定代理与法定代理中，有较大的不同。

（1）意定代理。在意定代理中，除非当事人特别约定及特别事由，代理人原

---

[1] 沈达明等编：《国际商法》（上），对外贸易出版社 1982 年版，第 299 页。

[2] 沈达明等编：《国际商法》（上），对外贸易出版社 1982 年版，第 300 页。

则上无复任权。我国《民法总则》第 169 条第 3 款规定的转委托就是在第七章第二节"委托代理"中规定的;《民法通则》第 68 条规定的转委托也是针对意定代理。

在意定代理中,只有在特别情况下(紧急情况下),代理人才有复任权。《民通意见》第 80 条规定:"由于急病、通讯联络中断等特殊原因,委托代理人自己不能办理代理事项,又不能与被代理人及时取得联系,如不及时转托他人代理,会给被代理人的利益造成损失或者扩大损失的,属于民法通则第 68 条中的'紧急情况'。"

(2)法定代理。法定代理人应当具有复任权,理由是:①被代理人没有同意的能力;②法定代理权具有概括性,而因法定代理的被代理人因无行为能力或者行为能力受到限制,对其代理人不能代理的行为,其不能另外选任代理人,故若不赋予法定代理人以复任权,将损害被代理人利益。

3. 复代理中的基本问题。

(1)被代理人、本代理人与复代理人的关系。通说认为,虽然代理人的任命是多层次的,但复代理人依然是被代理人的代理人,而不是代理人的代理人。因此,复代理权可以由被代理人及本代理人撤回[1]。

(2)复代理权的范围。通说认为,本代理人所享有的代理权并不因复代理而受到影响。复代理权的范围可能等于或者小于本代理人所享有的代理权限[2]。如果超出,则不是复代理,要么是无权代理,要么是本代理(若被代理人授权)。

(3)复代理的法律效果归属。虽然本代理人是处于被代理人的地位授权,但通说认为复代理人是被代理人的代理人,而不是本代理人的代理人,因此,复代理人的行为结果归于被代理人。我国《民法总则》第 169 条第 2 款还规定:"转委托代理经被代理人同意或者追认的,被代理人可以就代理事务直接指示转委托的第三人,代理人仅就第三人的选任以及对第三人的指示承担责任。"

(4)复代理的法律效果归属。虽然本代理人是处于被代理人的地位授权,但通说认为复代理人是被代理人的代理人,而不是本代理人的代理人,因此,复代理人的行为结果归于被代理人。

(5)复代理的有效要件。

第一,本代理合法存在。复代理是建立在本代理之上的第二层代理,因此,本代理有效存在是复代理存在的基础。

---

〔1〕 [德]迪特尔·梅迪库斯:《德国民法总论》,邵建东等译,法律出版社 2000 年版,第 720 页。
〔2〕 [德]卡尔·拉伦茨:《德国民法通论》(下册),王晓晔等译,法律出版社 2003 年版,第 858 页。

第二，复代理人由本代理人选任。这也是复代理的由来本性，反之，若另外一个代理人由被代理人选任，则只能是本代理。

第三，本代理人必须有复任权。

第四，复代理人的代理权不得大于本代理人的代理权。若本代理人对复代理人的授权超出自己的代理权，相对于被代理人而言，就是无权代理。

六、代理与类似制度的区别

（一）代理与传达的区别

传达人是指向相对人表示委托人已经决定的意思或者将已经完成的意思表示传达给相对人的人[1]。代理与传达的共同之处在于：二者都涉及意思表示的归属，即无论是传达人，还是代理人，结果都不是由他们承担，而是由委托人承担。二者的主要区别是：

1. 代理人是自己为意思表示，而传达人传达的是他人的意思。代理人是根据被代理人的授权，在授权范围内自由决定意思表示的内容，而传达人则一般无权决定意思表示的内容，而是传达委托人的意思。如果传达人有自由决定意思表示内容的权利，实质上就不是传达而是代理了。

另外，传达有可能传达错误，此时效力如何？德国学者拉伦茨指出：在这种情况下，如果传达人没有像委托人所说的那样去传达，而是在重述时犯有错误，那么委托人必须把传达人所传达的内容作为自己作出表示的内容。他可以撤销这一表示，就如同撤销他自己所作的有错误的表示一样。由于传达人只不过是委托人延长了的手臂，因而他在这种情况下与自己错写或者出现其他错误没有什么两样[2]。

2. 无行为能力人不能为代理人，但可以为传达人。

3. 代理人的意思表示有没有错误、是否为善意等，应当以代理人为判断标准，而在传达则以被传达人为标准。

4. 身份行为不能代理，但可以传达。

（二）代理与代表

代理与代表的区别主要有二：

1. 代理是代理人自己为意思表示，但效果归属被代理人，而代表则是以法人的名义当然归属法人的行为，因为，代表机关本身就是法人的组成部分，例

---

〔1〕　[日]山本敬三：《民法讲义I总则》，解亘译，北京大学出版社2004年版，第230页。

〔2〕　[德]卡尔·拉伦茨：《德国民法通论》（下册），王晓晔等译，法律出版社2003年版，第823页。

如，董事长本身就是法人的手足。

2. 代理只是限于法律行为，但代表也包括侵权行为和事实行为。例如，代理人在代理活动中，所造成的侵权行为，被代理人不负担责任。但是，如果是代表人，则法人应当对其代表人的侵权行为承担责任。

（三）代理人与占有辅助人

在自物权与他物权中，占有主都可以让另外一个人替自己实际地占有该物，此人便是占有辅助人。德国学者梅迪库斯指出：行使实际支配、本身不是占有人的人叫"占有辅助人"，另外一个人叫"占有主人"，但法律只承认占有主人为占有人[1]。《德国民法典》第855条规定："某人在他人的家事或者营业中或者在类似的关系中，为他人行使对物的事实上的支配力，而根据这一关系，其须遵从他人有关物的指示的，只有该他人是占有人。"

一般而言，代理的对象仅仅限于法律行为，因占有是一种事实，不能代理，但是可以发生占有辅助关系，例如，商店的工作人员受人指示而对物进行占有。但在出卖时，雇员就是代理关系。

但是，占有辅助人有可能与代理人发生重叠，例如，购物中心的女售货员既是代理人，也是占有辅助人。行为人是以何种身份出现的，也视具体的事实而定。此外，无代理权的占有辅助人是比较常见的（如购物中心雇佣的司机）[2]。

（四）代理人与履行辅助人及执行辅助人的区别

履行辅助人及执行辅助人在我国民法上没有规定，理论上也较少涉及，但实践中却经常出现，故在责任认定上就存在混淆。对此，德国民法典的规定可以为我们所借鉴。《德国民法典》第278条及第831条分别规定了履行辅助人及执行辅助人（执行助手）的责任归属。

《德国民法典》第278条规定："债务人对其法定代理人或其为履行债务而使用的人所有的过失，应与自己的过失负同一范围的责任。"这是关于履行辅助人责任的规定。第831条规定："雇佣他人执行事务的人，对受雇人在执行事务时不法施加于第三人的损害，负赔偿义务。但雇佣人在受雇人的选用，并在其应提供设备和工具器械或应监督事务的执行时，对装备和监督已尽相当的注意，或纵然已尽相当的注意也难免发生损害者，不负赔偿责任。"这是关于执行辅助人责任的规定。履行辅助人及执行辅助人因在我国民法上没有规定，而实践中经常出现，与代理关系相当难以区分。例如，一个商场的售货员在出售电冰箱时，不

〔1〕［德］迪特尔·梅迪库斯：《德国民法总论》，邵建东等译，法律出版社2000年版，第678页。
〔2〕［德］迪特尔·梅迪库斯：《德国民法总论》，邵建东等译，法律出版社2000年版，第678页。

慎将顾客碰伤，商场对于顾客的赔偿责任是基于售货员与商场的代理关系、事务履行关系，还是事务执行关系？因此，分清这些关系的实践意义颇大。

1. 代理人与履行辅助人。债务人为履行债务而使用的人叫做履行辅助人。债务人的履行辅助人的行为，被作为债务人自己的行为而归责于债务人，以致债务人必须对其履行辅助人的行为承担责任，就像他自己实施了辅助人行为时必须承担责任一样。例如，购物中心雇佣的司机在将家具运送至顾客家中的途中，因驾驶不慎而使家具受损，购物中心的所有权人应对此承担责任[1]。

代理人与履行辅助人之间的不同在于：这二者涉及的归属因素不同。代理人是意思表示的归属，而履行辅助人则是违约行为的归属。

但是，代理人与履行辅助人这两种角色有可能重叠，例如，商店的售货员既是代理人，也是履行辅助人[2]。但是，这两种角色在许多情况下也是可以分离的，例如，家具店的送货司机就仅仅是履行辅助人而不是代理人。

另外，《德国民法典》在第278条还涉及了法定代理人的责任归属问题。对此，德国学者指出：如果孩子的父母不是以孩子的代理人身份从事法律行为，而是以其他方式从事行为，则孩子应根据《德国民法典》第278条的规定，为其父母的行为承担责任。父母的缔约行为从代理角度看应归属于孩子，而父母不适当履行合同义务的行为，则根据《德国民法典》第278条归属于孩子[3]。这种解释对我国实践有较大的借鉴意义。

2. 代理人与执行辅助人。代理人与执行辅助人的区别在于：代理是意思表示的归属，而执行辅助则是侵权责任的归属，即执行辅助人的侵权行为责任归属于他人（使用人）。

3. 履行辅助人与执行辅助人。如果抛开法定代理人，履行辅助人与执行辅助人在人的范围上大概难以区分，仅仅是责任性质的问题，即履行辅助人涉及违约责任的归属问题，而执行辅助人则涉及侵权责任的归属问题。而在责任归属方面的条件也有所不同：履行辅助人的行为后果直接归属于债务人（委托人），而执行辅助人的雇佣人在证明自己尽到善良管理人的注意义务后可以免责。

4. 代理人、履行辅助人与执行辅助人重叠后的后果区分。在代理关系中，一般地说，被代理人对于代理人的侵权行为是不负赔偿责任的；而在履行辅助关系中，委托人仅仅对履行辅助人的违约责任承担责任；在执行辅助关系中，使用人

〔1〕　［德］迪特尔·梅迪库斯：《德国民法总论》，邵建东等译，法律出版社2000年版，第675页。

〔2〕　［德］迪特尔·梅迪库斯：《德国民法总论》，邵建东等译，法律出版社2000年版，第675页。

〔3〕　［德］迪特尔·梅迪库斯：《德国民法总论》，邵建东等译，法律出版社2000年版，第676页。

仅仅在选任辅助人及监督或者其他情形中未尽注意义务而有过错时才对其不法侵权行为承担后果。

有的时候，当这三种身份重叠在一起时，就要分清责任的根据与规范基础。如上述购物中心的女售货员既是代理人，又是履行辅助人与执行辅助人时，其与顾客的买卖关系成立后果归属于购物中心是根据代理关系；若发生违约责任，由购物中心负责是根据履行辅助关系；若发生侵害顾客身体或者人格权时，购物中心承担赔偿责任则是根据执行辅助关系。

（五）代理与代理商

代理商是对某种品牌的产品进行销售的商事主体，如德国大众汽车在华代理商。代理商分很多种，其中最重要的是独家代理商与非独家代理商。独家代理商是某品牌产品在某地区仅仅允许此一家销售或者服务，而不允许第二家。

代理商与代理毫无关系，是一种产品或者服务的销售方式。代理商都是独立民事主体或者商事主体，其与顾客之间以自己的名义订立合同，权利义务归属自己。多数是从产品或者服务的品牌生产商购买产品或者服务后再卖给顾客。

第二节　有效代理的要件与后果

一、有效代理的要件概述

德国学者拉伦茨指出，代理有效的前提条件在于：①法律原则上承认一人可由他人代理进行效果及于该他人的行为；②在具体情况下符合法律规定的条件。法律所规定的两个先决条件是：以被代理人的名义所作的表示；在代理人所享有的代理权限内活动[1]。除此之外，我认为，有效代理还应具备两个条件：一是行为人应具备相应的行为能力；二是代理的行为应是法律允许的法律行为。下面我们将详细讨论这些要件。

二、代理人应当具有代理权——代理有效的第一要件

代理权是代理有效的重要条件之一，代理人的意思表示的自由决定权及代理后果归属被代理人承担的一个很重要的基础就是代理权，因此，代理人必须在代理权限范围内活动，才发生归属被代理人的法律后果。

---

〔1〕　〔德〕卡尔·拉伦茨：《德国民法通论》（下册），王晓晔等译，法律出版社 2003 年版，第 815 页。

（一）代理权发生的根据

代理权发生的根据可以分为两大类：一类是被代理人的授权，另外一类是法律的规定。前者称为意定代理权，后者称为法定代理权。代理也因此分为意定代理与法定代理。

在意定代理中，代理人的行为之所以归属于被代理人，是因为被代理人的同意，而同意可以事先为之，也可以事后为之。事先的同意称为"授权"，事后的同意称为"追认"。

在法定代理中，我们通常理解的主要是父母或者其他监护人对于未成年人或者其他行为能力有欠缺的人的代理，但在现实的法律框架内，法定代理要较之宽泛得多。按照德国学者梅迪库斯的观点，"依职当事人"与法人的代表机关也属于法定代理。"依职当事人"是指某些管理他人财产的管理人，如破产管理人与遗产管理人。就"依职当事人"来说，担任这些职务后，当事人都享有处分他人财产的权限，而且能够使财产主体享有权利、承担义务，例如，破产管理人有权为破产财团与破产债务人享有权利承担义务；遗产管理人和遗嘱执行人有权为遗产的继承人享有权利承担义务。这些是典型的代理的效果。此类代理属于法定代理，因为代理的效果是依据法律规定产生的，即使当事人在具体情况下不希望这些效果发生，它们仍然会发生。而所谓的"机关代表"，也仅仅是法定代表的一种特殊情况。如公司与合作社的董事会，法律在这些地方虽然都规定的是代表，但就此认为这些地方指的不是代理的规定，是缺乏说服力的。在这里，代理权发生的理由是法律的规定以及被任命为机关[1]。在这里，梅迪库斯是在代理的实质意义上而言的。我国《民法总则》第170条规定："执行法人或者非法人组织工作任务的人员，就其职权范围内的事项，以法人或者非法人组织的名义实施民事法律行为，对法人或者非法人组织发生效力。法人或者非法人组织对执行其工作任务的人员职权范围的限制，不得对抗善意相对人。"

由于法定代理是基于法律规定产生，故研究其产生根据就无什么意义，所以，下面仅就意定代理作简要的阐述。

（二）代理权的授予（委托代理）

在代理权的授予中，有以下个问题殊值探讨：一是代理权授予的方式；二是代理权授予行为的性质；三是代理权授予是否可以附有条件或期限。

1. 代理权授予的方式。通说认为，代理权的授予，既可以通过内部授权的方式，也可以通过外部授权的方式为之。《德国民法典》第167条规定了这两种

---

〔1〕　［德］迪特尔·梅迪库斯：《德国民法总论》，邵建东等译，法律出版社2000年版，第706～707页。

方式。

内部授权通常是由被代理人向代理人发出授权的意思表示，该意思表示为有相对人的意思表示，其成立应适用有相对人的意思表示的规则。

外部授权是指由被代理人通过向与代理人进行行为的相对人（第三人）发出表明授权于代理人的意思表示而为之。

2. 授权行为的性质。授权行为是单方法律行为还是契约行为，学理上存在分歧，大致有以下几种观点：

（1）单方行为说。这种学说认为：代理权的授予行为是被代理人授予代理人代理权的单方意思表示，不管代理人是否同意，都认定有代理权授予的存在。德国学者拉伦茨就持这种观点，他认为：它是一种单方面形成的法律行为，而且是一种权力的授予行为。只要有委托代理权的授予人的意思表示就够了，因而代理权限的产生并不取决于委托代理人的同意。但是，人们必须承认他享有他所不希望的委托代理权的权利。如果委托代理权是通过完全应该获得允许的委托代理权的授权人和委托代理人之间所签订的协议所授予的，那么这种权利就不存在了[1]。

（2）无名契约说。代理权授予行为是被代理人与被代理人关于代理权授予与接受的一种无名契约。依此见解，代理权的授予需要代理人的同意[2]。

无论将代理权的授予行为解释为单方法律行为或者契约行为，在下列情形下将具有重大意义：①在认定代理权是否发生方面，在单方法律行为说，只要被代理人有授予代理权的意思表示，代理权即对代理人产生，不待代理人同意；而在契约说，则必须双方就代理权的授予达成一致，代理权才能发生。②当涉及限制行为能力人可以作为代理人而可为有效代理行为时，似乎单方法律行为更能够合理地说明之。德国学者拉伦茨认为：虽然单方授权行为为一般情形，也没有任何实质理由认为不允许通过合同赋予代理权[3]。我个人赞同单方行为说，因为单方行为说在代理的体系框架内，与其他制度能够更好地融合，如说明限制行为能力人的代理问题、代理权授予与基础关系的问题等。

3. 代理权授予是否可以附条件或者附期限。如果将代理权的授予理解为形成权，那么，代理权的授予就是不可以附条件或者附期限的。但是，通说认为，

〔1〕 ［德］卡尔·拉伦茨：《德国民法通论》（下册），王晓晔等译，法律出版社 2003 年版，第 860～861 页。

〔2〕 ［日］山本敬三：《民法讲义 I 总则》，解亘译，北京大学出版社 2004 年版，第 233 页。

〔3〕 ［德］卡尔·拉伦茨：《德国民法通论》（下册），王晓晔等译，法律出版社 2003 年版，第 861 页。

因代理权相对于第三人的特殊性，是可以附条件或者附期限的。德国学者梅迪库斯就指出：代理权的情形有所不同，因为只要被授权人不能够证明其享有代理权，那么第三人就没有必要同这么一个处于不确定状态的被授权人订立合同，并且可以拒绝其从事的单方法律行为。根据法律的宗旨，代理权的授予是可以附期限或者条件的[1]。德国学者拉伦茨也这么认为[2]。我国民法上没有这种明确规定，从利益衡量角度看，也可以作相同的解释。

（三）代理权的授予与基础关系的关系

在通常情况下，被代理人授予代理人代理权以及代理人为被代理人为法律行为都不是无缘无故的，而必有一定的原因，例如，法定代理是基于监护而法定；意定代理是基于被代理人与代理人之间的合同关系，根据这种合同关系，代理人为被代理人为法律行为，被代理人通常要支付报酬（例外的也有无偿的代理）。而这种代理权背后的"原因"，通常就是基础关系。对此，德国学者拉伦茨指出：代理人与被代理人之间所存在的法律关系是委托代理权的基础。这种法律关系也确定了代理的目的以及代理人仅在特定意义上使用代理权的义务。而且这种法律关系本身也确定了代理人所享有的请求权，如对他的支出予以补偿或者对他的活动给予报酬的请求权，以及对他人所承担的其他的义务。与代理权能不同，人们把这种法律关系称为"内部关系"，因为其内容不是代理人对于第三人是否可以进行法律行为，而是代理人与被代理人之间的关系。在法定代理的情况下，这种内部关系是一种法定的债务关系，它或者基于广泛的家庭法，或者基于监护人、保佐人、遗产管理人或者遗嘱执行人的指定[3]。

这种代理权的授予与基础关系的关系，在司法实践中最典型的莫过于律师与当事人的代理关系。在这种关系中，通常律师要与当事人（被代理人）签订一个委托代理合同，合同中要明确约定双方的权利义务，然后再由被代理人向律师（代理人）签署一份授权书，明确代理权的范围。律师在出庭时，法院仅仅要求律师出示书面授权书而不要求出示双方签订的委托代理合同。委托代理合同由双方签字，而授权委托书仅仅与被代理人签字即可。由此也可以看出，我国司法实践对于授权行为采取的是单方法律行为说。

那么，代理权与基础关系的关系如何？1866年以前的民法学理与立法均不区分基础关系与代理权的授予，认为委托契约必然伴随着代理权的授予，代理是

---

[1]［德］迪特尔·梅迪库斯：《德国民法总论》，邵建东等译，法律出版社2000年版，第711页。

[2]［德］卡尔·拉伦茨：《德国民法通论》（下册），王晓晔等译，法律出版社2003年版，第860页。

[3]［德］卡尔·拉伦茨：《德国民法通论》（下册），王晓晔等译，法律出版社2003年版，第855页。

委托契约的对外效力，或者委托关系的外部表现，代理权的授予必然基于委托契约，二者是同一事物的两个方面。而相应地，将授权行为作为无名契约也就顺理成章了。罗马法就将委托与代理视为同一，法国民法典承袭此制，成为近代这一立法模式的代表，法国民法典仅仅规定了"委托"，而没有规定"代理"，《法国民法典》第 1984 条规定："委托或者代理，为一方授权他方以委托人的名义为其处理事务的行为。"日本学者对该条解释道：按法国民法典，代理权仅因委托契约而生，契约之外别无代理权的渊源。委托契约与代理权的授予有因果关系：授权的意思表示仅仅是委任契约之申告，而委任契约即以代理权之授予为目的之契约[1]。这清楚地反映出委托与代理不分的思想。

时至 1866 年，德国学者拉邦德（LABAND）发表了题为"代理权授予与其基础关系的区别"一文，从法学理论的角度指出了代理权与它所依赖的法律关系之间的差别，其观点为德国民法典所采纳。根据这种观点，委托代理权的授予需要一个区别于设立这种内部关系的专门行为，即授权行为，内部关系本身并不会产生代理权。不仅如此，按照德国学者的主流观点，相对于基础行为而言，代理权的授予是无因的[2]。日本学者更清楚地概括道：德国法系，谓委任契约及代理权的发生，全无因果关系，委任契约以代他人处理事务为目的，代理权的授予，则成立于别种授权的单独行为。授权虽多与委任契约同时成立，是仅欲受任者，履行契约上之义务，以达委任之目的而已，二者性质迥然不同。委任契约非以法律行为的代理为目的，虽其契约成立与代理权之发生同时，然其所生之法律关系，不外本人与代理人之契约关系也。代理权非其契约之结果，盖因授权之别种行为而发生，虽有委任契约，未必即予以代理权，而授权也有成立于没有委任契约的情形。要之，授权非因委任及其他契约而然，为纯然之单独行为，不必等代理人的承诺，惟因本人对于代理人或者第三人的意思表示而成立[3]。

代理权相对于其基础关系的这种独立性与无因性，在限制行为能力人为代理的情况下颇具说明意义。在被代理人与作为限制行为能力人的代理人之间所签订的委托合同为效力待定，而未成年人的法定代理人拒绝追认时，则委托合同自始至无效。但被代理人授予未成年人代理权的行为为单方法律行为，无需相对人承诺即生效力，因此并非无效，也不需要未成年人的法定代理人追认。因此，许多

---

[1] ［日］富井政章：《民法原论》（第一卷），陈海瀛、陈海超译，中国政法大学出版社 2003 年版，第 289。

[2] ［德］卡尔·拉伦茨：《德国民法通论》（下册），王晓晔等译，法律出版社 2003 年版，第 855 页。

[3] ［日］富井政章：《民法原论》（第一卷），陈海瀛、陈海超译，中国政法大学出版社 2003 年版，第 289～290 页。

国家的民法典都规定：代理不因代理人为限制行为能力人而无效。

但是，不能绝对坚持代理权授予的无因性，有时，代理权也会因基础关系消灭而消灭，特别是在内部授权的情况下，二者关系密切，往往是基础关系消灭，代理权也消灭。

学者一般认为，代理权与委托关系的关系类型体现在三个方面：①授权行为伴随有基础法律关系。这一类型为常态，在这种类型中，既有基础关系，又有授权行为，如具有劳动合同关系的法人给予职工的授权。②虽有基础关系而无授权行为。如商店雇佣某人作为职工，但先命其实习观摩而不授予其售货的代理权。③仅有授权行为而无基础关系。例如，甲乙基于友情，甲委托乙代交房租[1]。

在无基础关系而仅有代理权的情况下，或者基础关系无效或者消灭后，被代理人与代理人之间的关系应如何解释？因为代理权仅解决代理人与第三人之行为结果的归属问题，而不解决代理人与被代理人之间的关系问题，所以，此一问题必须从规范上明确。德国学者认为，应适用无因管理的规定，如拉伦茨指出：如果不存在有效的委托代理关系，应适用无因管理的规定。因此，委托代理权不受内部关系的拘束是抽象的。委托代理权的范围原则上也取决于委托授权的内容，而不是内部关系所表明的关系目的的规定[2]。也正是基于这一认识，限制行为能力人可以作为代理人，无因管理可以保证其不受损失。

（四）代理权的范围

1. 代理权范围的一般概述。代理权的范围因法定代理与意定代理而有不同：在法定代理，代理权的范围由法律规定，一般是概括代理权；而在意定代理，被代理人有权自由决定授权的具体范围，可以是授权代理人从事某项特别行为，也可以授予概括代理权。

2. 代理权的法律限制。学理之通说认为，代理权的限制分为：自己代理的限制、双方代理的限制、赠与的限制及滥用代理权的限制。我国《民法总则》第168条仅仅规定了自己代理与双方代理的限制，但从法定代理的立法宗旨来看，赠与当然应该限制。另外，根据诚实信用的原则，滥用代理权当然也应该受到限制。同时，我国《民法总则》第164条第2款规定："代理人和相对人恶意串通，损害被代理人合法权益的，代理人和相对人应当承担连带责任。"

（1）自己代理。

（a）自己代理的一般性禁止。大陆法系国家的法律一般都规定，代理人不得

---

[1] 张俊浩主编：《民法学原理》（上册），中国政法大学出版社2000年版，第320页。
[2] ［德］卡尔·拉伦茨：《德国民法通论》（下册），王晓晔等译，法律出版社2003年版，第856页。

以被代理人的名义与自己从事法律行为，以避免代理人损害被代理人的利益。例如，A 是 B 的代理人，被委托为 B 购买一台电脑，结果 A 自己是经营电脑的，就以被代理人 A 的名义与自己订立买卖合同。

我们说，这种行为也许会是公平的。但是，法律之所以禁止这种情况，有其合理的理由：

第一，任何人都有自我利益的计算，代理人在代理被代理人与自己进行交易的话，究竟是在使什么人的利益最大化？一般是使自己的利益最大化。

第二，在合同关系中，"合意"如何形成？意思的对接在自己的大脑中。"合意"就有可能是代理人一方的意思。

（b）自己代理的例外允许。

第一，经本人同意——这种同意实际上是消灭了上面禁止的两个理由。但是，只适用于意定代理。我国《民法总则》第 168 条第 1 款规定的例外，实际上就是这个意思。

第二，法律行为是为了履行债务。例如，如果父母对子女享有费用补偿请求权的，可以从子女的财产中转移给自己，具体例如：子女有自己的财产，但子女造成了对他人的人身伤害，如果父母不应当为此承担责任的，父母首先承担了责任，然后由子女的财产中转移给自己。但是，这是德国民法及我国台湾地区"民法"的规定，在我国没有这种规定。但也应当认为是可以的。

（c）自己代理的法律后果。自己代理的法律后果为何？有的学者认为：应构成无权代理，理由是代理人根本就没有实施自己代理的代理权[1]。我同意这种观点。

在自己代理制度中，有一种变种的自己代理行为，即代理人为自己寻找一个代理人，代理人代理被代理人与代理人的代理人进行交易。这仍然没有改变自己代理的性质。

（2）双方代理。

（a）一般性禁止。双方代理是代理人同时代理双方当事人为同一法律行为，这种情况多发生在合同中。例如，A 授权甲出卖汽车，而 B 则授权甲购买汽车，而甲就同时代理 AB 订立买卖合同。这种禁止的一般理由同自己代理是一样的：

第一，同时代理双方为同一法律行为，不符合为被代理人利益最大化的代理

---

[1] ［日］山本敬三：《民法讲义 I 总则》，解亘译，北京大学出版社 2004 年版，第 237 页；［德］卡尔·拉伦茨：《德国民法通论》（下册），王晓晔等译，法律出版社 2003 年版，第 830 页；［德］迪特尔·梅迪库斯：《德国民法总论》，邵建东等译，法律出版社 2000 年版，第 725 页。

要求。因为代理制度对代理人的基本要求是代理人必须为了被代理人的利益计算而尽责，如果代理人代理双方为法律行为，难以做到为双方利益最大化，在许多情况下，往往以损害一方的利益为代价。

第二，"合意"是不真实的。由于代理人代理双方交易（缔结契约），而这种契约却是在代理人一人的头脑中形成的，因此，所谓的"合意"是不存在的。

（b）例外：

第一，双方被代理人同意或者追认（不适用于法定代理）。

第二，代理仅仅是为了履行双方的义务。

在双方代理关系中，也有一种双方代理的变种，即为一方被代理人任命一个复代理人，再代理另一方与复代理人进行交易。如图3-5-2：

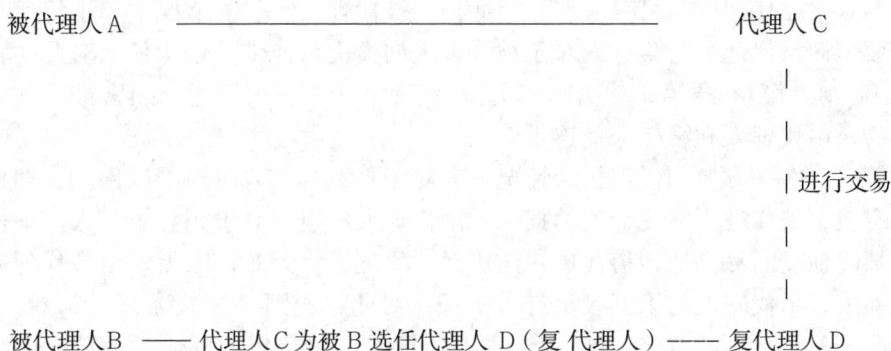

被代理人A　────────────────────　代理人C

　　　　　　　　　　　　　　　　　　　　　　　│

　　　　　　　　　　　　　　　　　　　　　　　│

　　　　　　　　　　　　　　　　　　　　　　　│进行交易

　　　　　　　　　　　　　　　　　　　　　　　│

　　　　　　　　　　　　　　　　　　　　　　　│

被代理人B　──　代理人C为被B选任代理人 D（复代理人）──　复代理人D

图3-5-2　双方代理关系图

第三，双方代理的法律后果。在双方代理的法律后果方面，也应适用无权代理的规定。

（3）赠与的一般性禁止——这种情况主要是对法定代理人的限制，如果在意定代理，如果没有授权而从事赠与行为，当然属于无权代理而不对被代理人发生效力。但在法定代理，由于授权是概括性的，因此，才可能发生赠与的行为。在法定代理中，因被代理人无行为能力或者限制行为能力，故容易损害被代理人利益。所以，这种禁止是必要的。

（4）代理权的滥用。

（a）代理人与第三人恶意串通，损害被代理人的利益。例如，A是B的代理人，B授权A出卖电脑，A就找到C，以较低的价格出卖，但条件是C必须把一定比例的折扣给A。

（b）代理人一方损害被代理人。

（c）对第三人的保护：

在第一种情况下，不存在善意第三人保护问题。

在第二种情况下，存在善意第三人的保护问题，但仅仅限于有偿行为。对于这里所谓的"善意"应如何解释？有人认为，第三人必须积极地知道了代理权的滥用；有人认为，只要第三人应当知道即可；折中的观点则认为，代理权滥用的明显性是必要条件和充分条件，即代理权的滥用对于第三人而言必须是显而易见的，第三人根据其知悉的一切情形，只要不是熟视无睹，就不可能不知道这种滥用[1]。折中说占据重要地位。

（d）代理权滥用的法律后果。

第一，在代理人与第三人恶意串通损害被代理人利益的情况下，不仅代理行为无效，而且代理人与第三人对于被代理人的损失负连带赔偿责任。对此，我国《民法通则》第 66 条第 3 款明确规定："代理人和第三人串通、损害被代理人的利益的，由代理人和第三人负连带责任。"

第二，在一方滥用代理权的情况下，对于善意第三人应当予以保护，即代理行为有效，被代理人因此受到的损失，由代理人承担；对于恶意第三人，即根据当时情况他显而易见地知道代理权滥用时，代理行为无效，因无效给被代理人造成的损失，由代理人与第三人负连带责任，对此，我国《民法通则》第 66 条第 4 款明确规定："第三人知道行为人没有代理权、超越代理权或者代理权已终止还与行为人实施民事行为给他人造成损害的，由第三人和行为人负连带责任。"

3. 所授予的代理权不明的法律后果。对于这一问题，各国立法例有所不同。例如，在日本，因其仿效法国法例，故在代理权授予不明的情况下，代理人只能实施管理行为[2]，而不能为处分行为。管理行为按照日本学者的解释，主要有两种：一为保存行为，如对毁坏房屋的修缮、对权利的保全等；二为不改变代理目的或者性质的改良行为[3]。但德国民法并没有这种限制。

对于这一问题，我国《民法总则》没有明确规定，但《民法通则》第 65 条第 3 款规定："委托书授权不明的，被代理人应当向第三人承担民事责任，代理人负连带责任。"这一规定恰恰反映出在授权不明的情况下，代理人如果为处分行为将会给自己带来风险。我认为，在授权不明的情况下，被代理人应就代理过

---

〔1〕 ［德］迪特尔·梅迪库斯：《德国民法总论》，邵建东等译，法律出版社 2000 年版，第 729 页。

〔2〕 ［日］山本敬三：《民法讲义Ⅰ总则》，解亘译，北京大学出版社 2004 年版，第 235 页。

〔3〕 ［日］富井政章：《民法原论》（第一卷），陈海瀛译，中国政法大学出版社 2003 年版，第 293 页。

错负担责任，代理人仅仅在有过错的情况下，才对被代理人承担责任，而不是向第三人承担责任。

4. 默示代理权。如果代理人履行其具有明示代理权的行为时，另外一项行为虽然未得到被代理人的授权，却为履行明示事项的通常方式所需要，代理人对该事项享有默示代理权，例如，被代理人 B 明确授权代理人 A 买鸡蛋，A 顺便买了一个装鸡蛋用的袋子。一般认为，B 虽然没有明确授权 A 卖袋子，但因为袋子为履行被授权的行为所需要，因此，也认为，A 具有代理权。

（五）代理人之意思瑕疵、善意的判断及归属

代理人在代理权限内为法律行为，若意思存在瑕疵或者需确定是否善意，应以代理人为判断还是以被代理人为判断？撤销权归属何人？

对此，德国民法典的立法理由书以法谚式的语言写道：可能出现的意思瑕疵，仅可于作出意思决定的地方寻找[1]。在代理中，作出意思表示的地方在哪里呢？被代理人还是代理人？由于代理人通常是依据他自己作出的利益分析和自己自行作出决定而进行法律行为的，因而，意思的欠缺或者明知或应当知道的判断，应根据代理人的情况，而不是根据被代理人的情况[2]。也就是说，代理人是否具有意思瑕疵，如受到欺诈、胁迫、是否发生错误、是否具有真意保留等，应以代理人为判断对象；同样，相对人是否受到了欺诈、胁迫等，一般也以代理人为判断。这种观点在德国与日本是通说，我国学者一般也持这种观点。

如果发生了意思瑕疵，撤销权归属何人？一般说来，因代理的后果归属被代理人，因此，虽然是否具有意思瑕疵的判断以代理人为对象，但撤销权归属于被代理人。

在意思瑕疵的问题上，学者普遍讨论的问题是：如果被代理人知道或者应当知道某种情况，而代理人不知，那么，被代理人是否可以主张善意？对于被代理人而言，法律适用的规则是："不得就自己明知的事情，主张代理人不知其事。"也就是说，被代理人明知或者应当知道某种情事，但却指示不知情的代理人为此行为，这时法律就不再以代理人为判断是否善意的对象，而是适用实质性标准否定被代理人关于善意的主张。例如，被代理人明知 B 的某物存在权利瑕疵，但自己不去购买，却委托并授权 A 作为代理人向 B 为其购买，在此情况下，被代理人就不得以善意主张 B 承担《合同法》第 150 条规定的权利瑕疵担保责任，而

〔1〕《立法理由书》（第 1 卷），第 227 页，转引自［德］迪特尔·梅迪库斯：《德国民法总论》，邵建东等译，法律出版社 2000 年版，第 683 页。
〔2〕［德］卡尔·拉伦茨：《德国民法通论》（下册），王晓晔等译，法律出版社 2003 年版，第 846 页。

是应适用《合同法》第 151 条排除 B 的权利瑕疵担保责任。

（六）代理权的消灭

1. 意定代理权的消灭。我国《民法总则》第 173 条规定了委托代理权终止的事由：①代理期间届满或者代理事务完成；②被代理人取消委托或者代理人辞去委托；③代理人丧失民事行为能力；④代理人或者被代理人死亡；⑤作为代理人或者被代理人的法人、非法人组织终止。当然，根据破产法的特别规定，对被代理人的财产开始破产程序，也是代理权消灭的原因。

德国学者拉伦茨指出，委托代理权因下列原因而消灭：①如果它是附期限的，期限届满就消灭；如果是附条件的，则条件成就或者不成就时消灭；如果是就特定事项授权，则该事项完成，代理权消灭。②委托代理人放弃委托代理权。③委托代理权的授予人撤回代理权。④委托代理权的授予行为所依据的法律关系终止（如劳动关系终止等）。⑤委托代理人的正常死亡或者行为能力丧失。⑥对委托代理权授予人的财产开始了破产程序[1]。

由此可见，德国法的规定与我国法的规定几乎是一样的。

被代理人的死亡并不必然导致代理权的消灭，对此，我国《民法总则》第 174 条第 1 款规定："被代理人死亡后，有下列情形之一的，委托代理人实施的代理行为有效：①代理人不知道并且不应当知道被代理人死亡；②被代理人的继承人予以承认；③授权中明确代理权在代理事务完成时终止；④被代理人死亡前已经实施，为了被代理人的继承人的利益继续代理。"

2. 法定代理权的消灭。我国《民法总则》第 175 条规定："有下列情形之一的，法定代理终止：①被代理人取得或者恢复完全民事行为能力；②代理人丧失民事行为能力；③代理人或者被代理人死亡；④法律规定的其他情形。"

三、代理人应以被代理人的名义为法律行为——代理有效的第二要件

（一）概述

在直接代理中，由代理人发出或者向代理人发出的意思表示的法律后果，不是由代理人自己承担，而是由被代理人承担。这一事实只有在行为相对人能够认识代理人为代理人，并且知道他真正的对方当事人是谁时，才能要求代理人的行为相对人予以接受。因此，直接代理通常必须加以公示[2]，以便对方知道他在与谁发生交易。

---

〔1〕［德］卡尔·拉伦茨：《德国民法通论》（下册），王晓晔等译，法律出版社 2003 年版，第 866 页。

〔2〕［德］迪特尔·梅迪库斯：《德国民法总论》，邵建东等译，法律出版社 2000 年版，第 693 页。

"代理人应以被代理人的名义为法律行为"是代理行为的结果归属被代理人的形式要件，如果代理人不以被代理人的名义为法律行为，将不能分辨哪些行为是代理人本人的，哪些行为是代理人的。也正是因为这样，所以，法律要求代理一定有显示的标志，例如，可以说明自己是代理人、提交有关证明文件或者从一些行为中推断出来。因此，代理应以显名为原则。我国《民法总则》第162条就将这一要件作为一般要求：代理人以被代理人名义实施的法律行为，才对被代理人发生效力。

民法之所以采取这样的立场，即只有显名的情况下，效果才归属被代理人，是为了保护相对人的信赖。代理人没有表明是为被代理人而作的意思表示时，视为为自己所为。但是，在相对人知道或者应当知道代理人是在为了被代理人而为法律行为时，行为结果应归被代理人。这其实就是前面所说的"隐名代理"。其实，无论是显名还是隐名，都是在第三人知道被代理人的情况下所为的行为。在第三人根本不知道被代理人存在的情况下，代理人以自己的名义与第三人为法律行为，则不应当发生代理的结果。但是，在国际贸易中的"间接代理"例外地也约束第三人与被代理人，只有在出现消极结果而代理人不能解决的时候，才披露第三人（见《合同法》第403条）。

（二）显名中的具体问题

1. 以虚假的姓名从事行为。有时，行为人会虚构一个主体而以这一虚构的主体从事法律行为，但却不想真正使该主体享有行为的法律后果，例如，在住旅馆时，为了不让他人知道自己的真实身份，虚构一个姓名，但却自己付款。这种行为必须同我们所说的代理区别开来。

2. 冒用他人的姓名。冒用他人的姓名进行活动是指借用一特定的他人名义进行法律行为，使人产生"他就是该特定人"的错觉的情形[1]。与代理不同的是，"冒用他人的姓名"的人并不说明他与被冒用的人是不同的人，而是说他自己就是被冒用的人本人。

在这种情况下就产生了这样的问题：意思表示是对行为人本人产生效果，还是对被行为人借用名义的人产生效果？因为行为人并没有声明他是为被借用名义的人活动，而是声明为自己进行活动，但同时他把他人的名字作为自己的名字告诉人们，从而骗取人们相信他就是该他人[2]。许多学者认为，在这种情况下，应类推适用无权代理的规定，即被冒用人可以追认，则行为后果由被冒用人承

〔1〕［德］卡尔·拉伦茨：《德国民法通论》（下册），王晓晔等译，法律出版社2003年版，第842页。
〔2〕［德］卡尔·拉伦茨：《德国民法通论》（下册），王晓晔等译，法律出版社2003年版，第843页。

担；若不追认，则行为人自己承担[1]。但我认为，这种观点值得商榷，因为从代理的基本思想看，是一个人以他人的名义从事行为，并有将该行为后果归属该他人的意思，才在代理范围，即使是无权代理，虽未获得被代理人的授权，但也是以被代理人的名义从事行为，且有将该行为后果归属被代理人的意思，仅仅是没有获得授权而已。因此，应区分不同情况分别处理：若行为人冒用他人名字，且有意将该行为后果归属被冒用人的，则适用无权代理的规定；若行为人虽然冒用他人名字，却没有将该行为后果归属该他人的意思者，应视为冒用人自己的行为，不适用代理的规则。

3. 同企业主发生的行为。同企业主发生的行为，是指在具体情况下，无论行为人是何人，企业主总是交易关系的当事人。例如，在购物中心，无论你与哪个售货员进行交易，其实你非常清楚是在与企业主进行交易，企业主都是交易当事人。

这种情形，对于判定表见代理十分重要。曾有案例揭示：有人通过非正当途径在某银行摆上办公桌高息揽贷，结果许多到银行来存款的人误认为自己是在与银行交易，故在此信赖的情况下将款交给该人，而该人在获得一定数量款项后，卷款而逃。法院判决该银行承担赔偿责任。

4. 效力及于自身的行为。"效力及于自身的行为"主要是指无论行为人是否指出自己是在为他人行为，行为的结果都归属他自身的行为。这种情况多发生在现金买卖中，例如，A 顾客在购物中心购买信纸，并声称不是为自己而是为他人购买，售货员对此都毫无兴趣，A 必须自己立即付款，售货员不会追究其被代理人的付款责任。并且，谁能够出示商品购物付款单，谁就被视为合同当事人[2]。也就是说，代理制度在这里失去了作用。

四、代理人个人至少应是限制行为能力人——代理有效的第三要件

德国学者拉伦茨指出：代理有效的另一个条件是代理人最低应具有限制行为能力。理由是：如果代理人在他所享有的代理权范围内所为的法律行为仅对被代理人而不对代理人自己生效，它既不给代理人带来法律上的利益，也不给他带来法律上的不利，对他而言，这是一种无关紧要的法律行为。因此，对他不需要给予法律对未成年人规定的从事一般法律行为要追认的那种保护。另一方面，被代理人也不需要这种保护。如果他授予未成年人代理权，他自己就要承担该未成年

---

[1] [德] 迪特尔·梅迪库斯：《德国民法总论》，邵建东等译，法律出版社 2000 年版，第 694 页。

[2] [德] 迪特尔·梅迪库斯：《德国民法总论》，邵建东等译，法律出版社 2000 年版，第 701 页。

人缺乏经验的风险。而在法定代理的情况下，父母任何一方是限制行为能力人，便不可能成为法定代理人[1]。另外，被代理人之所以选择限制行为能力人，也是经过利益权衡的，法律没有必要干预。因此，我国台湾地区"民法"第104条、《德国民法典》第165条、《日本民法典》第102条都规定了这样的思想：代理行为的效力不因代理人是限制行为能力人而受到影响。在这里，我们再一次看到了基础关系与代理权授予的相互独立性：基础关系为合同关系，故不经限制行为能力人之法定代理人的追认不能生效，但授权为独立行为，不必经过限制行为能力人之法定代理人的追认。

除此而外，因为法律规定了无行为能力人不能从事任何法律行为，其作出的任何意思表示都是无效的，因此，他不能作为代理人。

五、代理的行为必须是法律允许并可以代理的行为——代理有效的第四要件

1. 代理只能使用于财产性的法律行为，包括负担行为和处分行为，但是，有关身份的行为不能代理（收养除外）。

2. 非法律行为不能代理，例如，侵权行为不得代理。再如，占有、遗失物的拾得等不得适用代理。故代理人侵犯他人权利时，由代理人自己负赔偿责任。但如果有履行辅助关系、执行辅助关系、占有辅助关系的，适用相关规定。

3. 在法定代理，单方法律行为（形成权的行使除外）不能代理，因为单方法律行为一般是给对方设定权利的行为，故允许代理会损害被代理人的利益。因德国有监护法院，这样的行为可以在征得监护法院的同意后为之。因我国无此机构制度，故不作否定的解释更为合适。

六、有权代理的法律后果

1. 一般地说，有权代理的法律后果归属被代理人。我国《民法总则》第162条就规定了这一基本原则。这是代理这一法律制度的根本目的与价值所在，这一制度设计的根本目的就是让他人以自己的名义并在自己授权的范围内主动活动，而结果归属授权人，因此，代理的法律后果不归属代理人而归属被代理人是代理的基本目的。即使在有的情况下，被代理人与代理人约定：代理后果留给代理人，则是代理之外的另外一种法律关系，并没有改变"代理的法律后果归属被代理人"的基本规则。

2. 有关代理的法律行为的撤销权或者合同解除权归属被代理人。虽然意思

---

〔1〕 ［德］卡尔·拉伦茨：《德国民法通论》（下册），王晓晔等译，法律出版社2003年版，第845页。

表示有无瑕疵以代理人判断，但因代理结果（无论是积极结果——利益，还是消极结果——损失）都由被代理人承担，即无论如何，只要是有权代理，被代理人就是法律关系的当事人，故对于因意思表示瑕疵导致的撤销权，归属被代理人。同理，如果代理人缔结的合同具有解除事由，被代理人也有解除权。

至于这种解除权代理人是否可以行使，就取决于被代理人是否具有相应的授权。

第三节　无权代理及其法律后果

一、无权代理及其法律后果概述

代理的全部意义在于意思自治的延伸与扩张，即扩大了法律行为的适用范围，被代理人的授权加上代理人的行为，构成了被代理人取得代理行为后果的归属。因此，若超出被代理人的授权，则无论代理人如何行为，行为结果都将难以归属被代理人。因此，法律必须解决无权代理的构成与后果问题。

无权代理主要涉及下列问题：①无权代理人所为的行为在"被代理人与相对第三人之间的效力如何"？②法律为被代理人提供了哪些保护措施？③法律对相对人提供了哪些救济措施？④无权代理人的责任如何？⑤复代理人的责任如何？

我国《民法总则》第 171 条及《民法通则》第 66 条规定了无权代理的三种类型：没有代理权的无权代理，超越代理权的无权代理，代理权终止后以被代理人名义从事活动的无权代理。此三种无权代理在后果上并无不同。另外，对于自然人来说，无权代理仅可能发生在意定代理，因为法定代理被赋予了概括的代理权，只能发生代理权滥用，而不可能发生无权代理；至于法人，因我国法律采取代表说，法人的机关本身是法人的组成部分，故不可能发生法人机关的无权代理问题。但是，如果法人授权他人为代理活动，则可能发生如自然人之意定代理的无权代理问题。

下面我们将一起讨论上面所列无权代理的问题：

由于无权代理中包括了表见代理，因此，无权代理又分为了两种：一是广义的无权代理；二是狭义的无权代理。后者是指行为人没有代理权、超越代理权，或者代理权终止后，仍然实施代理行为，又没有理由使人相信其有代理权的代理。可以这样说："无权代理 − 表见代理 ＝ 狭义的无权代理"。

二、无权代理行为对于被代理人与相对人的效力

按照我国《民法总则》第 171 条、《民法通则》第 66 条的规定，无权代理行为对于被代理人与相对第三人而言，属于效力待定的行为，因为：①无权代理虽以被代理人的名义为法律行为，无权代理人也有将行为后果归属被代理人的意思，但却因没有代理权，故效力不能直接归属被代理人；无权代理人又没有表示自己承担法律行为后果，故也难以归属于自己。因而，不能确定效果归属。②若直接定其无效，则即使被代理人愿意承担该行为后果，也没有机会。因此，上上之策，就是暂不确定其效力，而是给被代理人一定的合理期限以观其态度：若在此期限内追认，自始有效；若不追认或者拒绝追认，则自始无效。

三、法律为被代理人提供的保护措施

代理人所为的无权代理行为应区分合同行为或者单方法律行为而定其效力，下面分别阐述之。

（一）无权代理人所为的合同行为

包括我国民事立法在内的许多国家的民法都规定：无权代理人所签订的合同是否对被代理人生效，取决于被代理人的事后追认，被代理人可以自行决定是否追认，如我国《民法总则》第 171 条第 1 款规定："行为人没有代理权、超越代理权或者代理权终止后，仍然实施代理行为，未经被代理人追认的，对被代理人不发生效力。"《合同法》第 48 条第 1 款规定："行为人没有代理权、超越代理权或者代理权终止后以被代理人名义订立的合同，未经被代理人追认，对被代理人不发生效力，由行为人承担责任。"《民法通则》第 66 条也作了相同的规定。但无论是《民法总则》还是《民法通则》，都未区分合同行为与单方法律行为。

在被代理人的追认问题上，有以下几个问题需要特别注意：

1. 代理人追认的意思表示的相对人。代理人对无权代理行为的追认，是向相对人为追认的意思表示，还是向无权代理人为追认的意思表示？我认为，应向相对人为意思表示。

2. 被代理人的主观意识及注意义务违反的法律后果。按照民法的一般原理，在一般情况下，任何人对自己的行为应负有必要的注意义务，在代理制度中也不例外。如果被代理人在授予代理人以代理权时，以其表见行为使善意第三人产生合理信赖，从而认为代理人具有代理权，或者，被代理人明知代理人为无权代理行为而不予制止，则行为后果归属被代理人。我国《民法通则》第 66 条规定了这种思想：本人知道他人以本人名义实施民事行为而不作否认表示的，视为同

意。当然，若被代理人违反注意义务，会产生更多类型的表见代理，我们将在下面详细讨论。

3. 追认的范围。追认人是否可以追认法律行为的一部分？有学者指出：追认不得仅就契约之一部分为之，凡追认一种行为，即有认其行为全体之效力，部分之追认，通常可视为追认之拒绝。但包含于契约中之事项，有可与他部分分离者，则视为有效亦无不可[1]。此种观点颇值赞同。

（二）无权代理人所为的单方法律行为

通说认为，无权代理人为他人所为的单方法律行为原则上是无效的[2]。德国学者梅迪库斯指出了其中的原因：对于无权代理人所为的单方法律行为，第三人是毫无抵御能力的，如代理人代理出租人终止租赁关系。因此，在无权代理的情况下代理他人实施的单方法律行为是不合法的，这种法律行为不是效力待定，而是无效。因此，对于这种行为，被代理人无法追认，只能重新为之[3]。

我国《民法总则》《民法通则》《合同法》未区分合同与单方法律行为而区别二者的效力，但学者的上述观点及各国的立法主张颇值赞同，在实践中也应作相同的解释。

但是，《德国民法典》第 180 条规定了两种例外：①单方法律行为的相对人（意思表示的受领人）在为单方行为时，对于无权代理人所主张的代理权表示同意或者没有提出异议，或者同意代理人为无权代理的行为，则适用契约的规定。学者解释说：如果作为代理人出现的人声称自己具有代理权，而第三人对此没有提出异议，甚至同意与无权代理人从事行为，则由第三人承受由被代理人之追认权所产生的不确定的后果，并无不当[4]。也就是说，在代理方面，单方行为无效，但在无权代理人与意思表示受领人之间的关系上，可以成立合同。②相对人在征得无权代理人的同意后实施的行为，也使用如上相同的规则。日本民法也承认这种例外[5]。由于我国民法未作相同的规定，故难以作相同的解释。

---

〔1〕〔日〕富井政章：《民法原论》（第一卷），陈海瀛、陈海超译，中国政法大学出版社 2003 年版，第 305~306 页。

〔2〕〔日〕富井政章：《民法原论》（第一卷），陈海瀛、陈海超译，中国政法大学出版社 2003 年版，第 311 页；〔德〕迪特尔·梅迪库斯：《德国民法总论》，邵建东等译，法律出版社 2000 年版，第 741 页；〔德〕卡尔·拉伦茨：《德国民法通论》（下册），王晓晔等译，法律出版社 2003 年版，第 875 页；〔日〕山本敬三：《民法讲义Ⅰ总则》，解亘译，北京大学出版社 2004 年版，第 249 页。

〔3〕〔德〕迪特尔·梅迪库斯：《德国民法总论》，邵建东等译，法律出版社 2000 年版，第 741 页。

〔4〕〔德〕迪特尔·梅迪库斯：《德国民法总论》，邵建东等译，法律出版社 2000 年版，第 742 页。

〔5〕〔日〕山本敬三：《民法讲义Ⅰ总则》，解亘译，北京大学出版社 2004 年版，第 249 页。

（三）被代理人追认的后果

如果被代理人对于无权代理行为予以追认，则行为后果由被代理人承担；若不予追认，则该行为的后果就不能归属于被代理人，而是由无权代理人自己承担。至于承担责任的方式，会因相对人的选择而有不同。下面我们将详细讨论。

四、相对人可以利用的救济措施

如果相对人不想等待被代理人的追认，而变被动为主动，可以利用法律赋予他的催告权与撤销权达到保护自己利益的目的。

这两种措施对相对人提供了比较周到的保护：催告权在相对人还愿意与被代理人交易的情形下行使，只是催促被代理人确定是否交易。而撤销权是相对人已经不愿意等待被代理人的追认，主动取消交易的措施。

我国《民法总则》第 171 条第 2 款作出了明确的规定："相对人可以催告被代理人自收到通知之日起一个月内予以追认。被代理人未作表示的，视为拒绝追认。行为人实施的行为被追认前，善意相对人有撤销的权利。撤销应当以通知的方式作出。"《合同法》第 48 条也作了明确的规定："行为人没有代理权、超越代理权或者代理权终止后以被代理人名义订立的合同，未经被代理人追认，对被代理人不发生效力，由行为人承担责任。相对人可以催告被代理人在 1 个月内予以追认。被代理人未作表示的，视为拒绝追认。合同被追认之前，善意相对人有撤销的权利。撤销应当以通知的方式作出。"

如果相对人撤销意思表示，因无权代理给相对人造成的损失，由无权代理人承担赔偿责任。

五、无权代理人的责任

对于无权代理人所承担的责任，我国《民法总则》第 171 条第 3 款规定："行为人实施的行为未被追认的，善意相对人有权请求行为人履行债务或者就其受到的损害请求行为人赔偿，但是赔偿的范围不得超过被代理人追认时相对人所能获得的利益。"第 171 条条第 4 款规定："相对人知道或者应当知道行为人无权代理的，相对人和行为人按照各自的过错承担责任。"

相对于《民法通则》《合同法》，《民法总则》非常清楚地规定了承担责任的方式及过失赔偿责任。从比较法的视角看，更多地参照了德国民法典的规定。但为什么是过失责任？向何人承担责任？

（一）无权代理人的责任是过失责任还是无过失责任

无权代理人究竟是承担过失责任还是无过失责任，存在两种不同的观点：

1. 无过失责任说。该说认为：即使在无权代理人没有过失的情形下，也应当承担无权代理的责任。按照这种学说，无权代理人承担无过失责任。理由是：①为了确保交易安全，维持代理制度的信用，即使在无权代理的情形下，也需要保护相对人。在此情形下，即使不能追认本人的责任，如果令无过失的无权代理人也承担责任的话，相对人就可以放心地进入代理交易了。②因无权代理人也主张代理权的存在，使相对人产生了信赖，因此，令其承担相应的责任，也是迫不得已。

2. 过失责任说。该说认为：无权代理责任的内容是履行责任或者替代履行的赔偿损失，这种责任超过了侵权行为责任，等于使无权代理人承担了与其自身订立契约相同的责任。因此，要课以这样的特别责任，就要求使其正当化的足够理由，即无权代理人需要有过失[1]。

德国与日本许多学者一般都以过失作为承担责任的条件，我赞同我国《民法总则》采用的过失责任说。但是，需要注意的是，这里的过失与善意或者恶意不同，是指知道或者应当知道自己的代理权有瑕疵。因为有时，无权代理人知道自己的代理权具有瑕疵，但却是善意地想帮助被代理人，并且有理由认为被代理人一定会追认的。但即使代理人是善意的，因其无代理权而以被代理人名义为法律行为，同样可以构成无权代理而承担无权代理的责任。

（二）无权代理人的责任内容

如果代理没有获得被代理人追认，代理人应对相对人承担责任。德国学者拉伦茨根据《德国民法典》第179条的规定指出，如果代理人应对相对人承担责任，那么他的责任会由于他自己是否知道代理权具有瑕疵而有所不同：如果他并不知道这种瑕疵，那么他只需赔偿交易对方当事人的信赖利益，即应该使相对人在经济上的处境回复到合同缔结前所处的状态。代理人在这种情况下的责任纯粹是信赖责任；但是，如果代理人在缔结合同时知道自己没有代理权，若对方不知道且根据当时的情况也不应当知道代理权的瑕疵，被代理人拒绝追认这种代理行为，代理人就应当根据对方当事人的选择，或者承担履行合同的责任，或者赔偿因合同不履行而生的损害。在这种情况下，由于代理人有意识地欺骗了对方当事人，所以他不仅应该赔偿该人的信赖利益，而且应赔偿给对方合同履行利益的损害。他之所以应承担这样的责任，是因为他知道这样做存在这样的风险[2]。当

---

[1] ［日］山本敬三：《民法讲义Ⅰ总则》，解亘译，北京大学出版社2004年版，第250页。

[2] ［德］卡尔·拉伦茨：《德国民法通论》（下册），王晓晔等译，法律出版社2003年版，第877～878页。

然，如果相对人选择了履行合同，而无权代理人没有履行能力的，也转换为损害赔偿之债，即应适用合同不能履行的规则。

其实，我国《民法总则》第171条第3款及第4款就体现了上述德国学者的思想，区分相对人是否善意而做了不同的处理：①行为人实施的行为未被追认的，善意相对人有权请求行为人履行债务或者就其受到的损害请求行为人赔偿，但是赔偿的范围不得超过被代理人追认时相对人所能获得的利益（第3款）。可以理解为善意相对人有选择权：或者请求无权代理人履行法律行为之履行义务，或者承担赔偿义务。②相对人知道或者应当知道行为人无权代理的，相对人和行为人按照各自的过错承担责任（第4款）。可以理解为，非善意相对人仅仅能够主张无权代理人的过错责任，即相当于《民法总则》第157条中规定的法律行为无效后的双方当事人之间的过失赔偿责任。

在此，存在的问题是：

1. 如果相对人选择了履行，那么无权代理人的法律地位如何？如果相对人选择了履行，其效果就相当于无权代理人与相对人订立了合同[1]。在此情况下，无权代理人是否有权要求对方对待给付？就代理人而言，他应该有权要求合同所规定的相对人向他所作的给付，享有合同中所规定的他所享有的权利。但是，根据学术界通行的观点，在他没有履行自己的义务之前，不得要求对方履行[2]。

2. 如果被代理人本来就无法履行合同，无权代理人的责任如何？该问题的本质意思是：如果被代理人本来就不能履行合同，即使他追认无权代理的结果或者在有权代理的情况下，也不能履行合同或者仅仅能够履行一部分，例如，被代理人破产，仅仅能够清偿10%的债务，那么无权代理在未被被代理人追认的情况下，无权代理人的责任如何确定？是承担10%，还是全部？通说认为：第三人仅能向无权代理人要求获得被代理人能够履行的东西。否则，若要求无权代理人承担全部责任，第三人就可以从代理权的欠缺中获得利益。在上述案例中，相对第三人仅能够要求无权代理人承担10%的责任。但也有人提出异议：如果这样，第三人在无权代理时就承担了不同于有权代理的双重风险，即代理人丧失支付能力的风险和被代理人丧失支付能力的风险。因此，通说不无疑问[3]。我个人赞同通说，因为即使被代理人追认第三人也仅仅能够获得部分履行，让无权代理人承担未被追认的后果不能超过追认后第三人能够获得的利益，是公平的，也

〔1〕 ［日］山本敬三：《民法讲义Ⅰ总则》，解亘译，北京大学出版社2004年版，第252页。

〔2〕 ［德］卡尔·拉伦茨：《德国民法通论》（下册），王晓晔等译，法律出版社2003年版，第879页。

〔3〕 ［德］迪特尔·梅迪库斯：《德国民法总论》，邵建东等译，法律出版社2000年版，第744页。

符合我国《民法总则》第 171 条第 3 款规定的精神。

（三）无权代理人的免责事由

1. 相对人知道或者应当知道代理权有瑕疵的。《德国民法典》第 179 条、《日本民法典》第 117 条、我国《民法总则》第 171 条第 4 款、《民法通则》第 66 条都规定了这种免责事由。但这种免责事由，在我国法律上是"不完全免责"，仅仅是免除了履行责任，但是，仍然要按照过错分担责任。

2. 被代理人对无权代理行为进行了追认。

3. 无权代理人为限制能力人而其代理人没有同意。虽然代理权与基础关系是独立的，代理权不因基础关系的无效或效力待定而受影响，但无权代理，因被代理人没有追认，这时无权代理人就处于被代理人——行为当事人的地位。而限制行为能力人是不能单独为某些法律行为的，如果无权代理的行为恰恰超出限制行为能力人所能为的范围，若其法定代理人对这些行为不予同意，则其可以免除责任。当然，如果是无行为能力人，根本就不能作代理人，故根本谈不上有权或者无权代理的问题。

第四节　表见代理

一、表见代理的概述

法律体系是由逻辑判断方法与价值判断方法构成的，在二者发生冲突时，逻辑判断就要让位于价值判断。表见代理理论就体现了这种冲突的选择结果，正如法国学者所指出的："表见理论"的法律表明了法律对事实的某种屈从，为了照顾事实情况，一些合乎法律逻辑的方式被弃之不用，有悖法律的事实状态可能直接成为主观权利的渊源。因此，这一具有一般意义的理论对法律规则运行机制起着校正作用，它构成了防止法律自身弊病的一种重要方法[1]。

所谓表见代理，是指被代理人因疏忽的表见行为引起了善意第三人对无权代理人有代理权的合理信赖，为保护这种合理信赖而让无权代理产生如同有权代理相同的结果。通俗地说，就是表见代理本为无权代理，但在具备法定条件时，无需被代理人追认而直接发生对他的归属结果。我国《民法总则》第 172 条就规定

---

〔1〕 〔法〕雅克·盖斯旦、吉勒·古博：《法国民法总论》，陈鹏等译，法律出版社 2004 年版，第 776 页。

了"表见代理"："行为人没有代理权、超越代理权或者代理权终止后，仍然实施代理行为，相对人有理由相信行为人有代理权的，代理行为有效。"

在现代语言中，"表见"一词有两个意思：①眼睛所清楚地看到的，明摆着的，即显然的、可见的；②并不是像其表面所显示的那样，而是虚幻的、迷惑人的。"表见"与法律合用时，它表明了假象的法律状况，是经不起深入分析的。第二种含义就是"表见理论"所采用的含义，因为它承认"表见权利"可产生一些法律后果，尽管根据可适用的法律规则的逻辑结论，应该是完全无效的。但是，"表见"的两个含义之间存在着紧密的联系，这是因为明显的事实引诱我们相信某些不存在的权利。赋予"表见"（虚幻的）权利一定的效力，在某种程度上是使表见的事实优先于法律事实[1]。学者的上述论述清晰地阐明了表见代理的制度构造，即表见代理正是利用了"表见"的第二层含义，用一个虚假的外观假象产生了法律的真实后果。但是，从无权代理的真实到有权代理的法律后果的过渡中，却有许多问题需要研究。

另外，德国学者还区分了表见代理与容忍代理。所谓容忍代理，就是被代理人知道他人为他的利益并作为他的代理人出现，但却不作否认表示而是容忍。德国学者拉伦茨指出：人们对委托代理权的授予的表象予以信赖的另一种情况是所谓的容忍代理权。容忍代理权所需要的前提条件是该某人知道未被授予代理权的代理人的行为，而未予以干预，虽然他是可以进行干预的。在这种情况下，既不存在内部授权，也不存在外部授权，但却存在有应归责于被代理人的在他知晓的情况下所作出的存在代理权的权利表象，为避免误解，人们只能把这种情况称为容忍代理权[2]。我国《民法通则》第66条规定了这种"容忍代理权"："本人知道他人以本人名义实施民事行为而不作否认表示的，视为同意。"但我们国家的学理一般将这种情况称为"表见代理"。也许正是这个原因，我国《民法总则》没有再规定《民法通则》第66条的规定，而是统统将这些"表象"纳入"相对人有理由相信行为人有代理权"中。德国学者指出：越来越多的学者对这种将"表见代理权"与"容忍代理权"相提并论的做法提出了异议，人们指出，与被代理人对行使代理权的有意的容忍不同，被代理人在表见代理中属于纯粹的疏忽大意[3]。这种两者代理在构成要见上确有不同，但在结果上并无区别。下

---

〔1〕[法] 雅克·盖斯旦、吉勒·古博：《法国民法总论》，陈鹏等译，法律出版社2004年版，第777页。

〔2〕[德] 卡尔·拉伦茨：《德国民法通论》（下册），王晓晔等译，法律出版社2003年版，第892页。

〔3〕[德] 迪特尔·梅迪库斯：《德国民法总论》，邵建东等译，法律出版社2000年版，第733页。

面讨论的表见代理中，不包括"容忍代理权"。

二、表见代理的构成要件

我们在这里讨论的构成要件以我国《民法总则》第 172 条为规范基础，并以"表见代理说"为理论基础，主要构成要件分析如下：

（一）客观要件

法国学者指出：适用表见理论，应当具备观察者认为是显示了法律状态的可见的事实。这些事实所表达的意义应当无需复杂的分析，就可以自然地被人领会。这就是为什么表见的客观要素很少由单一事实构成，而是由一系列的情况构成。这些事实相互印证而使观察者对它们的意义不会产生任何怀疑[1]。具体到表见代理，就必须要求代理人具有代理权的外观，而这些外观由一系列的情况构成，这些事实使一个正常人会毫不怀疑地信赖代理人具有代理权。也就是我国《民法总则》第 172 条要求的"相对人有理由相信行为人有代理权"。

（二）主观要件

一般地说，表见代理终究是无权代理的例外，既然是无权代理，那么，即使实施了代理行为，其效果也不应归属本人，这是原则。要置原则于不顾而让本人承担责任，就需要特别的理由[2]。这个特别的理由对于被代理人来说，就是其应具有可归责性；而对于相对第三人来说，其信赖应具有正当性，只有合理的信赖才能受到法律保护。对此，法国学者指出，表见代理的推理如下：对于那些基于表见而善意行事的人来说，如果幻想破灭后，他所认为已取得的权利被否定时，他将受到损害。然而，这种虚幻的事实情况之所以能够形成，真正权利人肯定忽略了其权利的行使，甚至主动制造出引人误解的假象。忽略、过失，更不必说故意误导第三人，是构成行为人责任的过错。因此，最适当的补救，就是应该拒绝根据法律状况得出法律后果，并维护第三人已确信（因合理信赖）取得的权利，以防止损害的发生[3]。德国学者也指出：那个必须承认这个既存的权利的表象存在的人，通常是可以归责于他自己的方式引发这一权利表象的人，或者具有消除这一表象的能力而未消灭这一表象的人。而在受益人方面，他必须是信赖了这一表象的人，而且在通常情况下，他还应尽到了应有的注意之后仍然信赖

---

[1] ［法］雅克·盖斯旦、吉勒·古博：《法国民法总论》，陈鹏等译，法律出版社 2004 年版，第 797 页。

[2] ［日］山本敬三：《民法讲义 I 总则》，解亘译，北京大学出版社 2004 年版，第 267 页。

[3] ［法］雅克·盖斯旦、吉勒·古博：《法国民法总论》，陈鹏等译，法律出版社 2004 年版，第 782 页。

这一表象。[1] 因此，在主观要件方面，要求相对人善意而无过失（合理信赖）；要求被代理人有可归责性。

1. 信赖的正当性。信赖的正当性即是要求其善意且无过失，法国学理用"共同错误"或者"合理错误"来表达对假象的信赖判断。

所谓"共同错误"，是指人人都可能犯的错误，是不能克服的、正常情况下无人能够避免的错误。正因为错误是不可避免的，所以才是共同的。罗马法在某些情况下，赋予共同错误支配行为的效力。注释法学派为此创造了一条长期以来一直被看作表见理论表述的综合性格言：共同错误是权利的来源，它产生权利[2]。也就是说，如果相对方因为具有"共同错误"而相信"代理人"具有代理权，构成合理信赖。在我国法上，应当认为是"具有理由"。

但是，"共同错误"可能要求过于严格，因此，法国判例又创造了另外一种判断标准——"合理错误"。"合理错误"的灵活性表现在两个方面：①它只涉及个人的错误，其他人是否犯错并不重要。这样一来，对错误的裁量就从抽象（共同错误理论要求所有理性的个人必定以同样的方式犯错）过渡到了具体（主体有合理的理由犯错）。②它不要求错误不可能被消除。利害关系人进行某些调查可能可以发现真相。但是，在这种情况下，这些调查超过了通常关注的限度，没有进行调查是合理的[3]。

法国判例根据不同情况，或要求"共同错误"，或要求"合理错误"。但大部分适用"合理错误"的判决是关于表见代理的，"共同错误"则常常出现在表见所有权的案件中。因为，在表见代理中涉及的通常是商务关系，需要某种速决性，不允许进行深入调查。由于这些关系只和合同当事人相关，第三人不必介意。但是，只要稍作调查，并非不能获得确切的消息，如向委托人询问一下，就可知道他对委托确认与否。因此，在这个领域中要求共同和不可避免的错误，会完全排除表见代理的适用。故为了保障常见交易的安全，应当仅要求"合理错误"为妥[4]。也就是说，对一种假象（代理权的虚假外观）以合理错误加以信赖，即构成正当的信赖。这种观点实值赞同。

---

[1] ［德］卡尔·拉伦茨：《德国民法通论》（下册），王晓晔等译，法律出版社2003年版，第886页。

[2] ［法］雅克·盖斯旦、吉勒·古博：《法国民法总论》，陈鹏等译，法律出版社2004年版，第785页。

[3] ［法］雅克·盖斯旦、吉勒·古博：《法国民法总论》，陈鹏等译，法律出版社2004年版，第786页。

[4] ［法］雅克·盖斯旦、吉勒·古博：《法国民法总论》，陈鹏等译，法律出版社2004年版，第7868页。

2. 被代理人的可归责性。如果被代理人没有内部授权，也无外部授权的事实，而且其行为也无任何不当，那么，无论"代理人"如何宣称自己是代理人而且有代理权，并以其名义从事法律行为，也仅仅构成无权代理，不会对被代理人产生法律后果的归属。但问题恰恰就在于被代理人在行为或者语言上有可指责之处，如撤回授权而未通知相对第三人、解除了雇佣关系而没有通知相对人等，才导致了无权代理向有权代理结果的转化。因此，其行为应有可归责性才能使其承担责任。

三、各种类型的表见代理的具体法律构成

由于我国《民法总则》第172条与《民法通则》第66条规定了三种典型的无权代理，也相应地有三种表见代理，即无代理权却有授予代理权外观的表见代理、逾越代理权的表见代理、代理权终止后的表见代理。下面分别论述之。

（一）无代理权却有授予代理权外观的表见代理

此类表见代理是指被代理人没有授予他人代理权，却让相对人产生了具有代理权授予外观的合理信赖，从而被代理人应承担代理行为的后果。例如，一商店学徒，明显被商店排除代理权而仅能观摩，但却没有公示，故让顾客认为其有代理权。

这种代理的构成要件分为积极要件与消极要件：

1. 积极要件。积极要件主要有二：

（1）有代理权授予的外观，即被代理人的不谨慎的行为可以被客观地评价（或者说可以被合理地信赖）为授予了他人代理权。

（2）表见代理人在"表见代理权"范围内与第三人实施了法律行为。

2. 消极要件。消极要件是当相对人明知或者应知自称为代理人的人无代理权时，表见代理不成立。

（二）逾越代理权的表见代理

虽然从本人处获得了授权，但如果逾越其授权范围实施了代理行为，就构成了无权代理。即使在这种情形下，如果相对人相信代理人具有那样的权限，且这种信赖具有正当的理由时，本人也承担与有权代理相同的责任[1]。其构成要件是：

1. 必须是代理人具有代理权，否则就是上一种类型。

2. 具有权限的逾越行为，即代理人超越了被代理人的授权范围。

---

〔1〕 ［日］山本敬三：《民法讲义Ⅰ总则》，解亘译，北京大学出版社2004年版，第275页。

何为"权限"？学理上也存在争议。有学者主张，此处的"权限"是指基本代理权。根据这种见解，只要没有赋予实施法律行为的权限，表见代理就不能成立，或者说，超越的权限不是实施法律行为的权限，不能构成表见代理。有学者主张，这里所谓的"权限"不限于代理权，只要是对外实施了重要的行为的权限即可。日本学者举了一个例子来说明二者的区别：X 是金融公司 Z 的投资推销员，因病缠身，实际的劝诱行为交给了长子 A 来实施。经过 A 的劝诱，Y 决定给 Z 贷款 200 万元。感到不安的 Y 要求 A 担当保证人，于是 A 擅自拿了 X 的印章，代理 X 与 Y 订立了以 X 为保证人的契约。可是，后来 Z 破产，Y 要求 X 履行保证债务。这里，A 获得的是劝诱的权限，而劝诱本身不是法律行为而是事实行为。问题是：并非代理权而是单纯的代理事实行为的权限，逾越是否也可以构成表见代理[1]？按照第一种见解，不能成立表见代理，而按照第二种权限，就构成表见代理。我赞同第一种见解，因为按照代理的一般理论，只有法律行为才能代理，事实行为不能代理。故如果仅仅让其从事事实行为，严格意义上说就不成立代理关系，当然也就不存在逾越型的表见代理。我国《民法总则》第 170 条对于"职务代理"的规定较为清楚："执行法人或者非法人组织工作任务的人员，就其职权范围内的事项，以法人或者非法人组织的名义实施民事法律行为，对法人或者非法人组织发生效力。法人或者非法人组织对执行其工作任务的人员职权范围的限制，不得对抗善意相对人。"

3. 第三人的信赖必须有正当性。对于正当性的解释也存在两种学说：一是"善意过失说"，二是"综合判断说"。

（1）善意过失说。何为"善意过失说"？有人主张，对于自称是代理人的人是否具有代理权，相对人本应向本人调查确认，却怠于调查确认的，相对人存在过失，正当性不成立。有人对此批判说：对相对人课以调查确认代理权的义务，是与代理制度的趣旨不相容的。这是因为，如果认为相对人有向本人调查确认的义务，不尽此义务就得不到保护的话，就会使得以代理人作为直接对象进行交易成为可能的代理制度将失去意义[2]。

（2）综合判断说。这种观点认为，正当性不应仅仅限于相对人的善意无过失，本人一方的情形也应包括在内。正当性应理解为：通过考虑双方的事情，综合判断是否应当保护相对人、将责任归属于本人的要件。具体而言，对于相对人来说，是否是无过失善意地信赖；对于本人来说，其对外观形成的参与程度、从

---

〔1〕 ［日］山本敬三：《民法讲义 I 总则》，解亘译，北京大学出版社 2004 年版，第 275～276 页。
〔2〕 ［日］山本敬三：《民法讲义 I 总则》，解亘译，北京大学出版社 2004 年版，第 279～280 页。

基本权限的脱离程度、本人的不利益等，都是综合考虑的因素[1]。

我赞成综合判断说，如不将被代理人一方的情形考虑进去，对正当性的判断将对被代理人不利。

（三）代理权消灭后的表见代理

代理权消灭后的表见代理的构成要件是：①代理权过去存在过。正是由于代理人过去曾经有过代理权，因此，在对相对人造成有代理权的假象时，比无权代理更容易使相对人产生信赖。②代理人实施了代理行为。③相对人善意且无过失，即相对人的信赖必须有正当性。④被代理人具有可归责性。这种类型的表见代理多发生在被代理人撤回代理权或者代理权消灭后未及时通知相对人或者未公开声明，以致第三人相信代理人仍然具有代理权。因此，被代理人具有可归责性。

四、表见代理的后果

我们通常总是笼统地说，在表见代理中，该代理人承担如有权代理同样的结果，但该结果究竟是指什么？是损害赔偿责任还是履行责任？还是任凭相对人选择？

德国学者认为，表见代理的效果在民法与商法上应有区别。在民法上，按照正确的观点，表见代理权至少不是在下列意义上的一般法律制度：纯粹因疏忽大意的行为即可产生代理权的效果。也就是说，在通常情况下，行为相对人对于被称为被代理人的人不享有履行请求权，但行为相对人可以根据缔约过失请求损害赔偿。不过，这种损害赔偿以消极利益为限，即只能要求赔偿因信赖行为人享有代理权而遭受的损害。但是，商法规定的信赖保护要更进一步。在商法中，以可归责于自己的方式引起的表见，可产生履行请求权[2]。

鉴于德国学者的上述论述，我们应该认真讨论我国《民法总则》第172条的规定。问题在于：《民法总则》第172条规定的效果如何在法官的审判实际中应用？具体来说，尽管该条规定"相对人有理由相信行为人有代理权的，代理行为有效"。但这种规定是给相对人的请求选择权，还是给予无权代理人的抗辩权？也就是说，尽管相对人有充分理由相信所谓的代理人有代理权，但当他知道真相后，是否仍然有权不主张对于被代理人的"法律行为的履行请求权"，而是向无权代理人主张基于《民法总则》第171条第3款规定的赔偿责任或者履行责任？

---

〔1〕[日] 山本敬三：《民法讲义Ⅰ总则》，解亘译，北京大学出版社2004年版，第280～281页。
〔2〕[德] 迪特尔·梅迪库斯：《德国民法总论》，邵建东等译，法律出版社2000年版，第733～734页。

无权代理人是否可以基于该条规定抗辩说：按照《民法总则》第 172 条之规定既然已经有效了，相对人就应该向被代理人主张履行，而不能向我主张。如果因为我的无权代理按照《民法总则》第 172 条表见代理有效后，给被代理人造成的损失的话，也是被代理人向我提出赔偿请求。我认为，即使发生表见代理，相对人仍然可以就适用《民法总则》第 171 条第 3 款规定的效果及第 172 条的效果进行选择，这绝对不能是给无权代理人的抗辩权，而是给相对人的选择权。即使被代理人具有过错，也是对于相对人的过错，而非对于无权代理人的过错。

第四编　民法上的时间及确定规则

第一章
诉讼时效与除斥期间

第一节　时效制度概述

一、时效制度的概念及其存在的理由

（一）时效制度的概念

时效是指一定的事实状态持续地经过一定期间即在法律上产生一定后果的事实。一般来说，时效虽与时间相关，但不仅仅是时间问题，必须有两个基本的要素：①一定事实状态的持续存在，例如，请求权"不行使"的状态的持续存在；②法定期间的届满。

时效又因目的及适用对象不同，分为取得时效与诉讼时效。取得时效是针对物权而规定的，是指占有他人之物（或者物权）的事实状态持续地经过法定期间即取得该物（或者物权）。而诉讼时效一般是指请求权（这里的"请求权"不一定等于债权请求权）的不行使状态持续地经过法定期间的，即发生权利行使障碍（对方抗辩）。

（二）时效制度存在的正当化理由

如果承认时效制度，则意味着：只要符合法定条件，他人之物便会成为自己的物。而在诉讼时效中，债务人本应履行的义务就可以拒绝履行。这是否与道德规范或者诚信原则相违背？是否会动摇财产权的宪法基础？对这一问题的讨论，实际上就是在讨论时效制度存在的正当性。

传统民法对时效制度的正当化说明，主要集中在以下几个方面：

1. 谋求社会法律关系的稳定。一定的事实状态长期存在后，社会生活在此

基础上展开。为了谋求这种构建起来的社会法律关系的稳定，就需要时效制度。一方面，一定的事实状态长期存在后，当事人的生活也建立在这一基础之上，为了原封不动地保持这种已经形成的新生活，需要时效制度。而对于第三人来说，也已经信赖这种状态，保护这种存在，避免信赖这种状态的第三人蒙受意想不到的不利益，也需要时效制度。

2. 惩罚躺在权利上睡觉的人。既然权利人可以随时行使权利，却长期怠于行使，那么丧失权利也是不得已的[1]。即对于躺在权利上睡觉之人不予救济也符合情理。

3. 方便审理案件。如果案件时间久远，则会使当事人举证困难不便于法官查清事实。《德国民法典》之立法理由书对此指出：请求权消灭时效的原因与宗旨，乃使人勿去纠缠陈年旧账之请求权。有些事实可能已经年代久远，一方已长期缄口不提。而今一方却以此类事实为依据向对方主张权利，这是民事交往难以容忍的。因为时间已使此类事实黯然失色，对方欲举出有利于自己的免责事由并获得成功，纵然并非全然不能，亦属难矣。就常规而言，此类要求或者自身并不成立，或者已具结完案。消灭时效的要旨并非在于侵夺权利人的权利，而是在于给予义务人一种保护手段，使其不需要详查事物即得对抗不成立的请求权。消灭时效乃达到目的的手段，而非目的本身。于具体情形，若消灭时效于实体公正有损，也属关系人必须向公共利益付出的代价。即若权利人不对权利行使置若罔闻，消灭时效本无发生的理由。故权利人于请求权内容的利益，实属微不足道，其因此付出的代价，也难谓严酷[2]。

二、时效的本质

（一）时效为实体法还是程序法上的制度？

取得时效因直接取得权利，因此，其为实体法上的制度并无太大的争议。惟日本有学者提出：时效是以真实的权利状态的存在为前提，作为证明该事实的手段发挥技能。在这个意义上将其定位为证明问题，即诉讼法上的问题[3]。

但在诉讼时效的问题上，却有较大的争议。有学者考察了比较法上的时效制度后指出：从比较法上看，消灭时效的法律性质在各国民事立法中分别体现为程序法或者实体法性质。罗马法上，诉讼时效体现为典型的程序法性质；《法国民

---

[1] ［日］山本敬三：《民法讲义Ⅰ总则》，解亘译，北京大学出版社2004年版，第346页。

[2] ［德］迪特尔·梅迪库斯：《德国民法总论》，邵建东译，法律出版社2000年版，第91～92页。

[3] ［日］山本敬三：《民法讲义Ⅰ总则》，解亘译，北京大学出版社2004年版，第348页。

法典》与《日本民法典》则体现为二重模糊性规定；在《德国民法典》中，由于温德沙伊德创造性地从罗马法中提取出了请求权，所以在消灭时效与请求权之间形成了内在的紧密联系，请求权构成了消灭时效的适用对象，从而德国法凭借请求权的实体性概念，摆脱了消灭时效的程序性性质[1]。

我认为，时效制度应是实体法上的制度，但其行使与程序有关。在民法上有许多制度都规定于民法实体法，而行使却体现在程序法上，如解除权、代位权等。

（二）时效是否能够事先约定而排除适用？

因时效制度并非基于当事人的约定而是基于社会利益的考量，因此，时效制度为法律的强行性规定，不允许当事人事先免除其适用。例如，《法国民法典》第 2220 条规定："时效不得预先放弃。"《日本民法典》第 146 条规定："时效利益不得预先放弃。"我国台湾地区"民法"第 147 条也有类似的规定。按照现行《德国民法典》第 202 条的规定，消灭时效可以法律行为抛弃或加重之，但是，因故意而引起的责任不得预先以法律行为减轻。

《民法通则》颁布之后，长时间中国立法对此并不明确，直到 2009 年最高人民法院《关于审理民事案件适用诉讼时效制度若干问题的规定》才有了明确的答案和裁判依据。该《规定》第 2 条已经明确规定："当事人违反法律规定，约定延长或者缩短诉讼时效期间、预先放弃诉讼时效利益的，人民法院不予认可。"2017 年颁布的《民法总则》第 197 条对此进行了明确规定："诉讼时效的期间、计算方法以及中止、中断的事由由法律规定，当事人约定无效。当事人对诉讼时效利益的预先放弃无效。"

三、取得时效与诉讼时效的内在关系

在我国民法典的起草过程中，有一种观点是将诉讼时效与取得时效连接，即返还请求权因诉讼时效届满而被拒绝时，可适用取得时效解决之[2]。学者对此提出批评并指出：这种见解是存在问题的。首先，关于消灭时效适用的范围、对象和效力，不论采取哪种立法例，消灭时效完成都不会导致所有权的消灭。即使返还原物的请求权适用消灭时效的场合，消灭时效期间届满，物的归属仍然是确定的，无需适用取得时效解决之。其次，消灭时效的适用条件比较单一，只要权

---

〔1〕 朱岩："消灭时效制度中的基本问题——比较法上的分析——兼评我国实效立法"，载《中外法学》2005 年第 2 期。

〔2〕 见全国人大法律工作委员会 2002 年民法典草案，第 105、106 条。

利人能够行使请求权而不行使，时效即可进行。但取得时效的适用条件就复杂得多。最后，即使在某些场合，出现所有人请求返还原物的请求权因消灭时效期间届满而遭到占有人拒绝，并且占有人同时可依取得时效届满而取得占有物的所有权，那么，所有权的取得也是因适用独立的取得时效制度的结果，而不是建立在所有人的请求权因消灭时效届满而消灭的基础上[1]。

学者的上述见解颇值赞同，但物上返还请求权是否适用诉讼时效的问题，学者之间观点不同。我个人有不同于我国学者及德国学者的看法，容后述之。但是，取得时效与诉讼时效之间存在的主要区别应着重指出：①构成要件不同，诉讼时效要求两个要素即可，即权利不行使的状态及经过法定期间；而取得时效则要求物的和平、持续、公开的（有的国家还要求善意地）占有并经过法定期间。②两种时效的期间长短不同，一般地说，取得时效期间要长于诉讼时效的期间（但也有例外的立法例）。③适用对象不同，尽管学者对于两种时效的适用对象有不同见解，但从总的方面看，诉讼时效适用于债权，而取得时效适用于物权。至于物上请求权是否适用则存在争议。我国《民法总则》第196条明确规定了某些动产物权的返还请求权可以适用诉讼时效。④结果不同。诉讼时效届满后与取得时效届满后的法律效果不同，而这种不同程度因各国立法不同而不同。

四、取得时效与诉讼时效的立法模式

（一）立法例

在具有代表性的立法例上，主要有两种立法模式，即"分别制"与"统一制"。

"分别制"以《德国民法典》为代表，即将诉讼时效规定于"总则编"，而取得时效规定于"物权编"。这样做的目的是因为德国人创造性地发明了"请求权"这一概念，而请求权既可能涉及债权性请求权，也可能涉及物权性请求权。因而请求权属于共同的东西——"公因式"，因而被规定于"总则编"。而取得时效仅仅涉及物权取得问题，主要是动产物权及未登记的不动产的取得问题，故规定于"物权编"。属于这一立法模式的还有《意大利民法典》《荷兰民法典》《俄罗斯民法典》等。

"统一制"以《法国民法典》为代表，该法典第2219条规定："时效，为在法律规定的条件下，经过一定的时间，取得财产所有权或者免除义务的方法。"

有学者经考察指出：（法国民法典）出于此种本质上的错误，当代法国民法

---

〔1〕 柳经纬："关于时效制度的若干理论问题"，载《比较法研究》2004年第5期。

学者已经不再支持法国民法典中统一规定消灭时效和取得时效的做法。他们通常在所有权取得的内容中探讨取得时效，而就债权消灭原因探讨消灭时效。实际上，当代法国学者也是将时效制度作为民法总则的一个问题加以处理，其采取了德国法的模式[1]。但是，只要仔细地阅读《法国民法典》，就会发现，其"统一制"仅仅是形式的，而实质上还是分别规定的，正如学者所指出的，《法国民法典》第2219条关于时效的定义，指明了时效完成的两种不同效果：取得财产所有权或者免除义务，产生前一种效果的是取得时效，而产生后一种效果的是消灭时效。其次，关于时效期间的规定，法国民法典非常明确地区分消灭时效期间和取得时效期间，《法国民法典》第2262、2270、2271、2272、2273、2276、2277条规定的是消灭时效的期间，而关于取得时效的期间则规定在第2265条[2]。

我认为，这主要是因为《法国民法典》"三编制"的立法模式造成的，在其法典中，无总则、无债权与物权的明确区分。《日本民法典》也通常被认为是采取"统一制"的立法例，但是，《日本民法典》已经将两种时效分别予以规定，即在第一编第六章"时效"中，第一节规定两种时效制度的"通则"，第二节规定为"取得时效"，第三节为"消灭时效"，也是形式上的统一制，实质上的分别制。

(二) 我国关于时效制度的现状与未来

从我国目前已经生效的实证法规范看，实际上，缺乏取得时效而仅有诉讼时效制度，希望这一任务在未来民法典物权部分的编纂中能够解决。

我认为，取得时效与消灭时效的制度价值不同，功能不同，因而缺一不可。另外，因取得时效而取得财产所有权的条件是十分严格的，而且，在动产善意取得与不动产登记制度完善后，其适用范围也十分有限。因此，我国未来的民法典应规定取得时效与消灭时效制度，且应采取"分别制"的立法模式。

---

[1] Freid、Sonnenberger，转引自朱岩："消灭时效制度中的基本问题——比较法上的分析 – 兼评我国实效立法"，载《中外法学》2005年第2期。

[2] 柳经纬："关于时效制度的若干理论问题"，载《比较法研究》2004年第5期。

第二节 诉讼时效

一、诉讼时效的适用对象

我国学者在诉讼时效适用于债权性请求权方面均无异议，但对于是否适用于物上请求权以及适用于什么样的物上请求权问题上，争议颇大。本书认为：

从《民法通则》到《民法总则》，我国的民事立法关于诉讼时效的概念都认为，诉讼时效是请求人民法院保护民事权利的制度。而且，从《民法总则》第196条、《民法通则》第139条看，都适用了"请求权"一词。由此可见，都是以"请求权"为基础来设计诉讼时效制度的。

从《民法总则》第196条的规定看，似乎可以推断出诉讼时效既适用于债权请求权，也适用于物权请求权。该条规定："下列请求权不适用诉讼时效的规定：①请求停止侵害、排除妨碍、消除危险；②不动产物权和登记的动产物权的权利人请求返还财产；③请求支付抚养费、赡养费或者扶养费；④依法不适用诉讼时效的其他请求权。"也就是说，在物权请求权方面，除了"不动产物权和登记的动产物权的权利人请求返还财产"以外，其他的物权请求权可以适用诉讼时效。具体来说：

1. 不动产物权和登记的动产物权以外的物权请求权。这是我国《民法总则》第196条之规定，但这种规定可能造成的问题就是：由于我国无任何取得时效的规定，一方请求返还时对方拒绝，但对方又不能根据取得时效而取得，标的物就永远处于与物主分离的状态。这种状态实不正常。

2. 停止侵害、排除妨碍、消除危险请求权（《民法总则》第196条）。

3. 请求支付抚养费、赡养费或者扶养费请求权（《民法总则》第196条）。因这些请求权关涉未成年人及无劳动能力人的生计问题，涉及父母子女等特殊的亲属关系，一旦经过诉讼时效而请求受阻，就会影响其生计。因此，不应适用诉讼时效的规定。

4. 其他不适用诉讼时效的请求权（《民法总则》第196条）。

那么，什么是"其他不适用诉讼时效的请求权"？根据学理及最高法院的司法解释，应该包括：

（1）基于身份关系产生的请求权一般不适用诉讼时效。由于身份关系的特殊性，其请求权一般不适用诉讼时效。

（2）基于相邻关系的请求权不适用诉讼时效。因相邻关系本身并非独立的权利，其应从属于不动产。故基于相邻关系产生的请求权，不应适用诉讼时效。但若违反相邻关系而产生损害赔偿请求权时，应适用诉讼时效。

（3）抗辩权不适用诉讼时效。德国学者梅迪库斯指出：抗辩权，无论其是否需要主张，也不会因为时效期间届满而消灭。但如果抗辩权是基于请求权而发生的，则请求权消灭时效届满，能够反过来对抗辩权产生作用[1]。其实，抗辩权与诉讼时效并没有直接的关系。因为抗辩权始终与具体权利义务相关，实体权利义务关系在，抗辩权就在；实体权利义务关系消灭了，抗辩权也就不再存在。不过，有时仅仅主张时效抗辩而不主张其他抗辩权而已。

（4）形成权不适用诉讼时效。形成权一般适用除斥期间的规定而不应适用诉讼时效，因此，我国最高人民法院《关于审理民事案件适用诉讼时效制度若干问题的规定》第7条第1款规定："享有撤销权的当事人一方请求撤销合同的，应适用合同法第55条关于1年除斥期间的规定。对方当事人对撤销合同请求权提出诉讼时效抗辩的，人民法院不予支持。"

（5）基于对某些特殊关系的保护，有些债权性请求权不适用诉讼时效。按照最高人民法院《关于审理民事案件适用诉讼时效制度若干问题的规定》第1条的规定，不适用诉讼时效的几种特殊情形包括：①支付存款本金及利息请求权；②兑付国债、金融债券以及向不特定对象发行的企业债券本息请求权；③基于投资关系产生的缴付出资请求权；④合伙财产分割及收益的分配请求权。

二、诉讼时效的期间

我国《民法总则》第188条已经把一般诉讼时效的期间从原来《民法通则》的2年变为3年[2]。但是，从比较法的视角看，这种规定过于单一。因为，在实际生活中，各种权利相差很大，一刀切的方式是否合适，值得研究。例如，《德国民法典》在一般诉讼时效之外，规定有很多例外。

---

〔1〕　［德］迪特尔·梅迪库斯：《德国民法总论》，邵建东译，法律出版社2000年版，第90页。

〔2〕　我国《民法通则》将诉讼时效分为普通诉讼时效期间与特殊诉讼时效期间。根据《民法通则》第135条的规定，普通诉讼时效期间为2年。而根据《民法通则》第136条的规定，下列的诉讼时效期间为1年：①身体受到伤害要求赔偿的；②出售质量不合格的商品未声明的；③延付或者拒付租金的；④寄存财物被丢失或者损毁的。另外，特别法上还有更长或者更短的诉讼时效期间。但《民法总则》却没有规定特殊诉讼时效期间，仅仅于第188条规定了一般诉讼时效期间，大概是将这些特殊诉讼时效期间留给特别法规定。

三、诉讼时效期间的开始

（一）一般计算起点

由于诉讼时效是对债权人权利行使的限制，故开始计算的起点就具有重要意义。因此，简单地规定一个期间而不规定计算的起点，就很难判断其真正的长短。例如，10 年的期间乍看很长，但其是从权利发生开始计算；1 年的诉讼时效期间看起来可能很短，但它是从权利人知道权利被侵害并知道被告人起计算，从对债权人保护方面看，1 年可能更长。因此，必须研究时效期间的计算起点。

在《民法总则》之前，由于我国《民法通则》（第 137 条）规定了诉讼时效期间自债权人知道或者应当知道权利被侵害之日起计算，为我国学理的通说。但有学者对此提出了批评，认为：《民法通则》仅仅规定当事人的主观状态为时效期间起算点，而未规定客观标准有悖于计算时效期间的一般顺序[1]。

本书认为，诉讼时效的目的之一就是惩罚那些躺在权利上睡觉的人，因此，诉讼时效期间的起算应与此目的相适应，故诉讼时效期间的起算点之一般原则应是：自能够行使权利而不行使时开始计算。正如学者所指出的：只有存在权利人享有请求权而怠于行使的事实，方可适用消灭时效，也只有在具备这种事实状态时，时效期间才开始计算[2]。以上观点恰恰就是兼顾客观与主观要素的结果。

另外，本书十分赞同在规定时效期间的计算起点时，应注意违约责任的请求权与侵权责任的请求权的区别[3]。我国《民法通则》正是因为没有顾及这一区别，才规定了"从权利人知道或者应当知道权利被侵害之日起计算"的标准，而这种规则对于违约责任并无问题，但对于侵权责任则可能存在极大的问题，例如，被侵害人虽然知道自己的权利被侵害，但却不知道加害人（被告或者责任人），这时就开始计算诉讼时效期间，而等到被侵害人知道了加害人时，可能已经超过了诉讼时效期间。因此，这种计算方式对于债权人殊欠公允。

我国《民法总则》第 188 条采取"从权利人能够行使权利时起"开始计算普通诉讼时效的期间作为一般原则，兼顾到了合同责任、侵权责任及其他责任的性质，是一种比较合理与可行的方法。这里的"能够行使"包括两个方面的含义：一是在客观上（法律上）请求权已经发生；二是请求权人知道自己的权利

---

[1] 朱岩："消灭时效制度中的基本问题——比较法上的分析——兼评我国实效立法"，载《中外法学》2005 年第 2 期。

[2] 柳经纬："关于时效制度的若干理论问题"，载《比较法研究》2004 年第 5 期。

[3] 朱岩："消灭时效制度中的基本问题——比较法上的分析——兼评我国实效立法"，载《中外法学》2005 年第 2 期。

发生而且知道相对人。

但是，这种计算方法与最长期间可能会存在矛盾，因为时效期间从知道或者应当知道权利被侵害之日开始计算，如果权利人在权利成立之后的 19 年才知道权利被侵害的，如果适用 2 年时效期间，则会超过 20 年的最长期间。如果适用 20 年期间，则会少于 2 年或者 1 年的期间。这个矛盾如何解决？《民通意见》第 167 条规定："民法通则实施后，属于民法通则第 135 条规定的 2 年诉讼时效期间，权利人自权利被侵害时起的第 18 年后至第 20 年期间才知道自己的权利被侵害的，或者属于民法通则第 136 条规定的 1 年诉讼时效期间，权利人自权利被侵害时起的第 19 年后至第 20 年期间才知道自己的权利被侵害的，提起诉讼请求的权利，应当在权利被侵害之日起的 20 年内行使，超过 20 年的，不予保护。"即发生矛盾时，适用最长期间。

（二）几种特殊请求权的时效期间的起算问题

根据《民法总则》第 189～191 条及我国最高人民法院《关于审理民事案件适用诉讼时效制度若干问题的规定》对于实践中经常发生的几种特殊请求权起算作了规定，主要包括：

1. 当事人约定同一债务分期履行的，诉讼时效期间自最后一期履行期限届满之日起计算。这显然是将分期履行的债务成是一个整体对待的，不仅有利于保护债权人利益，也符合公平原则。

2. 无民事行为能力人或者限制民事行为能力人对其法定代理人的请求权的诉讼时效期间，自该法定代理终止之日起计算。这种规定主要是考虑到被代理人的实际行使请求权的情况规定的，无论是因为被代理人取得完全行为能力，还是因为代理人自身的原因终止法定代理而由新的法定代理人替代后，才能对代理人行使请求权。

3. 未成年人遭受性侵害的损害赔偿请求权的诉讼时效期间，自受害人年满 18 周岁之日起计算。这也是考虑到受害人行使请求权的可能性，以更好地保护受害人。

在现实生活中，不仅这种情况应该特殊规定，还有很多涉及未成年人的情况都应该加以特殊规定，例如，处在同一基于亲权而产生的监护人之下的兄弟姐妹之间的伤害赔偿请求权，也应该从受害人独立生活后开始计算，否则，就会加重监护人的负担。

4. 关于不当得利返还请求权的诉讼时效期间的起算。返还不当得利请求权的诉讼时效期间，从当事人一方知道或者应当知道不当得利事实及对方当事人之日起计算（最高人民法院《关于审理民事案件适用诉讼时效制度若干问题的规定》第 8 条）。

5. 因无因管理而发生的债权请求权的诉讼时效期间的起算。管理人因无因管理行为产生的给付必要管理费用、赔偿损失请求权的诉讼时效期间，从无因管理行为结束并且管理人知道或者应当知道本人之日起计算。

本人因不当无因管理行为产生的赔偿损失请求权的诉讼时效期间，从其知道或者应当知道管理人及损害事实之日起计算（最高人民法院《关于审理民事案件适用诉讼时效制度若干问题的规定》第 9 条第 2 款）。

6. 未定履行期的债权的时效期间的起算。关于未定履行期的债权的时效期间的起算问题，学者间颇有争议。有学者主张应从债权成立时计算；有学者主张应从权利主张而遭受债务人拒绝时开始起算；还有的学者主张应从予以债务人宽限期届满后的第二日开始计算。崔建远教授非常仔细地研究了这一问题，并区分不同情况进行了分析。他认为：①债权人催告当时债务人就同意履行，实际上却未履行的，诉讼时效期间自该催告的次日开始起算；②债务人主动提出履行，且双方约定有固定期间，该期间届满而债务人未履行的，诉讼时效期间自该期间届满的次日开始起算；③债权人向债务人主张一次，债务人当即明确表示拒绝，而且含有将来也不履行的意思的，诉讼时效期间应从该拒绝之日的次日开始计算，而不论债权人是否规定有宽限期以及该期限是否届满；④债权人向债务人主张履行债务，而债务人未明确表示拒绝，双方约定有债务履行的宽限期，在该期限届满而债务人客观上未履行债务，诉讼时效期间自该宽限期届满的次日开始计算；⑤债权人向债务人主张一次，债务人因行使抗辩权而拒绝。那么债务人的行为不构成违约，诉讼时效期间不起算[1]。

我国最高人民法院《关于审理民事案件适用诉讼时效制度若干问题的规定》第 6 条规定："未约定履行期限的合同，依照合同法第 61 条、第 62 条的规定，可以确定履行期限的，诉讼时效期间从履行期限届满之日起计算；不能确定履行期限的，诉讼时效期间从债权人要求债务人履行义务的宽限期届满之日起计算，但债务人在债权人第一次向其主张权利之时明确表示不履行义务的，诉讼时效期间从债务人明确表示不履行义务之日起计算。"

我认为，从时效期间的意义上看，应认为"从债权成立之时"起算较合目的及逻辑。因为，未定履行期的债权，实际上因法律的补充性规定而使得履行期仍然是明确的，即债权人可以随时请求债务人履行，即债权自成立时就已经使"债权人能够行使请求权"了，因此，应从债权成立时开始起算。正如日本学者

---

〔1〕　崔建远："无履行期限的债务与诉讼时效"，载《人民法院报》2003 年 5 月 30 日。

所言：在债权没有规定期限的情形下，债权人可以随时请求履行。因此，时效期间应自债权发生之时起进行[1]。至于宽限期，应是债务履行的实际期限，而非债权人得请求的期限。正确的理解应当是：债权自成立开始计算，而债权人请求则中断时效期间。宽限期是实际履行的期限，即使在定有期限的债权中，双方也可能定一个延展期，而这时诉讼时效期间也不从延展期开始计算。

至于"债务人在债权人第一次向其主张权利之时明确表示不履行义务"，则应当是诉讼时效期间的中断问题，即重新计算的问题。

7. 合同被撤销后的返还财产和损害赔偿请求权的诉讼时效期间计算。我国最高人民法院《关于审理民事案件适用诉讼时效制度若干问题的规定》第 7 条第 2 款规定："合同被撤销，返还财产、赔偿损失请求权的诉讼时效期间从合同被撤销之日起计算。"

该条规定的合同被撤销后的赔偿损失的诉讼时效期间没有问题，但是，合同被撤销后的返还财产问题是否适用诉讼时效适用的对象，则存在重大理论争议。主要原因是：这与我国民法是否适用物权行为的独立性与无因性有关，如果承认物权行为的独立性与无因性，出卖人返还财产的请求权基础就是债权请求权，即不当得利请求权，当然适用诉讼时效。如果不承认物权行为独立性和无因性，则是物上返还请求权。那么，即使按照《民法总则》第 196 条的规定，除了不动产物权和登记的动产物权不适用诉讼时效外，其他物上返还请求权适用诉讼时效。

但物权行为独立性和无因性这一问题在我国立法和司法解释上，很是含糊，而且左右摇摆：《物权法》第 15、106 条显然是承认物权行为独立性与无因性的，但学理上并没有形成共识。《最高人民法院关于审理买卖合同纠纷案件适用法律问题的解释》第 3 条至少是承认独立性的，无因性并不清楚。但从《最高人民法院关于审理民事案件适用诉讼时效制度若干问题的规定》第 7 条第 3 款的规定看，显然属于不当得利请求权，因此，也是承认无因性的。

8. 附停止条件与始期的请求权的诉讼时效期间，应从条件成就或者期限届至来开始计算。

9. 不作为请求权的时效期间的起算点。不作为在什么情况下构成义务的标的，是一个十分值得研究的问题。请求权，特别是债权的标的一般是作为，不作为不能一般地作为请求权的标的，只有在当事人特别约定或者法律有特别规定时，才能成为请求权的标的。如对人身权、物权等绝对权的不侵犯义务，不能作为请求权的标的，假如有人侵犯，则属于法律对权利的保护而作为侵权行为论。

---

〔1〕〔日〕山本敬三：《民法讲义Ⅰ总则》，解亘译，北京大学出版社 2004 年版，第 362 页。

因此，仅仅在当事人约定与法律规定时，不作为才能成为请求权的标的。

在当事人约定时，不作为成为义务，义务人违反该义务，属于违约。此时，违约责任的诉讼时效期间的起算，无论是按照"权利人能够行使权利"，还是按照"请求权成立之时"（即不作为义务人违反义务而作为）起算，结果是一样的。在第二种情况下，虽然是法律的规定，但也多发生在契约领域，因法律顾及公平与诚信而规定之。例如，A 将自己经营川菜的饭馆租赁给 B 收取租金。尔后不久，A 又在附近重新开了一家饭馆经营川菜。A 依据诚实信用原则应负有在相当范围（即对 B 的客源有影响的范围）内不竞争的义务。此时，也是合同相对人之间的问题。在这种情况下，适用"不作为义务人违反义务而作为"时计算更加合理。

综上所述，我认为，诉讼时效的起算只要规定"从权利人能够行使权利开始计算"，就可以解决不同情形的请求权的时效期间的起算问题。具体的情形，应当解释什么是"权利人能够行使权利"。至于我国《民法总则》第 188 条第 2 款规定的"诉讼时效期间自权利人知道或者应当知道权利受到损害以及义务人之日起计算"，与"从权利人能够行使权利开始计算"相比，虽然更加具体，容易理解，但后者更加合理。

四、影响诉讼时效期间进行的因素

诉讼时效期间及开始计算的方法，必然会使债权人产生这样的疑问：只要债务人拖延给付时间，时效期间就必然完成，进而影响自己权利的实现。在诉讼时效期间较短的情况下，更为突出。因此，为保护债权人利益，法律必须赋予债权人对时效期间的进程施加影响的可能性[1]。一般国家的民法典规定了三种影响因素，即时效期间的中断、中止及不完成。我国《民法总则》对于这种影响诉讼时效期间进行的因素规定了诉讼时效期间的中止、中断和延长。

（一）诉讼时效期间的中断

1. 诉讼时效期间中断的概念。诉讼时效的目的在于惩罚那些"躺在在权利上睡觉"的人，即对权利不行使的制裁。如果存在与当事人不行使权利相反的事由，则不应当实施这种惩罚。所以，中断就是这种解除惩罚的方法。所谓诉讼时效的中断，是指在诉讼时效期间进行的过程中，出现了与权利人不行使权利相反的法定事由，使得已经经过的时效期间归于消灭，而重新计算期间的制度。

2. 诉讼时效期间中断的事由。各国民法对于诉讼时效期间中断的事由都有

---

〔1〕 ［德］迪特尔·梅迪库斯：《德国民法总论》，邵建东译，法律出版社 2000 年版，第 99 页。

专门的规定，而这些规定事由可能不尽相同，但大致可以分为以下几类：①请求（起诉或者相当于起诉的行为）；②债务人承认；③其他行为。我国《民法总则》第195条也规定大致相同的事由，但学理及司法实践在解释各种事由时，却与国外民法及判例存在较大的不同。下面具体分析之。

（1）向义务人请求履行义务。虽然"请求履行义务"是中断时效期间的法定事由，但关于何为"请求"时，却存在较大的差异。

日本学者指出："这里所说的请求，不仅需要要求债务人的履行，还需要在有法院参与的正式程序中请求。"具体是指：裁判上的请求，支付督促，为和解而传唤任意出庭，破产程序的参加[1]。

德国学者指出："在非法学专业人士中，有一种流行很广的看法，认为用挂号信向债务人发出履行催告（请求）即可中断消灭时效。实际上，这种方式是不起任何作用的。"[2] 因此，德国学理及立法不将这种行为称为"请求"，而是直接称"起诉或者相当于起诉的行为"[3]。2002年修改后的《德国民法典》第204条规定了消灭时效因下述权利追及行为而中断：①提起给付之诉或者请求权确认之诉，或者诉请发给执行条款或者发布执行判决；②在关于未成年人抚养的简易程序中送达申请；③在督促程序中送达支付令；④向法定调解机构提出的和解申请被通告；⑤在诉讼中主张请求权的抵销；⑥送达诉讼告示；⑦送达进行独立的证明程序的申请；⑧开始约定鉴定程序或者委托鉴定人；⑨送达要求发布假扣押、假处分或者假命令的申请；⑩在破产程序或者在航运分配程序中申报债权；⑪开始仲裁程序；⑫如果是否准予诉讼取决于特定机关的预先裁定时，向该特定机关递交申请；⑬将申请递交给有管辖权的上级法院，并且在申请被处理后3个月内提起诉讼或者提出须为之而确定裁判籍的申请；⑭使要求给予诉讼费援助的最初的申请被通告，在递交申请后随即被通告的，在递交时即发生消灭时效的中断。

也就是说，在大陆法系许多国家，所谓中断时效期间的"请求"，必须有法院参与其中。当事人相互之间的直接请求不发生中断时效的效果。自我国《民法通则》开始，无论是学理，还是司法实践，对于"请求"却不作这样的"限缩性解释"，而是一旦通过口头形式（只要能够证明）、书面形式向对方主张权利，即可发生中断时效期间的效果。像梅迪库斯所说的非法学专业人的流行看法，即

---

〔1〕 ［日］山本敬三：《民法讲义Ⅰ总则》，解亘译，北京大学出版社2004年版，第370页。

〔2〕 ［德］迪特尔·梅迪库斯：《德国民法总论》，邵建东译，法律出版社2000年版，第100页。

〔3〕 ［德］卡尔·拉伦茨：《德国民法通论》（上），王晓晔等译，法律出版社2003年版，第344页。

认为用挂号信向债务人发出履行催告（请求）即可中断消灭时效，在我国的确能够起到中断时效期间的作用。《民法总则》第195条规定的"权利人向义务人提出履行请求"可以中断时效期间，恰恰就是这种表达。

这种差别实际上造成了许多制度性差别，例如，因《德国民法典》与《日本民法典》不认为一般的请求能够引起诉讼时效中断的效果，因此，在债权转让中，虽然有债权人通知债务人转移债权的事实，但却不中断时效期间，则属于当然的事。而在我国，因一般的书面或者口头请求就可以中断诉讼时效期间，而在债权转让时，债权人通知债务人向新的债权人履行义务，就含有主张债权的意思，因此，应当引起诉讼时效期间的中断。但有些学者也在这里使用德国与日本的观点，就与我国立法矛盾。因此，我国最高人民法院《关于审理民事案件适用诉讼时效制度若干问题的规定》第19条之规定，这是对于之前我国学理的一次很好的纠正，也是符合我国民事立法和学理的做法。

应该如何理解《民法总则》第195条"权利人向义务人提出履行请求"呢？根据我国最高人民法院《关于审理民事案件适用诉讼时效制度若干问题的规定》第10条的规定，具有下列情形之一的，应当认定为"当事人一方提出要求"，产生诉讼时效中断的效力：①当事人一方直接向对方当事人送交主张权利文书，对方当事人在文书上签字、盖章或者虽未签字、盖章但能够以其他方式证明该文书到达对方当事人的。对方当事人为法人或者其他组织的，签收人可以是其法定代表人、主要负责人、负责收发信件的部门或者被授权主体；对方当事人为自然人的，签收人可以是自然人本人、同住的具有完全行为能力的亲属或者被授权主体。②当事人一方以发送信件或者数据电文方式主张权利，信件或者数据电文到达或者应当到达对方当事人的。③当事人一方为金融机构，依照法律规定或者当事人约定从对方当事人账户中扣收欠款本息的。④当事人一方下落不明，对方当事人在国家级或者下落不明的当事人一方住所地的省级有影响的媒体上刊登具有主张权利内容的公告的，但法律和司法解释另有特别规定的，适用其规定。

（2）义务人同意履行义务。如果义务人同意履行义务，在我国法律上当然应该发生时效中断的效力。在这里，如果义务人仅仅向权利人表示承认债务的存在，但并未表示同意履行的，是否也发生中断的效力？尽管我国自《民法通则》开始，在立法上就是表述的"债务人同意履行债务"（《民法通则》第140条），但司法实践中，凡是债务人承认债务的，视为同意履行债务而中断时效期间。

我国最高人民法院《关于审理民事案件适用诉讼时效制度若干问题的规定》第16条规定："义务人作出分期履行、部分履行、提供担保、请求延期履行、制定清偿债务计划等承诺或者行为的，应当认定为民法通则第140条规定的当事人一方'同意履行义务'。"

（3）提起诉讼或者仲裁或者有其他相当于提起诉讼的行为。《民法总则》第195条对于"权利人提起诉讼或者申请仲裁以及与提起诉讼或者申请仲裁具有同等效力的其他情形"作为中断诉讼时效期间的事由，作出了明确的规定，但是应如何解释呢？

根据我国最高人民法院《关于审理民事案件适用诉讼时效制度若干问题的规定》第13、14、15条规定的精神，下列行为也被认定与提起诉讼或者仲裁具有同等效力的情形：①申请支付令；②申请破产；③申报破产债权；④为主张权利而申请宣告义务人失踪或死亡；⑤申请诉前财产保全、诉前临时禁令等诉前措施；⑥申请强制执行；⑦申请追加当事人或者被通知参加诉讼；⑧在诉讼中主张抵销；⑨其他与提起诉讼具有同等诉讼时效中断效力的事项；⑩权利人向人民调解委员会以及其他依法有权解决相关民事纠纷的国家机关、事业单位、社会团体等社会组织提出保护相应民事权利的请求，诉讼时效从提出请求之日起中断；⑪权利人向公安机关、人民检察院、人民法院报案或者控告，请求保护其民事权利的，诉讼时效从其报案或者控告之日起中断。上述机关决定不立案、撤销案件、不起诉的，诉讼时效期间从权利人知道或者应当知道不立案、撤销案件或者不起诉之日起重新计算；刑事案件进入审理阶段，诉讼时效期间从刑事裁判文书生效之日起重新计算。

由于我国对于时效中断采取比较宽松的解释态度，因此，以上事由作为我国民法上时效中断的事由当无问题。但需要说明的是：当诉讼或者申请仲裁后又撤回的，不发生时效中断的效力。因为，起诉或者申请仲裁后又撤回的，视为没有起诉或者申请仲裁。在其他相当于权利行使的情形中，若在行使的意思表示后又撤回的，也不发生中断时效的效果。

另外，需要说明的问题是：如果权利人仅就一部分权利具有行使的行为，则中断是就全部权利发生，还是仅就该部分发生？对此，有两种不同的主张：部分中断说与全部中断说。部分中断说认为：如果权利人仅就一部分权利具有行使的行为，则时效仅仅在行使的范围内中断，而其余部分并不中断。这是因为，权利只在被行使的部分的范围内得到确认[1]。德国学者也有此主张[2]。全部中断说认为：在此情形下，时效就全部债权中断。这是因为，既然没有明示是部分债

---

〔1〕［日］山本敬三：《民法讲义Ⅰ总则》，解亘译，北京大学出版社2004年版，第372页。

〔2〕［德］迪特尔·梅迪库斯：《德国民法总论》，邵建东译，法律出版社2000年版，第100页。

权，就可以认为是以此金额作为全部债权而提起诉讼的[1]。

我赞成部分中断说的主张。最高人民法院《关于审理民事案件适用诉讼时效制度若干问题的规定》采用了"全部中断说"，该《规定》第 11 条规定："权利人对同一债权中的部分债权主张权利，诉讼时效中断的效力及于剩余债权，但权利人明确表示放弃剩余债权的情形除外。"

3. 时效中断的法律后果。无论是国外的民法学理及立法，还是我国的学理与立法（《民法总则》第 195 条、《民法通则》第 140 条）都认为：已经经过的时效期间归于消灭，重新计算时效期间。

4. 几种特殊情形下的时效中断的效力。

（1）对于连带债权或者债务的效力。

第一，对于连带债权人中的一人发生诉讼时效中断效力的事由，应当认定对其他连带债权人也发生诉讼时效中断的效力。

第二，对于连带债务人中的一人发生诉讼时效中断效力的事由，应当认定对其他连带债务人也发生诉讼时效中断的效力（最高人民法院《关于审理民事案件适用诉讼时效制度若干问题的规定》第 17 条第 2 款规定）。

（2）代位权诉讼对于时效中断的影响。债权人提起代位权诉讼的，应当认定对债权人的债权和债务人的债权均发生诉讼时效中断的效力（最高人民法院《关于审理民事案件适用诉讼时效制度若干问题的规定》第 18 条规定）。

（3）债权转让或者债务承担对于时效的影响。

第一，债权转让的，应当认定诉讼时效从债权转让通知到达债务人之日起中断。

第二，债务承担情形下，构成原债务人对债务承认的，应当认定诉讼时效从债务承担意思表示到达债权人之日起中断（最高人民法院《关于审理民事案件适用诉讼时效制度若干问题的规定》第 19 条第 2 款规定）。

（二）诉讼时效的中止

1. 中止的概念

（1）定义。在诉讼时效进行中，出现了请求权行使的障碍，诉讼时效期间停止计算，等到障碍事由消失后，期间继续计算的制度。

（2）中止的制度价值。中止的制度价值在于保护权利人的利益，起到真正惩罚权利不行使的人的作用。因为，在有些情况下，并不是权利人不想行使权利，而是不能行使权利。在此情况下，若继续计算诉讼时效期，就会与时效制度

---

〔1〕　［日］山本敬三：《民法讲义Ⅰ总则》，解亘译，北京大学出版社 2004 年版，第 371 页。

的价值背离。因此，必须中止计算，等到阻碍行使权利的事由消失后，再继续计算。

（3）中止与中断的主要区别。

第一，事由不同——中断的事由是主观的原因，即权利行使的行为；而中止的事由一般都是客观的，即因权利人之外的原因导致权利不能行使。

第二，法律效果不同——中断的法律效果是诉讼时效中断前已经经过的期间归于消灭，而重新计算时效期间；而中止则不导致已经经过的时效期间归于消灭，而是暂时停止，等到阻碍事由消灭后，再继续计算。

第三，发生的期间不同——中断在任何时候都可以发生，而中止必须发生在诉讼时效进行中的最后6个月内。

（4）时效的中止与不完成。《德国民法典》区分时效的中止与时效的不完成。时效的中止是指由于特定原因，时效期间暂时停止进行，停止进行的时间不计入时效期间[1]。按照现行《德国民法典》第205～208条的规定，时效期间可因下列原因而停止计算：①债务人有权拒绝给付的；②债权人在时效期间进行中的最后6个月内，因不可抗力而不能追及权利的；③婚姻关系存续期间，配偶之间的请求权；在同性生活伴侣关系存续期间其相互请求权；父母子女之间的请求权在未成年人成年前；监护关系存续期间，监护人与被监护人之间的请求权；照管关系存续期间，照管人与被照管人之间的请求权；保佐关系存续期间，保佐人与被保佐人之间的请求权；④到债权人满21岁止，因侵害性的自我决定而产生的请求权。

时效的不完成与停止有别：在时效的不完成中，虽然时效本身可以继续进行，但它不在某个特定的时间之前届满，即时效期间必须延长至该期间到来之时[2]。例如，根据《德国民法典》（2002年前的民法典第206条、2002年之后的民法典第210条）的规定，对于非完全行为能力人无法定代理人的情况下，时效期间在其取得行为能力后6个月内不完成。

我国台湾地区"民法"也仿照德国民法典之体例，也规定了时效的不完成。其事由为：①不可抗力；②继承财产的权利或者对于继承财产的权利，自继承人确定或者管理人选定，或者破产宣告时起6个月内，时效不完成；③对于无行为能力人或者限制行为能力人，在其成为完全行为能力人或者自确定法定代理人时

---

〔1〕 ［德］卡尔·拉伦茨：《德国民法通论》（上），王晓晔等译，法律出版社2003年版，第340～341页。

〔2〕 ［德］迪特尔·梅迪库斯：《德国民法总论》，邵建东译，法律出版社2000年版，第101页。

起 6 个月内不完成；④无行为能力人或者限制行为能力人对于其法定代理人的权利，于代理关系消灭后的一年内不完成；⑤夫妻相互之间的请求权在婚姻关系消灭后的一年内不完成[1]。

如果同《德国民法典》及我国台湾地区"民法"比较，我国《民法总则》规定的许多所谓"中止"的事由，可以归于时效的"不完成"，《民法总则》第 194 条第 2 款规定："自中止时效的原因消除之日起满 6 个月，诉讼时效期间届满。"应该说，这也是《民法总则》不同于《民法通则》的地方之一。

2. 中止的事由。《民法总则》第 194 条第 1 款规定："在诉讼时效期间的最后 6 个月内，因下列障碍，不能行使请求权的，诉讼时效中止：①不可抗力；②无民事行为能力人或者限制民事行为能力人没有法定代理人，或者法定代理人死亡、丧失民事行为能力、丧失代理权；③继承开始后未确定继承人或者遗产管理人；④权利人被义务人或者其他人控制；⑤其他导致权利人不能行使请求权的障碍。"

但这些事由仍然过窄，不能周延地保护权利人利益，故应扩充之。具体来说，中止还应包括下列事由：①磋商。当事人就债权债务关系及有关事宜进行磋商的，时效停止进行。自一方当事人拒绝磋商时起，时效继续计算。②特殊关系。特殊关系包括两种：一是无民事行为能力人或者限制民事行为能力人与法定代理人之间的请求权，在法定代理关系存续期间，诉讼时效期间停止进行。自代理关系终止时起，时效期间继续计算（这一点，在《民法总则》第 190 条已经规定）。二是夫妻之间的请求权或者家庭成员之间的请求权因夫妻关系或者家庭关系的存在而停止进行。

当然，我国《民法总则》对于有些特殊情况，用推迟"起算点"的方式解决，例如，第 190、191 条关于行为能力欠缺及未成年人遭受性侵的请求权。

3. 中止的法律后果。时效期间中止并不导致已经经过的时效期间失去效力，仅仅是停止计算，待中止事由消灭后，继续计算。为了更好地保护债权人，并规定在中止事由消灭后的一定期间内时效不完成。我国《民法总则》第 194 条第 2 款规定："自中止时效的原因消除之日起满 6 个月，诉讼时效期间届满。"

五、诉讼时效的延长

诉讼时效的延长是指因特殊情况，经权利人申请，法院对于已经完成的时效期间给予延长的情形。

---

[1] 见我国台湾地区"民法"第 139~143 条。

在具体到能够延长的期间是指什么期间时，《民法总则》之前学者之间就存在争议。有学者主张：适用所有的期间，而有的学者主张仅仅适用于 20 年期间，其他的适用中断与中止。但从《民通意见》第 175 条的规定看，适用于所有期间。但从《民法总则》第 188 条第 2 款的规定行文解释，仅仅适用于最长时效期间。

至于诉讼时效的延长的条件是：①有特殊情况。按照《民通意见》第 169 条的规定看，所谓特殊情况是指权利人由于客观的障碍在法定诉讼时效期间不能行使请求权。②权利人申请。③决定权在法院。

六、诉讼时效的援用

（一）援用的一般原则

法院能否主动适用诉讼时效而审判？从罗马法以来，时效制度一直有一条重要的原则：时效只能由当事人主张，而法官不能主动引用。例如，《法国民法典》第 2223 条规定："法官不得援用时效的方法。"《日本民法典》第 145 条规定："除非当事人援用时效制度，法院不得援用时效制度进行审判。"我国《民法总则》第 193 条对此进行了明确规定："人民法院不得主动适用诉讼时效的规定。"

（二）法院不能援用的说明理由

虽然大陆法系国家的民法典都规定，时效仅能为当事人援用而法官不得主动适用，但在说明理由上却有不同。大致可分为两种观点：

1. 效果确定与辩论主义说。该说的主要观点是：时效的援用，是以时效的完成为基础要求裁判的行为。在要求裁判前，因时效的完成所发生的权利消灭或者取得这种效果虽然已经确定，但如果当事人不援用，则法院不得依时效进行裁判。要求这种援用，是民事诉讼法上的辩论主义（"构成裁判基础的事实的提出属于当事人的责任"）的体现[1]。

2. 不确定效果及良心说。该说认为：权利的取得或者消灭这种效果即使时效完成也不发生，如果被援用，才自始发生。根据这种见解，援用被理解为效果发生的停止条件。而只能由当事人援用的理由是：因时效而取得权利或者免除义务，是违反道德的。所以，把是否享有这种时效利益交由当事人的良心决定[2]。

虽然许多国家在时效完成后的效果规定不尽相同，有的采用抗辩主义，有的采实体权利消灭主义，但在说明理由方面却可以共通。日本采取的是权利消灭主

---

〔1〕 ［日］山本敬三：《民法讲义Ⅰ总则》，解亘译，北京大学出版社 2004 年版，第 380 页。
〔2〕 ［日］山本敬三：《民法讲义Ⅰ总则》，解亘译，北京大学出版社 2004 年版，第 381 页。

义，但在说明理由方面完全可以适用于采用"抗辩权发生主义"的国家。我赞成"不确定效果及良心说"，因为抗辩分为需要主张的抗辩与不需要主张的抗辩，而时效在采取抗辩权发生主义的国家中，恰恰属于需要主张的抗辩。之所以如此，是因为，对于义务人来说，他必须就两个问题进行权衡后决定：一是道德良心，二是抗辩的风险，因为如果抗辩不当，往往会承担迟延履行等债务不履行的责任。如德国学者梅迪库斯所言：就某些辩护手段而言，应当由被告来决定其是否提出主张，是容易理解的。消灭时效的例子能够特别清楚地说明这一点。仅仅因为过了一定的时间，就想逃避承担一种确定无疑存在的义务，这种行为至少在以前的某些交易圈子内被视为不名誉的事情。因此，债务人在这里有可能不提出消灭时效的抗辩。另外，还要就费用等方面的风险进行衡量[1]。

（三）时效抗辩援用的时间

当事人在什么时候才能援用时效抗辩？具体来说，当事人在法院一审时没有提出，在二审时能否提出？对此，学理上，特别在诉讼法学界存在争论。最高人民法院《关于审理民事案件适用诉讼时效制度若干问题的规定》第4条明确规定："当事人在一审期间未提出诉讼时效抗辩，在二审期间提出的，人民法院不予支持，但其基于新的证据能够证明对方当事人的请求权已过诉讼时效期间的情形除外。当事人未按照前款规定提出诉讼时效抗辩，以诉讼时效期间届满为由申请再审或者提出再审抗辩的，人民法院不予支持。"我支持最高人民法院的上述观点。

（四）时效利益的放弃与禁止

一般地说，因时效利益的放弃涉及受益人的利益，故受益人的放弃应当允许。但是，考虑到对弱者的保护及对第三人利益的照顾，下列两种情况下应予以限制：

1. 事先放弃时效利益的约定无效。由于债务人通常在债成立时处于弱者的地位，所以，如果允许放弃时效利益的约定，就可能迫使债务人放弃时效利益。因此，这种放弃是无效的[2]。如《日本民法典》第146条规定："时效利益不得事前放弃。"《德国民法典》第225条、我国台湾地区"民法"第147条也作了相同的规定。

我国《民法总则》第197条第2款明确规定："当事人对诉讼时效利益的预先放弃无效。"

〔1〕［德］迪特尔·梅迪库斯：《德国民法总论》，邵建东译，法律出版社2000年版，第85~86页。

〔2〕［日］山本敬三：《民法讲义Ⅰ总则》，解亘译，北京大学出版社2004年版，第388页。

2. 事后的放弃不得对抗第三人的利益。债务人虽然可以在事后放弃时效利益，但是，如果这种放弃损害第三人利益的，这种放弃对第三人无效。如根据我国《担保法》第 20 条的规定，债务人放弃时效抗辩的，对保证人不生效。

（五）诉讼时效与诚实信用

教皇格雷戈里九世在谴责罗马法中关于恶意占有人可因时效而取得所有权时指出：凡事只要不是出于忠诚就是罪恶……在教会法和罗马法中，时效在并非出于诚实信用的情况下毫无价值[1]。因此，若诉讼时效期间的经过违反诚实信用原则的，特别是债务人利用非诚信手段导致债权人不主张权利而致时效期间经过的，债务人不得主张时效利益。欧洲许多国家的学者及判例持这种观点[2]。我国《民法总则》既然将诚信原则作为民法的基本原则，应该认为，债务人违反诚信，不得主张时效利益。

七、诉讼时效完成后的效力

诉讼时效届满后，其法律后果如何，各国立法及学理不一。大致可以分为以下几种：

1. 请求权实体权利消灭主义。《日本民法典》采取这种体例，该法典第 167 条规定："债权，因 10 年不行使而消灭。"

2. 诉权消灭主义。《法国民法典》第 2262 条规定："诉权，无论对人的或者对物的，均以 30 年为消灭时效完成的时间。

3. 抗辩权发生模式——时效完成后，债权人的债权实体权利并不消灭，仅仅使债务人发生拒绝履行的抗辩权。《德国民法典》第 222 条规定：消灭时效完成后，债务人得拒绝履行。德国学者拉伦茨指出：时效并不是请求权消灭的原因，而只是给义务人提供了"抗辩权"。时效抗辩权是永久性的[3]。

4. 胜诉权消灭主义。"胜诉权消灭主义"为我国学理的通说，已经影响了无数学者。这一观点来源于对我国《民法通则》第 135 条的理解，该条规定："向人民法院请求保护民事权利的诉讼时效期间为 2 年，法律另有规定的除外。"许

---

〔1〕 ［德］莱因哈德·齐默曼、西蒙·惠特克：《欧洲合同法中的诚信原则》，丁广宇等译，法律出版社 2005 年版，第 76 页。

〔2〕 ［德］迪特尔·梅迪库斯：《德国民法总论》，邵建东译，法律出版社 2000 年版，第 104 ~ 106 页；
［德］卡尔·拉伦茨：《德国民法通论》（上），王晓晔等译，法律出版社 2003 年版，第 347 页；
［德］莱因哈德·齐默曼、西蒙·惠特克：《欧洲合同法中的诚信原则》，丁广宇等译，法律出版社 2005 年版，第 345 ~ 354 页。

〔3〕 ［德］卡尔·拉伦茨：《德国民法通论》（上），王晓晔等译，法律出版社 2003 年版，第 345 页。

多学者在解释该条规定的含义时，就解释为"胜诉权消灭主义"。但是，如果仔细对照一下司法实践，就会发现这种解释的错误所在：在实践中，经过诉讼时效期间的债权仍然可以起诉，法院也受理并且收取诉讼费用，但债权人却不能胜诉，那么，债权人为什么明知不能胜诉还要起诉呢？实际上，我国法院的司法实践采取的是德国式的"抗辩权发生主义"，即债权人可以起诉，也可能胜诉，条件是债务人不知诉讼时效已经经过，或者虽然知道但出于良心而不主张时效抗辩。

我国《民法总则》第 188 条虽然沿用了《民法通则》第 135 条的表达"向人民法院请求保护民事权利的诉讼时效期间为 3 年"。但与之不同的是，《民法总则》在第 192 条第 1 款明确规定："诉讼时效期间届满的，义务人可以提出不履行义务的抗辩。"这显然是采取"抗辩权发生主义"而不是"胜诉权消灭主义"。

第三节　除斥期间

一、除斥期间的概念

除斥期间是法律规定或者当事人约定的形成权存续的有效期间。该期间届满，形成权即告消灭。除斥期间是学理称谓，一般未见诸立法，但各国法律都有这种期间。非常有趣的是，我国编纂《民法总则》时，就究竟如何规定除斥期间存在争议，最后通过的《民法总则》是将其规定在"诉讼时效"这一节中的第 199 条："法律规定或者当事人约定的撤销权、解除权等权利的存续期间，除法律另有规定外，自权利人知道或者应当知道权利产生之日起计算，不适用有关诉讼时效中止、中断和延长的规定。存续期间届满，撤销权、解除权等权利消灭。"

其实，在我国许多法律中对于除斥期间都有规定，例如，我国《合同法》第 55 条规定："有下列情形之一的，撤销权消灭：①具有撤销权的当事人自知道或者应当知道撤销事由之日起 1 年内没有行使撤销权；②具有撤销权的当事人知道撤销事由后明确表示或者以自己的行为放弃撤销权。"该条规定的一年即为法律规定的除斥期间。《合同法》第 95 条规定："法律规定或者当事人约定解除权行使期限，期限届满当事人不行使的，该权利消灭。法律没有规定或者当事人没有约定解除权行使期限，经对方催告后在合理期限内不行使的，该权利消灭。"这是当事人约定的形成权存在的除斥期间。

二、除斥期间适用的对象及作用

除斥期间适用于各种形成权，如撤销权、追认权、同意权、决定权、异议权等。其作用是使某种不确定的状态确定化。因此，形成权的行使不得再附条件，以免使不确定的状态不能确定化。

三、除斥期间的性质及届满后的法律后果

（一）除斥期间的性质

除斥期间为不变期间，不会因任何事由而中断、中止或者延长（《民法总则》第 199 条）。

（二）除斥期间满后的法律后果

除斥期间满后，形成权当然、确定地消灭。

（三）除斥期间的起算

对于除斥期间的具体起算时点及方式，我国《民法总则》第 199 条规定，"自权利人知道或者应当知道权利产生之日起计算"。另外，凡是适用除斥期间的地方，法律一般都有明确规定，如上述我国《合同法》第 55 条，就是从具有撤销权的当事人知道或者应当知道撤销事由之日起计算。当事人约定的，也有明确的起算时点。

四、诉讼时效与除斥期间的区别

1. 构成要件不同。诉讼时效的构成要件有两个：一是期间经过，二是权利不行使。而除斥期间只有一个要件，即期间经过。

2. 适用对象不同——诉讼时效对象是请求权，除斥期间的对象是形成权。

3. 法律效力不同——诉讼时效期间经过不消灭实体权利，而除斥期间经过则消灭实体权利。

4. 期间的弹性不同——诉讼时效期间为可变期间，而除斥期间为不变期间。

5. 计算的开始不同——诉讼时效从权利人知道或者应当知道权利被侵害及义务人之日起计算，而除斥期间从权利成立起计算。

第二章

关于期日与期间的实体法解释规则

第一节　期日与期间的意义及规范目的

时间在民法上具有重要意义，其能够直接导致权利的发生或者消灭，例如，出生或者死亡的时间计算就与继承有着重大关系。在实践中出现的时间问题，不仅有当事人以法律行为的约定，也有法律的规定，而且法院的裁判也涉及时间问题。人们由于语言习惯的不同，加之时间的循环流动性，往往会导致分歧。例如，双方约定义务方应在 2005 年 12 月 22 日履行，那么，在 22 日的什么时间履行为正当履行？该日的什么时间点是计算义务人迟延的起点？因此，需要对之作出统一的解释规则，以避免计算中的分歧。

在民法上，时间主要由期日与期间构成。各国法律一般都有关于期日与期间的规定（《法国民法典》除外），其目的在于对时间的解释提供统一的实体法规则，就如德国学者拉伦茨所指出的：法律除规定了一些指示法官如何去解释意思表示的解释原则外，还规定了一些在依据一般原则不能得出准确结论的情况下，依表示的某一特定意义为准的实体解释规则。《德国民法典》第 186 条以下规定了对期间和期日的确定的解释这种实体解释规则，它们不仅适用于解释法律行为中所包含的期间和期日的确定，也适用于法律规定和法院判决与裁定中包含的确定期和期日的解释。就它们对法律规定中的期间和期日的确定进行解释而言，它们具有说明性法律规则的功能[1]。我国《民法总则》第 200 ～ 第 203 条规定了这种解释规则[2]。

---

〔1〕 ［德］卡尔·拉伦茨：《德国民法通论》（下），王晓晔等译，法律出版社 2003 年版，第 911 页。

〔2〕 《民法通则》第 154 条规定："民法所称的期间按照公历年、月、日、小时计算。规定按照小时计算期间的，从规定时开始计算。规定按照日、月、年计算期间的，开始的当天不算入，从下一天开始计算。期间的最后一天是星期日或者其他法定休假日的，以休假日的次日为期间的最后一天。期间的最后一天的截止时间为二十四点。有业务时间的，到停止业务活动的时间截止。"第 155 条规定："民法所称的以上、以下、以内、届满，包括本数；所称的不满、以外，不包括本数。"

第二节 期日及确定规则

一、期日的概念

期日是指不可分或者视为不可分的一定时间，乃时之静态，可喻为时之点[1]。

期日可以分为独立的期日与为计算期间的方便而作为期间的起点与终点的期日，在实践中，这两种期日都大量存在。例如，"2005 年 5 月 1 日"为独立期日；而"自合同签订时起 1 个月内履行"，便有作为"一个月"之期间的起点与终点的期日存在。我国《民法总则》第 201、202 条仅仅规定了期间及作为期间计算起点与终点的期日。

在本题目下，我们仅仅讨论独立期日。

二、期日的决定规则

（一）期日的终结点

有学者指出：以某日为给付或者意思表示期日的，则该日全日皆视为不可分的期日，但原则上应于通常营业或者作息时间内为给付或者意思表示，于凌晨或者深夜为之者，依其情形，得构成对诚实信用原则的违反[2]。

该计算方式作为原则可资赞同，我国《民法总则》第 203 条第 2 款在规定作为期间终点的期日之终结点时，也作了相同的规定："期间的最后一天的截止时间为 24 时。有业务时间的，停止业务活动的时间为截止时间。"但也必须承认某些例外，例如，保险合同通常以最后一日的 24 点作为合同的终结点。

（二）期日的顺延

在一定期日应为意思表示或者给付者，如果遇到该日为星期日或者其他法定假日的，以休假日之次日为期日（《民法总则》第 203 条第 1 款）。但是，如果当事人有特别约定的，依其约定。

（三）不确定期日的确定规则

假如以"月初""月中""月终"为期日的，分别应确定为该月的"第 1

---

〔1〕 王泽鉴：《民法总则》，中国政法大学出版社 2001 年版，第 509 页。

〔2〕 王泽鉴：《民法总则》，中国政法大学出版社 2001 年版，第 509 页。

日""第 15 日""该月的最后一日"。《德国民法典》第 192 条作了如此规定，我国《民法总则》虽然没有明确规定，我认为也应作相同的解释。

第三节　期间及确定规则

一、期间的概念与标示方法

期间，是指期日与期日之间的时间长度，如×年×月×日至×年×月×日。

期间的标示方法有两种：一是历法计算法，二是自然计算法。历法计算法是指依历法（非依农历）而为计算的方法。所称一日，是指午前 0 时到午后 12 时；所称一月，是指 1 月 1 日到末日；所称一年，是指 1 月 1 日至 12 月末日。月有大小，年有平闰，均依历法规定。而所谓自然计算法，是指按实际时间精确计算的方法。所称一日，是指 24 小时；所称一月，是指 30 天；所称一年，为 365 日。月不分大小，年不分平闰，均依此标准计算。历法计算方法较为简便，但不甚精确；自然计算方法虽然精确，却不甚简便[1]。

对此问题，许多国家与地区的民法典采取的方法为：若是连续计算的年月，则依历法计算；若依非连续而是累加计算的，则适用自然计算标示。如我国台湾地区"民法"第 123 条规定："称月或者年者，依历计算。月或年，非连续计算者，每月为 30 天，每年为 365 天。"《德国民法典》第 191 条规定："某一时期以该时期无须连续经过的方式，按月或者年确定的，每月按 30 日计算；每年按 365 天计算。"

我国司法判例采取德国式的规定，《民通意见》第 198 条第 1 款规定："当事人约定的期间不是以月、年第一天起算的，一个月为 30 日，一年为 365 日。"这种立法例表明：若是连续计算的，例如，"自 1997 年 1 月 1 日起 2 年内"，属于连续计算，则以历法标示计算；若非连续计算的，如"累计旷课 2 个月"，或者说"自合同签订之日起 2 个月内"，则属于非连续计算。

二、期间的确定规则

（一）期间的开始

1. 按小时计算期间的，从规定时开始计算（《民法总则》第 201 条第 2 款），

---

〔1〕　王泽鉴：《民法总则》，中国政法大学出版社 2001 年版，第 510 页。

如上午 9 点交付照片洗印，约定 2 小时后取，则应在 11 点时期间届满。

2. 规定按日、月、年计算期间的，开始的当日不计算在内，从次日开始（《民法总则》第 201 条）。我国台湾地区"民法"第 120 条也有相似的规定，其立法理由称："一日未满之时间为一日，实为不当也。"[1] 例如，2005 年 3 月 10 日订立合同，约定 20 日后交付货款，则 3 月 10 日当天不计算在内，应从 3 月 11 日起计算，至 3 月 30 日期间届满。

同时，如果期间开始于某一事实的发生，那么在计算期间时，该事实发生的当天不计算在内[2]。

（二）期间的终结

1. 以日、星期、月或者年定期间者，以期间最后一日过去之日为期间的终止（《德国民法典》第 188 条、我国台湾地区"民法"第 121 条）。所谓"最后一日过去之日"，即该期间最后一日的午夜 12 时。

我国《民法总则》对此没有明文规定，但根据第 201 条的精神，应作相同的解释。

2. 以星期、月、季度、年确定的期间，则在最后星期、月、季度、年与起算日相当当日的前一日终止时，为期间的末日。但在最后一日无相当者，以其月末最后一日终止时为期间末日（《德国民法典》第 188 条、我国台湾地区"民法"第 122 条）。例如，A、B 约定 A 于 10 月 23 日起 2 个月内交货，则交货期间的届满应是 12 月 22 日午夜 12 点。若 A、B 约定自 12 月 31 日起 2 个月内交货，则因 2 月无 31 日，则 2 月的最后一天终了时，期间届满。

我国《民法总则》第 202 条规定："按照年、月计算期间的，到期月的对应日为期间的最后一日；没有对应日的，月末日为期间的最后一日。"

（三）期间的延长

所谓期间的延长，是指如果期间的最后一日恰逢法定节假日的，该期间的届满以法定节假日结束后的次日终了时届满（《德国民法典》第 193 条、我国《民法总则》第 203 条）。德国学者拉伦茨指出：法律的这种规定是考虑到依据商业习惯，在星期天和假日，现在也包括星期六，作出意思表示或者接受履行大多是不可能或者不合理的，因为这些天并不营业[3]。

---

〔1〕 王泽鉴：《民法总则》，中国政法大学出版社 2001 年版，第 510 页。
〔2〕 ［德］卡尔·拉伦茨：《德国民法通论》（下），王晓晔等译，法律出版社 2003 年版，第 912 页。
〔3〕 ［德］卡尔·拉伦茨：《德国民法通论》（下），王晓晔等译，法律出版社 2003 年版，第 914 页。

（四）年龄的计算规则

在年龄的计算方法上，与上述规则略有不同。出生之日总计算在内的，即使出生的时间是一天的最后几分钟。因此，于 10 月 1 日出生的小孩于翌年 9 月 30 日结束之日为一周岁，不管他在出生的那天是什么时候。因此，所谓的生日，并不是一周岁的结束，而是又一周岁的开始[1]。法律这样规定的目的在于保护出生之人，使其一出生便成为具有权利能力的人。我国台湾地区"民法"第 124 条还特别规定有推定：出生之月日，无从确定时，推定为 7 月 1 日出生。知其出生之月，而不知其出生之日者，推定其为该月 15 日出生。这种推定为取其中也。

（五）期间的逆算

所谓期间的逆算，是指期间于自一定起算日溯及往前所为的计算，其期间的计算准用期间的顺算。例如，我国台湾地区"公司法"第 172 条规定，股东大会的召开应于 20 日前通知各股东，以逆算法，开会日为始日，不计算在内。假如股东大会开会日期为 3 月 27 日上午 9 点，则应以其前一日（3 月 26 日）为起算日，逆算至 20 天期间的末日（3 月 7 日）午前 0 时为期间的终止，则开会通知书最迟需要在 3 月 6 日寄送，始符合"应于 20 日前通知"的意旨[2]。

---

〔1〕　〔德〕卡尔·拉伦茨：《德国民法通论》（下），王晓晔等译，法律出版社 2003 年版，第 912～913 页。

〔2〕　王泽鉴：《民法总则》，中国政法大学出版社 2001 年版，第 512 页。